中国历代著名文学家小传

张俊纶 编著

長江出版傳媒 | 崇文書局

前 言

中国文学是我们民族的根。无论我们生在何方，长在哪里，我们都是生长在这根上的一枚细枝、一片小叶。无论我们的枝条多么柔润，叶片多么鲜亮，失去了根的滋养沾溉，我们将枯萎凋谢，成为寒风中的枯枝败叶。

我们应该学一点中国文学。中国文学可以陶冶我们的思想情操，提高我们的道德修养，增加我们的文化底蕴，让我们获得至美的享受。古人说：读经味如稻粱，读史味如肴馔，读诸子百家味如醯醢。

如果把中国文学比作一条奔流不息的大河，那么古往今来的文学家就是一条条涓涓细流。正是这一条条涓涓细流，从上古，从先秦，从秦汉，从魏晋南北朝，从唐宋元明清，不停流淌，才汇聚成中国文学这条汪洋恣肆、汹涌澎湃的大河。

是文学家们铸就了中国文学的辉煌。所以学习中国文学，先要认识历朝历代最优秀的文学家。认识文学家，无疑是学习中国文学一个很好的方法，也可以说是一个很好的入门途径。

有鉴于此，笔者才历尽艰辛，编撰了这本《中国历代著名文学家小传》。

这本小传不同于作者简介，作者简介过于简略，让读者很难窥一斑而见全豹；不同于作家年谱，年谱只有几根分年的筋；也不同于评传，评传太专业，又太琐碎，让一般读者难以捉摸要领。这本人物小传，每位传主二千字左右的篇幅，文字钩玄提要、提纲挈领，行文清新流畅、婉转自如。读完小传，既能对作家有一个大致的了解，对其主要作品有一个大致的了解，同时还能窥见当时社会的风貌和生活画卷。

这本小传遴选历代著名文学家一百名。入选传主的标准，主要是看其在历史上的地位，作品对后世的影响以及知名度等等。文学流派的创始人，耳熟能详的文史人物，有名篇传于后世者，三者有其一即可入选。

入选文学家的顺序按朝代先后排列，朝代相同者按生卒年先后排列。叙述的方式不追求等齐划一，根据作家所处的地位，传世材料的多寡，而略有不同。比如介绍陶渊明、李白的文字，就各具特色，也各有趣味。

本书承蒙郭晓敏编辑尽心，刘樽、李灿二研究生协力校雠，值付梓之际，谨致谢忱。

荆南棣翁张俊纶丙申写于武昌南湖之滨

目 录

庄 子

庄子（名周）是一个很有趣味的人。有一次他梦见自己变成了一只蝴蝶，快乐地飞着，不一会，梦醒了，梦醒之后他就犯糊涂了，到底是庄周变成了蝴蝶，还是蝴蝶变成了庄周呢？这就是著名的庄周梦蝶的故事。他的妻子死了，他也不哭，只拿了一个瓦盆，“鼓盆而歌”，边敲边唱。他的朋友惠子也看不过去，说他太过分了。他对惠子说，你懂个什么呢？她原本就没有出生，出生的只不过是一股元气罢了。元气本来是大自然的，现在元气归回，这是自然的事，我哭什么呢？

庄子只做过一次小官，漆园吏，而且时间很短。后来有了大名，楚威王派人来接他，“许以为相”。他正在钓鱼，头也不回，也不说去，也不说不去。来人等急了，他就开始讲故事。他说：“我听说楚国有一只神龟，已经死了三千年了。楚王用竹箱装着它，用巾饰覆盖它。我问你，这只神龟是愿意死后在庙堂之上显示尊贵呢，还是愿意活着在泥水里拖着尾巴爬行呢？”来人说：“宁意拖着尾巴活在泥水里。”庄子说：“那你们走吧，我仍将拖着尾巴生活在泥水里。”

还有一则惠子相梁的故事，在《秋水》里。原文是这样的：

> 惠子相梁，庄子往见之。或谓惠子曰：“庄子来，欲代子相。”于是惠子恐，搜于国中三日三夜。庄子往见之，曰：“南方有鸟，其名为鹓鸰，子知之乎？夫鹓鸰发于南海而飞于北海，非梧桐不止，非练实不食，非醴泉不饮。于是鸱得腐鼠，鹓鸰过之，仰而视之曰：‘吓！’今子欲以子之梁国而吓我邪？”

在庄子的眼里，梁相不过是一只发臭的死鼠，毫无价值可言。庄子一生不求闻达，所求的是“适己任性”，就是不迎合、不矫情，做自己喜欢做的事。他在《刻意》篇中说：“就薮泽，处闲旷，钓鱼闲处，无为而已矣。”“无为”就是顺应自然的意思。顺应自然，不为外物所滞，庄子觉得是世界上最养生、最快乐的事情。

庄子的著作后世称《庄子》，有《内篇》七篇，《外篇》十五篇，《杂篇》十一篇，共三十三篇。大部分是寓言。司马迁说：“其著书十余万言，大抵率寓言也。”在庄子的笔下，蝉、蛇、斑鸠会说话，影子、风会说话，树和铜铁也会说话，而且会辩论，讲道理，滔滔不绝。他笔下的地名也怪得很，叫无何有之乡。人名也怪，门无鬼、苑风、叔山无趾、哀骀它、蒲衣子，还有一些名字的字生僻得很，电脑里打不出来。这些怪名字的人都有一些怪异的举动，或是超凡的本领。比如承蜩的痀偻，他的手臂如同枯木的树枝，用竿子粘蝉，就像在地上拾取一样。又比如南郭子綦，他的精神竟可以出神入化，脱出躯体而独立存在。还有解牛的庖丁，“手之所触，肩之所倚，足之所履，膝之所踦，砉然响然，奏刀騞然，莫不中音”。宰牛如舞蹈一样轻松，有节奏，合音律，这是多么的不可思议。

庄子所写的故事都有深刻的寓意。痀偻和南郭子綦的故事是说只要专心致志，就没有办不成的事情；而庖丁解牛的故事是说做什么事都要遵循客观规律，而不能破坏和违背客观规律。他在《外物》篇写大儒、小儒二人去盗墓，取死人口中的珠子，却引经据典把它说成是合乎诗礼的行为：

> 儒以《诗》《礼》发冢。大儒胪传曰：“东方作矣，事之何若？”小儒曰：“未解裙襦，口中有珠。《诗》固有之曰：‘青青之麦，生于陵陂。生不布施，死何含珠为？’”“接其鬓，压其颊，儒以金椎控其颐，徐别其颊，无伤口中珠！”

这是“剽剥儒墨”，讽刺挖苦儒家和墨家。他一生和儒家、墨家过不去，只鼓吹“道”，这也是道家学派的由来。汉代道教徒尊《庄子》为《南华经》，就是这个原因。庄子所谓的“道”，是一个极为复杂的概念。庄子认为一切有生命的东西都起源于“气”，所谓“人之生，气之聚也”。他在《田子方》里说：“至阴肃肃，至阳赫赫；肃肃出乎天，赫赫发乎地，两者交通成和而物生焉。”他认为最大的“气”就是阴与阳，阴阳交媾就会形成物体。从这一角度说，世界上的万事万物都具有同一性，有与无，动与静，生与死，小与大，短与长，男与女，美与丑，都是阴阳相对相生的概念，说到底是齐一的。而“道”，就是“气”的推进，是“气”的抽象化，也是万事万物的抽象化。这也就是庄子大体的哲学思想。上面提到他梦蝶、鼓盆而歌，还有顺应自然等等，都是由他这一思想产生出来的。

如果我们不去研究庄子玄奥高深的哲学思想，只欣赏他文章的汪洋恣肆，不可端倪，是一件很愉快的事情。鲁迅先生就说：“其文汪洋辟阖，仪态万方，晚周诸子之作，莫能先也。”他的《逍遥游》写鹏鸟“背若太山，翼若垂天之云，水击三千里，抟扶摇而上者九万里”；他的《外物》篇写任国公子“为大钩巨缁，五十犗以为饵……已而大鱼食之，牵巨钩，錎没而下，骛扬而奋鬐，白波若山，海水震荡，声侔鬼神，惮赫千里”。写得真是惊心动魄。

庄子一生朋友很少。他最好的朋友叫惠子，两人你不服我，我不服你，经常辩论。最有名的是濠梁辩鱼。庄子说：“儵鱼悠闲自在，鱼真快乐啊。”惠子说：“子非鱼，安知鱼之乐?”庄子接下来的一句话很有趣，他说：“你又不是我，你怎么知道我不知道鱼的快乐?”惠子说：“我不是你，固然不知道你，你也不是鱼，你不知道鱼的快乐是完全可以肯定的。”于是庄子说：“你刚才说‘安知鱼之乐’，你已知道了我知道鱼的快乐而问我，我告诉你，我是在濠上知道鱼的快乐的。”庄子用了“安知”的两种意思作辩解，“安知”一是指怎么知道的，二是指在哪里知道的。惠子是用“安知”的第一个意思，而庄子却用的是第二个意思。这就是后人所称的“诡辩”。

后来惠子死了。庄子送葬，过惠子之墓，顾谓从者曰：“郢人垩慢其鼻端，若蝇翼，使匠石斫之。匠石运斤成风，听而斫之，尽垩而鼻不伤，郢人立不失容。宋元君闻之，召匠石曰：‘尝试为寡人为之。’匠石曰：‘臣则尝能斫之。虽然，臣之质死久矣。’自夫子之死也，吾无以为质矣，吾无与言之矣。”惠子的死，让他失去了一个对手，一个推心置腹无所不谈的朋友，他心中感到绝大的寂寞和悲哀。如同钟子期死，伯牙终身不复鼓琴，他还弹琴给谁听呢?

屈 原

小时候看端午节划龙船，见大人划到深水处，就要把粽子丢入水中。我问二兄这是为什么，二兄告诉我，那是为了纪念大诗人屈原。屈原的名字就是这样走进我的记忆里的。

屈原为楚国的左徒，左徒的官职不小，相当于副宰相之职，是国之重臣。所以《史记》说他“入则与王图议国事，以出号令；出则接遇宾客，应对诸侯”。那时的楚怀王对他非常信任，大事小事都倚重他。因为他博闻强记，擅长辞令，而且还有重要的一点，他懂得治国的道理。

他太出众了。“木秀于林，风必摧之；行高于人，众必非之。”什么朝代、什么地方都一样。那时有一个上官大夫叫靳尚，非常嫉妒屈原的才华。屈原在苦思冥索为朝廷效力，他却在苦思冥索怎么栽赃陷害。有一次，有了这么一个机会。怀王要屈原制定国家的法令，刚刚起草还没有定稿，靳尚要拿去看，屈原当然不肯。靳尚就走到怀王那里，对怀王说：“大王，屈原真是狂妄得很，每当一条法令制定完成，屈原就自伐其功，说除了他以外，再也没有人能做得出来。他这不是明摆着瞧不起大王您吗?”这本是一条很明显的谗言，不知怎么怀王一听就信了。怀王大怒，从此他就不再信任屈原了。

他不信任屈原了，他信任谁呢？他信任靳尚，信任郑袖。郑袖是怀王的宠妃。那时楚国很强大，许多小国都来讨好，送珠宝美女。有一次魏国送来一个美女，魏美人，长得真像一朵初放的荷花。怀王整天把她抱在怀里，喜欢得不得了。郑袖一点也不嫉妒，还跟魏美人套近乎，一口一个“我的妹妹”。魏美人也就十几岁，她很感激，有什么心里话就跟郑袖姐姐说。有一天郑袖对魏美人说，大王最喜欢看女人以手掩鼻的样子，你如果每次见大王以手掩鼻，大王会更加喜欢你。魏美人真的就照着做了。怀王见魏美人每次都以手掩鼻，很奇怪，就问郑袖。郑袖说，魏美人嫌你有口臭呢。怀王大怒，当下就叫人割了魏美人的鼻子。可怜的魏美人，被割了鼻子还蒙在鼓里。

你看怀王信任这么两个人，能不栽跟头吗？那时秦魏韩赵楚燕齐七国纷争，楚齐合纵，秦国很难对付。这时秦国就派张仪到楚国。张仪是个典型的政治骗子，他的三寸不烂之舌天下闻名。他对怀王说："秦国很讨厌齐国，但现在齐国和楚国合纵相亲，这叫秦国很为难。假使楚国能和齐国断交，秦国愿送国土六百里。"楚怀王竟相信了张仪的话，他和齐国断了交，并派使者去秦国接受土地。接待楚国使者的当然是张仪。张仪说："我怎么会说六百里，我说的是六里。"楚怀王吃了大亏，不甘心，派兵伐秦，结果一败涂地。损兵折将不说，还失掉了汉中大片土地。一个友邦齐国也弄丢了。

后来秦国过意不去（也是装的），愿意割让汉中的土地与楚国议和。怀王气不平，他说："我不愿要汉中的土地，我只要张仪。"他恨张仪恨得咬牙切齿。张仪也好汉做事好汉当，你要我来我就来吧。他就第二次到楚国来了。他知道怀王信任的就这么几个人，还不好对付吗？张仪一到楚国就买通了靳尚，又通过靳尚买通了郑袖。这一男一女在怀王面前猛灌好话，怀王居然又把张仪放了。这时屈原已经被疏远了，他知道怀王放了张仪，连忙跑过来对怀王说："为什么不杀张仪？"怀王这才醒悟过来，连忙派人去追，但已经来不及了。

俗话说，事不过三。可怀王却受了三次骗。那时楚怀王和秦昭王结为姻亲，昭王传话想和怀王在秦国见面，亲家嘛，怀王想去又怕去，屈原极力劝谏，说秦国背信弃义，虎狼般的贪暴，去不得。怀王的小儿子叫子兰，少不更事，却装出一副胸有成竹的样子，说为什么要拒绝秦国的好意呢，怂恿怀王去。怀王就去了。果然不出屈原所料，怀王一去就被秦国扣为人质，胁迫他割地。怀王又气又恨，最后竟死在秦国。

楚怀王死了，他的大儿子熊横即位，是为楚顷襄王，小儿子子兰做令尹，令尹相当于宰相。家天下都不够，还要家宰相。你看这个末路的楚国。这两兄弟都在温室里长大，什么都不懂，屈原急呀，他又跟顷襄王进言，讲一大番治国的道理。顷襄王就问子兰，说屈原的话怎么样？

子兰知道屈原为怀王的事怨恨他，就趁机大进谗言，媒蘖其短。顷襄王比他的老子更糊涂，竟把屈原放逐了。

屈原沿着湘江走，头发也披散了，脸上憔悴不堪。湘江上有个打鱼的渔民看见他，吃惊地说，这不是三闾大夫吗？还记得的是他老早前的官职。屈原苦笑着说，这个世界怎么这般的污浊呢？渔民说，不是世界污浊，而是你不知变通。别人污浊你不会污浊吗？别人昏醉你不会昏醉吗？你污浊了，你昏醉了，你再来看这个世界，你的看法就会改变了。屈原说，你说的我做不到。我容不得脏污，帽子上有点灰尘我都要掸掉的。

他有满心的怨愤，他写诗，把怨愤寄托在诗里发泄。他最长的诗《离骚》，和最有名的两组诗《九歌》《九章》都是在流放途中写成的。《离骚》三百七十三句，是古往今来最长的一首抒情诗，也是写得最感人的一首诗。后人对“离骚”二字的解释众说纷纭，司马迁和班固都认为是遭受忧愁的意思。他们都是治学严谨的史学家，他们的意见值得重视。屈原忧愁什么呢？“世溷浊而嫉贤兮，好蔽美而称恶”，“惟党人之偷乐兮，路幽昧以险隘”，“荃不察余之中情兮，反信谗而齌怒”，“曾歔欷余郁邑兮，哀朕时之不当；揽茹蕙以掩涕兮，沾余襟之浪浪”。他哭自己生不逢时啊。

更使他忧愁的是他没有办法报效祖国了。他希望将士们在前线英勇杀敌，保卫楚国的每一寸领土。他饱含深情，写了《国殇》，歌颂卫国将士们的英勇气概：

> 操吴戈兮被犀甲，车错毂兮短兵接。旌蔽日兮敌若云，矢交坠兮士争先。凌余阵兮躐余行，左骖殪兮右刃伤。霾两轮兮絷四马，援玉枹兮击鸣鼓。天时怼兮威灵怒，严杀尽兮弃原野。出不入兮往不反，平原忽兮路超远。带长剑兮挟秦弓，首身离兮心不惩。诚既勇兮又以武，终刚强兮不可凌。身既死兮神以灵，子魂魄兮为鬼雄。

但是楚国政治彻底的腐败了，楚顷襄王和令尹子兰，这两个乳臭未干的小子，哪里是秦国的对手。楚国一败再败，就在屈原渡过湘水到达汨罗的时候，即楚顷襄王二十一年，秦将白起攻破郢都，楚国的土地和人民遭受空前的劫难。屈原真是欲哭无泪。他曾说："既莫足与为美政兮，吾将从彭咸之所居。"彭咸，殷贤大夫，谏君不听，投水而死。在极度的悲观和绝望中，他真的"从彭咸"，投汨罗江自沉了。

屈原对后世有深远的影响。李白说："屈平辞赋悬日月，楚王台榭空山丘。"后人把屈原等人的诗歌称为"楚辞"，因《离骚》为楚辞的代表作，故又称"骚"，和《诗经》的"风"并称"风骚"，把楚辞提高到和《诗经》同等的地位。

宋 玉

《史记·屈原贾生列传》说:“屈原既死之后,楚有宋玉、唐勒、景差之徒者,皆好辞而以赋见称;然皆祖屈原之从容辞令,终莫敢直谏。”可见宋玉是继屈原之后的辞赋家,而且名气比唐勒、景差等人要大。但关于他的生平,他到底出生在什么年代,有什么别的活动,担任过什么职务,司马迁都没有记载。现在后人只能从一些散见的历史片断中来了解他。大致的情况是,他是楚国鄢城人,出身低微,通过朋友景差的介绍,在楚襄王(楚顷襄王)身边做过小臣。善于辞令,有幽默感,经常和楚襄王开开玩笑。

他的第一个玩笑是在《风赋》里开的。有一次他和楚襄王登上了兰台,“有风飒然而至”,这个“飒然”实在用得好,他写出了风的轻快,以及人的轻松的感受。兰台很高,风吹过来当然就特别容易感受到。楚襄王当时的心情很好,就随口说了一句:“快哉此风!寡人所与庶人共者邪?”不料宋玉在旁边认真地说:“此独大王之风耳,庶人安得而共之!”你看风是天地之气,溥畅而至,人人都可以享用,宋玉却说只有“大王”才能享用,这不是很怪吗?楚襄王来了兴致了,就问宋玉,“岂有说乎?”宋玉就说,风分雄风和雌风,大王享受的是雄风,庶人享受的是雌风,这二者有天上人间的区别。于是作者挥洒才气,反复渲染,刘勰称之为“铺采摛文”。你看,雄风入深宫,上玉堂,跻罗帷,经洞房,雌风则是起穷巷,吹死灰,骇溷浊,扬腐余;雄风愈病析酲,发明耳目,宁体便人,雌风则是驱温致湿,中心惨怛,生病造热。雄风是一派富丽堂皇之气,而雌风则是一派穷愁灰败之象,二者的对比何其鲜明。这一番说辞,把没有什么幽默感的楚襄王也逗笑了,禁不住说:“善哉论事!”

他的第二个玩笑在《登徒子好色赋》里。回答关于他好色的问题。

这是登徒子向楚襄王打的小报告，登徒子说宋玉体貌闲丽，嘴巴又甜巧，又是个好色之徒，要楚王引起高度警觉，千万不要让他混到后宫里去。楚襄王也不遮掩，他对宋玉说，这些话是登徒子告诉我的，我问你，你真是个好色之徒吗？宋玉说，我不好色。楚襄王说，你有什么例子证明你不好色呢？宋玉说，我有例子呀。我的邻居家有个漂亮的女孩子，她漂亮到什么程度呢？“增之一分则太长，减之一分则太短，著粉则太白，施朱则太赤。眉如翠羽，肌如白雪，腰如束素，齿如含贝。”她嫣然一笑，所有的公子王孙都要被她迷惑。但就是这个女孩子，登上墙头向我暗送秋波三年，我连瞧都没有瞧她一眼。但登徒子就不同了，他的老婆蓬头大耳，翻唇厉齿，比无盐还丑陋，比东施还难看，他却把她当宝贝，让她一连生了五个儿子。大王，你说说看，到底是我好色呢，还是他好色？楚襄王说，这样说来，当然是登徒子好色了。后人形容好色之徒，就说登徒子一类人物，可见宋玉这番话影响的深远。

还有一次，楚襄王批评他行为不检点。楚襄王说，你如果不是行为不检点，怎么会有这么多人说你的坏话呢？宋玉笑着说，理解我的人是不多，不过您让我把话说完可以吗？楚襄王说，你说吧。宋玉说，有人在郢城唱歌，开始唱的是《下里》《巴人》，跟着一起和的有数千人；接着唱《阳阿》《薤露》，跟着和的不过数百人；后来唱《阳春》《白雪》，跟着和的就只有数十人了。这说明“其曲弥高，其和弥寡”，歌的内容越深奥，品味越高，那么跟着和的人就越少。您看鸟有凤凰，它上击九千里，背负苍天，一只草间的小雀子怎能知道它飞行的高度；鱼有大鲲，它日翔数万里，深入大海，一条池塘的小鱼怎能知道它游行的深度。士呢，也有鸟中的凤凰和鱼中的大鲲，他瑰意琦行，超然独处，一些世俗小人又怎能理解他的所作所为呢？大王，当然有人说我的坏话了。这就是著名的《对楚王问》。

虽然宋玉和楚襄王开玩笑，脸上笑着，但他内心是痛苦的。他有话要说，要提醒楚襄王，但他不敢直说、直谏，屈原不就是例子吗？他只有拐一个弯，弄一点文字的技巧，把自己要表达的主旨藏在玩笑里。他戏说雄风、雌风，其实是在向楚王说，宫廷的生活太豪奢了，而老百姓的生活太悲苦了，要引起重视啊。他写登徒子，是在提醒楚王，不要因为女色而忘记了国事。什么事比国事还重要呢？而他写曲高和寡的故事，则是要楚襄王关心仁人志士的命运。天生才人不易，而才人的举止行为是一般人难以理解的。后世说宋玉的文章婉而多讽，就是说的这层意思。他的讽大概对楚襄王并没有起到多大作用。最多，楚襄王笑一笑也就过去了。

他还有两篇著名的赋是《高唐赋》和《神女赋》。这两篇赋都是叙写宋玉伴楚襄王游云梦，而引发楚襄王夜梦神女的故事。《高唐赋》主要写神女居住的地方，“妾在巫山之阳，高丘之阻。旦为朝云，暮为行雨。朝朝暮暮，阳台之下”。巫山既雄峻，又在云雨林木的掩盖之下，当然是险怪而神秘的。《神女赋》则主要描写巫山神女，在这种险怪而神秘的环境里，绰约来去的风姿。她美妙得令人神往：

貌丰盈以庄姝兮，苞温润之玉颜。眸子炯其精朗兮，瞭多美而可观。眉联娟以蛾扬兮，朱唇的其若丹。

巫山神女传说是天帝的女儿，一说为炎帝的女儿，本名瑶姬，未嫁而死，死后葬在巫山。是帝的女儿，又是未嫁而死，这就自然引得楚襄王梦想联翩。帝王的梦大约有两个，一个是江山，一个是美人。江山得到了，他就只有梦美人了。活美人不必梦，天下的美人是他的；他就去梦死美人。醉生梦死大概就是指楚襄王这种状态吧。他的梦给后世留下了一个亵词：云雨。这两篇文章显然也是劝谏楚襄王的，劝谏楚襄王戒淫，不过主旨更加隐晦罢了。

他的“劝”多了，终于引起了楚襄王的不快。他被逐出宫廷，心情非常痛苦。恰好又是秋天，寒风萧瑟，万木摇落，他感时伤怀，写下了千古绝唱《九辩》。《九辩》是宋玉的代表作，也是继屈原之后，楚辞最优秀的作品。他在《九辩》里开头说：“悲哉，秋之为气也！萧瑟兮草木摇落而变衰。”真是一派肃杀的景色。接下去他写寒秋中的动物。“燕翩翩其辞归兮，蝉寂漠而无声；雁廱廱而南游兮，鹍鸡啁哳而悲鸣。”再就是他个人的感受了：“独申旦而不寐兮，哀蟋蟀之宵征。时亹亹而过中兮，蹇淹留而无成。”衰草，归燕，寒蝉，孤雁，悲鸡，都是为了衬托他沉痛落寞的感怀。他的悲秋感人千古，故“宋玉悲秋”成为人们经常提及的成语。

贾 谊

司马迁在《史记》里称贾谊为贾生，李商隐在《安定城楼》里说“贾生年少虚垂涕，王粲春来更远游”，也称贾生。鲁迅先生在《汉文学史纲要》中也说贾谊不够沉实，“乃颇疏阔”。后人的一致意见是，贾谊的书生意气太重，少不更事，才导致了他在政治上的失败。称他为贾生非常适宜。

十八岁的贾谊就以才气而闻名，故乡洛阳都知道有这么一个年轻人，精通诸子百家，不得了。先是河南郡守吴公把他招至门下，又由吴公推荐，被汉文帝召为博士。博士掌文献典籍，备朝廷的咨询，是皇帝身边的近臣。汉朝的皇帝都很开明，每次做重大决策之前，都要交付博士们议论议论，听听意见。这时贾谊的议论是最多的，也是最切中议题的。博士有一群人，有的年纪已经很大了，他们都相当佩服贾谊的才华。文帝对他更是分外器重，不到一年，他被破格提拔为太中大夫。

贾谊少年得志，意气风发。加上他素有政治上的大志，于是向皇帝提出多项改革的建议。这些建议包括修改历法，变易服色，奠立制度，订定官名，振兴礼乐，等等。这些都事关国家的前途命运，以及长治久安，是不得了的大事。贾谊不仅提出来，还积极草拟一些改革的具体方案，供文帝参考。与此同时，他还写了四篇重要的政论文，三篇是《过秦论》，一篇是《论积贮疏》。文章高屋建瓴，雄辩滔滔，有春江之水一泻千里之势。故文章后面的结论，常给人以不容置疑和不可忽视的印象。文帝很喜欢他的文章，也赞成他的观点。比如，贾谊在《论积贮疏》中说重商轻农是“背本而趋末”，对此进行了猛烈的抨击。文帝“感谊言，始开籍田，躬耕以劝百姓”。一些弃田经商的农民，又回到自己的土地上，开始了耕作。可见，贾谊的论和疏对当时制定政策、纠正时弊，是产生了重要作用的。

那时的文帝看贾谊，是怎么看怎么喜欢。他准备再擢拔贾谊，担任公卿的职务。贾谊当时是二十三岁。文帝本是一番好意，但这番好意却给贾谊带来了不幸，这是文帝万万没有想到的。事情的经过是这样的，文帝刚把想法提出来，征求群臣的意见，结果一下子就炸开了锅。朝中大臣们早就有满肚子的不满和忌恨，这一下火山般地爆发了。包括绛侯周勃、颍阴侯灌婴等人，他们同声攻讦贾谊，说他“专欲擅权”“纷乱诸事”，说他简直是胡闹。这样的人怎么能提拔？三人成虎，众口铄金，文帝也招架不住了。公卿没有当成，他本来的太中大夫也当不成了。他被贬到长沙，做长沙王吴著的太傅。

这次变故对贾谊的打击是可想而知的。长沙在当时人的眼里，属卑湿瘴疠之地，贾谊除了悲伤，还有恐惧。他担心在那个鬼地方寿命不会长了。他渡过湘水，看着湘水清清的波浪，他想到了屈原。屈原在最后流浪的日子里，也渡过了湘水，渡过了湘水以后，他就再没有回到楚国。他在汨罗江自沉了。贾谊流着泪，写下《吊屈原赋》：

> 恭承嘉惠兮，俟罪长沙。侧闻屈原兮，自沉汨罗。造托湘流兮，敬吊先生。遭世罔极兮，乃殒厥身。呜呼哀哉！逢时不祥。鸾凤伏窜兮，鸱枭翱翔。阘茸尊显兮，谗谀得志；贤圣逆曳兮，方正倒植。

是伤屈原，也是伤自己。屈原是不见容于群小，自己也是不见容于群小；屈原是遭受贬谪，自己也是遭受贬谪。所不同的是屈原一了百了，而自己还下不了那样的决心，还得朝这僻远而潮湿的地方走去。

他在长沙待了近五年。好像总是雨季，那么多的雨，下得心里都长霉了。他很寂寞，心情也非常的抑郁。恰好有一天，在一个阴沉的晚上，有一位不速之客，一只鹏鸟飞到宿舍里，歇到了座椅上。鹏鸟就是猫头鹰，像人面，有鼻子和圆圆的眼睛。他感到十分的害怕，以为是什么不祥之兆。为此他写了《鹏鸟赋》，他写道：

> 且夫天地为炉兮，造化为工。阴阳为炭兮，万物为铜。合散消息兮，安有常则？千变万化兮，未始有极！忽然为人兮，何足控抟。化为异物兮，又何足患！

但他又写道：

其生兮若浮，其死兮若休。释知遗形兮，超然自丧。

他在赋里想表达旷达的思想，想忘怀一切，但总不自然，还是有一股消极悲观的情绪弥漫在字里行间。这反映了贾谊的思想状态，既想自我麻醉，又陷入痛苦的泥淖而不能自拔。

文帝七年，贾谊被召回长安。文帝在宣室接见贾谊。君臣已有五年时间没有见面了，文帝问了他许多事，他一五一十地回答。他虽然苍老了许多，但口才依然很好，声音洪亮，很好听。不知不觉几个时辰过去了，文帝谈兴依然很浓，毫无倦意。为了听得更清楚些，文帝还下意识地移膝向前，往贾谊身边靠拢。不过文帝没有问国家社稷的大政方针，问的全是关于祭祀鬼神方面的问题。这不禁让贾谊非常失望。晚唐诗人李商隐在《贾生》中描写了贾谊的失望情绪：

宣室求贤访逐臣，贾生才调更无伦。可怜夜半虚前席，不问苍生问鬼神。

但文帝是欣赏贾谊的才华的。这次接见以后，文帝任命贾谊为梁怀王太傅。梁怀王是文帝的少子，十分聪明，雅好文学，深得文帝的宠爱。文帝把这样一个宝贝儿子交给他，当然是对他的信任。更主要的是，他终于离开了卑湿的长沙，而回到温柔富贵的京城长安，他创伤的心灵得到了些许的抚慰。

如同一粒种子，一遇到阳光和水就要生根发芽一样，贾谊的心情稍有好转，就开始向皇帝上疏、进言。他有一篇疏很长，叫《陈政事疏》，虽然有关政治，却写得感情充沛，文采飞扬，他认为当时有几个大矛盾很突出，比如朝廷和地方诸侯的矛盾，同北部匈奴的矛盾，还有社会内部上与下、贫与富的种种矛盾，这些矛盾交织在一起，使国家犹如"抱火厝之积薪之下而寝其上"一样，处于非常危险的境地。还有一篇《旱云赋》，写老天云聚而未雨，大地禾稼枯槁，农夫盼时雨而不得的焦急心情。他埋怨"皇天之靡惠"，也指出"何操行之不得兮，政治失中而违节"，把责任的矛头直接指向在位者，这是极为大胆的。

好在文帝还不同于后世的一些封建统治者，是大度和宽容的。文帝不仅没有追究他的过激，相反还在他的赋里吸收有用的成分，为自己的统治服务。按说贾谊还是有政治前途的。但四年后又发生了一件事，就是梁怀王不慎坠马而死事件。贾谊是梁怀王的太傅，他觉得自己是有责任的。为此他深深地自责，从而背上了沉重的精神包袱，终日哭泣，一年之后，竟在无限忧伤中死去。死的时候只有三十三岁。

后人都对贾谊的不幸结局表示极大的同情痛惜。毛泽东就有诗云：

贾生才调世无伦，哭泣情怀吊屈文。梁王堕马寻常事，何用哀伤付一生？

司马相如

先说一下赋。赋是汉代最具代表性的文体，后人习惯称汉赋。如同称唐诗宋词。赋由骚体的楚辞衍化而来，或曰是在楚辞的基础上发展起来的。但赋的形式和楚辞有了明显不同。一是进一步散文化，二是句中的虚词少了，句末的“兮”字句也少了。更主要的是内容有了变化。楚辞主要是批判现实，抒发个人的愤懑，而赋则主要是歌功颂德，极尽铺排之能事。这是汉代大统一、国家强盛的缘故。皇帝需要这种大场面的文体来装面子。

司马相如（字长卿）是汉代最著名的辞赋家。当然他的风流韵事也最有名。有一次他去临邛，住在临邛令王吉的家里。临邛有个富人叫卓王孙，善察言观色，见王吉非常尊敬司马相如，就摆下家宴，款待王吉的这位尊贵客人。卓王孙有个女儿名文君，新寡。司马相如早就听说了她的美貌，而且还弹得一手好琴。正好司马相如是弹琴高手。宴席之上，司马相如使出浑身解数，弹了一曲。懂琴的人知道，他弹的是《凤求凰》，原是有歌词的。歌词曰：“凤兮凤兮归故乡，遨游四海求其凰……有艳淑女在闺房，室迩人遐毒我肠。何缘交颈为鸳鸯，胡颉颃兮共翱翔！”司马相如的琴弹得实在好，令在室外偷窥的文君激动不已，“心悦而好之”。当天晚上，卓文君就与司马相如私奔，一起回到司马相如的故乡成都。

但爱情当不得饭吃，司马相如“家居徒四壁立”，二人没有办法，只有重返临邛。卓王孙很气愤，“夜亡奔”，像什么话，不理他们。他们就卖掉车骑，开了一家小酒店。文君当垆卖酒，司马相如呢，则穿着一个“犊鼻裈”，相当于后世的围腰或兜斗，忙里忙外的洗碗筛酒，抹桌扫地。这也许是司马相如想出的一个欲擒故纵的法子。这不是丢卓王孙的人吗，卓王孙没有办法，就拿出大量财物、佣人给夫妇二人，夫妇二人这才重归成都居住，过起了富人的日子。

这时正是汉武帝时代。汉武帝好大喜功，也好辞赋。他读到了司马相如的《子虚赋》，大为赞赏，不禁叹道，要是和《子虚赋》的作者同时代就好了。这时正好有个叫杨得意的蜀人，担任狗监，在汉武帝身边，他乘机向汉武帝说，我的老乡司马相如，做过梁孝王的门客，他曾对我说，《子虚赋》是他写的。汉武帝大喜，连忙下令召见。司马相如相当自负，他对汉武帝说，《子虚赋》并没有什么了不起，我请为您写《上林赋》。赋写成了，汉武帝读后大悦，任命司马相如为郎。秦汉时，郎是皇帝身边的侍从官。司马相如的际遇让后世的王勃羡慕不已，他在《滕王阁序》里说："杨意不逢，抚凌云而自惜。"

杨意就是杨得意，那么凌云是什么意思呢？是形容司马相如的赋写得好。中年的汉武帝好游猎，司马相如看不过去，就写了《哀二世赋》进行谏阻，但根本没有效果。汉武帝好仙道，司马相如就写了《大人赋》。汉武帝读了《大人赋》，读得竟入了迷，"飘飘有凌云之气，似游天地之间意"。本来是想劝谏汉武帝的，却想不到起了相反的效果。似游天地之间不是进入了仙的境界么？司马相如很失望。他本是想有一番作为的人，看见汉武帝这个样子，他的意志也消沉了。

司马相如还写过一篇颇有名的赋，叫《长门赋》。相传《长门赋》是汉武帝的陈皇后请他写的。这个陈皇后颇有来历，名字叫陈阿娇，是武帝姑妈刘嫖的女儿。武帝七岁的时候，刘嫖曾指着阿娇问他："你想要阿娇做媳妇吗？"小小年纪的武帝想都没有想说："若得阿娇作妇，当作金屋贮之。"成语"金屋藏娇"就是这么来的。后来陈阿娇果然做了武帝的皇后，武帝本对她很好，但有一次看见了卫子夫，一位年轻漂亮的宫女，有一头青油油的长发，武帝就开始对阿娇冷淡了。阿娇蛰居在长门宫里，天天盼望武帝到来，但哪里有武帝的影子。这时就有人向陈皇后建议，去请司马相如写一篇赋，让武帝看，武帝是喜欢读司马相如赋的，读了赋，受了感动，武帝就会回心转意了。

司马相如的《长门赋》果然写得十分动人。它的结尾一段有这样几句：

舒息悒而增欷兮，蹝履起而彷徨。揄长袂以自翳兮，数昔日之諐殃。无面目之可显兮，遂颓思而就床。抟芬若以为枕兮，席荃兰而茝香。……忽寝寐而梦想兮，魄若君之在旁。……澹偃蹇而待曙兮，荒亭亭而复明。妾人窃自悲兮，究年岁之不敢忘。

司马相如描写了一位神思恍惚、寂寞孤独的女主人公。尤其是她悲愁难抑、坐待天明的情状，令人十分同情。据说武帝读了赋，真的十分感动，后来就和陈皇后重归于好了，“复得亲幸”。这也许是后人的附会。还是辛弃疾的《摸鱼儿》说得好：“千金纵买相如赋，脉脉此情谁诉?”

有人说，《长门赋》实际上是司马相如为自己写的。晚年的司马相如因消渴疾免官，住在茂陵家中。消渴疾就是现在所称的糖尿病。他一直到死去都是寂寞而痛苦的。他死之前，元狩五年，写了《封禅文》。封禅是一种特别隆重的祭祀活动，先要到泰山顶上祭天，然后到泰山底下祭地。一个帝王举行了这种典礼，才表明他得到了上天大地的许可，是真命天子了。祭祀的时候皇帝要念《封禅文》，而《封禅文》要求很高，要极尽歌颂铺排之能事，不是一般人所能写的。写《封禅文》，这表明司马相如一生都在为朝廷着想，为汉武帝着想。武帝也仿佛心有默契，他听说司马相如死了，就派人到他家里来取遗书。司马相如的妻子（就是夜奔相如的卓文君）说：“长卿未死时，封一卷书，曰‘有使者来求书，奏之’。”这是多么令人感动的一件事。据说冷酷的汉武帝也为之“沛然改容”。

司马迁

司马迁《史记》的历史地位，是怎么评价都不过分的。它开创了两样东西，一是我国纪传体的史学，一是我国的传记文学。一部中华民族的二十四史，就顺着司马迁的纪传体史学走过来，帝王将相，才子佳人，还有英雄义士，中国历史上最顶尖的人物，都在他开创的传记里活着。正如宋代史学家郑樵所说："百代而下，史官不能易其法，学者不能舍其书。"

司马迁本人是知道《史记》的价值的。他在《报任少卿书》中说，《史记》是一部"究天人之际，通古今之变，成一家之言"的伟大著作。鲁迅先生评价说："史家之绝唱，无韵之《离骚》。"正因为司马迁深知《史记》的历史价值，他才不惜含垢忍辱，就极刑而无愠色，写下这部"上计轩辕，下至于兹，为十表，本纪十二，书八章，世家三十，列传七十，凡百三十篇"的皇皇巨著。他知道他笔下每一个字的分量。

那么他的"含垢忍辱"指的是一件什么事呢？话还得从他的父亲司马谈说起。司马谈是汉武帝时期的史官，他有广博的学问修养，曾"学天官于唐都，受《易》于杨何，习道论于黄子"，唐都是当时最有名的星象学家，杨何是最有名的易学家，黄子则是黄老学派的代表人物。这三人在当时都不得了。司马谈师从这三个不得了的人物，打下了坚实的文史基础。他立下雄心壮志，要在太史令的任上，完成一项伟大的事业，即著述上计轩辕，下至于汉的历史。这时的汉朝已经过近百年的休养，相当繁荣强大。还有一点，汉武帝重视文化，尤其是重视儒家文化，"百年之间，天下遗文古事靡不毕集太史公"，以太史令的身份而著述历史，也是水到渠成的事。

司马谈做了大量的前期准备。但就在这个时候，他突然病了，生命危在旦夕。他把儿子司马迁叫到身边，托付他著述的遗愿。他是相信儿子有能力接班的。司马迁流着泪说：“小子不敏，请悉论先人所次旧闻，不敢阙。”儿子的回答充满了自信，司马谈放心地瞑目了。这是元封元年春正月的事。

儿子充满信心，父亲放心，这并不仅仅是父子生离死别之际的情感抚慰，更是彼此心照不宣的默契。也许司马谈知道著述这么漫长的历史是一项跨代工程，他早就开始培养儿子了。他让儿子十几岁时就跟经学大师董仲舒学习《春秋》，跟古文大师孔安国学习《尚书》。但著述历史，仅有文字基础是不够的，还得要有丰富的历史知识，以及广阔的视野。他要儿子在二十岁的时候就开始了漫游生活。这就是司马迁在《太史公自序》里说的：“二十而南游江淮，上会稽，探禹穴，阙九疑，浮于沅湘。北涉汶泗，讲业齐鲁之都，观孔子之遗风，乡射邹峄，厄困鄱薛彭城，过梁楚以归。”这次漫游，司马迁大概花了两三年的时间。他饱览了祖国的大好河山，游历了许多的历史名胜，也了解了不同地区的民俗风情。收获实在是太大了。

漫游结束后大概又过了两三年，二十六七岁的司马迁担任了郎中一职。郎中是宫廷中小得不能再小的一个小官，却可以侍候皇帝，以及奉皇帝之命出使边地。在元鼎六年，司马迁出使“巴蜀以南”，又南“略邛、筰、昆明”，他的视野进一步扩大，才干也得到了锻炼。他在出使途中所表现出的应变能力，以及所使用的外交辞令，深得汉武帝的赏识。汉武帝认为他“辩知闳达，溢于文辞”，是郎官中不可多得的人才之一。这为他以后出任太史令打下了很好的基础。

元封三年，即在父亲司马谈逝世后的第三年，三十七岁的司马迁终于顺利地做了太史令。太史令需要有文史星历的专门知识，还需要有与文字打交道的热情。在一般人眼里，文字是枯燥而乏味的，而且还与权势不沾边，谁愿坐这样的冷板凳呢？但司马迁愿意坐。他有毅力，有丰富的文史知识。何况还有父亲的影响和汉武帝的赏识呢。司马迁做太史令实在是再恰当不过的人选。

担任了太史令的司马迁以极大的热情来对待自己的工作。他“绝宾客之知，忘室家之业，日夜思竭其不肖之材力”。他接过父亲的摊子，并在原有的基础上，开始了构建框架、创建体例，和整理分类、去伪存真、“网罗天下放失旧闻”等大量准备工作。在开始动笔著述之前，他还主持做了一件大事，就是改秦汉以来的颛顼历为夏历。这在历制史上实在是一项伟大的进步。这为写《史记》编年扫清了障碍。

就在他不知疲倦、专心著述的时候，意想不到的巨大灾难降临到了他的头上。在汉武帝时代，经常与匈奴发生战争。天汉二年，大将李陵提步卒五千，与数万匈奴大战十有余日，后因贰师将军李广利未能及时救援，李陵陷入绝境，兵败投降。李陵是飞将军李广之孙，名将之后而投降匈奴，朝廷震惊，汉武帝更是大光其火。这时候的大臣们一边倒，都说李陵的坏话，“媒孽其短”，司马迁觉得很痛心。司马迁对李陵的印象是“分别有让，恭俭下人，常思奋不顾身，以徇国家之急”，有国士之风。印象很好。他认为李陵这次投降是出于一时无奈，他以后还要寻找机会报答汉朝的。司马迁是一个有什么说什么的人。他把他的想法向武帝说了。武帝大怒，认为司马迁是为李陵辩护，并借以达到打击贰师将军李广利的目的。须知李广利正是武帝宠妃李夫人的哥哥。就这几句话，司马迁犯下了所谓“诬上”的大罪。是死罪。

按照汉律，司马迁面临三种选择：一是伏法受诛，二是拿钱赎罪，三是接受宫刑。拿钱赎罪，没有这个条件，司马迁家里即使是倾家荡产也凑不齐这个钱。伏法受诛，他当然是就极刑而无愠色，但《史记》草创未就，他就这么死去，对不起父亲的临终嘱托啊。那就只剩下最后一条路了，接受宫刑。一想到“垢莫大于宫刑”，“亏形为扫除之隶”，他不禁汗出沾背，羞愧难当。但他想到了历史上倜傥非常之人，他想到了“文王拘而演《周易》，仲尼厄而作《春秋》；屈原放逐，乃赋《离骚》；左丘失明，厥有《国语》；孙子膑脚，《兵法》修列；不韦迁蜀，世传《吕览》；韩非囚秦，《说难》《孤愤》；《诗》三百篇，大底圣贤发愤之所为作也”。于是受到极大的鼓舞。他决定接受宫刑，含垢忍辱活下来；为完成《史记》，为完成父亲的遗愿而坚强地活下来。

他向文王、孔子等先贤学习，发愤著述。他不是一个人活下来了，而是一部历史活下来了，是无数的英雄豪杰，还有思想家、文学家、策士、隐士、说客、刺客、酷吏、游侠、商人、卜者、俳优等等活下来了。《项羽本纪》中暗恶叱咤、力拔山兮的项羽，虚伪狡诈、残酷无情的刘邦，粗犷豪壮、忠勇无畏的樊哙；《魏公子列传》中谦逊下士、一诺千金的信陵君，胸怀韬略、守信重义的侯生，两肋插刀、急人之难的朱亥，还有《魏其武安侯列传》的窦婴、田蚡、灌夫，《绛侯周勃世家》的周勃、周亚夫，《廉颇蔺相如列传》的廉颇、蔺相如等等，两千年后读之，仍是如闻其声，如见其人。

《史记》对史学家的影响不言而喻，而对文学家的影响也是至深至远。可以说从《史记》诞生之日起，所有古文家、散文家无不熟读《史记》，受其影响。后世的小说、传奇、戏剧都直接或间接受到《史记》的影响。我们应该向司马迁表达深深的敬意。

扬　雄

扬雄是西汉末年最著名的辞赋家，蜀郡成都人。年轻的时候，最推崇司马相如。班固《汉书·扬雄传》说："蜀有司马相如，作赋甚弘丽温雅，雄心壮之，每作赋，常拟之以为式。""拟之以为式"，当然就是模仿。到了四十多岁的时候，已经模仿得相当成功。这时候有人把他推荐给汉成帝。这时的汉成帝爱两样东西，一是爱幸赵飞燕姊妹，一是爱好辞赋。听说扬雄的辞赋写得好，他很高兴，就把扬雄招到宫里，作了郎，给事黄门，成了一名文学侍臣。做文学侍臣干什么呀，写赋呗。成帝和赵飞燕姊妹玩到哪里，就要扬雄的赋跟到哪里。

扬雄是一个很认真的人，他写赋，总是殚精竭虑，不遗余力。成帝要他写赋，不过是一时兴起，要他写几句好听的话助助兴而已，未必要求他字字句句精美。是他自己苦自己，要把每一个字，每一句话，都弄得精美无比。据说他有一次写完一篇大赋，累得够呛，刚写完，就疲倦得睡着了。他睡着以后做了一个梦，梦见自己的五脏流出，摊在地上，他连忙用手去收，收了好一会儿才收回去。你看，累得五脏六腑都流出来，这真是用生命在写作啊。梦醒以后，他果然就得了喘悸病，也就是哮喘病，直到一年以后才好。葛洪的《西京杂记》说他创作的时候"意思萧散，不复与外事相关"，像中了魔，不知人事，这正是创作完全投入的样子。

《甘泉赋》《河东赋》《羽猎赋》《长杨赋》，四大赋历来被誉为扬雄的代表作。也是班固说的，说他以为"辞莫丽于相如，作四赋；皆斟酌其本，相与放依而驰骋云"。"放依而驰骋"，是说模仿之外还有自己的创造，有自己的想象。其实《甘泉赋》写甘泉宫的建筑，就有自己的特点。它开头从"望"字着眼，写上下左右、由远而近望过去的景色，写得璀璨耀目，气象峥嵘，一点也不比司马相如差。当然后人更爱读他的《逐贫赋》，他把“贫”拟人化，“贫”与“扬子”，也就是与作者自己对话，构思很奇妙，下面几句话是扬子逐“贫”时说的：

人皆文绣，余褐不完。人皆稻粱，我独藜飧。贫无宝玩，何以接欢？……舍汝远窜，昆仑之颠。尔复我随，翰飞戾天。舍尔登山，岩穴隐藏。尔复我随，陟彼高冈。舍尔入海，泛彼柏舟。尔复我随，载沉载浮。我行尔动，我静尔休。岂无他人，从我何求？

而“贫”却很狂妄，不把扬子放在眼里。它开口就是“唯唯”，一副轻蔑的口吻，接着又说扬子是“主人见逐，多言益嗤”，好像在施加训词，训完了，“贫”又以尊者的口气说：

昔我乃祖，宣其明德。克佐帝尧，誓为典则。土阶茅茨，匪雕匪饰。爰及季世，纵其昏惑。饕餮之群，贪富苟得。鄙我先人，乃傲乃骄。瑶台琼榭，室屋崇高。流酒为池，积肉为崤。是用鹄逝，不践其朝。

这其实是作者在借“贫”的一番话，批判贫富悬殊的不合理的现实。这篇赋对后世的影响相当大，韩愈的《送穷文》、柳宗元的《乞巧文》等，都是模拟他的《逐贫赋》而创作的。至少是受到启发。

后来他却不写赋了。成帝死了，接下来登位的哀帝、平帝都不爱赋，哀帝就说赋是郑卫之音，在古人眼里，郑卫之音是“淫而乱乐”，是不能登大雅之堂的。皇帝不爱赋了，他写赋还有什么意思呢？他不写赋了，就改变了对赋的看法。他在《法言·吾子》里说赋是“童子雕虫篆刻，壮夫不为也”。虫是指虫书，刻是指刻符，是两种字体，在当时属于一种低等小技。他用这种低等小技来比赋，赋在他眼里已经没有什么地位了。

同时他还说了两句比较有名的话。他说：“诗人之赋丽以则，辞人之赋丽以淫。”什么意思呢？他是说诗人写的赋，虽然华丽但还基本符合原则；但辞人写的赋，华丽得就有点过分，有点铺张了。他把宋玉、唐勒、景差以下诸家，包括他早年推崇的司马相如，都列入“丽以淫”的范围。他在《法言·吾子》中说：“或曰：‘女有色，书亦有色乎？’曰：‘有。女恶华丹之乱窈窕也，书恶淫辞之淈法度也。’”他认为赋过度的铺张，就像女人过分的涂脂抹粉一样，只能引起人的反感。他的文学理论来了一个一百八十度的大转弯。

他不写赋，写什么呢？他开始仿《周易》作《太玄》，仿《论语》作《法言》，写大部头的著作。扬雄一生都在仿，但他的仿并不是抄袭，并不是一味地模仿，而是有自己的东西。他埋头写作，不问世事，因此他的官职一直很低微，成、哀、平三世都没有什么变化。有人嘲笑他，说他是书呆子，写的书“恐后人用覆酱瓿也”，有什么用？他为此写了《解嘲》一文。他说：

炎炎者灭，隆隆者绝。观雷观火，为盈为实。天收其声，地藏其热。……位极者宗危，自守者身全。是故知玄知默，守道之极。爰清爰静，游神之廷。惟寂惟寞，守德之宅。

他用老子消极无为的哲学思想去观察问题，用明哲保身的态度去应对身边所发生的一切，按说是可以远离是非的，但他还是遭受了一场大祸。是大祸找上门来了。原来成帝的母亲姓王，王皇后，成帝登上皇位以后，王氏满门纷纷占据要津，手握大权。王皇后有个侄儿叫王莽，因为父亲王曼死得早，从小就很刻苦节俭，读书知理，没有沾染纨绔子弟的习气，就因为这一点，他得到了王皇后和大臣们的赏识和喜爱。他的官职一升再升，在平帝的时候，他被晋封为安汉公。但他还不满足。这时他的左右就开始玩装神弄鬼的把戏，说什么图书也发现了，王莽是真命天子。后来他就真的篡汉自立，做了皇帝，改国号为新。王莽即位以后，担心自己装神弄鬼的机密泄露出去，就开始捕杀知情的人灭口。知情人中有一个是扬雄的学生，因此扬雄也受到牵连。差役来捉拿时，扬雄正在天禄阁校书，他很害怕，竟从阁上跳了下去。没有死，有人就作童谣嘲笑他：“惟寂寞，自投阁。爰清静，作符命。”墙倒众人推，破鼓乱人捶啊。

不过新莽王朝还是原谅了他。但他对人生彻底地失望了。他借酒浇愁，最后默默无闻地死去。寿命还算是长的，活了七十一岁。比“古来稀”还多了一年。他的丧事很凄凉，只有他的弟子侯芭为他背土筑坟，后人称之为“玄冢”。

班 固

有人说，一个大史学家出现须有几代人的准备。这是因为史学著作不同于文学创作，它有一个长期采录遗事、积累资料的过程。《史记》的作者司马迁有乃父司马谈，而《汉书》的作者班固，不仅有乃父班彪，还有伯父班嗣。他们都是西汉末年的著名学者，扬雄、王充等都曾登门受学。西汉末年的著名学者不少，除“二班”、扬王以外，还有刘向、刘歆、史岑等。这时的学者们最喜欢读的书就是司马迁的《史记》，抄的人也很多。由于《史记》只写到了汉武帝，有学者们就想续补。当时已有零散的续补之作出现了，比如刘向、刘歆父子的续补，扬雄、史岑的续补等。但这些续补之作的水平都不高，班彪认为是“不足以踵继其书”。班彪当然想“踵继其书”，他“继采前史遗事，傍贯异闻，作《后传》数十篇”，是下了很大决心的。

但班彪又做了第二个司马谈。天不假年，五十二岁就死了。他死了，赍志而殁，但他的志向已深深影响到儿子班固。班固的天赋不错，九岁时就能诵《诗》、赋，写文章，十六岁入洛阳太学，几乎读遍了太学里所有的藏书，从小就打下了写《汉书》的牢固底子。守完三年父孝，也就是汉明帝永平元年，二十六岁的班固开始在家里撰写《汉书》。他埋头写了五年，写了不少文字。这时有人告发他，说他是私改国史。当然是不小的罪名。他被捕入狱。他有个弟弟叫班超，也是一介人物。年轻的时候，班超为人抄书度日。有一天，他投笔叹息说：“大丈夫无它志略，犹当效傅介子、张骞立功异域，以取封侯，安能久事笔砚间乎?”后投笔从戎，果然立功西域，被封为定远侯。班超是有胆有识的，他向明帝上书，解释乃兄班固写书的意图，并请明帝看乃兄的初稿。明帝拿来看了，果然是史学家的文笔，大为高兴，不仅没有惩罚，反而召为兰台令史。兰台是汉代宫内收藏典籍的地方，兰台令史则是负责校书工作的小官。

班固在兰台令史任上表现不错。一年后，明帝升他为郎，并令他继续编撰《汉书》。由个人私撰而为奉旨修书，这对于班固来说当然是一个极好的机会。他可以全心全意继续他热爱的工作了，这比什么都好。他在兰台苦苦写作了二十余年，直到两鬓都写得灰白。至章帝建初七年《汉书》基本完成。只有一部分“志”“表”是在他死后由班昭和马续完成的。班昭是班固的妹妹，很有才学。十四岁嫁给同郡曹世叔，不久曹世叔死，她一生过着寡苦的生活，把毕生的精力都用在学问上。后世称她为“曹大家”（“家”通“姑”。“大家”，古代对女子的尊称）。马续是伏波将军马援的侄孙，经学家、文学家马融的弟弟，拜护羌都尉。《后汉书》说他“十六治诗，博观群籍，善《九章算术》”，他们二人是受章帝之命完成《汉书》的后续工作的。

班固后来竟死在狱中。事情是这样：章帝的皇后姓窦，章帝在的时候，窦氏皆居显位。其中以窦皇后的哥哥窦宪最为有名。他是大将军，曾带班固出征匈奴，大胜，登燕然山，勒石纪功，石上的铭文就是班固写的。勒石燕然山，成为后人写边地胜战的典故。宋人范仲淹就有“浊酒一杯家万里，燕然未勒归无计”的词句。章帝死，和帝立，和帝对窦氏擅权大为不满，就和宦官合谋，诛灭窦氏。本来这次政治事件和班固没有什么关系，但班固的家奴曾经得罪过一个人，这个人就是洛阳令种兢。种兢把班固作为窦宪党羽逮捕入狱，让他瘐死狱中，这实在是冤枉。

班固是继司马迁之后的又一大史学家，他所著《汉书》是继《史记》之后的又一部伟大的历史著作。后人把他们二人并称为“班马”，把他们的作品并称为“史汉”，是有一定道理的。因为《汉书》在体制上全袭《史记》，只改“书”为“志”，并增加了《刑法志》《五行志》《艺文志》和《地理志》，把“世家”并入“列传”。有十二本纪、八表、十志、七十列传，共一百篇。它叙述汉高祖元年至王莽地皇四年，共二百三十年的断代历史。《史记》和《汉书》的前后呼应，确立了我国正史的体制和章法，也确立了正史不可动摇的地位。

但有一点是要指出的，《史记》的成就是要高于《汉书》的。《史记》的开创之功是一个方面，更重要的一个方面是，《史记》的作者司马迁并没有奉旨修书，他可以放开来写，一就是一，二就是二，无须遮遮掩掩，粉饰太平，它的批判性、人民性是十分明显的。而《汉书》的作者班固却是奉旨修书，他被皇帝豢养着，不得不看皇帝的脸色行事，“润色鸿业”，歌功颂德，在这种情况下，要做到完全公正客观是十分困难的。但班固毕竟是一位严肃的史学家，汉朝皇帝也还算得上是开明之君，所以，班固还是重视客观事实的，也还是敢写客观事实的。

比如他的《霍光传》《外戚列传》，很多地方都写到了外戚鱼肉人民，以及后宫中种种不光彩的秽行。《外戚列传》写成帝和昭仪亲手杀死许美人的儿子，《东方朔传》写武帝微行田猎、扩建上林苑扰害人民，都写到了皇帝，也不粉饰。还有一些传记，反映了人民的疾苦，流露出作者对人民的同情，以及对贪官污吏的谴责。话都很实在。这都是《汉书》值得肯定的地方，也是值得后人学习的地方。

同时《汉书》在人物传记上也取得了成功，最著名的有《苏武传》《朱买臣传》《陈万年传》《张禹传》等。苏武牧羊十九年，他坚贞不屈、视死如归，伟大的形象就像是站立在我们的面前。而朱买臣，作者写他失意和得意，不同的精神面貌以及人们对他不同的待遇，就把无处不在的世态炎凉刻画出来了。这些都是通过具体的细节描写加以表现的。你看病床上的陈万年，教训他儿子陈咸：“语至三更，咸睡，头触屏风。万年大怒，欲杖之，曰：‘乃公戒汝，汝反睡，不听吾言，何也?’咸叩头谢曰：‘具晓所言，大要教咸谄也!’万年乃不复言。”通过陈咸头触屏风的细节，写陈万年专事谄媚、卑鄙无耻的丑态，实在是十分成功的。

班固又是东汉前期最著名的辞赋家，他的《两都赋》，梁萧统把它作为《文选》的第一篇，可见其在汉魏六朝文人心目中的地位。东汉建都洛阳，而关中父老犹望复都长安，故班固写《两都赋》夸饰西都的宏伟。“建金城而万雉，呀周池而成渊。披三条之广路，立十二之通门。内则街衢洞达，闾阎且千。九市开场，货别隧分。人不得顾，车不得旋。阗城溢郭，傍流百廛。红尘四合，烟云相连。”他还有《答宾戏》

《幽通赋》等。他的赋都写得体制宏伟，结构整饬，他也把这种手法运用到《汉书》的写作中。一般来说，《汉书》不如《史记》生动，但简练整饬，详赡严密，有自己的特色。后世很多散文作家都爱读《汉书》，从而汲取有用的营养。如柳宗元、苏轼、黄庭坚等都是精熟《汉书》的作家。

曹 操

在后世的京剧舞台上，曹操总是白脸、小丑。有一首流行歌词就唱道："蓝脸的窦尔敦盗御马，红脸的关公战长沙，黄脸的典韦，白脸的曹操，黑脸的张飞叫喳喳。"白脸都是奸诈残忍、不择手段的人物，反面人物，这实在是冤枉了曹操。郭沫若先生曾煞有介事地为曹操翻案，做文章，其实大可不必。曹操的文治武功足以说明一切。

曹操出生在一个有权势的官宦之家，小时候任侠放荡，不为一般人所理解。只有当时的名臣桥玄对他相当赏识，说："天下将乱，非命世之才不能济也，能安之者，其在君乎！"果然桥玄有眼力。曹操二十岁举孝廉为郎，一走上仕途，就表现了非凡的政治才干和魄力。东汉中平元年，全国爆发了大规模的黄巾起义，曹操官拜骑都尉，追随皇甫嵩等起兵镇压。当然还有各路英雄的联合。黄巾起义刚刚镇压下去，又出现了一个董卓，西凉的军阀，他带兵肆虐京师，比起义军还危险，还凶残，而讨伐董卓的人又乍前乍却，各怀异心。曹操知道自己没有武装是不行了。于是收编青州黄巾降卒，又四处招兵买马，终于有了自己的地盘与军事实力。有人形容他当时是"谋臣如雨，猛将如云"，事实也是如此。

建安元年，曹操把困窘中的汉献帝迎到许昌，让皇帝终于有了一个落脚的地方。皇帝是感谢他的。这是他政治上的高明之处。他在当时的政坛上处于有利地位，"挟天子以令诸侯"，动不动就打出"奉辞伐罪"的旗号，这一招是厉害的。建安五年，他在河北官渡一举击败拥兵十万余的袁绍。他的军事谋略是一个方面，正义的旗号也是一个重要的方面。到建安十三年，他消灭群雄，成为北方实际的统治者。当时就只有蜀地的刘备、江南的孙权与之抗衡了。这就是历史上著名的三国鼎立的雏形。就在这一年，他挥师南下，号称八十万，与孙刘联军在赤壁大战。赤壁的山并不是很高，后世的苏轼却说“乱石穿空，惊涛拍岸，卷起千堆雪”，这是诗人的想象。可惜曹操这一仗打败了，他丢盔卸甲，带着二十几骑从华容道败走。华容道在现在的湖北省监利县，沿途有一大堆地名表示他从这里逃跑过，救曹田，曹鞭港，放曹坡。是关羽为报知遇之恩，把他从华容道放了。

曹操一生戎马倥偬，过着繁忙的军旅生活，但他“登高必赋，及造新诗，被之管弦，皆成乐章”。他的诗沿用汉乐府古题，却并不因袭古意，而是“缘事而发”，写他眼中看到的社会现实。如《薤露行》《蒿里行》，在乐府里，属《相和歌·相和曲》，原是为死者送葬的挽歌，他却用来写汉末动乱的社会。他在《蒿里行》诗末写道：

铠甲生虮虱，万姓以死亡。白骨露于野，千里无鸡鸣。生民百遗一，念之断人肠。

六句诗概括地写出了连年战争所造成的悲惨情景，以及人民所遭受的苦难，他是用了很深的感情的。也许，他写完诗，就流下了眼泪。明人钟惺也很感动，他说：“汉末实录，真诗史也。”可惜那“被之管弦”的乐谱没有流传下来，那哀伤的调子，是古筝、箜篌、埙等的合奏，不知该有多么的感人。

他还有一部分乐府诗写得苍凉悲壮，具有浓烈的抒情气氛。如《短歌行》开头写道：“对酒当歌，人生几何！譬如朝露，去日苦多。慨当以慷，忧思难忘。何以解忧？唯有杜康。”是诗人对时光流逝的感叹，也是诗人功业未就的感慨。诗人的功业就是天下大定，海县清一。但他的目标还十分的遥远。西面尚有“违命之蜀”，东面尚有“不臣之吴”，他多么需要治国平天下的英雄。“青青子衿，悠悠我心。但为君故，沉吟至今。”他日夜在思念他们。所以他在结尾写道：“月明星稀，乌鹊南飞，绕树三匝，何枝可依？山不厌高，海不厌深。周公吐哺，天下归心。”有些英雄贤士还在徘徊歧路，没有选定最后的归宿。你们到我这里来吧，我的胸怀宽广，会像周公一样礼贤下士善待你们，重视你们。他的诗句实在是豪气逼人，在豪气的底下，荡漾着一股令人感动的真诚。

有人评论说，他的诗“如幽燕老将，气韵沉雄”。无论是上面引到的诗篇，还是他的《观沧海》《龟虽寿》等都是如此。他的《观沧海》描写“秋风萧瑟，洪波涌起。日月之行，若出其中；星汉灿烂，若出其里”，用沧海辽阔雄壮的景色，来表现开阔的胸襟。他的《龟虽寿》：“神龟虽寿，犹有竟时。腾蛇乘雾，终为土灰。老骥伏枥，志在千里。烈士暮年，壮心不已。”用神龟、腾蛇的对比，来表现自己永不停息的豪迈气概。气韵是沉雄的，而诗句却是质朴的、本色的。这就是曹操诗的特点。独特的风格。这些特点和风格被后人称为“建安风骨”。

李白的诗有“蓬莱文章建安骨”之句，建安风骨是指建安时期的文学“梗概多气”，刚健清新，不落凡近。建安文学的领袖当然是曹操。他“外定武功，内兴文学”，身边聚集了一大批文士，形成了彬彬之盛的文学局面。他的儿子曹植在《与杨德祖书》中说：“昔仲宣独步于汉南，孔璋鹰扬于河朔，伟长擅名于青土，公干振藻于海隅，德琏发迹于大魏，足下高视于上京。当此之时，人人自谓握灵蛇之珠，家家自谓抱荆山之玉。吾王于是设天网以该之，顿八纮以掩之，今尽集兹国矣。”曹植提到的仲宣、孔璋、伟长、公干、德琏都是“建安七子”的成员。当时的所谓邺下文人集团，以曹操为核心，周围有他的儿子曹丕、曹植，还有杨修、丁氏兄弟、“建安七子”，以及曹操用重金从匈奴赎回的女诗人蔡琰等，真是“俊才云蒸，作家辈出”，他们人众，作品也多。至今，他们的作品在中国文学史上闪耀光芒。

曹操的文章也极有特点。鲁迅先生就说曹操是改造文章的祖师。他的《让县自明本志令》，以简朴的文笔披露心事，至今读来都十分感人。他还有一篇《祀故太尉桥玄文》，是在官渡之战大破袁绍之后，路过桥玄的家乡，祭祀桥玄时写的一篇短文。在这篇短文里曹操引桥玄生前的几句戏笑之言：“殂逝之后，路有经由，不以斗酒只鸡过相沃酹，车过三步，腹痛勿怪。”虽是幽默，开玩笑，却把怀念桥玄的感情，表现得极为深笃。曹操“士死知己，怀此无忘”，他是很讲感情的，知恩必报的。

看来，我们是应该读一点历史，再去看《三国演义》。《三国演义》中的曹操就是“宁教我负天下人，休教天下人负我”，是一个伪君子、小人和阴谋家。毕竟是小说，是彼曹操而非此曹操。至少不是一个客观的曹操。

王　粲

东汉末年的大学者蔡邕，是蔡琰的父亲，很受人尊敬，家里经常高朋满座。有一次，家里来了一位客人，年方十四，他连忙倒屣相迎，满座为之震惊。这位客人就是王粲，后来的“建安七子”之一。蔡邕对大家说，这是一位神童，前途无量，“吾家书籍文章，尽当与之”。后来他果真把自己的大部分藏书送给了王粲。

那时正是汉末乱世，大军阀董卓把洛阳焚烧得只剩下一片焦土，到处都是杀戮、大火，王粲待不住了，前去荆州投奔刘表。在南征的途中，看到的是一幅幅触目惊心的战乱图。他把这些情景写在《七哀诗》里：

> 西京乱无象，豺虎方遘患。复弃中国去，远身适荆蛮。亲戚对我悲，朋友相追攀。出门无所见，白骨蔽平原。路有饥妇人，抱子弃草间。顾闻号泣声，挥涕独不还。“未知身死处，何能两相完？”驱马弃之去，不忍听此言。南登霸陵岸，回首望长安。悟彼下泉人，喟然伤心肝。

到处是累累白骨，到处是饿殍，一位饿得没有办法的母亲，竟把自己的幼子抛弃在荒草间，这是多么的惨绝人寰。这是王粲现存诗作中写作年代最早的一首诗，也是写得最感人的一首诗，堪称诗史，可以和曹操的“白骨露于野，千里无鸡鸣”相互印证。

王粲来到荆州，成为刘表幕府中的文士。蔡邕都倒屣相迎的人物，刘表当然是知道大名的。他为刘表写檄文，写书信，也写颂美的文章。他写了一篇《荆州文学记官志》，文中有“天降纯嘏，有所厎受。臻于我君，受命既茂。南牧是建，荆衡作守。时迈淳德，宣其丕繇”的话，是极尽歌功颂德之能事的。刘表对他还算欣赏，曾一度打算把女儿嫁给他，大概是刘表的女儿嫌他身材短小，方才作罢。后来刘表的女儿嫁给了王粲的族兄王凯。嫁给王凯也就罢了，可刘表又直言不讳地说明理由，这就使王粲很不快。也许正由于此，他和刘表之间始终不能融洽。他在荆州十六年，时间不算短，总有一种去国怀乡之思。这种去国怀乡之思，在他的《登楼赋》里得到了淋漓尽致的表达：

虽信美而非吾土兮，曾何足以少留！遭纷浊而迁逝兮，漫逾纪以迄今。情眷眷而怀归兮，孰忧思之可任？凭轩槛以遥望兮，向北风而开襟。平原远而极目兮，蔽荆山之高岑。路逶迤而修迥兮，川既漾而济深。悲旧乡之壅隔兮，涕横坠而弗禁。昔尼父之在陈兮，有归欤之叹音。钟仪幽而楚奏兮，庄舄显而越吟。人情同于怀土兮，岂穷达而异心！

乐不思蜀，不乐才思蜀。他的怀土，表明了他的心绪。直到建安十三年，他的这种心绪才得以改变。刘表死了，刘表的儿子刘琮投降曹操。曹操是雄才大略的政治家，他不拘一格，拔擢寒士，刘表手下的大部分旧僚都得到了重用。王粲被辟为丞相掾，赐爵关内侯。由侘傺不偶而青云得路，王粲的兴奋之情可想而知。他在曹操的庆祝酒宴上举觞致辞："使海内回心，望风而愿治，文武并用，英雄毕力。"在刘表的帐下说的是谀辞，不得已而为之，而此时则是心里话，情不自禁了。

钟嵘在《诗品序》里说："曹公父子，笃好斯文；平原兄弟，郁为文栋；刘桢、王粲，为其羽翼。"曹氏父子所营造的文学氛围，实在非常适合王粲，让他有如鱼得水之感。他经常坐车陪曹操出入，和曹丕、曹植兄弟游宴过从，吟诗作赋，日子很写意。他得到这种待遇，不知是文人的大幸还是文人的大不幸。古人说"文章穷而后工"，是有一定道理的。这里的穷是指不得志，与达，即得意相对。王粲入曹操幕府后，一再得到拔擢，达而再达，先是丞相掾，再军谋祭酒，后侍中。侍中在当时是很有实权的官了。古人没有说"文章达而后不工"，但事实却是如此。在曹操的帐下，王粲再也写不出《七哀诗》《登楼赋》那样的作品了，他在闲适之中咏玛瑙勒、车渠碗、白鹤、鹦鹉，写《太庙颂》，写《俞儿舞歌》，都是奉命应酬之作，闲辞与谀辞，实在是苍白、空洞无物。

他这一时期的代表作有《从军诗》和《莺赋》。《从军诗》虽有对曹操的颂扬，但意兴高扬，文笔流畅，作品达到了炉火纯青的程度。《莺赋》则写得精巧玲珑，耐人寻味。他写道：

> 览堂隅之笼鸟，独高悬而背时。虽物微而命轻，心凄怆而愍之。日奄蔼以西迈，忽逍遥而既冥。就隅角而敛翼，倦独宿而宛颈。历长夜以向晨，闻仓庚之群鸣。春鸠翔于南甍，戴鵀集乎东荣。既同时而异忧，实感类而伤情。

写鸟与人，皆有小小的感伤。隐约间似有寄托。鸟关在笼子里，不愁饮食，没有风雨，但不能像春鸠一样翔于南甍，不能像戴胜一样集乎东荣，到底是悲哀的罢。人呢，食有鱼，出有车，官也有了，禄也厚了，但缺少什么呢？他没有说，尽在不言中。不言就不言，也没有曹氏父子来追究他。曹氏父子对文士们是宽厚的，大度的。当然争皇位的时候除外。

建安年间，曹丕和曹植争做魏王继承人。王粲很圆滑，不像杨修、丁氏兄弟、吴质那样死保一派，因此两边都吃香。曹丕喜欢他，曹植也喜欢他。曹丕在《典论·论文》里，在《与吴质书》里，都提到王粲长于辞赋，而曹植也在《与杨祖德书》里说："昔仲宣（王粲，字仲宣）独步于汉南。"他死了，诔文是曹植写的。曹植说自己和王粲"义贯丹青，好和琴瑟，分过友生"。而曹丕呢，带了一大班人来给王粲送行。曹丕说，仲宣平日喜欢作驴鸣，现在我们齐作驴鸣来为他送行吧。于是王粲的墓前一片驴鸣之声。如果王粲地下有知，他也应该感到满足了。生荣死哀，建安时代大概独此一人罢。

蔡 琰

蔡琰，字文姬，东汉末年大学者蔡邕的女儿。她一生的遭遇非常不幸。灵帝熹平年间，父亲蔡邕为议郎，因上书指斥宦官擅权，得罪流放朔方。后遇赦还，又畏宦官陷害，故亡命江湖十余年。她从两三岁开始，就随父亲过着亡命流离的日子。父亲被王允杀害的时候，她才十五岁。十六岁嫁给河东卫仲道，未几夫亡，她复归母家寡居。

汉末大乱，她被胡骑掳至南匈奴，被迫嫁与南匈奴左贤王为妻。她在胡地滞留了十二年，生了两个孩子。曹操素与蔡邕友善，蔡邕就这一个女儿，曹操得知后非常痛惜。而且他知道蔡琰有很好的文学修养，“博学有才辩，又妙于音律”，他正在全国网罗这样的人才。于是曹操遣使者持金璧到南匈奴赎蔡琰，左贤王舍不得，但拥有重兵及北方大片土地的曹操下定了决心。他下定决心，就没有做不成的事。

蔡琰回到汉朝。曹操作媒，把她重嫁屯田都尉董祀。董祀是陈留同乡，懂文学音律，这和无法用语言交流的左贤王当然不可同日而语。蔡琰那时已三十五岁，岁月的风霜已在脸上留下了痕迹。她非常感激董祀能接纳她，对新的日子十分满足。她说：“流离成鄙贱，常恐复捐废。”

但接下来又发生了一件大事。董祀在屯田都尉任上，犯了法，按当时的法律，当处死。蔡琰听说后，来不及穿鞋子，就跑去向曹操求情。当时曹府上坐满了公卿名士及远方使驿。曹操向大家介绍说：“这就是蔡邕蔡先生的爱女。”大家抬起头来一看，看到的是一位憔悴的中年妇人，蓬乱着头发，赤着一双脚。这和大家心目中蔡先生女儿的形象相距太远。蔡琰为董祀叩头请罪，言辞清辩，语气辛酸。在座的人都非常同情她。曹操说：“判决的文书已经送出去了，怎么办呢?”这时候蔡琰抬起头来，对曹操说：“您马厩里有上万匹骏马，身边有数不清的猛士，为什么舍不得让人骑一匹快马，去拯救一条垂死的生命呢?”曹操很感动，他为一代才女的感情所感动，于是派人追回文书，赦免了董祀。

当时是冬天，北方的天气十分寒冷。曹操连忙叫人给蔡琰披上头巾，穿上鞋袜。蔡琰的身上和心里一片温暖。她坐在曹操身边，向曹操表达谢意。曹操问蔡琰：“听说您先君子原有很多藏书，现在还能想起来吗?”蔡琰说：“父亲的一部分书送给了王粲，还有一部分书，有的被董卓的大火烧掉了，有的被人拿走了，还有的被虫鼠咬坏了。现在已是一本无存了。我能背诵出来的，大概就是四百多篇吧。”曹操说：“很好。我派十个书吏去你家里抄去。”蔡琰说：“我也记得有些模糊了。就让我自己边背诵边抄写吧，您只给我纸笔就行了。”后来蔡琰果然就把四百多篇文章背写出来，交给了曹操。珍贵的文化典籍又得以传承于世，这是曹操和蔡琰对中国文化的重要贡献。

蔡琰到底思念两个留在胡地的儿子。就连左贤王，一同生活了十二年，她也经常想到他。想着想着，就流下泪来，于是她用笔写下自己的遭遇，那么痛彻肺腑的遭遇。这就是后世广为流传的《悲愤诗》。这首叙事诗长达五百四十字，是前此文人诗歌中所没有的。她在诗中描写了胡兵的凶残，以及被掳者所受的侮辱和虐待：

> 斩截无孑遗，尸骸相撑拒。马边悬男头，马后载妇女。……所略有万计，不得令屯聚。或有骨肉俱，欲言不敢语。失意几微间，辄言毙降虏。要当以亭刃，我曹不活汝。

胡地的风霜，大漠的荒凉，还有思念亲人的痛苦，让她感受着时光的煎熬。她想念大汉的每一寸土地，每一片的粼粼波光。然而一旦这样的日子来临了，得以归国了，她却要和儿子离别了。

> 己得自解免，当复弃儿子。……儿前抱我颈，问母欲何之。人言母当去，岂复有还时。阿母常仁恻，今何更不慈?我尚未成人，奈何不顾思。见此崩五内，恍惚生狂痴。号泣手抚摩，当发复回疑。

儿子和故土，都是她的牵挂。然而，她得到一方，就要失去另一方，这是多么令人痛心的事情。她的感情永远在思念中，没有尽头。她还写了著名的《胡笳十八拍》。诗中，她不再是叙述描写，而是血泪的控诉。她的感情汹涌澎湃，仿佛用整个灵魂在哭诉，在呼号。如在第八拍中写道：

为天有眼兮何不见我独漂流？为神有灵兮何事处我天南海北头？我不负天兮天何配我殊匹？我不负神兮神何殛我越荒州？

唐诗人李颀在《听董大弹胡笳声兼寄语弄房给事》说："蔡女昔造胡笳声，一弹一十有八拍。"刘长卿在《鄂渚听杜别驾弹胡琴》也说："文姬留此曲，千载一知音。"《胡笳十八拍》的曲调是蔡琰写的，应该没有问题，但《胡笳十八拍》的词是不是蔡琰写的，历来却有争议。郭沫若肯定地说是蔡琰写的。他说："没有那种亲身经历的人，写不出那样的文字来。"

曹 丕

曹丕本是一个文学大家，但由于他是曹操的儿子、曹植的兄长，在父、弟的对比之下，他的文学才能就被比下去了。“三曹”中他是末位。曹植才高八斗，当然应该排在第一；曹操气韵沉雄，不应在他之下。但就是这个末位，在中国文学史上也有赫赫地位。首先是他的《典论·论文》，是我国最早的一篇文学批评专论。在这篇文章里，他开头就说：“文人相轻，自古而然。”而究其原因，乃是文人们“各以所长，相轻所短”。他分析了当时七位作家作品的特点，孔融、陈琳、王粲、徐幹、阮瑀、应玚、刘桢，虽然是寥寥数语，却切中肯綮，独具只眼。他提到的七人被后人称为“建安七子”。他还提出了“文章经国之大业，不朽之盛事”的观点，此观点同两汉时期的看法，即认为辞赋是雕虫小技、壮夫不为的看法相比，是一个很大的进步。同时对后世也产生了深远的影响。后世许多文人，就在他这两句话的鼓励下活着，活得很崇高淡定。

还有他的七言诗《燕歌行》，广为后人传诵，一是确实写得好：

> 秋风萧瑟天气凉，草木摇落露为霜。群燕辞归雁南翔，念君客游思断肠。慊慊思归恋故乡，君何淹留寄他方。贱妾茕茕守空房，忧来思君不敢忘。不觉泪下沾衣裳，援琴鸣弦发清商。短歌微吟不能长，明月皎皎照我床。星汉西流夜未央，牵牛织女遥相望，尔独何辜限河梁？

写一个思妇，他把她放到秋夜的背景中来写，秋夜的凄清，星月的幽冷，把思妇缠绵悱恻的感情表现得十分鲜明感人。

二是它是现存最早最完整的七言诗。在曹丕以前，只有张衡的《四愁诗》是七言，但第一句夹有“兮”字，不能算是完整的七言诗。明人胡应麟的《诗薮》就赞誉此诗"开千古妙境"。有了《燕歌行》的滥觞，才有了唐诗乃至宋元明清七言诗的滔滔大河，这个功绩是非凡的。

曹丕还是邺下文人集团的领袖。邺城是古都邑。汉献帝建安二十一年，曹操封为魏王，定都于此。由于曹操父子雅爱文学，招揽文士，因此在邺城形成了文人雅士彬彬大盛的局面。后人称这群以曹氏父子为首的文人集团为邺下文人集团。邺下文人集团包括"三曹"、"建安七子"、蔡琰、杨修、丁氏兄弟等人。曹操是魏王，长者，加上军务、政务繁忙，不可能和邺下文人们有很多往来，所以曹丕、曹植兄弟就成为邺下文人们的实际领袖。后来曹丕被立为太子，就是当仁不让的领袖了。他在《与吴质书》中写道："昔日游处，行则连舆，止则接席，何曾须臾相失！每至觞酌流行，丝竹并奏，酒酣耳热，仰而赋诗。当此之时，忽然不自知乐也。"在《叙诗》中写道："为太子时，北园及东阁讲堂并赋诗，命王粲、刘桢、阮瑀、应玚等同作。"在《寡妇赋序》中写道："陈留阮元瑜，与余有旧，薄命早亡。每感存其遗孤，未尝不怆然伤心。故作斯赋，以叙其妻子悲苦之情，命王粲并作之。"这些话都可证明曹丕和邺下文人的关系非同一般。他是领袖，也是作家，要做文坛领袖还得有作品做支撑。

做了皇帝以后，他的精力主要集中在政务方面，创作就很少了。他所下诏令，都是刻板的内容，但同一般皇帝的诏令相比，还是有特色的，尤其是在字词锤炼方面。《文心雕龙》的作者刘勰就说："魏文帝下诏，辞义多伟。"他还组织一批文人编类书，从先代经、传中辑出文章，按类别编排，编了四十余部，总共八百余万字。因为这部书是专供曹丕查阅资料用的，故名《皇览》。《皇览》虽然散佚不在了，但它却开创了我国编辑类书的传统，这个传统对保存我国古代典籍文献，起到了重要作用。后来的《艺文类聚》《太平御览》就是仿照《皇览》的体例编辑而成。

曹丕本是曹操的长子，却差点没有当成太子，要不是他"御之以术，矫情自饰"，他的太子之位早就丢给曹植了。好不容易登上皇帝宝座后，便意欲陷害曹植，是他们的母亲卞太后出面保护，曹植才保全了性命。但卞氏的另一个儿子曹彰，却没能保全性命，被曹丕在枣里下毒毒死了。曹丕生怕丢了皇帝宝座，对兄弟们防范极严。他不允许兄弟们离开封地，不允许他们之间互相来往，还派监国使者严加督查，稍有过失，即奏请治罪，弄得兄弟们怵惕不安，人人自危。兄弟们所封王国，也是土地荒瘠、人口寡少的地方。他对兄弟们的薄情寡义达到了极致。

其实最后吃亏的还是曹丕自己。他不相信自己的兄弟，却把权力交给异姓大臣，比如司马懿，多么的老奸巨猾，曹丕依赖他，他能不觊觎魏国的江山吗？帝王本无种，你不也是篡汉而得的天下吗？曹操一生只做过丞相，没有称帝。曹操死后十个月，曹丕称帝，即魏文帝，改元黄初。所以三国的魏国是从曹丕登基开始算起的。实在是短命的，曹丕，曹叡，曹芳，曹髦，曹奂，五个帝王，加起来却只有四十五年。曹丕篡汉的时候，装模作样搞了一下禅让，要汉献帝降册逊位，要臣子写劝进表；而司马懿之孙司马炎篡魏的时候，也加以仿效，要当时的魏帝曹奂禅让，要臣子写劝进表。天运循环，一轮复一轮，让后人喟叹不已。

曹 植

刘义庆的《世说新语》记载了这样一个故事。说是曹操逝世后，曹丕想杀掉曹植。曹丕、曹植的生母卞太后大惊，连忙向曹丕求情。曹丕看在母亲的份上，对曹植说："我俩为兄弟，可以不杀你。但你须在七步之内口占一首，以'兄弟'为题，但不许提'兄弟'二字，不成，则行大法。"这个要求实在是苛刻。想不到曹植还没有走完七步，就高吟："煮豆燃豆萁，豆在釜中泣。本是同根生，相煎何太急。"据说当时曹丕感动不已，也惭愧不已。不是曹丕突然良心发现，而是曹植的诗太切题感人了。他没有杀曹植，也没有理由杀，而是改封曹植为安乡侯。

这虽然是一个传说，但人们相信这是真的。一是《世说新语》的作者刘义庆是南朝刘宋人，离汉末不过一百多年；二是这个传说正好反映了他当时的处境，符合历史的真实。历史的真实是曹操的二子曹植、曹丕曾争立太子。曹丕是长子，按封建社会"立嫡以长"的传统，曹丕应是当仁不让的太子。但曹操这个人是很有个性的，他信奉唯才是举，尤其是在选择接班人问题上，他更是如此。他先是看好曹冲，曹冲死后，他开始看好曹植。曹植出口成章，下笔万言，让曹操十分赏识。加上曹植的好友丁氏兄弟（丁仪、丁廙）等人多次对曹操称颂曹植，说他"博学渊识，文章绝伦。当今天下之贤才君子，不问少长，皆愿从其游而为之死，实天所以钟福于大魏，而永授无穷之祚也"。曹操很高兴，他愿意听这样的话。

在这样的氛围下，曹植的雄心壮志表露无遗。他决心西灭"违命之蜀"，东灭"不臣之吴"，他所追求的人生目标是"戮力上国，流惠下民，建永世之业，流金石之功"。所以他的诗也写得慷慨激昂，颖脱不群。他的《白马篇》说："羽檄从北来，厉马登高堤。长驱蹈匈奴，左顾凌鲜卑。”他描写一个视死如归的爱国壮士，当然有自己的影子。有利的形势——曹操的看法，众人的口碑，还有盖世的文才，似乎都在曹植这边了。曹植距太子似乎只有一步之遥了。但曹植的嗜酒终于坏了他的大事。《三国志》说他“任性而行，不自雕励，饮酒不节”，可能是事实。

那是曹植为临菑侯的时候，有一次喝醉了酒，竟私自坐着王室的马车，在“驰道”上尽情游乐。须知驰道是帝王本人，而且是举行大典时才能走的官道。曹操闻讯大怒。他对曹植的信任一落千丈。他在一篇令文里说：“自临菑侯植私出，开司马门至金门，令吾异目视此儿矣。”还有一次，曹操任命他为南中郎将、行征虏将军去解襄樊之围，但他正喝得酩酊大醉不省人事，曹操只好撤销了对他的任命。相比之下，曹丕却是胸有城府，他“御之以术，矫情自饰”，终于赢得了曹操对他的好感。建安二十二年十月，曹丕被立为魏太子。三年后，曹操病死，曹丕顺利登上魏王的宝座。

曹丕一上台，就把曹植的好友丁仪、丁廙给杀了。曹植毫无办法，只能用诗抒发心中的悲凉。他写了一篇《野田黄雀行》，把丁氏兄弟比做罗网中的黄雀，说自己“利剑不在掌”，也没有“拔剑捎罗网”的少年，只有眼睁睁看着黄雀在罗网中挣扎直到死去。黄雀死去了，罗网还在，自己是不是罗网的下一个目标呢？他的心中充满了恐惧。

果然，曹丕对曹植的迫害接踵而至。他把曹植由临菑侯改封为安乡侯，食邑也由原来的万户减为千户上下。在安乡还没有待上一年，曹丕又改封他为鄄城侯，不到一年，又徙封为雍丘王。在王侯的封地，曹丕都派有监国使者，专门监督他们的一举一动。稍有不慎，监国使者就会打小报告，让王侯们吃不了兜着走。曹植几度被打小报告，差点酿成大祸，最后都是他上表，自责请罪，表示臣服，方才转危为安。曹植过的是战战兢兢、如履薄冰的日子。

魏有朝四节（立春、立夏、立秋、立冬）的制度，每到节气来临之际，曹丕都要安排会节气。所谓“会节气”，就是皇帝和王侯一起在京城迎接四节的到来。曹丕搞会节气，无非是笼络和考察诸王侯，看诸王侯是不是听话，在封地上有没有小动作，等等。黄初三年，曹植时为鄄城侯，京师“会节气”后他渡过洛水，看到洛水的柔波，他的心情突然好起来，仿佛在若隐若现的远方看到了一个女人，这个女人的姿态是那样美，“翩若惊鸿，婉若游龙。荣曜秋菊，华茂春松。仿佛兮若轻云之蔽月，飘飖兮若流风之回雪。远而望之，皎若太阳升朝霞；迫而察之，灼若芙蓉出渌波”。这就是著名的《洛神赋》里的句子。关于《洛神赋》有很多传说。有人把它称为《感甄赋》，认为赋中所描写的女人就是甄氏，曹丕的妻子，曹植的梦中情人。据说甄氏对曹植也苦苦思恋，死前特地把自己的香枕赠给他。很多人都相信这个凄美的故事是真的。李商隐诗中就有“贾氏窥帘韩掾少，宓妃留枕魏王才”之句。

曹植到雍丘的第二年，也就是黄初四年五月，他又奉诏同诸王侯一起到京都洛阳会节气，也不知有什么样的苦果在等着他吃。其他王侯也不例外。只有曹丕心里有数。这年的会节气，曹丕心里早埋下杀机。他要除掉一个王，这个王是他的心腹大患。

这个王当然不是曹植，而是曹彰，任城王曹彰。也是卞太后所生。曹彰骁勇善战，武艺盖世，在诸王中颇有威望。还有一条，他原是拥戴曹植做太子的。据说为杀死曹彰，曹丕可是煞费苦心。卞太后喜欢下棋，而曹彰也颇懂棋道，每次曹彰回洛阳，卞太后都要曹彰陪她下棋。卞太后对儿女们都很好，她安排人给下棋的曹彰准备酸枣。奸细把这一情况报告给曹丕，他令奸细在酸枣里下毒。曹彰被毒死了。

七月，没有被毒死的王侯们返回封地。本来曹植是可以和白马王曹彪一起结伴同行的，但监国使者却强令他们分道而行。他的悲愤之情无可言表，于是一挥而就写下《赠白马王彪》。这是他后期创作的代表作。他在序里说：“黄初四年五月，白马王、任城王与余俱朝京师，会节气。到洛阳，任城王薨。至七月，与白马王还国。后有司以二王归藩，道路宜异宿止，意毒恨之。盖以大别在数日，是用自剖，与王辞焉，愤而成篇。”他的心情坏到极点。他说：“秋风发微凉，寒蝉鸣我侧。原野何萧条，白日忽西匿。归鸟赴乔林，翩翩厉羽翼。孤兽走索群，衔草不遑食。”风是凉风，蝉是寒蝉，兽是孤兽，原野是萧条的，白日是无光的。难怪他要“感物伤我怀，抚心长太息”了。

曹彰死后，曹丕就再也没有会节气。也许是他的政治目的已经达到，也许是他心中有愧，再也不好意思搞这种鬼把戏了吧。黄初七年，三十九岁的曹丕死去，他的儿子曹叡继位。曹植的物质待遇得到了一些改善，曹叡把他从贫瘠的雍丘迁到富饶的东阿，再迁到陈，并增加食邑。但他的政治地位并没有改观，在朝政问题上，他仍然没有发言的权力。他完全失望了，心情非常郁闷。太和六年十一月二十八日，曹植去世，享年四十一岁。朝廷谥之为“思”，思有反思、思过的意思。一直到死，曹丕曹叡父子都认为他是有过错的人。后世称他“陈思王”。

他的作品得到后人极高的评价。钟嵘在《诗品》里评价说：“骨气奇高。词采华茂。……陈思之于文章也，譬人伦之有周孔，鳞羽之有龙凤，音乐之有琴笙，女工之有黼黻。”谢灵运是个恃才傲物之人，他却说：“天下才有一石，曹子建独得八斗，我得一斗，天下共分一斗。”曹植字子建。

阮 籍

“建安七子”是孔融、陈琳、王粲、徐幹、阮瑀、应玚、刘桢，“竹林七贤”是阮籍、嵇康、向秀、刘伶、山涛、王戎、阮咸，十四人中就有三个姓阮的，关系是这样的：阮瑀是阮籍之父，阮咸是阮籍之侄。阮籍是一个承上启下的人物。

其实他在诗歌的源流上也是一个承上启下的人物。他的《咏怀诗》上承曹植，下启左思、陶渊明，在五言诗的形成过程中，占有重要地位。他扛着建安风骨的大旗，旗帜上写着“不事雕琢、刚健清新”。他从曹植手里接过这面大旗，进入正始文学（建安文学之后就是正始文学），往前走，又郑重交给左思、陶渊明。

然而他却生活在那样一个时代。正值魏晋交替之际，司马氏把持朝政，政治异常黑暗险恶。文人士流，稍有不慎，即招来杀身之祸。《晋书》就说“天下多故，名士少有全者”。为了远祸避害，他崇尚老庄，发言玄远，终日“饮酒昏酣，遗落世事”，装出一副懵懂糊涂的样子。他装得十分成功。当时的名士嵇康、吕安等被杀，向秀、山涛等被迫投降，只有他既未投降，又能善终，这是很可惊诧的。因为他的名气比所有的人都要大，更容易受到统治者的注意。

但他的行为却颇为怪诞。他能为青白眼。青眼对雅士，白眼对俗人，爱憎分明。嵇康的哥哥嵇喜去看他，他不喜欢，作白眼，嵇喜只好知趣地回去了。不一会嵇康赍酒挟琴来了，他和嵇康意气相投，高兴得不得了，于是睁开青眼。他经常一个人驾车外出，也不问路，任凭马自己跑，跑得没有车路了，就大哭而返。王勃在《滕王阁序》里说“阮籍猖狂，岂效穷途之哭”，指的就是这件事。他有时说话让人感到很奇怪。在担任从事中郎的时候，“有司言有子杀母者”，他竟接口说：“杀父是可以的，怎么能杀母呢？”正好司马昭在跟前，司马昭说：“杀父，罪大恶极，你怎么这样认为呢？”阮籍说：“禽兽知母而不知父，杀父，是禽兽干的事，而杀母，禽兽不如啊！”原来他是在怒骂那个杀母者是禽兽不如的东西。

关于他饮酒的故事就更多了。他的邻家少妇有美色，当垆沽酒，他到她店里去饮酒，饮很长时间，醉了，便睡在少妇的旁边。也没见他有什么非分之想，日子长了，连少妇的丈夫也不怀疑他了。他有个女儿美而慧，司马昭想聘为儿子司马炎之妻，就到他家里来求婚，下聘礼，他却烂醉如泥，一连醉了六十日。司马昭没有办法，最后只得作罢。司马昭有个亲信叫钟会，这个人很有计谋，被人比作西汉谋士张良。他想借故杀阮籍，就经常问他一些关于时政方面的问题，“欲因其可否而致之罪”，他就装醉，所答非所问，钟会到底没有抓住他的把柄。

后人称他为阮步兵，是因为他担任过步兵校尉。这个官职是他自己求得的。他曾有官不做，将尚书郎、参军等官职借病辞掉了。为什么却要做一个步兵校尉呢？也是因为酒的缘故。他听说步兵厨营有一个人善酿酒，而且有贮酒三百斛，就主动申请担任步兵校尉。有酒喝呀。

他的心里实在是痛苦、苦闷。他的旷放任达，他的嗜酒沉醉，都是因为痛苦和苦闷。醉了总有醒的时候，醒了，他就写诗，把痛苦和苦闷放到诗里说一说，心里才好受些。他的诗并不醉，没有酒气。他的《咏怀诗》今存八十多首，半数以上都含有忧死嗟生的内容。如：

夜中不能寐，起坐弹鸣琴。薄帷鉴明月，清风吹我襟。孤鸿号外野，翔鸟鸣北林。徘徊将何见，忧思独伤心。（其一）

天马出西北，由来从东道。春秋非有托，富贵焉常保。清露被皋兰，凝霜沾野草。朝为媚少年，夕暮成丑老。自非王子晋，谁能常美好？（其四）

清丽的语言，却写出了苍茫、悲凉之气，这就是建安文学的特色。然而，建安文学时代那种温和的政治氛围已经不存在了。曹操不在了，他的宽容和大度死去了，他的“周公吐哺，天下归心”死去了。取而代之的是司马氏的政治高压和无处不在的恐怖。阮籍对政治现实是不满的，虽不敢公开反抗，但他毕竟是清醒有良知的文人，他的有些诗，若明若暗，隐隐约约，字里行间，还是透露出若干消息。比如他的《咏怀诗》第三首：

嘉树下成蹊，东园桃与李。秋风吹飞藿，零落从此始。繁华有憔悴，堂上生荆杞。驱马舍之去，去上西山趾。一身不自保，何况恋妻子！凝霜被野草，岁暮亦云已。

诗中的秋风、凝霜，皆具有象征意义。元代刘履在《选诗补注》评此诗说："秋风一起，而草木零落，繁华者于是而憔悴矣。甚至荆棘生于堂上，则朝廷所用之人从可知焉。当是时，唯托身远遁，去从夷齐于西山，尚恐不能自保，何况恋妻子乎?"他说得很有道理，值得参考。

其实最能表现阮籍个性的还是他的《大人先生传》。文章通过大人先生之口，指斥那些"唯法是修，唯礼是克"的所谓君子：

今汝造音以乱声，作色以诡形；外易其貌，内隐其情，怀欲以求多，诈伪以要名；君立而虐兴，臣设而贼生。坐制礼法，束缚下民，欺愚诳拙，藏智自神。强者睽眂而凌暴，弱者憔悴而事人。假廉以成贪，内险而外仁，罪至不悔过，幸遇则自矜。

真是振聋发聩，痛快淋漓。他还把这些"君子"比做裤裆里的虱子。"且汝独不见乎虱之处乎裈中，逃乎深缝，匿夫坏絮，自以为吉宅也。行不敢离缝际，动不敢出裈裆，自以为得绳墨也。饥则啮人，自以为无穷食也。然炎丘火流，焦邑灭都，群虱死于裈中而不能出。"虱子钻到了裤裆里，自以为居食无忧，到了温柔安乐世界，但当变故到来，像大火"焦邑灭都"，人无逃处，虱子又能逃到哪里去呢? 这种尖刻的嘲讽，使人看到了庄子的风采。

司马氏总想逼他就范。景元四年十月，司马昭自封晋公，加九锡，指定阮籍写劝进文。阮籍当然不肯写，他又拿出惯用的伎俩——装醉。但此番不同了，司马昭派使者立逼作文，醉也要写。阮籍无奈，只得乘醉一挥而就，"辞甚清壮，为时所重"。此时他的好友嵇康已被司马氏杀害，而他却在为统治者写劝进文，他的心中异常痛苦。他狂饮，饮后吐血，不久郁郁而死。

嵇　康

嵇康担任中散大夫，是一个虚衔，他大部分时间隐居在山阳。山阳的景色很美，有青山绿水，有竹林，有人家淡淡的炊烟。于是阮籍、向秀、刘伶、山涛、王戎、阮咸也来了，他们七人常在一起作竹林之游，人称“竹林七贤”。他们崇尚清谈，饮酒不节，常常有一些惊世骇俗的行为，在当时名气很大。

“竹林七贤”其实是以嵇康为核心的。嵇康的风致极好。《世说新语・容止》刘孝标注引《嵇康别传》说他“长七尺八寸，伟容色，土木形骸，不加饰厉，而龙章风姿，天质自然”。沛王曹林（曹操的儿子）把女儿嫁给他，他的风致极佳当然是一个原因。其次是他多才多艺。他善书画。唐代张怀瓘评论他的草书说：“观其体势，得之自然，意不在乎笔墨。若高逸之士，虽在布衣，有傲然之色。”懂音律，善弹琴，一曲《广陵散》天下闻名。诗文不消说。最重要一点还是他的人品。他心境淡泊，行止孤高，但又高爽任真，嫉恶如仇，深得当时名士们的敬重。

如七贤之外的吕安，是通过其兄吕巽认识嵇康的，“吕安服康高致，每一相思，辄千里命驾，康友而善之”。少年赵至，偶见嵇康一面，即被吸引，徘徊不能去。后随康还山阳。“竹林七贤”以及吕安、赵至的许多活动，如饮酒、清谈，就是在嵇康的山阳寓所里举行的。嵇康的后园有一棵大柳树，他在柳树下筑了一个铁匠铺锻铁。他喜欢锻铁，是体育锻炼，也是收入的一个来源。他的姿态很美，被当时人形容为“萧萧肃肃，爽朗清举”。向秀经常来帮忙，抡大锤。他打小锤。大锤小锤，叮叮当当，声音清越，是山阳的一道风景。

“竹林七贤”的知名度越来越高，这自然引起了司马氏（司马懿、司马昭父子）的高度注意。司马氏对曹魏政权虎视眈眈，他们一方面残酷地诛锄异己，一方面又极力拉拢贤达名流，为司马政权积蓄力量。“竹林七贤”中的山涛，字巨源，本是嵇康的好朋友，但他并不想当隐士，老死山林，后来终于和司马氏拉上关系，当上了尚书吏部郎。不久又举嵇康以自代。嵇康对山涛的变节行为感到十分气愤，他饱蘸激情，写下《与山巨源绝交书》一文。他在文中陈述自己不愿为官的理由，“有必不堪者七，甚不可者二”，他把自己比作一只“少见训育”的禽鹿，“长而见羁，则狂顾顿缨，赴蹈汤火，虽饰以金镳，飨以嘉肴，愈思长林而志在丰草也”。态度决绝，笔致犀利，语言亦庄亦谐，极嬉笑嘲讽之能事。后人对他这篇文章评价极高，李贽就说：“此书实峻绝可畏，千载之下，犹可想见其人。”

当然也开罪了不少人。山涛不消说，还有钟会、吕巽一班人。尤其是他的“甚不可者二”，是“非汤武而薄周孔”和“刚肠疾恶，轻肆直言”，让司马昭大怒。司马氏想夺取政权，用的就是汤武、周公的牌子，顺天应人的把戏。《易·革·彖辞》中有“汤武革命，顺乎天而应乎人”的话。“汤”就是商汤天乙，“武”就是周武王姬发，他们一个推翻了夏桀的统治，一个推翻了商纣的统治。司马氏自比汤武，而把曹魏集团比作夏桀、商纣。这下好了，这小子公开叫板“非汤武而薄周孔”，这不是和自己过不去吗？就因为这句话，司马昭有了杀害嵇康的念头。

但总得找一个杀害的理由。亲信钟会对司马昭的意图心领神会，他来找。其实钟会对嵇康是相当佩服的。他写好了一本书，叫《四本论》，想让嵇康为之鼓吹，就来请嵇康。但嵇康的凛然正气让他怕呀，他就在户外遥掷，回头便走。这次他不怕了，他“乘肥衣轻，宾从如云”，大摇大摆地来到嵇康的寓所。嵇康正在和向秀打铁，他们好像没有看见他似的，只管打自己的铁，大锤小锤，叮叮当当，钟会站了好半天，讨了个大没趣。直等到钟会怏怏离去时，嵇康才问他道：“何所闻而来，何所见而去？”钟会则大有深意地答道：“闻所闻而来，见所见而去。”他的话中有话。

后来钟会、吕巽一班人终于找到了一个机会。这事说起来真叫人气不平。吕巽强暴了其弟吕安的妻子，怕事情败露，就反诬吕安不孝。魏晋以孝治天下，不孝是大罪，吕安被充军。这件事的前因后果嵇康是知道的。他大为不平，乃作书与吕巽绝交，并为吕安作证。但没有用，吕安还是被流放了。在流放途中吕安给嵇康写信，有“昔李叟入秦，及关而叹”的话，这本是一句极平常的话，司马昭却抓住不放，大做文章，把吕安逮捕入狱，真是欲加之罪，何患无辞。嵇康也受牵连而被投入狱中。

嵇康是受人景仰的人物，听说他受冤屈入狱，太学生三千人为之请命，这让司马氏感到了空前的压力。这时钟会就把他的“话中话”说出来了。他对司马昭说：“（康）上不臣天子，下不事王侯，轻时傲世，不为物用，无益于今，有败于俗”，留下有什么用呢？是完全可以杀掉的。于是司马昭下定了决心。其实司马昭更狡猾，他在引诱钟会说这几句话。没有钟的话，他也要杀嵇康。刑场设在洛阳城东建春门外，临刑前，嵇康镇定自若，要来一架五弦琴，弹奏《广陵散》。他弹奏的姿态，令人想起他的《赠秀才入军》：

> 良马既闲，丽服有晖。左揽繁弱，右接忘归。风驰电逝，蹑景追飞。凌厉中原，顾盼生姿。（九）
>
> 息徒兰圃，秣马华山。流磻平皋，垂纶长川。目送归鸿，手挥五弦。俯仰自得，游心太玄。嘉彼钓叟，得鱼忘筌。郢人逝矣，谁与尽言。（十四）

“凌厉中原，顾盼生姿。目送归鸿，手挥五弦。”正是此时嵇康手弹五弦琴的形象的写照。弹毕，嵇康长叹一声道：“昔袁孝尼要跟我学《广陵散》，我总不肯教他，《广陵散》今绝矣！”响应嵇康长叹的，是刑场前三千太学生的一片哭声。

潘 岳

潘岳字安仁，民间简称他为潘安。古小说里常见“才过宋玉，貌胜潘安”的字句，把“潘安”当作美男子的代名词。《金瓶梅》里的王婆心目中理想的男人，第一就是要有潘安一样的美貌。原来这些都源于《世说新语·容止》的描写：“潘岳妙有姿容，好神情。少时挟弹出洛阳道，妇人遇者，莫不连手共萦之。”

潘岳的貌好，人也聪明。小的时候就“以才颖见称，乡邑号为奇童”。十九岁的时候写了一篇《射雉赋》，描写野雉中箭的情景：“鲸牙低镞，心平望审；毛体催落，霍如碎锦。”很有生气。寥寥数语，即把物体人事，再现纸上。二十岁时即晋武帝泰始二年，被司空荀顗辟为司空掾，掾是属官，相当于后世的秘书之类。他在司空掾的任上作了一篇《籍田赋》，文采富丽，辞章华赡，很受人推重。年纪轻轻的就做了官，又有文名，难免遭人忌恨。就不断有人说他的坏话，致滞官不迁达十年之久。咸宁四年，才被贾充召为太尉掾。贾充的前一任掾官叫韩寿。李商隐的《无题》诗有名句：“贾氏窥帘韩掾少，宓妃留枕魏王才。”句中贾氏就是贾充的女儿，韩掾就是韩寿。韩寿貌美，充女在帘后窥见，私相悦慕而至私通。后来贾充便将此女嫁给韩寿。

难怪三十二岁就有了白发。潘岳在《秋兴赋》序里说：“余春秋三十有二，始见二毛。”“二毛”是指头发黑白相间。南唐李后主在《破阵子》里说：“一旦归为臣虏，沈腰潘鬓消磨。”这里的沈是指南梁沈约，潘就是指潘岳。《秋兴赋》中，他借秋来写自己的万般愁绪，满腹牢骚。他说：“嗟秋日之可哀兮，谅无愁而不尽。”笔下的秋景和心中的愁怀融为一体：

天晃朗以弥高兮，日悠阳而浸微。何微阳之短晷，觉凉夜之方永。月朣胧以含光兮，露凄清以凝冷。熠耀粲于阶闼兮，蟋蟀鸣乎轩屏。听离鸿之晨吟兮，望流火之余景。宵耿介而不寐兮，独辗转于华省。

他是继宋玉之后，又一个写悲秋写得比较成功的。他还用童谣来讽刺攻讦权贵，以发泄心中的不满。这时的司马氏已成为皇帝，天下一统，政治上还是比较宽容。讽刺攻讦权贵，即使是讽刺攻讦了皇帝（只要不造反），也少有被杀头的。这样看来，潘岳就比阮籍、嵇康幸运多了。咸宁五年，潘岳出为河阳令。出就是调出京都洛阳。在离开洛阳之前，他写了一篇《河阳庭前安石榴赋》，表达自己怨愤的心情：

仰天路而高睇，顾邻国以相望；位莫微于宰邑，馆莫陋于河阳。

赋归赋，牢骚归牢骚。潘岳到河阳以后，还是勤于政务的。他一到河阳，就带领百姓种植桃树李树，山上也种，山下也种，县城的大街小巷也种。一到春天，红花白花次第开放，缤纷热闹，所以人们一提到河阳，就说“河阳一县花”，河阳因花而出了名，潘岳也因花而出了名。河阳被称为“花县”，潘岳也被称为“花县令”。据说河阳这个地名现在改了，这很可惜。一个县靠一样东西出名不容易。

在河阳当县令后，潘岳的职务几度变迁。元康六年前后，他回到洛阳，任著作郎、给事黄门侍郎等职。在这一时期，他开始依附贾谧。提到贾谧，不佞就得介绍一下西晋的“三后”。“两后”是晋武帝的皇后杨艳、杨芷，“一后”就是晋惠帝的皇后贾南风。杨艳死的时候，担心太子（就是后来的晋惠帝）地位不稳，请求晋武帝立她的堂妹杨芷为后。杨芷之父杨骏，是晋惠帝的太傅，这一下就成了势倾天下的人物。晋惠帝即位后，杨骏辅佐朝政，多树党羽。这就引起了贾氏集团的严重不满。贾氏集团的主要成员是贾充，就是曾辟潘岳为太尉掾的贾充。晋惠帝的皇后贾南风，正是贾充的小女儿。那时贾充已死，他有个孙子叫贾谧。贾谧和姑姑贾后几次密谋，终于诛杀了杨骏。当然还有杨骏的亲党。

杨骏的亲党其实还包括潘岳。潘岳当时的职务是杨骏太傅府主簿，与他同署的另一主簿已被诛杀。潘岳吓得不行，他连忙搬出所有关系斡旋，才死里逃生，仅被免官了事。通过这件事，潘岳得到的最大教训是“匪择木以栖集，鲜林焚而鸟存”，如果主子找错了，后果是很可怕的。可怜的潘岳这时想到的不是政治险恶，抽身而退，而是开始寻找新的主子。他早年曾做过贾府的府掾，现在贾谧的权势炙手可热，这样他依附贾谧就是顺理成章的事了。

惠帝元康年间，依附贾谧的大有人在，有所谓“二十四友”。“二十四友”除潘岳外，还有石崇、刘琨、陆机、陆云、左思等，大都是历史上著名的人物。石崇有一则故事记载在《世说新语·汰侈》里：

石崇与王恺争豪，并穷绮丽，以饰舆服。武帝，恺之甥也，每助恺。尝以一珊瑚树高二尺许赐恺，枝柯扶疏，世罕其比。恺以示崇，崇视讫，以铁如意击之，应手而碎。恺既惋惜，又以为疾己之宝，声色甚厉。崇曰：“不足恨，今还卿。”乃命左右悉取珊瑚树，有三尺、四尺，条干绝世，光彩溢目者六七枚，如恺许比甚众。恺惘然自失。

更有名的是石崇的金谷园。这是石崇的别墅，占地十顷，布置精巧而豪华，石崇常引“二十四友”在里面饮酒赋诗，“或不能者，罚酒三斗”，影响很大。后世的李白在《春夜宴从弟桃李园序》也说：“如诗不成，罚依金谷酒数。”石崇编了一本《金谷雅集》，汇集了包括“二十四友”在内的三十人的作品。潘岳、左思、陆机当然是主要成员。潘岳这一时期十分热衷于官场奔趋，他经常去金谷园，还和左思一起去贾谧家里讲《汉书》，为贾谧代笔写书表奏议，有时还代贾谧写赠答诗。他追随贾谧，到了如影随形、不能自拔的地步。

贾后无子，谢妃有子而被立为太子，贾后感到了皇后位置的危险，就和贾谧密谋废太子。他们信任潘岳，就要潘岳也参与密谋活动，潘岳只得同意。他们废了太子还想谋害太子，太子谋害了，自己也招来了杀身之祸。赵王司马伦和梁王司马彤联合行动，矫诏废贾后为庶人，杀贾谧、石崇一干人。潘岳当然也在被杀之列。赵王伦有个亲信叫孙秀，曾在潘岳父亲（其父潘芘曾为琅琊内史）门下做过小吏，潘岳那时不喜欢他的为人，曾多次挞辱他。此时，潘岳成为阶下囚，他希望孙秀念在旧识上救他一把。他小心翼翼问孙秀：“孙令犹忆畴昔周旋不？”孙秀引

《诗经·小雅·隰桑》中两句话来回答他："中心藏之，何日忘之。"潘岳知道自己再不可能逃过一死了。

后人常以潘岳谄事贾谧来诟病他，把他当作文人无行的典型，其实未免苛严。他事母孝，对妻忠，在传统道德品质上，他是无可指责的。他是二十四孝中的一孝，"辞官奉母"的主人翁。他是"貌若潘安"者，美男子，但他对妻子杨氏却是一往情深，相爱不移。杨氏逝世后，他为她写的《悼亡诗》，悲凉沉郁，缠绵低回，感人至深。后人把他们夫妻称为"潘杨之好"，可见影响深远。

左 思

左思和潘岳、石崇同是贾谧“二十四友”成员之一，潘岳、石崇被杀，夷三族，但左思却保全性命。这无外乎两个原因，一是左思的妹妹左棻是晋武帝的贵嫔，多少得看一点面子；二是左思很少参加活动，和“二十四友”并没有多少往来。《晋书》上说他“貌寝，口讷，而辞藻壮丽，不好交游，惟以闲居为事”。后一条是主要的。

左思的妹妹左棻很有才学，但容貌平平。她在《离思赋》里说：“生蓬户之侧陋兮，不闲习于文符。不见图画之妙像兮，不闻先哲之典谟。”她之所以能充后宫，是因为杨皇后性妒，故意不选美丽少女入宫，左棻才得以入选的。左棻入宫，左思一家随之搬入京师洛阳。左思、左棻兄妹感情很好，但宫廷深深，兄妹之间见面很困难。有时几年都难得见上一面。左思在《悼离赠妹》说：“自我不见，于今二龄”，“何以抒怀，告情翰墨”。通一通信函，还是可以的。从这里也可以窥见晋代宫廷里的一些礼仪制度。

大约是左思来到洛阳以后就开始写《三都赋》。“‘三都’者，刘备都益州号蜀，孙权都建业号吴，曹操都邺号魏。”那时吴、蜀已平，左思为了使赋写得接近实际，特地去拜访熟悉蜀地情形的张载。一篇赋写了十年，写得很苦。《晋书·左思传》说他“访岷邛之事，遂构思十年，门庭藩溷皆著纸笔，遇得一句，即便疏之”。当时陆机听说他在写《三都赋》，拊掌大笑，他对弟弟陆云说：“此间有伧父，欲作《三都赋》，须其成，当以覆酒瓮耳。”那时人讥人粗鄙，则蔑称之为“伧父”，可见陆机对他的蔑视。

他的赋写成了，陆机却大为吃惊。陆机认为他写得很好，自己即使写，也无法超过他。陆机由蔑视而为揄扬，这对《三都赋》其实是一个极好的宣传。当然还有当时的名流张华、皇甫谧等人的宣传，还有文坛宿儒为之作注作叙，《三都赋》轰动天下，左思名重京华，一时“豪贵之家，竞相传写，洛阳为之纸贵”。全赋一万零一百一十三字，字数超过了班固的《两都赋》、张衡的《二京赋》，是两汉魏晋的第一长赋，当然要用去很多的纸。

他晚年还写了一篇小赋，《白发赋》，用拟人化的手法，以白发比喻“世之途”，寄托和讽刺很明显：

星星白发，生于鬓垂。虽非青蝇，秽我光仪。策名观国，以此见疵。将拔将镊，好爵是縻。

白发将拔，惄然自诉：禀命不幸，值君年暮。逼迫秋霜，生而皓素。始览明镜，惕然见恶。朝生昼拔，何罪之故？子观桔柚，一鬲一晔，贵其素华，匪尚绿叶。愿戢子之手，摄子之镊。

词义很简洁，很显豁，一目了然，这和《三都赋》的艰涩冗长有了很大区别，形成了鲜明的对照。《白发赋》是短篇小制，它的名气自然不能与《三都赋》相比，但它的文学价值却是不可忽视的。

让左思声名鹊起的其实是他的《咏史》八首。刘勰在《文心雕龙·才略》篇里说：“左思奇才，业深覃思，尽锐于《三都》，拔萃于《咏史》。”钟嵘也把左思的《咏史》诗列为上品，这都是很有见地的。左思的《咏史》诗突破了古人的传统写法，他不是呆衍史事，以史咏史，而是以史咏怀，以史抒情，这种咏史诗是前无古人的。他的《咏史》之一是这样写的：

弱冠弄柔翰，卓荦观群书。著论准《过秦》，作赋拟《子虚》。边城苦鸣镝，羽檄飞京都。虽非甲胄士，畴昔览《穰苴》。长啸激清风，志若无东吴。铅刀贵一割，梦想骋良图。左眄澄江湘，右盼定羌胡。功成不受爵，长揖归田庐。

这是借史事来展示自己的才能和抱负。在文章方面，他自比贾谊、司马相如；在政治军事方面，他自比穰苴、段干木、鲁仲连。从这些壮怀激烈的言辞中，我们看到了作者的乐观自信，看到了作者要求建功立业的迫切愿望。但要实现这种愿望是相当困难的。现实和理想之间有很大的差距。在第二首诗里，我们见到了作者的牢骚与不平：

郁郁涧底松，离离山上苗。以彼径寸茎，荫此百尺条。世胄蹑高位，英俊沉下僚。地势使之然，由来非一朝。金张藉旧业，七叶珥汉貂。冯公岂不伟？白首不见招。

之所以“世胄蹑高位，英俊沉下僚”，是当时的门阀制度造成的。左思带着极大的愤慨，猛烈地抨击这种门阀制度的不合理，后半更指出这种现象的由来已久，根深蒂固，这就把古人的牢骚与不平也写出来了。左思的妹妹以文才入宫，虽未受到晋武帝的宠幸，但毕竟是与皇室攀上了亲戚。《左思别传》曾说他“以椒房自矜”，但就是他这种身份的人，都未能改变寒门出身，未能得到公平的待遇，其他寒士的遭遇就可想而知了。

左思还写有《娇女诗》一首，描写二女天真烂漫的情态，读来趣味盎然：

吾家有娇女，皎皎颇白晰。小字为纨素，口齿自清历。鬓发覆广额，双耳似连璧。明朝弄梳台，黛眉类扫迹。浓朱衍丹唇，黄吻澜漫赤。娇语若连琐，忿速乃明[忄+画]。握笔利彤管，篆刻未期益。执书爱绨素，诵习矜所获。

其姊字惠芳，面目粲如画。轻妆喜楼边，临镜忘纺绩。举觯拟京兆，立的成复易。玩弄眉颊间，剧兼机杼役。从容好赵舞，延袖像飞翮。上下弦柱际，文史辄卷襞。

这首诗对后世影响较大。陶渊明的《责子诗》，杜甫的《北征诗》片断，李商隐的《娇儿诗》，显然都受到了它的影响。

陆　机

读《三国演义》，人们应该对八十三回“战猇亭先主得仇人，守江口书生拜大将”、八十四回“陆逊营烧七百里，孔明巧布八阵图”印象深刻。陆逊以一书生拜为东吴大将，总领军务，却火烧连营七百里，大败兵多将广、身经百战的刘备，这不能不说是战争史上的奇迹。这个陆逊就是陆机的祖父。陆机的父辈更是重臣名将如云。父亲陆抗是大司马，从父陆凯是左丞相，另一位从父陆喜是吏部尚书。陆机生长在这样一个官宦世家，他的文化教养和行动规范自非常人所能比。《晋书》本传上说他“少有异才，文章冠世，伏膺儒术，非礼不动”，当是比较真实的记录。

陆机二十岁的时候，吴主孙皓在晋军的大兵压境之下投降了，东吴灭亡，陆机遭受了国破家亡的命运。陆机和弟弟陆云是万幸的，他们拾得性命，回到了华亭故里，闭门谢客，度过了十年寂寞的时光。这十年的时光对于陆氏兄弟其实是非常宝贵的。他们一方面陶冶情操，颐养心志，一方面勤奋读书，学习写作。也许正因为这样一个变故，历史才成全了陆氏兄弟。

晋武帝太康九年，陆机、陆云兄弟在“举清能，拔寒素”的口号下，被征召入洛阳。他们一到洛阳，就去拜访当时的文坛领袖张华。张华与陆机兄弟一见如故，他说：“伐吴之役，利获二俊。”他对陆机兄弟是相当看重的。在张华的引荐下，他们结识了不少达官贵人、文士名流。这些人当然以异样的目光看待他们，有时故意提一些问题与他们为难。有一次，侍中王济招待他们，王指着羊酪问陆机：“卿吴中何以敌此？”陆机答道：“千里莼羹，未下盐豉。”这两句话，被当时人称为名对，传播遐方。莼羹、鲈鱼脍是吴中的名菜，吴人张翰曾为此二物弃官不做，命驾而归。

还有一次，尚书卢志当着很多人的面问陆机：“陆逊、陆抗是你的什么人?”陆机回答说：“就像你与卢毓、卢珽的关系。”当着后辈之面，直呼乃父乃祖之名，是非常不礼貌的行为，陆机也来了一个反唇相讥，以牙还牙。当时陆云在旁边，吓得脸都变了颜色。走出门的时候，陆云说：“也许卢志真的不知道。”陆机说：“我们的父祖声名播天下，他哪有不知道的?”陆机的抗直和机敏，让世人看到了陆机的才能和志气。

太傅杨骏，就是皇后杨芷的父亲也看到了，他辟陆机为祭酒，并擢其为太子洗马。后杨骏、贾谧伏诛，“二十四友”中的大部分人受到牵连，比如石崇、潘岳等人都被诛杀，但陆机仍然安然无恙。他的机遇是一个方面，更重要的是他善于见风使舵，躲过暗礁险滩。赵王司马伦诛杀贾谧一干人等后，自任相国，辅佐朝政，他以陆机为相国参军，并赐爵关中侯。你看，还升了官。《晋书》本传说陆机“好游权门”，“以进趣获讥”，可能指他屡进屡退，随物浮沉，在政治权谋方面很有一套。

“好游权门”，其实包含着极大的危险。后来的情况果然就是如此。赵王伦自任相国还不满足，他还要谋皇位。晋惠帝永宁元年，齐王冏、成都王颖、河间王颙等起兵讨伦，历史上的“八王之乱”开始了。伦败亡，因陆机为伦的中书郎，曾代拟九锡文及禅位诏，遂收付廷尉，几乎被杀。是成都王颖、吴王晏援手相救，陆机方得减死徙边，后遇赦而止。

成都王颖招他入幕中，甚受宠信，先以参知大将军军事，后复为平原内史，故世称机为“陆平原”。他对成都王颖感激涕零，他在谢颖表中说：“重蒙陛下恺悌之宥，回霜收电，使不陨越，复得扶老携幼，生出狱户”，“猥辱大命，显授符虎，使春枯之条，更与秋兰垂芳，陆沉之羽，复与翔鸿抚翼”。他这时无论写表还是写诗，都到了随心所欲、一无阻滞的地步。

成都王颖也有野心。太安二年八月，他以陆机为前锋都督，率军二十余万去讨伐长沙王乂。这是一次危险之旅，同乡孙惠劝机把都督让给他人，他的回答是：“将谓吾为首鼠避贼，适所以速祸也。”他也是箭在弦上，不得不发了。后出师不利，军败，卢志等乘机在司马颖的面前大进其谗言，颖怒不可遏，叫人收捕陆机。陆机遂遇害于军中，夷三族。弟陆云也同时遇害。据《世说新语·尤悔》载："陆平原河桥败，为卢志所谮被诛，临刑叹曰：'欲闻华亭鹤唳，可复得乎?'"华亭是他的故里，他在死之前当然想念故土，想念亲人。

陆机天才亮逸，作品颇丰。首先提到的应该是他的《文赋》。《文赋》是我国文论史上的重要作品。它总结前代作家创作的经验，第一次揭示了艺术的想象问题。《文赋》认为，文学创作首先要有文思，而文思来自两个方面，一要玄览万物，二要咏诵典坟。有了文思方可"慨投篇而援笔"，进入创作的状态。第一步是构思，陆机写道：

> 其始也，皆收视反听，耽思傍讯，精骛八极，心游万仞。其致也，情曈昽而弥鲜，物昭晰而互进。倾群言之沥液，漱六艺之芳润。浮天渊以安流，濯下泉而潜浸。於是沈辞怫悦，若游鱼衔钩，而出重渊之深；浮藻联翩，若翰鸟缨缴，而坠曾云之峻。收百世之阙文，采千载之遗韵；谢朝华于已披，启夕秀于未振；观古今于须臾，抚四海于一瞬。

这里所写的，完全是创作主体的心理活动。"观古今于须臾，抚四海于一瞬"，就是主体把握客体最理想的境界，即构思时的一种状态。有创作经历的人都有这种感受，现在陆机把它说出来了，而且说得很形象，富有诗意。

关于陆机的诗作，历来褒贬不一。有人说他的诗堆砌呆板，内容贫乏；有人说他的诗"才高词赡，举体华美"。其实说的是一个意思，就是他喜欢堆积辞藻。这和他过分强调佳句在文章中的作用有关系。他在《文赋》中曾说："石韫玉而山辉，水怀珠而川媚。彼榛楛之勿翦，亦蒙荣于集翠。"榛楛，丛生的杂木，这里指前人繁芜的句子。把前人繁芜的句子都要引用保留，文章怎么会不烦冗堆积？后来刘勰在《文心雕龙·熔裁》中对他的这种观点提出了批评。

他还是西晋著名的书法家。他所写的章草《平复帖》流传至今，成为书法中的珍品，不能不说是一个奇迹。

陶渊明

我很喜欢东晋的陶渊明，因为他使人感到亲切，他的诗也使人感到亲切。提到他，就仿佛看到一位浑身散发泥土气的老农，肩上荷一把锄头，站在刚刚升起的月光下，和归家的农民交谈。当然谈的都是农事。“相见无杂言，但道桑麻长。”回到家里，放下锄头，饮一点酒，或是独饮，或是和邻居、朋友一起饮，饮完了，趁着微醺，写几句诗。他的诗实在是明白如话，却不是水，是酒，陈年的老酒。

他的这般境界，来自他心境的淡然。他本来做官，做过江州祭酒，做过荆州小吏，做过建威参军，后来又做彭泽令。彭泽的县令，相当于现在的县长，也不小了。因为不为五斗米折腰，他毅然辞了官，并写了《归去来兮辞》。他在回家的路上，心情是多么的喜悦：“舟遥遥以轻飏，风飘飘而吹衣。问征夫以前路，恨晨光之熹微。”他这一归，东晋的末世，少了一个无足轻重的官吏，而中国文学史，却多了诗和文章。欧阳修说：“晋无文章，惟陶渊明《归去来兮辞》一篇而已。”诗呢，他没有说。

其实他的诗影响更大。我们现在提山水田园诗，就要提陶渊明。山水诗的创始人是谢灵运，而田园诗的创始人就陶渊明。唐代的王维、孟浩然是田园诗人，宋代的杨万里、范成大是田园诗人，一直绵延到元明清。他们都或多或少受到过陶渊明的熏陶和影响。其中有些人还刻意学陶、仿陶，但他们都无法达到陶渊明的境界。陶渊明亲自参加农事，“晨兴理荒秽，带月荷锄归”，看到新苗的生长，他高兴；看到草叶上的露珠，他高兴；听到鸟的鸣叫和雨的声音，他也高兴。他高兴了，就拿笔写下体会与感受。他把自己融入大自然里，故他的诗进入了无我之境。王国维说：“以物观物，故不知何者为我，何者为物。”

如他的“采菊东篱下，悠然见南山”，好像自肺腑流出来一般，而读者也自然地被他带到创造的意境中。他和读者，真正是水乳交融，没有半点的隔阂距离。这主要是因为他的语言平易，像口语，脱口而出，人人都懂。他说“盛年不重来，一日难再晨”，他说“落地成兄弟，何必骨肉亲”，他说“明旦非今日，岁暮余何言”，他在对我们说，面上带着微笑，或带着凝重，不是在写诗。或者，不像在写诗。

他读《山海经》，是在孟夏，草木茂盛，鸟儿欢唱。他写道：“孟夏草木长，绕屋树扶疏。众鸟欣有托，吾亦爱吾庐。即耕亦已种，时还读我书。”书读倦了，去园里摘蔬菜，豆豇子，蛾眉豆，辣椒，炒了菜，饮一点薄酒。“欢然酌春酒，摘我园中蔬。”这大概是年成好的时候罢。

但农家的日子毕竟寒苦，悠然的日子并不多。尤其是晚年，他的身体不好，儿孙一大群，生活实在是有些艰难。遇到灾年，不免受到饥寒的压迫。还有王税的压迫。他在《示庞主簿邓治中》说：“夏日长抱饥，寒夜无被眠。造夕思鸡鸣，及晨愿乌迁。”《有会而作》说：“弱年逢家乏，老至更长饥。菽麦实所羡，孰敢慕甘肥。”他想象一个富足、和乐而安宁的社会，那里“春蚕收长丝，秋熟靡王税”。他写了《桃花源记并诗》：“土地平旷，屋舍俨然，有良田美池桑竹之属。阡陌交通，鸡犬相闻。其中往来种作，男女衣着，悉如外人。黄发垂髫，并怡然自乐。”那里的人过着与世隔绝的日子，他们“不知有汉”，更“无论魏晋”，但他们生活得很自在，很幸福。这是一个与现实社会对立的理想社会，是世外桃源，这正是陶渊明所追求的。

但他自己依然生活在现实中。有时真是非常的窘迫。他做过十三年的官，又有写诗的大名，当然是有朋友的。有比他过得更苦的朋友，但也有做官的朋友。官朋友有时会主动来帮助他。这其中就有始安郡太守颜延年。颜延年也写诗，不过二人的风格不同罢了。有一次颜延年经过浔阳，找陶渊明喝酒，临走时还给他两万钱。他就把两万钱全部送到酒家存着，用来随时取酒。他不轻易接受周济，他不为五斗米折腰，更不会为一壶酒、一次嗟来之食折腰。江州刺史檀道济就是例子。有一次檀道济带来粱肉看他，这时，他又病又饿好些天了，起不了床。檀道济看了他一眼，说：“贤者在世，天下无道则隐，有道则至。今子生文明之世，奈何自苦如此?”檀道济的话实在有些不好听，他马上反唇相讥，说：“潜也何敢望贤，志不及也。”他要檀道济把粱肉拿走，他不要。虽然他饿得已经没有气力了。

四年后的一个秋天，陶渊明的身体越来越不行了。他预感到死期已近，就给自己写了《拟挽歌辞》三首、《自祭文》一篇。他把死亡看得那样平淡。他在诗里说：“死去何所道，托体同山阿。”人本是从大自然来的，现在回归大自然，那是再自然不过的事。他居然模仿《薤露》《蒿里》的诗体，描写自己被送葬入土的光景。

陶渊明的曾祖父是陶侃。陶侃是东晋的开国元勋，官至大司马，都督八州军事。陶侃年轻的时候，做管理鱼梁的小官，送给母亲一陶罐子鲊鱼。他母亲把鲊鱼全部寄还给他：“汝为吏，以官物见饷，非唯无益，乃增吾忧也。”正是靠母亲的叮咛教诲，陶侃才由一介寒士一跃而为王公贵族。陶侃在生前享尽荣华富贵，大名更是妇孺皆知。然而，他想不到，他的重孙，陶渊明，就靠诗和文章，知名度远远超过了他。

谢灵运

谢灵运有这样一句名言。他说："天下才有一石，曹子建独得八斗，我得一斗，天下共分一斗。"他这句话表面在夸曹植，实际上在夸耀自己。他有一斗才，天下人才共有一斗才，这意思不是说天下的人不如他一人吗？难怪史书上说他是个恃才傲物之人。

但你读他的诗，你会发现他的傲是有道理的。他的诗一扫玄言诗的枯燥和呆板，展现出清丽可爱的面貌。我们先来读他的《石壁精舍还湖中作》：

昏旦变气候，山水含清晖。清晖能娱人，游子憺忘归。出谷日尚早，入舟阳已微。林壑敛暝色，云霞收夕霏。芰荷迭映蔚，蒲稗相因依。披拂趋南径，愉悦偃东扉。虑澹物自轻，意惬理无违。寄言摄生客，试用此道推。

这首诗描写的是傍晚湖中泛舟的景色。远处的林峦山壑，在落霞暮霭的笼罩之下，显得朦朦胧胧，而舟旁的芰荷蒲稗，也抹上了一层夕阳的余晖，在波光中摇曳动荡。作者以精雕细刻的语言，写出了清丽自然的山水，也写出了舟人澹然忘怀的意兴，情在景中，情景交融，这实在是不错的。

他还有一首著名的《登池上楼》：

潜虬媚幽姿，飞鸿响远音。薄霄愧云浮，栖川怍渊沉。进德智所拙，退耕力不任。徇禄反穷海，卧疴对空林。衾枕昧节候，褰开暂窥临。倾耳聆波澜，举目眺岖嵚。初景革绪风，新阳改故阴。池塘生春草，园柳变鸣禽。祁祁伤豳歌，萋萋感楚吟。索居易永久，离群难处心。持操岂独古，无闷征在今！

诗中以潜伏的虬龙和高飞的鸿雁起兴，都是有寓意的。潜虬是比喻自己深藏不露，飞鸿是比喻自己声名远播。作者是在这样一种心境下登楼。他登楼看见各种景色，景色在变化，情绪也跟着在变化，气氛渐渐降低，最后他感伤起来。其中最有名的句子是“池塘生春草，园柳变鸣禽”。确实是工巧而自然，如鲍照所形容的“如初发芙蓉，自然可爱”，让人感到节令变化时他的新鲜和喜悦。

谢灵运是我国第一个山水诗人，他的名字和山光水色紧紧地联系在一起。为什么他的诗近半都是对山水的描摹刻画呢？这要从谢灵运的身世以及他所处的时代说起。

谢灵运出生在会稽始宁，他的祖父谢玄是东晋名将。著名的淝水之战，就是他指挥的。他率领八万“北府兵”，大败前秦皇帝苻坚的八十万大军，创造了我国历史上以少胜多的著名战例。东晋南渡建康以后，谢家和王（导）家就居住在朱雀桥边的乌衣巷内。唐诗人刘禹锡《乌衣巷》云：“朱雀桥边野草花，乌衣巷口夕阳斜。旧时王谢堂前燕，飞入寻常百姓家。”其中的谢就是指谢安、谢玄家族。谢灵运十八岁的时候，就承袭了康乐公的封爵。二十二岁的时候，任抚军将军刘毅的记室参军。

东晋孝武帝时期，大军阀桓玄篡晋，但随之又被刘裕推翻。刘裕本是北府兵的将领，他迎立晋安帝复位，实际自己成为东晋政权的掌握者。后来他杀掉了有军事实力谢混（谢灵运的族叔）、刘毅，登上了皇帝的宝座，改国号为宋，史称“刘宋”。历史进入南北朝时期。刘裕虽然当了皇帝，但他不敢小觑门阀制度的力量，王、谢家族的影响，他没有因为谢混、刘毅的原因杀掉谢灵运（谢灵运追随刘毅达七年之久），而是让谢灵运做官，做无关紧要的文官，但不久又免职。

刘裕有七个儿子，长子义符，次子义真。义真聪明爱文，和谢灵运意气相投。后来义符继刘裕登位，是为少帝。少帝为剪去义真的羽翼，就以“构扇异同，非毁执政”的理由，让谢灵运出为永嘉太守。出就是从京都调出任地方官。永嘉地处浙江东部沿海，风景清幽，谢灵运一路上写诗抒情，但心中的愤懑难以排遣。到了永嘉太守的任上，他就消极不理政事，“民间听讼，不复关怀”，一以登山临水为主要内容。一年期间，他几乎游遍了永嘉全境，他在秀丽的瞿溪山、绿嶂山、岭门山、石鼓山上徘徊，他在清澈的瓯江上泛舟，他一路走一路写诗。他写的当然都是山水诗。

他以写诗来表达对统治者的不满。后来他干脆称病去职，离开永嘉回到了老家始宁。谢家在始宁有一个大庄园，带山傍水，极幽居之美。他花大量的时间来整治庄园，和族弟谢惠连，还有几位名僧隐士，流连其中，谈理说法。同时仍然四处游览，泛舟，登山。他发明了一种专门用来登山的木屐，屐上有齿，上山时可去掉前齿，下山时可去掉后齿，后人称这种木屐为“谢公屐”。李白在《梦游天姥吟留别》中就说：“脚著谢公屐，身登青云梯。”原来他的游山玩水，模山范水，是表示不满情绪或是安慰自己的一种方式。他的这种不满（和安慰）在历史上已不足道，但他表示不满的东西，大量的山水诗，却开创了我国的山水诗派，这是历史的意外收获，可能也是出乎谢灵运本人意料的。

就在他“脚著谢公屐”，登山不倦的时候，刘宋王朝的内部斗争日益激化。几位顾命大臣杀少帝，杀庐陵王义真，拥立刘裕三子义隆即位，是为文帝。文帝站稳脚跟以后，又杀了这几位顾命大臣。文帝招谢灵运入建康，授秘书监，又迁侍中，命令他整理内府藏书和修撰《晋史》。实际上把他当一个文学侍从。他不满，经常称疾不朝，唯以游山玩水为务。文帝不能忍受他的傲慢，暗示让他告病归里。他接受了。

他再度回到始宁。还是傲慢，甚至是狂傲。会稽太守看不惯他，上表奏他意存不轨，文帝借机把他放为临川内史。后又被人所劾，徙付广州，终于以谋逆的罪名被杀。他以恃才傲物而出名，最后终以恃才傲物而被杀，这实在是令人痛惜。

鲍 照

小时读鲍照《登大雷岸与妹书》，甚为快意：“吾自发寒雨，全行日少，加秋潦浩汗，山溪猥至，渡溯无边，险径游历，栈石星饭，结荷水宿，旅客贫辛，波路壮阔，始以今日食时，仅及大雷。途登千里，日逾十晨，严霜惨节，悲风断肌，去亲为客，如何如何！”此书是他离家赴江州，于途中写给妹妹鲍令晖的。鲍令晖也是一位诗人。她有“物枯识节异，鸿归知客寒”，被人传为名句。

他去江州谒见临川王刘义庆。刘义庆是《世说新语》的作者，宋文帝刘义隆的堂兄。当时鲍照大约二十岁。去谒见之前，有人对他说：“郎位尚卑，不可轻忤大王！”他回答说：“千载上有英才异士，沉没而不闻者，安可数哉！大丈夫岂可遂蕴智能，使兰艾不辨，终日碌碌与燕雀相随乎？”从这些话里是可以窥见他的个性的。

他献诗刘义庆，刘义庆也是文人，当然赏识他，擢他为临川国侍郎。但他和同僚的关系不算好，他在《野鹅赋》里说：“虽居物以成偶，终在我以非群。”他把同僚比作鸥鹑枭雕，把自己比作一只野鹅，也就是天鹅，天鹅怎么会同鸥鹑枭雕合群呢。和他前面说的安可“与燕雀相随乎”之类的话相同。他也有文人孤芳自赏的脾气。

大约五年以后，即宋文帝元嘉二十一年，刘义庆死了，他彷徨无所依。看到元嘉二字。我们就会想起辛弃疾的《京口北固亭怀古》：“元嘉草草，封狼居胥，赢得仓皇北顾。”宋文帝刘义隆好大喜功，轻率北伐，把国事弄得一团糟，连他的两个儿子刘劭、刘濬也对他极为不满。刘劭是太子，刘濬是始兴王。鲍照于元嘉二十四年到刘濬幕下任侍郎，大约是对刘劭、刘濬的图谋有所觉察，元嘉二十九年他辞去侍郎之职，任永安令。他辞职后不久，刘劭杀文帝自立，刘骏又起兵杀刘劭、刘濬。刘骏登上帝位，是为孝武帝。孝武帝擢鲍照为海虞令、太学博士兼中书舍人、秣陵令、永嘉令等职。大约在他任中书舍人的时候，孝武帝和鲍照谈到了鲍令晖的文学才华。鲍照说：“臣妹才自亚于左棻，臣才不及太冲耳。”左思、左棻兄妹，鲍照、鲍令晖兄妹，都是我国文学史上少见的兄妹文学家，难分伯仲。

孝武帝大明五年，鲍照任临海王子顼的参军，世称“鲍参军”。大明八年，孝武帝刘骏死，他的儿子们你杀我我杀你，更是一塌糊涂。子顼还只有九岁，也稀里糊涂以谋反罪被赐死，鲍照仓皇逃命，还是死于乱军之中。鲍照死后，他的作品大部散失。直到南齐武帝永明年间，才由文惠太子搜集遗文，编成《鲍照集》。这是南齐萧氏做的一件积功德的好事。

鲍照的文学成就是多方面的，但最有名的还是他的诗，尤其是他的乐府诗《拟行路难》十八首，是历来传诵的名篇。由于鲍照“身地孤贱”，故他对门阀制度多有不满。他在《瓜步山揭文》里曾经叹息说：“才之多少，不如势之多少远矣。”与左思的“地势使之然，由来非一朝”之叹如出一辙。所以他的《拟行路难》大都抒写心中的悲愤与不平。如第四首、第六首：

> 泻水置平地，各自东西南北流。人生亦有命，安能行叹复坐愁。酌酒以自宽，举杯断绝歌路难。心非木石岂无感，吞声踯躅不敢言。
>
> 对案不能食，拔剑击柱长叹息。丈夫生世会几时，安能蹀躞垂羽翼。弃置罢官去，还家自休息。朝出与亲辞，暮还在亲侧。弄儿床前戏，看妇机中织。自古圣贤尽贫贱，何况我辈孤且直。

前一首写心中有万般愁苦，但却吞声不敢言，一股悲愤不平之气，荡漾在字里行间。后一首则是这种悲愤不平之气的爆发。他对案不食，拔剑击柱，一声长叹接一声长叹，一句呼喊连一句呼喊。他宁肯弃置罢官，也不愿再受这种窝囊气了。他的孤直耿介的性格，在诗里表达得非常鲜明。

在这一组诗里，他还对思妇及被遗弃的妇女表示深刻的同情。他在第三首里写道：

璇闺玉墀上椒阁，文窗绣户垂绮幕。中有一人字金兰，被服纤罗蕴芳藿。春燕差池风散梅，开帏对景弄禽爵。含歌揽涕恒抱愁，人生几时得为乐？宁作野中之双凫，不愿云间之别鹤。

从女子的陈设来看，应该是一位皇帝或是王子的嫔妃。她名金兰，被冷落，像一只孤鹤，过着寂寞而愁苦的日子，所以金兰羡慕“野中双凫”，羡慕自由相爱的生活。“中有一人字金兰”，这样的句型，后世不断有人模仿。

《拟行路难》对后世的影响相当大，唐朝诗人李白、杜甫、韩愈、白居易，尤其是李白，受影响最为明显。如果把李白的《行路难》《将进酒》和鲍照的《拟行路难》相比，我们就会发现许多共同之处。鲍照说“对案不能食，拔剑击柱长叹息”，李白说“停杯投箸不能食，拔剑四顾心茫然”。还有这组诗中“君不见”的句子，五、七言杂用，有时甚至还有八言，对李白、杜甫的影响也很大。如李白有名句“君不见黄河之水天上来”，杜甫有“君不见管鲍贫时交，此道今人弃如土”等句。

鲍照的五言乐府诗也写得好。名篇有《代东武吟》《代出自蓟北门行》等。都是从军的题材，《代东武吟》写一个穷老还家的士兵，报国无路，心中的悲凉无可言说。《代出自蓟北门行》写战士保卫边境的决心，还有“投躯报明主，身死为国殇”的豪情。诗中用“马毛缩如猬，角弓不可张”写边地的苦寒，十分形象。

鲍照的赋以《芜城赋》最为有名。他写广陵的荒芜。用对比的手法。先写广陵昔日的繁华：“车挂轊，人驾肩，廛闬扑地，歌吹沸天。”然后写眼前所见的荒凉景象：“泽葵依井，荒葛罥涂。坛罗虺蜮，阶斗麏鼯。木魅山鬼，野鼠城狐。风嗥雨啸，昏见晨趋。饥鹰厉吻，寒鸱吓雏。”这就加深了人们对芜城的印象。赋的画面很开阔，气势雄浑，辞藻也很华丽典雅。但它并不像汉代的大赋那样整饬详赡，密不透风，它时时间以散句，摇曳变化，这样就让人读起来很轻松了。历来的骈文家都推崇此赋。

谢朓

谢朓（读挑战的挑）的朓字是一个生僻字，如果不是历史上有这么一个大诗人，恐怕这个“朓”字已经没有几个人认识了。“朓”字托谢朓的福，蹦蹦跳跳地活到现在。

李白傲视群雄，但最佩服谢朓。他在《宣州谢朓楼饯别校书叔云》说：“蓬莱文章建安骨，中间小谢又清发。”小谢就是指谢朓。大谢是谢灵运。谢朓是谢灵运的族侄，晚一辈，故后人称谢朓为小谢。

谢朓的祖父谢述曾为刘宋彭城王的左卫将军，他有三个儿子，幼子谢纬即谢朓之父。宋文帝元嘉二十二年，谢朓的两个伯父因拥立彭城王被杀，他的父亲是宋文帝的女婿，是皇亲，才未受株连，幸免于难。谢朓十六岁的时候，南齐政权取代了刘宋政权，天下易主成为萧姓。萧姓的皇帝、王子大都雅好文学，故文名早播的谢朓很受重视。大约在南齐武帝永明初，二十岁刚过的谢朓担任了随王萧子隆的太子舍人等职。当时竟陵王萧子良为司徒，开西邸招文学之士，谢朓、沈约、萧衍等八人经常在一起诗酒流连，号为“竟陵八友”。当然还有其他文士。很热闹。西邸文士们所作的《永明乐》词，后人称“永明体”。所谓“永明体”，也称“新体诗”，主要是就声律而言的，“以平上去入为四声，以此制韵，不可增减”。讲平仄对仗，就是从这个时候开始的。“永明体”对唐代近体格律诗的形成，具有重大积极的影响。

永明八年，萧子隆为镇西将军、荆州刺史，谢朓随萧子隆至江陵任参军，又改为随王文学。后来尚书左仆射萧鸾大权独揽，南齐宫廷一如刘宋，兄弟阋于墙，内斗相当激烈。随王萧子隆被杀，竟陵王萧子良也忧惧而死。谢朓很懵懂，但懵懂也有好处，他没有受到宫廷内变的影响，他的主子萧子隆被杀了，他仍然升迁为新安王萧昭文中军记室。尚书左仆射萧鸾登帝位，是为明帝，他又为明帝掌中书诏诰。他对明帝很感激，写诗，写乐歌，都是一些好听的赞歌，光芒四射。

但他毕竟是齐高帝、齐武帝二朝诸王的幕僚，齐明帝对他并不是十分放心。在建武二年，他被任命为宣城太守。出任外官，他当然不高兴。他对政治的热望一变而为牢骚，甚至产生了归隐的想法。正是这种牢骚和归隐的想法成就了他。他写了大量的诗，山水诗。宣城的山水很美，有敬亭、双溪等名胜，滋润他的诗笔。他现存的诗有四分之一是在宣城写成的，而且大都是名篇。后人称他谢宣城，也是因为这个原因。

建武四年，谢朓行南徐州事，手中握有大权。这时齐明帝萧鸾病危，他生怕齐高帝、齐武帝二朝的诸王将权力夺回去，于是叫始安王萧遥光当凶手，杀二朝的诸王，也杀二朝的旧臣。谢朓的岳父叫王敬则，这时担任会稽太守，也是旧臣，在被杀之列。王敬则很恐惧，就想来一个先下手为强，于是派人跟谢朓联络，谢朓惧祸，竟将王敬则告发了。王敬则被诛，谢朓却因告发有功，越级升迁为尚书吏部郎。你看这个谢朓，虽然出于无奈，但还是遭到后人訾议。

翌年八月，明帝病死，东昏侯宝卷即帝位。宝卷荒淫无道，朝臣中有人密谋废黜，拥立始安王萧遥光。因此时谢朓位高权重，始安王萧遥光就拉拢谢朓，谢朓感到事态的严重，将此事密报宝卷的近臣。哪知宝卷的近臣慑于萧遥光的权势，反将谢朓的话告诉了萧遥光，萧遥光大怒，立即将谢朓收捕，害死于狱中。死时年仅三十六岁。《资治通鉴》胡三省注云："谢朓以告王敬则超擢，而死于遥光之手，行险以徼幸，一之谓甚，其可再乎?"他对谢朓的品行是不满的。

我们来分析谢朓的诗。谢朓是永明诗人的代表，在当时就很有名。萧衍（梁武帝）很喜欢他的诗，说："三日不读谢诗，便觉口臭。"沈约也说："二百年来无此诗也。"唐朝诗人李白在诗中经常提及谢朓，他说："解道澄江静如练，令人长忆谢玄晖。"谢朓字玄晖，"澄江静如练"是谢朓《晚登三山还望京邑》中的句子，此诗是谢朓的代表作：

灞涘望长安，河阳视京县。白日丽飞甍，参差皆可见。余霞散成绮，澄江静如练。喧鸟覆春洲，杂英满芳甸。去矣方滞淫，怀哉罢欢宴。佳期怅何许，泪下如流霰。有情知望乡，谁能鬒不变?

描写春江日暮的景色，有精警工丽的句子，也有佳期何许的情感，读起来又是那样的朗朗上口，没有一点阻滞生涩的感觉。

他还有《之宣城郡出新林浦向板桥》，也是名作：

江路西南永，归流东北骛。天际识归舟，云中辨江树。旅思倦摇摇，孤游昔已屡。既欢怀禄情，复协沧洲趣。嚣尘自兹隔，赏心于此遇。虽无玄豹姿，终隐南山雾。

“天际识归舟，云中辨江树”两句，像一幅淡淡的水墨画，展现出天边的归帆远树，让人顿生宁静致远的情趣。可见好的诗歌是具有感染人的力量的。

谢朓用新体诗方法，模仿南朝乐府民歌创作的小诗是值得注意的。如《玉阶怨》：

夕殿下珠帘，流萤飞复息。长夜缝罗衣，思君此何极？

还有《王孙游》：

绿草蔓如丝，杂树红英发。无论君不归，君归芳已歇。

南宋诗论家严羽说：“谢朓之诗，已有全篇似唐人者。”他可能就是指的这一类的新体诗。在唐人绝句里，我们不是经常能看到它们的影子吗？

刘 勰

刘勰的名字和《文心雕龙》连在一起。高考文史类常有这样的填空题，要么填作者刘勰，要么填作品《文心雕龙》。刘勰给后世留下了《文心雕龙》，《文心雕龙》把刘勰的名字传给后世。二者如同大海里的比目鱼，已是密而不可分开了。

我们先来说一下《文心雕龙》的含意。刘勰在《文心雕龙·序志》里说："夫文心者，言为文之用心也。昔涓子《琴心》，王孙《巧心》，心哉美矣，故用之焉。古来文章，以雕缛成体，岂取驺奭之群言雕龙也。"按照刘勰的解释，"文心"就是做文章运用心思的规律和方法，"雕龙"，雕镂龙纹，是指善于修饰文辞或刻意雕琢文字。合起来的意思大致是"文章写作的规律与精义"。

那么，《文心雕龙》到底是怎样一部著作呢？

简言之，《文心雕龙》是一部内容丰富、体系完整的文学理论批评专著。有三万七千多字，共五十篇，包括总论、文体论、创作论、批评论四个主要部分。总论有五篇，《原道》《征圣》《宗经》《正纬》《辨骚》，是全书的理论基础。文体论二十篇，从《明诗》到《书记》，对三十五种文体的源流，还有前人的作品，进行了深刻分析。创作论十九篇，从《神思》到《总术》，分论作家的个性风格、写作技巧、文辞声律等问题。批评论五篇，从《时序》到《程器》，对过去时代的文风、作家的成就提出批评，并对批评的方法作专门的探讨。最后一篇《序志》，说明自己创作的目的和结构部署。

刘勰认为，文学批评应该"振叶以寻根，观澜而索源"，文学的盛衰，体现了历代朝政世风的盛衰，比如建安文学"雅好慷慨"，就是出于"世积乱离，风衰俗怨"的现实环境。还有西晋时代，当时作家们之所以“人未尽才”，是因为他们“运涉季世”。他这种用历史眼光来分析、评论文学的观点，是前无古人的。他还比较全面地阐述了文学内容和形式的关系。他指出，文采在作品中的作用，就相当于涂脂抹粉对于女人一样，是可以起到修饰容貌的功能的；但如果一个女人实在太丑，粉黛是无能为力的。但这并不等于说粉黛没有作用。有了粉黛等的装饰，我们才知道面前站的是一个女人，这也很重要。他说：“虎豹无文，则鞹同犬羊。”

关于文章风格的论述，刘勰大大发展了曹丕“文气”的理论。曹丕在《典论·论文》里说：“文以气为主，气之清浊有体，不可力强而致。”刘勰认为一个风格的形成，有四个方面的基本原因，才（艺术才能)、气（性格气质)、学（学识修养)、习（生活习染)，而典雅、远奥、精约、显附、繁缛、壮丽、新奇、轻靡八种风格的不同，正因为作家在才、气、学、习方面存在差别。这就把一个看来十分玄奥的问题，阐述得非常清楚了。

他从《诗经》创作中，总结出了一条可贵的经验，他在《物色》里说：

> 是以诗人感物，联类不穷。流连万象之际，沉吟视听之区。写气图貌，既随物以宛转；属采附声，亦与心而徘徊。故灼灼状桃花之鲜，依依尽杨柳之貌，杲杲为出日之容，瀌瀌拟雨雪之状，喈喈逐黄鸟之声，喓喓学草虫之韵。皎日嘒星，一言穷理；参差沃若，两字穷形。并以少总多，情貌无遗矣。

他说的以少总多的“少”，就是指事物的本质特征，这个本质特征，就是从“多”中概括出来的。只有从大量的桃花中，才能提炼出“灼灼其华”的特征，也只有从大量的柳树中，才能概括出“杨柳依依”的特征。因此，“灼灼”“依依”等形貌，就能准确地反映出所有桃花、杨柳的本质特点。这种以少总多的方法，正是“要约写真”的具体途径。刘勰的这些论述，比之他以前的机械、单一的主真论，显然是一个重大的发展。

刘勰《文心雕龙》的理论对后世产生了深远的影响。唐诗人陈子昂、杜甫、白居易、韩愈所提倡的文学理论，都直接或间接受到他的理论的启发。清学者章学诚倡导“战国文体最备”的著名议论，实质上也是继承了他《宗经》等篇的看法。至于历代作家、批评家对它的赞美和褒扬，简直就是汗牛充栋，不可胜计了。现代学者范文澜、杨明照、周振甫、黄侃都对《文心雕龙》有深入的研究。在世界汉学领域，它也受到高度重视，每年所发表的论文，车载斗量。

但《文心雕龙》在它脱稿之初，却未受到人们的重视。其原因是刘勰“人贱物也鄙”。刘勰出身寒门，早孤。但好学不倦。白天砍柴没有时间读书，晚上又没有灯油读书，他就跑到定林寺去借佛殿灯光读书。定林寺有个著名的和尚，也是大学问家，名僧祐，他辅导刘勰读佛经，作文。刘勰在定林寺里度过了十几年时光，每天青灯黄卷，读经著文。有一天，刘勰梦见了孔子，这让他激动不已。他认为孔子垂梦于他，是对他极大的期待，于是开始写《文心雕龙》。从三十岁开始写，写了六七年时间。家贫未能婚娶，也好，无家小之累，他把人生的精力都用到写书上了。

书写成了，当时的名流根本瞧不起。他知道，没有名家的推荐，《文心雕龙》是很难得到世人肯定的。于是他决定去找当时的文坛泰斗沈约。沈约地位高，架子大，刘勰没有正式拜访他的资格，就去拦沈约的车驾。沈约感到很奇怪，一个穷书生，跪在车前，头上举着一厚摞文稿。他停下车，看了文稿，大惊，后“大重之”。由于沈约的称誉，《文心雕龙》才渐为世人所知，作者刘勰也开始有了名气。

梁天监二年，年近四十的刘勰踏上仕途。当然都是小官，奉朝请，记室，仓曹参军。天监六年开始，做太末令。他一生最为荣耀的，就是天监十三年，五十岁的时候，做了昭明太子萧统的通事舍人，管理章奏。萧统是太子，也是大文人，对他还是相当看重的。五十五岁的时候，定林寺的僧祐死了，他奉命回定林寺整理经卷。这时他如大梦初醒，宦途无边，回头是岸。他决心消除尘念，皈依佛门，于是向梁武帝请求，弃官为僧，改名慧地。梁武帝同意了。出家一年后，慧地就在定林寺默默地死去。

郦道元

北魏郦道元的传世名著是《水经注》。顾名思义，《水经注》是为《水经》作的注。《水经》是一部记述水道的古书，传为汉人桑钦作。但其中有三国地名，故清学者杨守敬等多疑作者非桑钦，而是三国时一佚名氏。《水经》记江河等径流二百三十多处，而郦道元详述支流一千三百多处，作了原书二十倍的补充发挥。文字的架构也不同。《水经》内容简略，文字枯燥，而《水经注》则描写山川名胜的千姿百态，文字极为鲜活生动。《水经注》既是一部地理著作，也是一部山水散文著作。可以这样说，《水经注》实际上已游离《水经》另成专著了。

我国古代的地理著作，有《禹贡》《山海经》《史记·河渠书》《汉书·地理志》等。这些书虽已提及山水的名目，但皆无山水的形象。有些文章有山水的形象，比如《楚辞·山鬼》有“余初幽篁兮终不见天，路险难兮独后来”，还有《招隐士》描写山石的奇形怪状，巍峨险峻，但那都是艺术的想象，而非真实的摩写。直到两晋南北朝，才出现了大量模山范水的文章。郦道元的《水经注》正是在这些文章的熏陶下催生出来的杰作。

但有一点是有区别的。两晋南北朝的山水文章，多是在记录风物名胜时，即兴描写一下周边的山水，它是用周边的山水来衬托记录的风物名胜，主要是写风物名胜。比如刘宋盛弘之的《荆州记》，它是在写荆州时连带写到了三峡。而郦道元《水经注》不同。郦道元的《水经注》是地理著作，它主要是记录水，记录水的源头、流向、经过、支径、汇合及河道变迁等情况，在记录水的时候，也记录水流域内的名胜古迹、历史掌故、风土人情等等，它以记录水为主，其他为辅。

当然还有一点更大的不同，郦道元的《水经注》大都是在实地考察之后，或在实地考察时写出的，跋山涉水，有直接的感受，所以他能写出各处山水不同的面貌、特色。他用的不是抽象笼统的词汇，而是个性化的描写、细致入微的刻画。比如，同样是山高水急，长江和黄河的山高水急就各具特色，同一条河流不同地段的山水又各具特色。郦道元的《水经注》成书大约在北魏延昌、正光年间，那时南北还处于分裂时期，他一生未能亲履南方，故关于南方水系的描写，多摘自前人或南人的著作，如他的《江水注》，就取自刘宋盛弘之的《荆州记》：

自三峡七百里中，两岸连山，略无阙处，重岩叠嶂，隐天蔽日，自非亭午夜分，不见曦月。至于夏水襄陵，沿溯阻绝，或王命急宣，有时朝发白帝，暮到江陵，其间千二百里，虽乘奔御风，不以疾也。春冬之时，则素湍绿潭，回清倒影。绝巘多生怪柏，悬泉瀑布，飞漱其间，清荣俊茂，良多趣味。每至晴初霜旦，林寒涧肃，常有高猿长啸，属引凄异，空谷传响，哀转久绝。故渔者歌曰："巴东三峡巫峡长，猿鸣三声泪沾裳。"

但北方的水多是他亲历过的。他早年随父旅居过青州临朐，故描写流过青州临朐的巨洋水，笔端常带感情：

巨洋水自朱虚北入临朐县，熏冶泉水注之。水出西溪，飞泉侧濑于穷坎之下。泉溪之上，源麓之侧，有一祠……水色澄明而清泠特异，渊无潜石，浅镂沙文，中有古坛，参差相对，后人微加功饰，以为嬉游之处。南北邃岸凌空，疏木交合。先公以太和中作镇海岱，余总角之年，侍节东州。至若炎夏火流，闲居倦想，提琴命友，嬉娱永日，桂笋寻波，轻林委浪，琴歌既洽，欢情亦畅，是焉栖寄，实可凭衿。

他的《河水注》，描写沿途的孟门、龙门、砥柱、吕梁，同是悬洪飞流，河之巨险，但山势不同、水势不同，故郦道元的遣词造句，各有特色，并不雷同。孟门与龙门二山相对，他注云：

经始禹凿，河中漱广，夹岸崇深，倾崖返捍，巨石临危，若坠复倚。……其中水流交冲，素气云浮，往来遥观者，常若雾露沾人，窥深悸魄。其水尚崩浪万寻，悬流千丈，浑洪赑怒，鼓若山腾，浚波颓叠，迄于下口。方知慎子下龙门，流浮竹，非驷马之追也。

于砥柱云：

河水翼岸夹山，巍峰峻举，群山叠秀，重岭干霄。自砥柱以下五户以上，其间百二十里，河中竦石桀出，势连襄陆，盖亦禹凿以通河，其山虽辟，尚梗湍流，激石云洄，澴波怒溢，合有十九滩，水流迅急，势同三峡，破害舟船，自古所患。

于吕梁则曰：

其山岩层岫衍，涧曲崖深，巨石崇竦，壁立千仞，河流激荡、涛涌波襄，雷奔电泄，震天动地。

郦道元《水经注》有很好的文字技巧，它吸收了骈文、辞赋尤其是山水诗的经验，也不完全是骈文，而是以散驭骈，骈中有散，流畅自然，摇曳生姿。如上描写吕梁一段，前后皆四字句，中间插入“于中历落有翠柏生焉”“望若图绣矣”二句，如密不透风的林中吹入一股清风，则全文都活矣。还有他对句子的锤炼，显然从诗歌中汲取了营养。如“青崖翠发”“奇峰霞举”，这是颠倒词序；“长林插天，高柯负日”，是把静物写成动态；“山高入云，远望增状，若岭纡曦轩，峰枉月驾”，是运用了神话传说。手法不尽相同，而诗化的成分却是相同的。

《水经注》还记录了大量的名胜古迹、园林、宫殿、寺庙、墓葬、桥梁、城台等，还有神话传说、民间故事、土风民俗、土特名产、动植矿物等等，犹如一本大百科全书。但它不是枯燥的、刻板的，而是用清峻鲜活的散文语言，娓娓道来，仿佛一位胸有丘壑的导游，在谈笑指点，带领我们领略祖国的大好河山。许多古代学者都认为郦道元是山水散文的高手，如明人张岱就说：“古人记山水，太上郦道元，其次柳子厚，近时则袁中郎。”柳宗元的不少散文可以看出《水经注》的影响。如《水经注·夷水》云：“所经皆石山，略无土岸，其水虚映，俯视游鱼，如乘空也。”柳宗元《小石潭记》云：“潭中鱼可百许头，皆若空游无所依。”影响无疑是明显的。宋苏轼，元刘因，明杨盛、张岱，清刘献廷等，都十分喜爱《水经注》的文字。它为我国古代散文的发展做出了重要贡献。

郦道元是北魏范阳涿州人。祖父郦嵩官至天水太守，父亲郦范任青州刺史，故他的青少年时代是在青州度过的。青州的山水给予他初涉人生的喜悦。二十三的时候开始做官，他为政严刻，执法威猛，时人畏惧，北齐史学家魏收把他列入《酷吏传》。北魏宣武帝延昌四年，他任东荆州刺史，因故罢官，闲居十年之久，直到孝明帝正光五年始为河南尹。他的《水经注》大概就是写于这闲居的十年间。他做河南尹，严刻的作风未变，得罪皇亲贵族，终被人以借刀杀人之计诛杀。

庾 信

毛泽东晚年，在生命的最后日子，他不停地要工作人员给他读《枯树赋》。当读到末尾“昔年种柳，依依汉南；今看摇落，凄怆江潭。树犹如此，人何以堪”时，毛泽东禁不住潸然泪下。《枯树赋》就是庾信的作品。像这一类感人至深的作品还有《哀江南赋》《小园赋》等。庾信的这些赋，都是他由南朝流入北朝之后写下的，是晚年的作品，所以杜甫说：“庾信平生最萧瑟，暮年诗赋动江关。”

庾信字子山，南阳新野人。父亲是梁代著名宫廷诗人庾肩吾。他自幼聪敏，过目成诵。十五岁的时候，即梁武帝大通元年，为昭明太子萧统的东宫讲读，十九岁为皇太子萧纲的东宫抄撰学士。庾氏父子的诗文在当时很有名，还有徐摛、徐陵父子也很有名，他们的作品号称“徐庾体”，绮艳浮华，在宫内宫外流行，模拟学习的人不少。

庾信深得梁武帝的信任，仕途也一帆风顺。但不久发生了“侯景之乱”。侯景本是东魏司徒，梁武帝太清元年率河南十三州来降。左右劝告梁武帝，此等背主负义、首鼠两端之徒，万不可纳。梁武帝不听，准其投降，并封为大将军、河南王。果然梁武帝引狼入室。太清二年侯景反，“五十年来，江表无事”的局面打破了。五十年的文恬武嬉，武备不修，使侯景很快就攻到建康城下。建康为梁朝的都城，当时守城的正是建康令庾信。一个不经战事的文人，怎敌虎狼般的侯景大军。台城被攻陷，庾信只身逃奔江陵。第二年才杀死侯景平乱。

梁武帝死后，他的几个儿子走马灯般地即帝位，乱成一锅粥。三年后萧绎于江陵称帝，是为梁元帝，改元承圣。梁元帝一如乃父梁武帝，十分器重庾信，任命他为右卫将军，并袭父爵武康县侯。承圣三年，他奉命出使西魏，当时西魏大军正南侵江陵，梁元帝被杀，他被强留北方，屈仕敌国。他这一去竟再也没有回到南朝，“不得回南朝”，成为至今流行江陵一带的俗语，意思是说永远也回去不了了。“移住华阴下，终为关外人”，是庾信在《拟咏怀二十七首》中的感慨。

其实西魏也很尊重他。当时西魏的实际统治者是宇文泰，宇文泰对他“赐职如旧”。宇文泰死，他的儿子宇文觉建立北周，是为闵帝。闵帝以及后来的明帝、武帝都对他很敬重。他的官越做越大，最后官至骠骑大将军、开府仪同三司。他的官位虽高，心里却充满了故国乡关之思，非常痛苦。于是他写下大量诗赋抒发心中的情感。

因为是蘸着泪水在写，所以他的诗赋很哀婉，很感人。他在南朝原是一个宫廷文学侍臣，写的都是内容空洞的奉和应制之作，到北朝后不同了，他的心中有许多的哀苦、思念，火山般地迸发出来。深沉的情感，无穷的思念，还有不得归去的哀愁，都浸透在作品里，真是让人“一读一泫然”。老百姓读是如此，伟人读也是如此。

他的代表作是《哀江南赋》。他在序里说：

> 天道周星，物极不反。傅燮之但悲身世，无处求生；袁安之每念王室，自然流涕。昔桓君山之志事，杜元凯之平生，并有著书，咸能自序。潘岳之文采，始述家风；陆机之辞赋，先陈世德。信年始二毛，即逢丧乱，藐是流离，至于暮齿。《燕歌》远别，悲不自胜；楚老相逢，泣将何及！畏南山之雨，忽践秦庭；让东海之滨，遂餐周粟。下亭漂泊，高桥羁旅；楚歌非取乐之方，鲁酒无忘忧之用。追为此赋，聊以记言；不无危苦之辞，惟以悲哀为主。

伤悼梁朝，哀叹个人身世，悲泣危苦之词充满在字里行间，实在也给人以悲泣危苦之感。他的《拟咏怀二十七首》也是如此。在第一首里，他自述作诗时的心情：

> 步兵未饮酒，中散未弹琴。索索无真气，昏昏有俗心。涸鲋常思水，惊飞每失林。风云能变色，松竹且悲吟。由来不得意，何必往长岑？

涸鲋思水，惊鸟失林，风云变色，松竹悲吟，这就是他失去故园的悲凉心情的写照。第二首他则把自己被逼仕北，比做娼女被强行嫁人，质子被强留异地。他说：

俎豆非所习，帷幄复无谋。不言班定远，应为万里侯。燕客思辽水，秦人望陇头。倡家遭强娉，质子值仍留。自怜才智尽，空伤年鬓秋。

强留异地，他只有纤腰瘦减，枯眼消损，他除了痛饮杯酒，一浇块垒以外，还有什么办法呢？他在第七首、第十一首里写道：

榆关断音信，汉使绝经过。胡笳落泪曲，羌笛断肠歌。纤腰减束素，别泪损横波。恨心终不歇，红颜无复多。枯木期填海，青山望断河。

摇落秋为气，凄凉多怨情。啼枯湘水竹，哭坏杞梁城。天亡遭愤战，日蹙值愁兵。直虹朝映垒，长星夜落营。楚歌饶恨曲，南风多死声。眼前一杯酒，谁论身后名？

他还有一些小诗写得清新可喜，感慨深沉，是值得一提的。如《寄王琳》：

玉关道路远，金陵信使疏。独下千行泪，开君万里书。

还有《寄徐陵》：

故人倘思我，及此平生时。莫待山阳路，空闻旧笛悲。

他的诗用典较多而又融化无迹，对仗工稳而又变化灵活，对后世的杜甫、李商隐等影响较大。

他实在想回去。虽然梁国不存在了，早已被陈霸先的陈国取代，但毕竟是故园的所在，有他熟悉的亲人和景物。但北周留他呀，也留王褒，王褒是江陵失陷以后随魏将入长安的。北周的君臣爱他们的才华，都是他们的“粉丝”。陈、周和好的时候，不少羁留北朝的人，陆续回到了南方，“信及褒并惜而不遣”，这是周朝的一番好意，有什么办法。他的“乡关之思”无日不在。北周武帝保定二年，陈国的尚书周弘正出使北周，他送周弘正回去，写了不少惜别诗。其中有一首写道：“阳关万里道，不见一人归。惟有河边雁，秋来南向飞。”他羡慕雁往南飞，更羡慕周弘正要回到南方去。但他终生都没有能够回去，“不得回南朝”，他的万般感慨，也让后人一遍一遍地为之感慨不已。

骆宾王

骆宾王的天资聪颖是出了名的。他的名作《鹅》就是他七岁时的作品。据说他当时正在池塘边戏水，有人指着池中群鹅让他赋诗，他就随口吟出了“鹅，鹅，鹅，曲项向天歌，白毛浮绿水，红掌拨清波”。一个顽童的即兴之作，却成为流播人口的传世佳作，这实在是一件奇闻。

骆宾王初入仕途大约在唐高宗龙朔元年，即他二十三岁时。他被道王李元庆辟为府属，做一些抄录、整理之类的工作。李元庆还算欣赏他，朝廷诏令荐举人才，李元庆就让骆宾王陈述自己的才能。看来是想荐举他的。这本是一个极好的机会，但骆宾王却在《自述状》里说：“说己之长，言身之善，靦颜冒进，贪禄要君，此凶人以为耻，况吉士之为荣乎?”把陈述自己才能的行为，贬损得一塌糊涂。道王本是一番好心，却讨了个没趣。结果可想而知。

他离开道王幕府后，闲居了一段日子，后来做东台详正学士，就是校理图书典籍的小官。又以事被谪，从军西域。大约在咸亨四年，又到四川去从军，为人掌书檄。他在四川的时候，写了一篇长篇歌行《艳情代郭氏答卢照邻》，很有名。卢照邻也是“初唐四杰”之一，他担任四川新都县尉时，有一个情妇郭氏。郭氏有孕时，照邻回到洛阳。那时女子未婚先孕是不得了的大事，郭氏哭成泪人，照邻安慰她，不久回蜀，正式成婚。谁知照邻一去不返，可怜的郭氏孩子也死了，一个人悲悲切切，痛苦不堪。照邻是宾王的好友，于是宾王为郭氏鸣不平：

> 传闻织女对牵牛，相对银河隔浅流。谁分迢迢经两岁，谁能脉脉待三秋?情知唾井终无理，情知覆水也难收，不复下山能借问，更向卢家字莫愁。

也不知卢照邻看了会作何感想。这样的事他还干过一回。另一首长篇歌行《代女道士王灵妃赠道士李荣》，李荣是有才名的道士，到四川来了很久也没有归去，他替王灵妃着急，于是拟王灵妃的口气作了一首诗赠给李荣，诗中说：

梅花如雪柳如丝，年来年去不自持。初言别在寒偏在，何悟春来春更思。

诗确实作得好，有难得的好句子，而且都是一语双关，寓情于景，情景交融。更可贵的是缠绵往复，曲尽思妇愁绪。闻一多先生说："（骆宾王）天生一副侠骨，专喜欢管闲事，打抱不平，杀人报仇，革命，帮痴心女子打负心汉。"话说得有些幽默，也实在道出了骆宾王的一些性格特点。

他的名作《帝京篇》是在明堂县做主簿时写下的。《帝京篇》完全可以和卢照邻的《长安古意》相媲美。它描绘长安无比的繁华，也描写上层社会奢侈堕落的生活：

王侯贵人多近臣，朝游北里暮南邻。陆贾分金将谳喜，陈遵投辖正留宾。赵李经过密，萧朱交结亲。丹凤朱城白日暮，青牛绀幰红尘度。侠客珠弹垂杨道，倡妇银钩采桑路。倡家桃李自芳菲，京华游侠盛轻肥。延年女弟双凤入，罗敷使君千骑归。同心结缕带，连理织成衣。春朝桂尊尊百味，秋夜兰灯灯九微。翠幌珠帘不独映，清歌宝瑟自相依。且论三万六千是，宁知四十九年非。

然而热闹终归沉寂，繁华亦有凋谢之日。诗人是清醒的。他给予那些醉生梦死的人以当头棒喝：

古来荣利若浮云，人生倚伏信难分。始见田窦相移夺，俄闻卫霍有功勋。未厌金陵气，先开石椁文。朱门无复张公子，灞亭谁畏李将军？相顾百龄皆有待，居然万化咸应改。桂枝芳气已销亡，柏梁高宴今何在？春去春来苦自驰，争名争利徒尔为。久留郎署终难遇，空扫相门谁见知。当时一旦擅豪华，自言千载长骄奢。倏忽抟风生羽翼，须臾失浪委泥沙。黄雀徒巢桂，青门遂种瓜。

最后是发表满腹的牢骚。怀才不遇的牢骚：

已矣哉，归去来。马卿辞蜀多文藻，扬雄仕汉乏良媒。三冬自矜诚足用，十年不调几邅回。汲黯薪逾积，孙弘阁未开。谁惜长沙傅，独负洛阳才。

骆宾王和卢照邻一样，都擅长歌行体。但他一首五言律诗《在狱咏蝉》亦很有名：

西陆蝉声唱，南冠客思深。那堪玄鬓影，来对白头吟。露重飞难进，风多响易沉。无人信高洁，谁为表予心。

是在狱中写的。他在明堂县做主簿后不久，母亲就去世了。他为母亲守孝三年之后，补长安县主簿。仪凤三年，迁侍御史。他就是在侍御史的任上入狱的。入狱的原因有人说是上书言事触忤武后，有人说是被人陷害，是“坐赃”，但从他的“无人信高洁，谁为表余心”两句看，又似乎有难言之隐。从他褊急率真的个性看，他因语言不慎而招致打击，可能性是比较大的。

他出狱以后，调露二年，除为临海县丞。后人称他为骆临海。从京官而出为地方小吏，他的心情可想而知。不久他就弃官而去。他客居扬州，邂逅了遭贬谪的徐敬业。这是他人生中的大事，也是中国历史上轰轰烈烈的大事。

徐敬业的祖父是唐朝的开国元勋，少年时的徐敬业就跟着乃祖征战疆场，颇有勇名。历太仆少卿，袭封英国公。后出为眉州刺史，又因事贬为柳州司马。由公侯而为司马，他的心中自有万般不平。他在扬州纠集一班同与他不平的人，当然有骆宾王，以恢复中宗的帝位为号召，于嗣圣元年，在扬州起事。原来那时武则天一手遮天，惟我独尊，她废中宗李显为庐陵王，改立豫王李旦为帝，实际上政权完全控制在武则天手里。

徐敬业起事，得发檄文。他令骆宾王草檄，骆宾王也不推辞，写下著名的《代徐敬业传檄天下文》，即《讨武曌檄》，真是雄文磅礴，辞采高华，写义军的气势：“铁骑成群，玉轴相接。……班声动而北风起，剑气冲而南斗平。喑呜则山岳崩颓，叱咤则风云变色。以此制敌，何敌不摧？以此图功，何功不克？”结尾之句更是情绪慷慨，豪气万丈：“请看今日之域中，竟是谁家之天下！”据说武则天读到“蛾眉不肯让人”“狐媚偏能惑主”，微笑而已，但读到“一抔之土未干，六尺之孤何托”，大惊，亦大不悦。她很愤怒，说：“宰相何得失如此人！”她是欣赏骆宾王的才华的。

但徐敬业的义军并未能像骆宾王说的那样“何敌不摧”，相反，武则天派来的三十万大军一到，徐敬业的义军竟溃不成军，纷纷瓦解。接下来的事情，就众说纷纭了。有人说徐敬业、骆宾王被杀，有人说骆宾王投水死，但也有人说他“亡命不知所终”。唐人孟棨在《本事诗·征异》中记载了这样一个故事：

初唐诗人宋之问贬江南，夜游灵隐寺。月光极好，他来了诗兴。写好了前面两句，“鹫岭郁岧峣，龙宫锁寂寥”。第二联苦思冥索，却怎么也写不出来。有老和尚点长明灯，坐大禅床，看宋之问夜久不寐，就问他。宋之问说明原因，老和尚说：“何不云‘楼观沧海日，门听浙江潮’。”宋之问大喜，有了这两句，他诗如潮涌，很顺利的就把全诗做完了。他反复吟咏全诗，觉得老和尚的赠联实是全诗之警策。第二天一早，宋之问就去拜访老和尚。令人奇怪的是，老和尚已不见踪影。询问寺僧，有寺僧告诉他，此人就是大名鼎鼎的骆宾王，他害怕身份暴露，已趁夜亡命去了。

王 勃

王勃是一位早熟的天才。他六岁能写文章，九岁读颜师古的《汉书注》，发现大量错误，写《指瑕》十卷。十四岁时更不得了，写下震烁古今的《滕王阁序》。滕王阁是李元婴（曾被封为滕王）任洪州都督时所建，建在赣江之上。阎公（阎伯屿）来洪州当都督，阁已坏朽，于是他重建滕王阁。新阁落成之际，阎公邀请胜友高朋，都来庆贺。阎公的子婿孟学士早已做好准备，打好了腹稿，准备当场写一篇《滕王阁重建记》，以显露自己的才华。

在写之前，孟学士照例客套一番，说，诸位请，您请。这是中国人的礼数，是社交场中的虚应故事。哪知王勃竟以虚为实，也不谦让，他接过孟学士手中的笔，提笔就写。阎公大怒，拂袖而退入内室。王勃写一句，就有人给阎公报一句。第一句“南昌故郡，洪都新府”，阎公说，不过老生常谈。又报“星分翼轸，地接衡庐”，阎公沉默不语。待到报“落霞与孤鹜齐飞，秋水共长天一色”，阎公矍然而起，说：“此真天才，当垂不朽矣。”看来阎公还是懂文章的。

那时的士子有上书求人举荐的风气。十五岁的王勃给绛州司马上书，给吏部侍郎上书，给右相刘祥道上书。刘祥道为他的才气倾倒。终于得到重视。大约十七岁的时候，王勃参加幽素科考试，及第，得到朝散郎的官职。不久，又被沛王李贤（就是后来的章怀太子，注过《后汉书》）召为府修撰。朝散郎、修撰，都是文学侍从之类的官职。一介寒士而为文学侍从，有碗清闲饭吃，又能发挥自己的特长，当然不错。沛王令王勃撰写《平台秘略》，就是像《皇览》《御览》一类的书，是专供皇室阅览的。王勃完成得相当出色。他在《艺文》篇中说：

《易》称“观乎天文以察时变”。《传》称“言而无文，行之不远”。故“文章经国之大业，不朽之能事”，而君子所役心劳神，宜于大者远者，非缘情体物，雕虫小技而已。

沛王很赏识他，他也很得意。但接下来却发生了一件意想不到的事。每年的春夏之交，诸王子都要在一起举行斗鸡游戏，大约在高宗总章二年，沛王和英王等在一起斗鸡，鸡斗完了，王勃心血来潮，写了一篇《斗鸡檄》，假托沛王鸡声讨英王鸡，也算是开个玩笑的意思。这本来是一件小事，不知是谁小题大做，告到了高宗那里。王勃的人际关系糟糕得很。高宗大怒，认为他挑拨诸王之间的关系，令人把他立即逐出沛王府。皇帝震怒，天下摇三摇。沛王也没有办法救他。

他离开沛王前往巴蜀，那年他二十岁。他有《入蜀纪行诗序》。序说：

余自长安观景物于蜀，遂出褒斜之隘道，抵岷峨之绝径。超玄豀，历翠阜，迨弥月而臻焉。

隘道，绝径，蜀道之难难于上青天。他在路上足足走了一个月。巴蜀的景物令人新奇，然而新奇却当不得饭吃，为了吃饭，他在巴蜀过着漂泊的日子。三年，他先是在梓州待了一年多，后来又到益州的九陇、绵竹、广汉等县，最后到剑州。他所到之处写赋，写诗，写碑文，也是为了吃饭罢。这是他创作最繁荣的时期。他的文笔越来越娴熟，但他的心情是悲凉的。他在《重别薛升华》里说：

送送多穷路，遑遑独问津。悲凉千里道，凄断百年身。心事同漂泊，生涯共苦辛。无论去与往，俱是梦中人。

他的父亲王福畤任太常博士，咸亨三年，他回到长安。这时吏部侍郎是裴行俭。裴行俭听人介绍过王勃，也很欣赏王的才华，但对王的仕进是持保留意见的。他曾对人说：“士之致远，先器识而后文艺，勃等虽有文才，而浮躁浅露，岂享爵禄之器邪?”王勃去拜谒裴行俭，呈上早已写好的《上吏部裴侍郎启》，启是一种文体，和书差不多。这是王勃很重要的一篇文章。在文章的开头里，王勃说：

猥承衡镜，骤照阶墀。本惭刀笔之工，虚荷雕龙之瞎。

这种谦虚抑制的态度，是他以前没有过的。他少了少年的锐气，而多了成熟。他建议改革文风，改变取士的途径。他说：“伏见铨擢之次，每以诗赋为先。诚恐君侯器人于翰墨之间，求材于简牍之际，果未足以采取英秀，斟酌高贤者也。徒使骏骨长朽，真龙不降。衒才饰志者，奔驰于末流；怀真蕴璞者，栖遑于下列。”他认为要不拘一格降人才，不要只从诗赋文章里取士。裴行俭当然赞成这样的观点。但裴行俭却认为王勃就是只会诗赋文章的人，他当然不会因此篇文章而起用王勃。这真是一个很大的讽刺。

他在长安有个朋友，杜少府（唐人称县尉为少府）。杜少府要去蜀地做官，王勃送他，很有些不舍。他把杜少府一直送到郊外，还写了《送杜少府之任蜀川》：“城阙辅三秦，风烟望五津。与君离别意，同是宦游人。海内存知己，天涯若比邻。无为在歧路，儿女共沾巾。”这是一首有名的送别诗。“海内存知己，天涯若比邻”也成为传诵不衰的名句。

第二年王勃的父亲离开长安调任雍州司功参军，王勃也去虢州任参军。这本是王勃人生的一个机会，但他又弄得不可收拾。事情是这样的。有一个官奴犯了罪，逃到王勃的家里，王勃可怜他，把他藏起来。但后来又怕事泄连累自己，竟私下杀了这个官奴。事情到底暴露了，按当时的唐律，私下杀人当受死刑。你看这事情闹的。幸好这年八月大赦，王勃因而免刑，但却被开除了公职，他的父亲王福畤也受到牵累，左迁到边远的南方地区为交趾令。交趾在今越南河内西北。这是王氏父子的最后归宿。二十世纪八十年代中期，越南挖出了王氏父子墓，墓中仅有毛笔两支，心寒得让后人为之落泪。

遇赦后的王勃回到了家乡龙门。他为自己的行为而悔恨，尤其是因自己而影响父亲，更是痛悔不已。父亲以老迈之躯远谪交趾，举目无亲，他受得了吗？他想去探望父亲，但没有一分钱的盘缠，他只好写《上郎都督启》，向好朋友郎都督请求经济上的援助。他先到桑泉，后取道楚州、江宁。在江宁他写了著名的《采莲赋》，借莲花自喻，表现自己怀才不遇，还有“处江湖之远则忧其君”的情思。他在广州渡海，遇风浪，溺死在海上。那是高宗上元三年，他二十七岁。

后人把他和杨炯、卢照邻、骆宾王称为“初唐四杰”，简称“王杨卢骆”，他排在第一位。

陈子昂

陈子昂出生梓州射洪豪门，父亲是一个以豪侠气闻名的人物，故陈子昂是有乃父之习的。少年时驰侠使气，与博徒为伍，颇放浪形骸。至十八九岁才开始认真读书。二十一岁携文百轴远离家乡，西入咸京，游太学。京都太学为硕儒巨公云集之地，当然没有人在乎这个陌生的年轻人。这本是一个很正常的现象，但陈子昂是一个自视很高的人，他不满，他想改变这个局面。

有一天，京都长安有一人卖古琴，开价百万，豪贵皆瞠目而视，因为他们从未见过这么好的琴呀。这时候陈子昂从人群中走出来，对随从说："用车载千缗钱来，我买下了。"众大惊。陈子昂说："我善此乐。"众人说："你能奏一曲我们听吗?"陈子昂说："明日我到宣扬里公开演奏，希望你们赏光。"如期皆至，陈子昂携琴来了，豪贵及众人也来了。只见陈子昂摆了一张桌子，桌子上端端正正放一把古琴。待众人的目光吸引过来了，陈子昂捧着琴说："蜀人陈子昂，有文百轴，驰走京毂，碌碌尘土，不为人知，此乐贱工之役，岂宜留心?"说完举起琴摔碎在地上。众大惊失色。趁此机会，他把百轴文遍赠会者。一日之内，陈子昂的大名传遍京城。

但大名毕竟不能干禄。要做官，还得参加进士考试。隋炀帝大业年间始置进士科，唐朝因之。作为选拔官吏的一种常设制度，进士考试实在是我国官吏制度的质的进步。魏晋以来，官员只能从高门权贵的子弟中选拔，权贵子弟无论优劣，都可以做官；平民百姓的子弟，无论多么优秀，不能为官。因为没有做官的资格呀。隋文帝、隋炀帝父子起而改变了这种不合理、不公平，这是历史的进步。第二年，即永淳元年，陈子昂参加了进士考试。落第。文明元年，即第四年再考，中第。

陈子昂毕竟是陈子昂，他中第伊始就给皇帝上书。当时武则天以皇后身份摄政，正网罗人才，“览其书而壮之”，称赞他“地籍英灵，文称伟晔”。武则天召见了他，拜他为麟台正字。从此如大鹏展翅，走上仕途。

不久升为右拾遗。官职不大，从八品，却是皇帝身边的谏官，位置相当重要。那时武则天已经代唐自立，建立武周政权。武则天对他是欣赏的，他也对武则天的改革表示支持。但他并不依附于武氏集团。他不断地上政论奏疏，提出自己的政治主张，核心是“安人”，即“安天下百姓，勿使疾病”。他的话都很尖锐，武则天当然不高兴。“言多切直，书奏，辄罢之。”他屡次碰壁，但仍然锲而不舍。他的奏疏可以装几车子。《资治通鉴》引用他的奏疏有四五处之多，明末清初思想家王夫之认为他有“大臣”之材，王夫之说：“陈子昂以诗名于唐，非但文士之选也。使得明君以尽其才，驾马周而颉颃姚崇，以为大臣可矣。”

但陈子昂始终没有能够当大臣。他两次从军边塞，都是参谋身份。后一次是随武则天的侄子武攸宜出征，武攸宜轻率无将略，陈子昂进谏，因而得罪，被武攸宜贬为军曹。陈子昂满怀悲愤，因登蓟北楼，写下震烁千古的《登幽州台歌》：

前不见古人，后不见来者，念天地之悠悠，独怆然而涕下。

仰望苍穹，俯视大地，缅怀燕昭王、郭隗故事，寄寓自己生不逢时的感慨。千百年来，此二十二字，不知引起多少志士仁人的强烈共鸣。

万岁通天元年七月，陈子昂军罢回朝。展翅的大鹏铩羽而归。他完全的心灰意冷了。第二年，他“以父老，表乞罢职归侍”，去官返里，于射洪西山构茅屋数十间，种树采药，过起了隐居的生活。他曾准备写《后史记》，写汉孝武至初唐的一段历史，但因父亲去世，就中断了。后被县令段简罗织罪名陷害（据说是受武三思支使），死在狱中。死时才四十二岁。真是可惜。

陈子昂对历史的最大贡献，乃是他高举诗歌革命的大旗，为后来唐诗蔚为壮观的发展，开辟了一条崭新的道路。他的诗歌革新理论集中反映在他的《与东方左使虬〈修竹篇〉序》一文中：

东方公足下：文章道弊五百年矣。汉魏风骨，晋宋莫传，然而文献有可征者。仆尝暇时观齐梁间诗，彩丽竞繁，而兴寄都绝，每以永叹。思古人，常恐逶迤颓靡，风雅不作，以耿耿也。一昨于解三处见明公《咏孤桐篇》，骨气端翔，音情顿挫，光英朗练，有金石声。遂用洗心饰视，发挥幽郁。不图正始之音，复睹于兹；可使建安作者，相视而笑。解君云："张茂先、何敬祖，东方生与其比肩。"仆亦以为知言也。故感叹雅制，作《修竹诗》一篇，当有知音以传示之。

他猛烈地抨击"齐梁间诗，彩丽竞繁，而兴寄都绝"，而提倡"骨气端翔，音情顿挫，光英朗练，有金石声"的建安、正始之音。这就是他举起的旗帜。唐初诗坛还吹拂着"竞为雕刻，骨气都尽"的柔靡诗风，还荡漾着"竞采浮艳之词，争驰迂诞之说"六朝余波，陈子昂的这篇序言，无疑是一篇战斗力极强的檄文，一声石破天惊振聋发聩的巨响。跟着陈子昂的旗帜，后面出现了王维、李白、杜甫、白居易……

陈子昂一面高举理论的旗帜，一面用创作来实践自己的理论。他今存诗一百二十多首，这些作品都具有丰富的内容，率真的情感，雄浑质朴的艺术风格，完全摆脱了齐梁诗风的影响。他的《感遇诗》三十八首的特色尤其明显。如第三首：

苍苍丁零塞，今古缅荒途。亭堠何摧兀，暴骨无全躯。黄沙幕南起，白日隐西隅。汉甲三十万，曾以事匈奴。但见沙场死，谁怜塞上孤？

描写西北边塞的凄怆荒寒景象，又借咏史事，揭示边塞战争给人民带来的苦难。还有第二首：

兰若生春夏，芊蔚何青青。幽独空林色，朱蕤冒紫茎。迟迟白日晚，嫋嫋秋风生。岁华尽摇落，芳意竟何成？

表面是咏兰若，实际是自慨，是借草木零落、美人迟暮的意境，抒发自己壮志未酬的苦闷心情。

他的五言古诗写得好，五言律诗也很出色。如《送魏大从军》：

匈奴犹未灭，魏绛复从戎。怅别三河道，言追六郡雄。雁山横代北，狐塞接云中。勿使燕然上，惟留汉将功。

慷慨悲壮，英气逼人，读之，如闻鼙鼓号角，战马嘶鸣，令人有驰骋疆场、立功边塞之志。魏大读了，当豪情激荡，壮志顿生罢。

孟浩然

如果问中国自古至今知名度最高的一首诗，我想大多数人都要提唐人孟浩然的《春晓》：

春眠不觉晓，处处闻啼鸟。夜来风雨声，花落知多少？

寥寥四句，明白如话，音韵谐和，却写出了雨过天晴的喜悦，以及淡淡怅惘的心情。难怪牙牙学语的童稚都在背诵它。

孟浩然没有高楼华屋和庭院深深，所以鸟鸣风雨，他是经常听到的。他一生没有做过官，主要是在襄阳家中闭门读书，在鹿门山隐居。他的朋友这样描写他："骨貌淑清，风神散朗。救患释纷，以立义表。灌蔬艺竹，以全高尚。"其实他在四十岁时，即开元十六年，到长安参加过进士考试。考试之前，他还是相当有自信心的。他在《长安早春》里说："何当桂枝擢，归及柳条新。"然而，他考试失败了。

他在长安滞留了一段时间。时张九龄为秘书少监，王维在张的手下，张、王二人早就听说过孟浩然的大名，所以对他很好。秘书省有一次举行英华赋诗会，相当于后世文人茶话会，邀请他参加了。那时天上一轮新月，他即景赋诗说："微云淡河汉，疏雨滴梧桐。"诗句如此清绝，举座为之嗟叹。大家再也不敢提笔了。

王维曾邀孟浩然去内署。他刚坐下，唐玄宗来了。一个平民百姓，看见了皇帝，当然有点发怵，他连忙躲。玄宗问王维何人。王实对。玄宗笑着说："是孟浩然呀，你的大名我早就听说了。你最近有什么大作吗？"孟浩然这才敢跟玄宗说话。他说："草民新作一首《岁暮归南山》。"玄宗说："念来听听。"于是孟浩然就念了这首诗：

北阙休上书，南山归敝庐。不才明主弃，多病故人疏。白发催年老，青阳逼岁除。永怀愁不寐，松月夜窗虚。

不料玄宗听了诗很不高兴。他铁青着脸说："你从未找我求官，怎么能说我弃你？"说完拂袖而去。唐朝的仕进主要是考试，还有一种形式，就是干禄，所谓干禄，就是把自己的诗文给有权势者看，以求赏识汲引。《论语》里就有"子张学干禄"的话。张九龄、王维本是可以汲引孟浩然的，但有了玄宗这一拂袖，他们要想汲引也困难了。

后来张九龄当宰相，即开元二十三年，他又献诗张九龄，写了《望洞庭湖赠张丞相》：

八月湖水平，涵虚混太清。气蒸云梦泽，波撼岳阳城。欲济无舟楫，端居耻圣明。坐观垂钓者，徒有羡鱼情。

虽然写得很委婉，但希望得到援引的心情是明显的。洞庭湖烟波浩渺，想要横渡而至彼岸，当然得借助舟楫。他把张九龄比作舟楫，仕途上的舟楫。他不知道张九龄正受到李林甫的攻讦，宰相的位置已是摇摇欲坠了。第二年，张九龄就出为荆州长史。孟浩然在家闲居，常去的地方是鹿门山、万山、岘山、兰山。他看山上的云、树，看足了，他写成诗，寄给友人：

北山白云里，隐者自怡悦。相望试登高，心随雁飞灭。愁因薄暮起，兴是清秋发。时见归村人，平沙渡头歇。天边树若荠，江畔舟如月。何当载酒来，共醉重阳节。

这是《秋登兰山寄张五》，他好像把山上山下的景物剪裁下来了，归村人影，平沙远渡，江畔如月的小舟，真是历历如画。

他写完了诗，就想和朋友畅饮一番。他爱上了杯中物。沉醉其中，不如意也就忘怀了。他是有许多农民朋友的，有时也到他们家里走走，饮上几杯。他的《过故人庄》就是在一次饮酒中写下的：

故人具鸡黍，邀我至田家。绿树村边合，青山郭外斜。开轩面场圃，把酒话桑麻。待到重阳日，还来就菊花。

淡到看不见诗，像是一则日记，又像是一次家常话，然而细细读来，却又有咀嚼不尽的诗味。这大概就是孟诗的魅力所在罢。苏轼曾经说："（孟诗）韵高而才短，如造内法酒手，而无材料。""内法酒"即宫廷御酒，把孟浩然喻为"造内法酒手"，这是很高的评价。才短、无材料是说他生活经历简单，思想内容不够丰富，这应该是就孟诗的整体而言的。他少羁旅、思妇等诗，没有做过官，当然也没有一般官人的喜悦与愁怀。但就一首诗而言，不缺少内容。他的山水诗，内容丰富，魅力无穷。

闲居襄阳的时候，还有过一次机会。那时襄阳刺史是韩朝宗。读过李白《与韩荆州书》的人，对韩朝宗的名字是应该不陌生的。李白称他韩荆州，是因为他是荆州大都督府长史，襄阳刺史只是他的兼职。历史上的名人真是很有趣，有人是靠文才出名，有人是靠一件奇特的事出名，有人则是靠与名人的交往出名。韩朝宗在历史上本是一个默默无闻的人物，却因为李白的一篇上书，还有与孟浩然的一次相约，就大出其名了。那是开元二十三年正月，韩朝宗接到诏令，要他推荐“才有霸王之略，学究天人之际，及堪将帅牧宰者”，他觉得孟浩然正是“学究天人之际”的人物，就打算向唐玄宗推荐。于是二人约了一个时间，一同去长安。

恰好那天孟浩然来了一个老朋友，二人正在开怀痛饮，有人提醒孟，不是韩大人与你约好上长安的吗？他正在兴头上，怎舍得放下酒杯。他呵斥道：“业已饮，遑恤他！”终于没有去。韩朝宗很恼怒，就一个人独自去了。孟浩然后来提起这事，并不后悔。后悔也没有用了。

他还与诗人李白、王昌龄有交往。与李白的第一次相遇，是在黄鹤楼上。那时李白二十七八岁，他刚从蜀地出来，去登黄鹤楼，遇到了已经名满天下的孟浩然。孟浩然年近四十，他称李白为小弟弟，二人把盏同饮，相见恨晚。分手的时候，李白写了《黄鹤楼送孟浩然之广陵》：“故人西辞黄鹤楼，烟花三月下扬州。孤帆远影碧空尽，惟见长江天际留。”表达了很深厚的感情。

后来李白游巴陵，特地去襄阳看他，看完了，写了一首诗，《赠孟浩然》：“吾爱孟夫子，风流天下闻。红颜弃轩冕，白首卧松云。醉月频中圣，迷花不事君。高山安可仰，徒此揖清芬。”算是给孟浩然画了一个像。王维是画家，也给他画过像，绢本像，据说极传神：“襄阳之状，颀而长，峭而瘦，衣白袍，靴帽重戴，乘款段马，一童总角，提书笈、负琴而从，风仪落落，凛然如生。”可惜此像已经失传。

他是疾疹发背而死的。就是背上长疱疖之类的东西。本来已经痊愈了，王昌龄来看望他，他高兴，“浪情宴谑，食鲜疾动”，也可能是食物中毒，或是脑溢血。当时就死在酒桌上。王昌龄给他送葬，也算是他生命中的最后的荣光。

王昌龄

王昌龄与高适、王之涣“旗亭画壁”的故事，至今为人津津乐道。

是他们还没有做官的时候。他们以文齐名，是很好的朋友。有一天下小雪，他们到“旗亭”贳酒小饮。旗亭就是酒楼。古时的酒楼都要飘一面旗子出来。这时候有梨园伶人十数人，还带着唱诗的女伎，也来了。他们三人就找了一个僻静的角落，拥炉坐下。不一会音乐奏响，女伎们理鸦鬓，抛水袖，执红牙板，开口唱诗了。古时的诗词，自《诗经》起，都是配乐而唱的。一部乐可以同时有多首的歌词，也可变换新词。晏殊不就说过“一曲新词酒一杯”吗。这时王昌龄开口说话了。王昌龄说：“我们三人各擅诗名，难分伯仲，今日机会来了，反正伶人也不认识我们，我们就在旁边听，谁的诗入歌词，就在壁上画一线，看谁壁上画的线条多，谁为胜。”高适、王之涣齐声叫好。后来就听女伎唱“寒雨连江夜入吴”，又唱“奉帚平明金殿开”，大都是王昌龄的诗。王昌龄的名下画的线最多。当然是王昌龄大胜。

王昌龄的七言绝句，自非高适、王之涣所能比拟。后人称他为“七绝圣手”，明人杨升庵说：“龙标绝句，无一篇不佳。”王世贞《艺苑卮言》说：“七言绝句王少伯与太白争胜毫厘，俱是神品。”清叶燮《原诗》说：“七言绝句古今推李白、王昌龄。”王昌龄字少伯，当过江宁丞、龙标尉，故后人又称他为王江宁、王龙标。王昌龄的七言绝句和李白的七言绝句一样，历来备受推崇。确实，他是高手。

他善于捕捉景物，进行心理刻画。你看他的《闺怨》：

> 闺中少妇不知愁，春日凝妆上翠楼。忽见陌头杨柳色，悔教夫婿觅封侯。

少妇本是不知愁的，可是登楼远望，看见了青青柳色，她的心情就起了变化。她从杨柳春色联想到蒲柳早衰，青春易逝，于是有了满腔的愁怨。这一变化是自然的，无痕的。

还有《长信秋词》五首之三：

奉帚平明金殿开，且将团扇共徘徊。玉颜不及寒鸦色，犹带昭阳日影来。

是所谓宫怨辞。写班婕妤，她在冷宫里，无事可做，只有看掠过天上的寒鸦。寒鸦刚飞过昭阳殿，皇帝住过的地方，她于是羡慕寒鸦了。一个才貌俱佳的美人，居然羡慕凌空而过的寒鸦，那一声声的凄唳，这就把她的幽怨表达得很深刻。

他还写有大量的边塞诗。后人称他为边塞诗人，就是因为他的边塞诗写得多而好，大都是名篇。他的《从军行》之一：

青海长云暗雪山，孤城遥望玉门关。黄沙百战穿金甲，不破楼兰终不还。

很壮阔雄放，有战士们的决心和誓词，更体现了大唐盛世的风貌。

《出塞》：

秦时明月汉时关，万里长征人未还。但使龙城飞将在，不教胡马度阴山。

他的这首诗被称为唐人七绝的压卷之作。一轮明月之下，兀立的是万里雄关，它跨越时空，向我们述说着它悲壮的历史，述说着它不平凡的经历。多么的震撼人心，又是多么的耐人寻味。

但就是这位“七绝圣手”，他的生平却是非常不幸。他是京兆长安人，出身寒微，为生计所迫，他去干谒王公大人，不行，又离家远游。当然还是受挫折。于是回家苦读。幸好那时已有科举一路。开元十五年，他终于如愿以偿，考中进士，授秘书监校书郎。二十二年，应博学宏词试，中选，改授汜水尉。尉官本是小官，他却连这样的一个小官也保不住。大约在天宝元年被贬为江宁丞。他的好朋友辛渐远道来看他，他很感动，一直把辛渐送至润州。润州芙蓉楼饯别时，他写了《芙蓉楼送辛渐》：

寒雨连江夜入吴，平明送客楚山孤。洛阳亲友如相问，一片冰心在玉壶。

迷蒙的烟雨，萧瑟的秋意，还有孤耸的山峰，渲染出离别的黯淡愁绪。离别的话要说了，不然就来不及了。终于说了。却不是旅途愉快、后会有期一类的老生常谈，而是他托辛渐转告洛阳亲友的一句话：请洛阳亲友放心，我王昌龄光明磊落，冰清玉洁，绝没有什么操守上的污点。千嘱万托，就这一句话，这就显得异常的郑重了。

据唐人殷璠《河岳英灵集》载，王昌龄曾因“不护细行”，而“谤议沸腾，两窜遐荒”。贬江宁是一窜，还有一窜是指他在江宁丞后又被贬龙标尉。龙标在当时是荒远偏僻之地，夜郎之西，听说他贬往此地，李白还写了《闻王昌龄左迁龙标遥有此寄》：“杨花落尽子规啼，闻道龙标过五溪。我寄愁心与明月，随君直到夜郎西。”当然是表示同情。不知王昌龄当时收到这首诗否？

“不护细行”，后来新旧《唐书》上也这样说，但到底王昌龄做了什么，没有护什么“细行”，都是含糊其辞。也许就是声名太响而招人嫉妒罢。“谤议沸腾”，实在给王昌龄带来了很大痛苦，也带来很大压力。他生怕亲友也产生误解，所以他托辛渐传话：“洛阳亲友如相问，一片冰心在玉壶。”

安史之乱后，王昌龄遇赦北还，路过亳州谯郡时，竟为刺史闾丘晓所杀。也不知是为一件什么事，这个姓闾的刺史要杀他。后来河南节度使张镐为他报了仇。闾因援张巡迟到，张镐以贻误战机罪杀闾。临刑，闾求情说：“有亲，乞贷余命。”张镐反问：“王昌龄之亲欲与谁养？”闾无言以对。

高 适

由一穷文士而致位通显，后人常举的例子就是高适。其实高适的大半生还是在潦倒窘迫中度过的。他二十岁，西游长安。“二十解书剑，西游长安城。”年轻的诗人一片天真，以为书剑学成，功名唾手可得。但他碰壁了。“白璧皆言赐近臣，布衣不得干明主。”他失望之极，怏怏而返。

这以后有将近十年时间，高适一直居于宋州，从事耕读。耕是为了谋生，读是为了谋求仕进。然而生活是艰苦的，心情也郁闷。他在《别韦参军》中说：“兔苑为农岁不登，雁池垂钓心长苦”，在《淇上酬薛据兼寄郭微》中说：“自从别京华，我心乃萧索。十年守章句，万事空寥落。”但他在秣马厉兵，等待时机。

开元十九年秋，高适北游燕赵，登蓟门。那时契丹连年侵犯，东北边地常有重要将帅把守。唐代制度规定，边地将帅可以自辟佐史，一些在科举考场上失利的士人，往往通过幕府获得官职。高适这次出塞，显然也含有这种意图。他是一个喜言王霸大略的人，他在《塞上》诗里说：“边尘涨北溟，虏骑正南驱。转斗岂长策，和亲非远图。”在《塞下曲》里说：“万里不惜死，一朝得成功，画图麒麟阁，入朝明光宫。大笑向文士，一经何足穷？古人昧此道，往往成老翁。”他还写诗颂美将帅及幕府诸人，当然是希望得到援引，但没有引起重视，遭到冷遇。

大概在这个时候，他遇到了董大，一位高超的琴师。董大也正是颠踬不偶之时，他们在一起观景饮酒，告别的时候，他写下《别董大》，是很有豪迈气象的：

千里黄云白日曛，北风吹雁雪纷纷。莫愁前路无知己，天下谁人不识君。

没有办法，他又回来，到淇上隐居了一段时间。在《淇上别刘少府子英》中说："近来住淇上，萧条唯空林，又非耕种时，闲散多自任。"他是不甘于闲散的。开元二十三年，去长安应举，未中。开元二十六年，他有感于御史大夫张守在一次战斗中大败，而"守隐其败状，而妄奏克获之功"，写下了他边塞诗中最杰出的代表作《燕歌行》：

汉家烟尘在东北，汉将辞家破残贼。男儿本自重横行，天子非常赐颜色。摐金伐鼓下榆关，旌旆逶迤碣石间。校尉羽书飞瀚海，单于猎火照狼山。山川萧条极边土，胡骑凭陵杂风雨。战士军前半死生，美人帐下犹歌舞。大漠穷秋塞草腓，孤城落日斗兵稀。身当恩遇恒轻敌，力尽关山未解围。铁衣远戍辛勤久，玉箸应啼别离后。少妇城南欲断肠，征人蓟北空回首。边风飘飖那可度，绝域苍茫更何有！杀气三时作阵云，寒声一夜传刁斗。相看白刃血纷纷，死节从来岂顾勋！君不见沙场征战苦，至今犹忆李将军。

诗的内容极为复杂，有战局的紧急，有将军和士兵的苦乐悬殊，有战士思念亲人的复杂心情，但宾主分明。主要是描写战争气氛，如火如荼，间不容发，气势磅礴。全诗四句一转，虽语多对偶，而无整齐呆板的缺点，这是极富创造性的。这首诗为高适赢得了荣誉。

之后高适曾四处漫游。天宝四载与李白、杜甫共游汴、宋，登高赋诗，把酒言欢，建立了深厚的友谊。杜甫在《遣怀》中说："忆与高李辈，论交入酒垆。两公壮藻思，得我色敷腴。气酣登吹台，怀古视平芜。"表现了三人胸襟气度的不凡。

天宝八载，玄宗下诏开"有道科"，他经睢阳太守张九皋推荐赴试。这次总算登第，授汴州封丘尉。他这时已是四十六七的人了，两鬓斑白，已非昔日风采。从二十岁西游长安干禄算起，已过去了二十七年，时间实在不算短。封丘尉虽小，但至少是一个官。从民到官，他走了漫漫长路。

但县尉的卑位却使他无法忍受，而拜迎官长、鞭挞黎庶又是他极不愿做的。他在《封丘作》中表露自己的心迹：

我本渔樵孟诸野，一生自是悠悠者。乍可狂歌草泽中，宁堪作吏风尘下？只言小邑无所为，公门百事皆有期。拜迎官长心欲碎，鞭挞黎庶令人悲。归来向家问妻子，举家尽笑今如此。生事应须南亩田，世情付与东流水。梦想旧山安在哉？为衔君命且迟回。乃知梅福徒为尔，转忆陶潜归去来。

汉代的梅福也是尉，南昌尉，他竭诚效忠，屡次上书，结果还是徒劳。一个县尉能有什么作为呢？才上任不久，高适就想学陶渊明挂职而去了。勉强做了两年，第三年，即天宝十一载，他毅然辞去官职。真的学了陶渊明。

天宝十一载秋，他游长安，和杜甫、岑参、储光羲、薛据同登慈恩寺塔。五人都写了诗，除薛据的一首失传外，其他四首都记载在《全唐诗》里。诗题差不多，《同诸公登慈恩寺塔》，因岑参诗中有“塔势如涌出，孤高耸天宫。登临出世界，磴道盘虚空。突兀压神州，峥嵘如鬼工”几句，后人评价岑参的诗最好。也有说杜甫写得最好的。但高适的这首诗一般。很拗口，板正无奇。慈恩寺塔现在还在，气势依然雄伟，改名叫大雁塔，这实在是建筑史上的奇迹。

不久，他去河西节度使哥舒翰幕中任掌书记，这成了他命运的转折点。他也自以为遇上了知音，他在《登陇》里说：“浅才登一命，孤剑通万里。岂不思故乡，从来感知己。”此时他的情绪甚为昂扬和兴奋。天宝十四载冬，安史之乱爆发，朝廷令哥舒翰讨贼，拜高适为左拾遗，转监察御史，仍佐翰守潼关。潼关失守后，随玄宗入蜀。至德元载十二月，出任淮南节度使。后担任过彭州刺史、蜀州刺史等职。新旧《唐书》本传都对他评价很高，《旧唐书》说他“累为藩牧，政存宽简，吏民便之”。他渔樵耕读、沉沦下僚大半辈子，他知道老百姓的疾苦，对老百姓宽简，这也是情理之中的事。但这期间诗作极少。

王　维

王维（字摩诘）工诗善画，通晓音律，所以王维诗最具画面感和音乐感。苏东坡说："味摩诘之诗，诗中有画；观摩诘之画，画中有诗。"曹雪芹非常欣赏王维诗的绘画美，他在《红楼梦》第四十八回借香菱之口道："'大漠孤烟直，长河落日圆。'想来烟如何直？日自然是圆的。这'直'字似无理，'圆'字似太俗。合上书一想，倒像是见了这景的。要说再找两个字换这两个，竟再找不出两个字来。再还有：'日落江湖白，潮来天地青。'这'白''青'两个字，也似无理。想来，必得这两个字才形容得尽；念在嘴里，倒像有几千斤重的一个橄榄似的。"

王维是一个早慧的作家。他的名篇《洛阳女儿行》作于十六岁，《九月九日忆山东兄弟》作于十七岁，《西施咏》《桃源行》作于十九岁。二十一岁中进士第，被任命为太乐丞。正在大唐的开元盛世，王维的前途简直不可限量。但接下来却发生了一件意想不到的事。当时的黄狮子舞是只能为皇帝表演的，伶人却私自表演，皇帝大怒，身为太乐丞的王维因此而得罪。他被贬为济州司仓参军。他的文途和仕途太顺了，一时竟无法接受这突如其来的变故。他仰天长吟："纵有归来日，多愁年鬓侵。"

其实他回来的时候还没有"年鬓侵"。大约十年后他回到长安，也还只有三十三四岁。当时为相的是张九龄。他对张九龄不卖公器、为苍生谋的政治主张是赞同的。于是他写《献始兴公》去干谒张九龄。他说：

宁栖野树林，宁饮涧水流。不用坐粱肉，崎岖见王侯。鄙哉匹夫节，布褐将白头。任智诚则短，守仁固其忧。侧闻大君子，安问党与雠。所不卖公器，动为苍生谋。贱子跪自陈，可为帐下不？感激有公议，曲私非所求。

他被张九龄擢为右拾遗。然而张九龄的日子正不好过，他被李林甫及其朋党中伤、排挤，不久即被贬为荆州长史。后人把张九龄见放、李林甫得势看作是唐代盛衰的分水岭，以及安史之乱的萌芽，这是对的。李林甫是奸相，口蜜腹剑这个词就是专门形容他的。他朋党阿私，朝廷正直之士的日子都不好过。王维刚刚涌现的政治热情重新又冷了下去。他在《酬张少府》里说："自顾无长策，空知返旧林。"

他被皇帝派去凉州劳军，见到了长空雁影、大漠孤烟的塞上风光。他喜悦、激动，写下了许多雄壮的诗篇，这在王维诗集中是少见的。《观猎》是他的代表作：

风劲角弓鸣，将军猎渭城。草枯鹰眼疾，雪尽马蹄轻。忽过新丰市，还归细柳营。回看射雕处，千里暮云平。

他毕竟还是消沉下来。他的心冷了。他开始笃信佛教。先后在终南山、嵩山隐居，又在终南山东麓购买了蓝田辋川别业。这原是唐初诗人宋之问的庄园，他购买的时候那里已经荒芜了，有一株衰柳，在秋风中摇曳，他不胜今昔之叹。他说："新家孟城口，古木余衰柳。来者复为谁，空悲昔人有。"这里有山有水，王维苦心经营，布置了二十道景点。其中有孟城坳、玄霸、华子冈、鹿柴、竹里馆、白石滩、辛夷坞、漆园等。他在《山中与裴秀才迪书》描写了辋川幽清的景色：

北涉玄灞，清月映郭。夜登华子冈，辋水沦涟，与月上下。寒山远火，明灭林外。深巷寒犬，吠声如豹。村墟夜舂，复与疏钟相间。此时独坐，僮仆静默，多思曩昔，携手赋诗，步仄径，临清流也。

当待春中，草木蔓发，春山可望，轻鲦出水，白鸥矫翼，露湿青皋，麦陇朝雊，斯之不远，傥能从我游乎？非子天机清妙者，岂能以此不急之务相邀。然是中有深趣矣！

透出淡淡怅惘的心情，但还是愉悦的。他带了朋友们来玩，一边赏景，一边饮酒，一边写诗。来得最多的是秀才裴迪。他们把辋川二十景一唱一和，结成《辋川集》。后人所称的王维田园山水诗，大都是在辋川写下的。如田野的清风拂来，却如画一般的美。

《辋川闲居赠裴秀才迪》:

寒山转苍翠，秋水日潺湲。倚杖柴门外，临风听暮蝉。渡头余落日，墟里上孤烟。复值接舆醉，狂歌五柳前。

其中的“渡头余落日，墟里上孤烟”是后人经常提及的名句。也是《红楼梦》中香菱说的。她说:“这‘余’字合‘上’字，难为他怎么想来！我们那年上京来，那日下晚便挽住船，岸上又没有人，只有几棵树，远远的几家人家作晚饭，那个烟竟青碧连云。谁知我昨晚看了这两句，倒象我又回到了那个地方去了。”

他的诗在唐代比李白、杜甫的名气要大。他的许多名篇到处传唱。比如他的《送元二使安西》就是人们当时分别时必唱的歌曲。因为要反复唱三遍，所以又叫《阳关三叠》。还有当时的歌唱家李龟年，流落江南，靠唱歌谋生，他常唱的歌就是王维的《相思》和《明月清风苦相思》。他的词太动人了，在座的许多人听了都流下泪来。其中掩袖而泣的就有杜甫。

安史之乱爆发，王维流连诗酒，没有赶上玄宗西南行的车辇，他被安禄山俘虏了。安禄山授予他官职，他装哑推脱，但不敢反抗。闻知安氏在洛阳凝碧池召梨园诸公合乐，王维眼泪流出，写下“万户伤心生野烟，百官何日再朝天。秋槐叶落空宫里，凝碧池头奏管弦”。幸好他写了这首诗。诗作传到凤翔新皇帝肃宗行在，肃宗感动了。后来肃宗没有追究他迫受伪职的罪过，让他免罪复官，责授太子中允，对他算是宽恩。唐朝皇帝是中国历代皇帝中算得上仁厚的。这种情况，明朝的皇帝赏你个全尸就算是皇恩浩荡了。王维官终尚书右丞，世称“王右丞”。

他后来当然是一味地消沉。“晚年惟好静，万事不关心。”“行到水穷处，坐看云起时。偶然值林叟，谈笑无还期。”他在湖光山色中消磨着他最后的人生。他死的时候六十岁，正好一个甲子。

李 白

李白的出生地，有学者考证，在中亚碎叶城，五岁的时候，即唐中宗神龙元年，随父迁往四川绵州昌隆县青廉乡（今江油市青莲乡）。李白的父亲是商人，唐代的科举制度规定，商人的后人不允许参加考试，于是父亲亲授李白“五岁诵六甲，十岁观百家”，“十五观奇书”。李白的天赋极高，过目成诵，却十分贪玩。相传李白有一次外出玩耍时，遇见一位老奶奶正在一块大石上磨铁杵。小李白很好奇，就走过去问老奶奶磨铁杵干什么？老奶奶回答说：“做针。”李白大惊说：“老奶奶，您要磨到什么时候呀？”老奶奶说：“只要工夫深，铁杵也能磨成绣花针。”李白受到极大触动，从此发愤读书。

十八岁时，李白到离家不远的大匡山隐居读书，并写下大量赋作。二十岁时去拜谒益州长史苏颋，投赠自己的作品。把自己的作品投赠给当路者，希望得到援引，这种行为叫干谒。苏颋读到李白的赋作，大惊，对同僚说：“此子天才英丽，下笔不休，虽风力未成，且见专车之骨。若广之以学，可以相如比肩也。”但苏颋并没有给李白什么实质性的帮助。

开元二十三年，二十四岁的李白离开四川，离开大匡山，开始出门远游。他从长江乘舟东下，来到金陵维扬，不上一年，散金三十万。李白是一个浪漫洒脱的人，“有落魄公子，悉皆济之”。“悉皆济之”的结果，是自己也成了“落魄公子”。他困卧在扬州客栈里，树上有黄叶飘落的声音，很冷，看见月光，以为是初下的寒霜：

床前明月光，疑是地上霜。举头望明月，低头思故乡。

靠朋友的帮助，二十七岁的李白入赘安陆许家。许小姐的祖父是高宗时的宰相，父亲也做过员外郎，家境不错，李白在安陆颇过了一段安稳幸福的日子。李白曾说："酒隐安陆，蹉跎十年。"他风华正茂，意气风发，当然不想蹉跎。他去干谒安陆的李长史、裴长史，写《上安州李长史书》《上安州裴长史书》，言辞恳切，态度谦恭，但没有结果。他又拿了老丈人的信直赴长安，去找燕国公张说。张说的儿子张垍接待李白。张垍生得唇红齿白，面如冠玉，却是当朝皇帝唐玄宗的驸马。他何曾把一介寒儒李白放在眼里？李白走在青天般宽阔的长安大道上，心情郁闷：

大道如青天，我独不得出。羞逐长安社中儿，赤鸡白雉赌梨栗。弹剑作歌奏苦声，曳裾王门不称情。淮阴市井笑韩信，汉朝公卿忌贾生。君不见昔时燕家重郭隗，拥篲折节无嫌猜。剧辛乐毅感恩分，输肝剖胆效英才。昭王白骨萦蔓草，谁人更扫黄金台？行路难，归去来！（《行路难》其二）

就在彷徨无路的时候，他去襄阳干谒韩朝宗，韩朝宗时任荆州长史并兼山南东道采访使，人称韩荆州。就在这时，李白写下著名的《与韩荆州书》：

白闻天下谈士相聚而言曰："生不用封万户侯，但愿一识韩荆州。"何令人之景慕，一至于此耶！岂不以有周公之风，躬吐握之事，使海内豪俊，奔走而归之。一登龙门，则声誉十倍。所以龙盘凤逸之士，皆欲收名定价于君侯。愿君侯不以富贵而骄之、寒贱而忽之，则三千宾中有毛遂，使白得颖脱而出，即其人焉。

白，陇西布衣，流落楚汉。十五好剑术，遍干诸侯。三十成文章，历抵卿相。虽长不满七尺，而心雄万夫。王公大人，许与气义。此畴曩心迹，安敢不尽于君侯哉？君侯制作侔神明，德行动天地，笔参造化，学究天人。幸愿开张心颜，不以长揖见拒。必若接之以高宴，纵之以清谈，请日试万言，倚马可待。今天下以君侯为文章之司命，人物之权衡，一经品题，便作佳士；而君侯何惜阶前盈尺之地，不使白扬眉吐气、激昂青云耶？

虽然是干谒书，却绝不作寒乞态，写得气象峥嵘，豪气逼人，充分显示了李白"平交王侯"的气概。也许就是李白这种"平交王侯"、傲岸自负的姿态，让韩朝宗不高兴。开元二十三年，韩朝宗曾接到诏令，令其推荐“才有霸王之略，学究天人之际，及堪将帅牧宰者”，他没有推荐李白，却推荐了孟浩然。韩与孟约好时间，一同去长安，恰好那天孟来了一个朋友，二人正在开怀痛饮，把韩相约的事忘了。推荐孟的事也不了了之。

开元二十七年，安陆的许氏病故，李白无所依傍，移居东鲁，过着奔走漂泊的日子。但李白的诗名越来越大了。他的名字就像一轮太阳，照耀在盛唐的天空，唐玄宗想不在意也不行了。天宝元年，唐玄宗下诏征召，李白由南陵应诏入京。李白当然很高兴。“仰天大笑出门去，我辈岂是蓬蒿人。”玄宗在大明宫的金銮殿上召见李白，见面就说：“卿是布衣，名为朕知，非素蓄道义，何以及此?”心中充满了得到天下奇才的喜悦之情。

李白进入翰林，以为从此就可以“申管、晏之谈，谋帝王之术，奋其智能，愿为辅弼，使寰区大定，海县清一”，施展平生的理想抱负了。而玄宗只不过把他当作一个点缀歌舞升平的弄臣。他被迫写《清平调》，用“云想衣裳花想容”来描写杨贵妃的美貌。这和他的理想相去甚远。他开始酗酒，不满，要文士睥睨一切的脾气，要高力士给他脱靴子。他说：“安能摧眉折腰事权贵，使我不得开心颜。”他和权贵集团格格不入。唐玄宗也感到了这种格格不入，三年后赐金放还。

天宝三载，李白来到洛阳，结识了年轻的诗人杜甫，又通过杜甫结识了诗人高适，三人结伴去游汴宋，写纪游诗，成为中国文学史上的佳话。但就是这三个制造历史佳话的人，当年却相当潦倒，这与当时政治的黑暗是分不开的。玄宗完全沉醉在杨贵妃的温柔乡里，一味宠信宦官，任用奸佞小人，故李林甫、安禄山等人大得其志。安禄山野心勃勃，玄宗却相信他硕大的肚子里全是一颗忠心。李白曾深入安禄山巢穴幽州，写下《北风行》：“烛龙栖寒门，光耀犹旦开。日月照之何不及此，唯有北风号怒天上来。燕山雪花大如席，片片吹落轩辕台。”是写景，也在暗示幽州这地方凶险啊。

玄宗的骄奢淫逸果然酿成祸殃。天宝十四载安史之乱爆发。李白和后来的妻子宗氏避难宣城，作《猛虎行》《扶风豪士歌》《奔亡道中五首》等。他在诗里说：“秦人半作燕地囚，胡马翻衔洛阳草。”又说：

“洛阳三月飞胡沙，洛阳城中人怨嗟。天津流水波赤血，白骨相撑如乱麻。”这些诗与杜甫的“三吏”“三别”一样，堪称诗史。

玄宗仓皇奔蜀，太子李亨即位，是为肃宗。永王李璘想趁肃宗立脚未稳，与之争夺天下。做这样的大事当然要招徕名人贤达，于是李璘派韦子春聘请李白入幕。李白以为李璘是奉诏出镇，就稀里糊涂跟着韦子春上了兵船。这时候李白的精神亢奋，作《永王东巡歌十一首》。其二云：

三川北虏乱如麻，四海南奔似永嘉。但用东山谢安石，为君谈笑静胡沙。

他把自己比作东晋的谢安（字安石），以为自己谈笑之间就可以平定叛乱。但具有讽刺意味的是肃宗却把永王的军队当作叛乱，李白当然就是叛乱的一份子。永王被杀，李白以附逆罪被执，后被流放夜郎。途中遇赦东还。

漂泊四年后，李白于宝应元年冬天来到当涂依族叔李阳冰。这时候李白的身体越来越不行了。他感到来日无多，就把自己平生所作托给李阳冰，并写完最后六句诗：“大鹏飞兮振八裔，中天摧兮力不济。余风激兮万世，游扶桑兮挂左袂。后人得之传此，仲尼亡兮谁为出涕。”溘然而逝，终年六十二岁。李阳冰果然没有辜负李白的期望，把李白的诗集编为《草堂集》付梓。李阳冰编辑的《草堂集》及《草堂集序》，成为后人研究李白最重要的资料。李阳冰不仅弘扬了友道，也为中国文化做出了重要贡献。

李白一生失意，常常以酒浇愁。杜甫说：“李白斗酒诗百篇。”李白的诗几乎有一半写到酒。他说“百年三万六千日，一日须倾三百杯”，又说“古来圣贤皆寂寞，惟有饮者留其名”。宋元明清，一路酒家的酒幌子上，都飘扬着“太白遗风”四个大字。这是后人对李白最好的纪念。

杜 甫

李白和杜甫是好朋友，李白有一首《戏赠杜甫》："饭颗山头逢杜甫，顶戴笠子日卓午。借问别来太瘦生，总为从前作诗苦。"我觉得"瘦"、"苦"二字写出了杜甫的形象。杜甫一生生活清贫、颠沛流离，他的外貌是清瘦的，而他忧国忧民、病魔缠身，心情当然总是悲苦。还有他写诗，"为人性僻耽佳句，语不惊人死不休"，这样的执着和严谨，能不苦吗？

其实杜甫出身官宦之家，他的祖父杜审言是初唐武则天时期的著名诗人，"独有宦游人，偏惊物候新"就出自他的笔下。他的父亲杜闲曾为兖州司马、奉天县令。杜甫早年受到良好的教育，他曾追忆说："七龄即思壮，开口咏凤凰。九龄书大字，有作成一囊。"他早慧，天赋甚高，《望岳》就是他二十四岁时的作品。"岱宗夫如何？齐鲁青未了。"一句话就写出了泰山的雄伟，真令人惊叹。还有他的《房兵曹胡马》《画鹰》都是二十几岁时写的，马是"骁腾有如此，万里可横行"，鹰是"何当击凡鸟，毛血洒平芜"，驰骋呼啸，蓬勃而有生气，年轻的杜甫对前途还是乐观自信的。

他第一次考试未中，和朋友们在东南、齐赵漫游，心情也还不错。但第二次就不行了。第二次黜落时，他有了妻孥，一大家人嗷嗷待哺，好几双饥饿的眼睛望着他。漫游成了奢望。他被困长安十年。"朝扣富儿门，暮随肥马尘。残杯与冷炙，到处潜艰辛。"数不尽的屈辱和辛酸使他失眠，但也在哺育他的诗。他的诗由清狂而转向深沉苍凉。他在《奉赠韦左丞丈二十二韵》中开头就说："纨绔不饿死，儒冠多误身。"纨绔子弟，不学无术，一个个活得滋润，而读书人却误尽了事业和前程。这是多么的不公平。

他的名篇《兵车行》是在长安十年期间写下的。他反对无休止的战争。战争让爷娘失去儿子，让妻子失去丈夫，战争只能使“汉家山东二百州，千村万落生荆杞。纵有健妇把锄犁，禾生陇亩无东西”。然而战争几乎每天都在发生，看着咸阳桥上人哭马嘶，以及一片滚滚的烟尘，杜甫忧心如焚。然而他只能仰天长叹。

他离开长安前往奉先，写下著名长诗《自京赴奉先咏怀五百字》。“朱门酒肉臭，路有冻死骨”，揭示了大唐盛世潜伏的危机。果然，此后不久安史之乱就爆发了。安史之乱给人民带了深重灾难，却也为历史成全了一位伟大的杜甫。现在我们提到杜甫，就要提到安史之乱，因为杜甫那么多的名篇都是在安史之乱中写下的。《悲陈陶》《哀江头》《月夜》《春望》《羌村》《北征》以及“三吏”、“三别”。他在颠踬流亡中用诗笔记录着历史。他是真正的与人民同呼吸、共命运。还没有哪一位唐代诗人，像他那样和人民如此的贴近。他的诗当年是含着泪水写下的，我们在一千五百年后的今天读起来，依然饱含着泪水。

杜甫晚年大部分的时光是在成都度过的。成都像是一个避风的港湾，系住了杜甫漂泊的小舟。成都尹严武就是河边一株系小舟的柳树罢。严武接纳他，欣赏他，成为历史上官员与文人亲密无间的佳话。后人称杜甫为杜工部，杜工部是检校工部员外郎的简称，这个职务就是严武向朝廷举荐的。杜工部终于有了一段安定的日子。在成都西郊浣花溪的草堂里，他观赏着“两个黄鹂鸣翠柳，一行白鹭上青天”，也陶醉着“舍南舍北皆春水，但见群鸥日日来”。他沉重的笔一变而为潇洒空灵。他写春夜好雨，写点溪荷叶，写微风燕子，写自在娇莺。他把自己轻倩的身影也融入其中。

不幸的是成都尹严武去世，那一株系小舟的柳树断了。杜甫又开始了新的漂泊。他乘舟东下，来到夔州。夔州雄峻的山水陶冶他的诗笔，他突然感到来日无多，写作一天比一天勤奋。在不到两年的时间里，他写下了四百三十多首诗歌。这时候他在艺术上已达到炉火纯青的地步。特别是他的七律登峰造极，被后人奉为圭臬。《秋兴八首》《登高》《阁夜》都是这一时期的作品。

热爱人民，永远是他诗歌的主题。他在夔州也筑有一所草堂，草堂前有几棵枣树，西邻的一个寡妇常来打枣，他从不干涉。后来他搬到东屯，就把草堂让给了一位姓吴的亲戚。这位姓吴的亲戚一来就在草堂插上篱笆，禁止打枣。后来杜甫知道了，便写下《又呈吴郎》：

堂前扑枣任西邻，无儿无食一妇人。不为困穷宁有此？只缘恐惧转须亲。即防远客虽多事，便插疏篱却甚真。已诉征求贫到骨，正思戎马泪盈巾。

同情妇人，劝告吴郎，却联想到整个国家大局，以至于流泪。这就是杜甫。杜甫是真正的人民诗人。

杜甫的身体越来越差，他怀念故土和亲人。于是驾一叶扁舟沿长江回老家河南巩县。因战乱相寻，他只有在公安、潭州、监利、岳阳等地漂泊。他去登岳阳楼。洞庭水是名水，岳阳楼是名楼。然而登上名楼一览名水，他却是老泪纵横。“昔闻洞庭水，今上岳阳楼。吴楚东南坼，乾坤日夜浮。亲朋无一字，老病有孤舟。戎马关山北，凭轩涕泗流。”他的心情糟透了。同样是写燕子，在成都是“细雨鱼儿出，微风燕子斜”，如今却是“可怜处处巢居室，何异飘飘托此身”。同样是写饮酒，在成都是“肯与邻翁相对饮，隔篱呼取尽余杯”，如今却是“艰难苦恨繁霜鬓，潦倒新停浊酒杯”。

行船到耒阳，江水大涨，无法前进，他的一家人饿了五天五夜。幸亏耒阳聂县令送来白酒牛肉，才免于饿死。他又折回潭州。就在这一年冬天，杜甫死在由潭州到岳阳的一条破船上。临终前，他写下了《风疾舟中伏枕书怀三十六韵奉呈湖南亲友》长诗，七十二句，三百六十字。诗中说：“战血流依旧，军声动至今。”一直到死，我们伟大的诗人也没有忘记在灾难中呻吟的祖国和人民。那年他离开严武已五年，五十七岁。

刘长卿

刘长卿是中唐时期的重要诗人。他自许很高，“尝自以为五言长城”。稍后的皇甫湜则说：“诗未有刘长卿一句，已呼阮籍为老兵矣。”意思是说，如诗中引用刘长卿一句，就可以傲视魏晋的阮籍了。可见评价之高。他的代表作是《逢雪宿芙蓉山主人》：

日暮苍山远，天寒白屋贫。柴门闻犬吠，风雪夜归人。

写雪夜投宿山中人家所见的情景，寥寥数语，平淡无奇，却仿佛一幅意境深邃的山水画，把我们带入充满生活气息的温暖亲切中。诗太美了，竟使芙蓉山也有了大名。山以芙蓉为名的很多，到底是哪里的芙蓉山，后人争论不休。有人说在江苏宜兴县，有人说在湖南宁乡县，还有人说在贵州。可惜不能起刘长卿于地下，问一问。

他还有一首《送灵澈上人》也颇有趣味：

苍苍竹林寺，杳杳钟声晚。荷笠戴斜阳，青山独归远。

灵澈上人将要远行，刘长卿去竹林寺送他。在黄昏的苍茫中，灵澈背着斗笠远去的姿态，宛如画图。

刘长卿青年时久困场屋近二十年之久。“岁月蹉跎飞不进，羽毛憔悴何人问?”他在嵩山读书，隐居。直到天宝十四载才考中进士。然尚未释褐，安史之乱爆发。后任小官，却因刚而犯上，两遭贬谪。到德宗建中元年，他才被擢升为随州刺史，世称“刘随州”。他是很想在任上有所作为的。但先后发生梁崇义和李希烈叛乱，随州不久即为叛军攻陷，他弃城出走，流落江湖，郁郁而终。

他的一生实在是坎坷之极，非常不幸。故他的诗以两类为多，一类是写贬谪漂泊的感慨，一类是写山水隐逸的闲情。后一类的代表作有《寻南溪常山人隐居》：

一路经行处，莓苔见履痕。白云依静渚，春草闭闲门。过雨看松色，随山到水源。溪花与禅意，相对亦忘言。

写寻访道人，在南溪山中所见的景色，莓苔，静渚，春草，松色，还有白云，还有无处不在的清新与幽静，使人感到愉悦。又如《饯别王十一南游》：

望君烟水阔，挥手泪沾巾。飞鸟没何处，青山空向人。长江一帆远，落日五湖春。谁见汀洲上，相思愁白蘋。

送别友人，心情是伤感的。他久久地站在岸上凝望，友人远去的背影不见了，他还站在那里。目中所见的景物都在渲染这份伤感，这份离愁。

他自诩为“五言长城”，其实他的七言也不错。他的一些怀古伤今的作品，就是用七言写的，如《长沙过贾谊宅》：

三年谪宦此栖迟，万古惟留楚客悲。秋草独寻人去后，寒林空见日斜时。汉文有道恩犹薄，湘水无情吊岂知。寂寂江山摇落处，怜君何事到天涯。

可怜的诗人两次遭贬谪。第一次，由苏州长洲县尉贬为潘州南巴县尉；第二次，由淮西鄂岳转运留后贬为睦州司马。第二次贬谪的时候，是深秋，他来到长沙贾谊故居，感慨万千。他吊贾谊，其实是伤自己。自己落寞的背影，正是贾谊从远古而来的长长投影。他还有一首《送严士元》：

春风倚棹阖闾城，水国春寒阴复晴。细雨湿衣看不见，闲花落地听无声。日斜江上孤帆影，草绿湖南万里情。君去若逢相识问，青袍今已误儒生。

地点是在苏州，写与友人严士元相遇而又别离的复杂情思。第二联，是名对，那样的精巧而富有诗意，只能出自刘长卿的笔下。

刘长卿的一生跨越了盛唐和中唐两个时期，安史之乱的全过程他是经历过的。他写安史之乱，写人民的痛苦和灾难，虽不及杜甫的诗史之笔，但也有一些精品力作。他的诗集中有一首最长的诗，五言排律五十韵，《至德三年春正月时谬蒙差摄海盐令闻王师收二京因书事寄上浙西节度李侍郎中丞行营五十韵》，就是写安史之乱的经过和收复两京的兴奋之情的：

天上胡星孛，人间反气横。……万里兵锋接，三时羽檄惊。负恩殊鸟兽，流毒遍黎氓。朝市成芜没，干戈起战争。人心悬反覆，天道暂虚盈。略地侵中土，传烽到上京。王师陷魑魅，帝座逼欃枪。渭水嘶胡马，秦山泣汉兵。关原驰万骑，烟火乱千甍。……天回万象庆，龙见五云迎。小苑春犹在，长安日更明。

慷慨悲壮，气韵沉雄，显示了刘长卿诗歌的另一特色。还有一首《穆陵关北逢人归渔阳》：

逢君穆陵路，匹马向桑乾。楚国苍山古，幽州白日寒。城池百战后，耆旧几家残。处处蓬蒿遍，归人掩泪看。

战后社会荒冷，城池残破，蓬蒿遍野，实在怵目惊心，诗人掩泪，也引得后人一起与他泪雨纷纷。

岑　参

岑参是盛唐著名的边塞诗人。如果你想感受边地的苦寒，感受盛唐的气象，那么你读一读岑参的诗。

他最著名的一首边塞诗是《走马川行奉送出师西征》：

君不见走马川行雪海边，平沙莽莽黄入天。轮台九月风夜吼，一川碎石大如斗，随风满地石乱走。匈奴草黄马正肥，金山西见烟尘飞，汉家大将西出师。将军金甲夜不脱，半夜军行戈相拨，风头如刀面如割。马毛带雪汗气蒸，五花连钱旋作冰，幕中草檄砚水凝。虏骑闻之应胆慑，料知短兵不敢接，车师西门伫献捷。

三句一转，句句用韵，节奏急促，浑厚有力。岑参就是用这样的句子和句组，极力渲染边地朔风夜吼、飞沙走石的自然环境，以及在这种恶劣环境下紧急的军情。虽然没有短兵相接的直接描写，但诗人的饱满有力之笔，已烘托出大唐将士的不可战胜的精神风貌。笔尖上咆哮着如割的寒风，更劲吹着只有大唐才有的猎猎雄风。

他还有一首《白雪歌送武判官归京》，也是传诵的名作：

北风卷地白草折，胡天八月即飞雪。忽如一夜春风来，千树万树梨花开。散入珠帘湿罗幕，狐裘不暖锦衾薄。将军角弓不得控，都护铁衣冷犹着。瀚海阑干百丈冰，愁云黪淡万里凝。中军置酒饮归客，胡琴琵琶与羌笛。纷纷暮雪下辕门，风掣红旗冻不翻。轮台东门送君去，去时雪满天山路。山回路转不见君，雪上空留马行处。

写漫天的飞雪，却把它比作千树万树的梨花，这就使得边地的奇寒有了诗意，有了蓬勃温暖的春意。岑参是乐观浪漫的，手法是夸张的，但他的遣词造句却是准确生动的。没有亲临边地的感受，无论如何也写不出来。

岑参曾经两度出塞。第一次是天宝八载，充安西四镇节度使高仙芝的掌书记，随高仙芝出塞。后封常清代替高仙芝的职务，岑参第二次随封常清出塞，任判官。前面引用的两首诗就是在封常清幕府任判官时写下的。封将军的幕府有这样的判官真是福气。岑判官的笔让封将军风流千古。

在边地久了，见惯了大漠风沙，当然怀念故土亲人。幕府里有人入京，他骑在马上遇见了，想写几句话问候家人，却又没有纸笔，于是他就只好托入京使带几句话报平安了。这就是为后人传诵的《逢入京使》：

故园东望路漫漫，双袖龙钟泪不干。马上相逢无纸笔，凭君传语报平安。

口占而成，情意却很深厚，很感人。清人刘熙载曾说："诗能于易处见工，便觉亲切有味。"这首诗确实有嚼之不尽的余味。

岑参和杜甫、高适等人的关系很密切。天宝十一载，他们同登慈恩寺塔，写下纪游之作。大概就是那一年，秋雨绵绵，杜甫与岑参同在长安却难得相见，于是写下《九日寄岑参》："出门复入门，两脚但如旧。所向泥活活，思君令人瘦。沉吟坐西轩，饮食错昏昼。寸步曲江头，难为一相就。"几天不见，就到了"思君令人瘦"的程度，可见友谊之深。大约在至德二载，岑参离开边塞回朝。他一回朝，杜甫就推荐他担任了右补阙。杜甫在荐状中说："臣等窃见岑参，识度深远，议论雅正，佳名早上，时辈所仰。"杜甫对岑参的评价相当高。

此后十余年，岑参三度为郎，两次出为州长和刺史。他最后的职务是嘉州刺史，世称"岑嘉州"。但他并不得意，他的英雄豪气消磨殆尽。他在担任虢州长史的时候，心情就很抑郁。去登楼，写了一首《登虢州西楼》："错料一生事，蹉跎今白头。纵横皆失计，妻子也堪羞。明主虽然弃，丹心亦未休。愁来无去处，只上郡西楼。"他就这样愁着，一直愁到嘉州，愁到大历二年。大历三年，他被罢官，由剑阁归长安，寓居在成都客舍里。秋天，落叶的风吹着，吹着他的悲怀，他在《客舍悲秋有怀两省旧游呈幕中诸公》中写道："三度为郎便白头，一从出守五经秋。莫言圣主长不用，其那苍生应未休。人间岁月如流水，客舍秋风今又起。不知心事向谁论，江上蝉鸣空满耳。”他感慨无限。不久就死在客舍里。

岑参出塞前的山水诗是值得一提的。他有意学谢朓、何逊的清新，但有意境新奇的特色。杜甫说“岑参兄弟皆好奇”，这里说的好奇，指大自然之奇，也指诗句之奇。读他的《冬夜宿仙游寺南凉堂呈谦道人》：

> 乱流争迅湍，喷薄如雷风。夜来闻清磬，月出苍山空。空山满清光，水树相玲珑。回廊映密竹，秋殿隐深松。灯影落前溪，夜宿水声中。

写月光下的乱流水声，密竹深松，真的很新奇，让人有置身其中、超然物外的感觉。

元　结

元结是中唐一位独树一帜的诗人，也是一位杰出的少数民族作家。祖先原是鲜卑族，姓拓跋，到北魏孝文帝时才改姓元。他是北魏常山王拓跋遵的第十五世孙。

元结小的时候，颇有点放纵不羁。是受从兄元德秀的影响，才开始折节读书的。他曾到商余山居住，“耕艺山田”，“与丐者为友”，广泛地接触下层人民。唐玄宗天宝五载，二十八岁的元结开始离乡漫游。他顺着运河，到了淮阴一带。那一年正好发大水，河堤溃决，他目睹了人或为鱼鳖的惨象，写下他现存最早的一首诗——《闵荒诗》。诗中写道：“四海非天狱，何为非天囚？天囚正凶忍，为我万姓雠。”他完全站在人民的立场上，抒发心中的愤怒。

天宝六载，唐玄宗下诏广求贤才，要求“片善必录，末技无遗”。元结和杜甫等一大批草野士子被推荐到长安。但这时的宰相正是口蜜腹剑的李林甫，他玩弄鬼把戏，让待举制的士子个个落第，事后还煞有介事地向玄宗上表，称“野无遗贤”。杜甫曾在《奉赠韦左丞丈二十二韵》中，代表这批士子表达愤激之情：“主上顷见征，欻然欲求伸。青冥却垂翅，蹭蹬无纵鳞。”

直到天宝十三年，李林甫死了，三十六岁的元结才擢进士第。但还没有来得及接受官职，安史之乱就爆发了。他率领家人逃难到江南溪，在那里“耕钓自全”，“沉浮人间”。他和当地的人民相处得十分融洽，他在《与瀼溪邻里》说：“瀼溪中曲滨，其阳有闲园。邻里昔赠我，许之及子孙。我尝有匮乏，邻里能相分。我尝有不安，邻里能相存。”他一直住到肃宗乾元二年。

乾元二年九月，在安史之乱最艰苦的时候，元结以“前进士”的身份得到肃宗的召见。肃宗求贤若渴，问以兵事，元结献上三篇《时议》，受到肃宗的赞赏，并被授予右金吾兵曹摄监察御史，充山南东道节度参谋。元结到任后，迅速招募唐、邓、汝、蔡诸州义军，坚守泌阳，阻遏了史思明的叛军，保全了十五个城池，为当时的战局做出了贡献。以一书生而能担任将帅的重任，这是他平时刻苦学习兵法的结果。

就在戎马倥偬之际，即乾元三年春天，元结“尽箧中所有”，将沈千运、赵微明等七人的诗二十四首编成《箧中集》。所选作品虽然不多，却是唐人选唐诗颇具特色的一个选本。他为《箧中集》写了序文。他在序文中猛烈批评“拘限声病，喜尚形似，且以流易为辞，不知丧于雅正”的诗风，热烈推崇沈千运等人“独挺于流俗之中，强攘于已溺之后”，他编选集的目的，就是要标举《诗经》风、雅传统，用以抵制柔靡、纤弱的诗风。他同情七人穷困潦倒、默默无闻的遭遇，要让七人的诗作流传后世。他做到了。

由于战功卓著，元结被拔擢为水部员外郎，兼殿中侍御史，充荆南节度判官，曾一度代摄荆南节度使职事。代宗即位，他上《乞免官归养表》，以奉养老母为由辞官，退居武昌樊水。他在樊纵情山水，寄意歌咏，颇过了一段自由自在的日子。他在《樊上漫作》里说：“漫家郎亭下，复在樊水边。去郭五六里，扁舟到门前。山竹绕茅舍，庭中有寒泉。西边双石峰，引望堪忘年。四邻皆渔父，近渚多闲田。且欲行耕钓，于斯求了焉。”多么幽美的景色。

但代宗还是记得他。广德元年，代宗任命他为道州刺史。经过安史之乱，道州县城残破，人民饥寒交迫，然而他的公案上，却堆满了催征的符牒。上司征敛，急如星火，“失其限者，罪至贬削”，但他若悉应命，则州县破乱、百姓流亡，在所难免。况且也于心不忍。他决定豁出去，为民请命，“作《春陵行》以达下情”：

> 军国多所需，切责在有司。有司临郡县，刑法竞欲施。供给岂不忧，征敛又可悲。州小经乱亡，遗人实困疲。大乡无十家，大族命单赢。朝餐是草根，暮食仍木皮。出言气欲绝，意速行步迟。追呼尚不忍，况乃鞭扑之。

上司没有责怪他，皇帝也没有责怪他，道州人民却予他广泛的好评。后来还写了一首《贼退示官吏》，他的态度更为激愤，遣词造句更加尖锐。他在诗里说："使臣将王命，岂不如贼焉。"在诗的结尾说："思欲委符节，引竿自刺船。将家就鱼麦，归老江湖边。"他说，你们再这样胡闹，没有一点同情之心，我就要辞官还乡，去做一名渔夫了。表达了和虎狼官吏完全决绝的态度。

大历三年，元结调任容州刺史。当然是升了官。当时的容州很混乱，溪洞夷和西原夷武装起事。元结一改过去武力镇压的方针，采取了抚慰、劝勉的做法。他单车入夷，和夷首席地而坐，面对交谈，故取得了夷首的信任。在任短短六十天，就恢复了八州秩序。真是奇迹。同时代的诗人杜甫曾发出这样的慨叹："得结辈十数公，落落然参错天下为邦伯，万物吐气，天下少安可待矣。"

大历四年，元结因丁母忧离任。他离开容州时，百姓依依，流泪相送。离任以后，"民乐其教，至立石颂德"。好官人民是记得的。

自大历四年夏到六年底，元结一直守制在家，居住在祁阳浯溪。大历七年正月，丁忧期满，元结奉命回朝，染疾，不久逝世于长安永崇坊旅馆。享年五十四岁。

后人对元结作品的总体评价是，语言质朴平实，但失之于枯拙淡薄，应该说只是一部分作品是这样的。他的许多诗文清新而富有情趣。如他的《欸乃曲》五首之二：

湘江二月春水平，满月和风宜夜行。唱桡欲过平阳戍，守吏相呼问姓名。

有民歌的活泼，又有律诗的雅趣，二者兼得，自是不易。他还写了不少山水游记，我们选一篇《右溪记》欣赏：

道州城西百余步，有小溪。南流数十步，合营溪。水抵两岸，悉皆怪石，攲嵌盘屈，不可名状。清流触石，洄悬激注。佳木异竹，垂阴相荫。此溪若在山野，则宜逸民退士之所游处；在人间，可为都邑之胜境，静者之林亭。而置州已来，无人赏爱；徘徊溪上，为之怅然。乃疏凿芜秽，俾为亭宇；植松与桂，兼之香草，以裨形胜。为溪在州右，遂命之曰"右溪"。刻铭石上，彰示来者。

文字峻洁，韵致悠然，为我们描绘出一幅幽美僻静的山水图。我们以后读柳宗元的"永州八记"，还会记起他的名字——元结。

韦应物

韦应物的韦家在唐朝乃是赫赫有名。三百年中共出了十四个宰相，其他的官吏无法统计。韦家世居长安杜陵，长安城里流传着一句谚语："城南韦杜，去天尺五。"可见韦家声势之大。

韦应物十五岁就做了玄宗的近侍三卫郎。贴身警卫。那时正是唐玄宗和杨贵妃最快乐的时候，也是他们最奢华享受的时候。韦应物以少年侍卫的身份，也充分享受着这份奢华和荒唐。他后来在《逢杨开府》中说："朝持樗蒲局，暮窃东邻姬。司隶不敢捕，立在白玉墀。"赌博、戏女人，要多荒唐有多荒唐。要不是"渔阳鼙鼓动地来"，安禄山在范阳起兵造反，韦应物还不知要荒唐成什么样子。

玄宗奔蜀，他扈从不及，在扶风、武功等地流落达三年之久。肃宗乾元元年，他返回京城入太学读书。"武皇升仙去，憔悴被人欺。"他尝到了不学无术、腹笥荒疏的苦果。他决心痛改前非，折节向学。也还只有二十几岁，是"苏老泉，始发愤"的年纪，来得及。

代宗广德二年，韦应物卒业于太学，经过考试，得到了洛阳丞的职位。从此开始他起伏的仕途生涯。他做过许多官，最有名的是三个州刺史，即滁州刺史、江州刺史、苏州刺史。人称韦江州或韦苏州。他清廉刚直，关心民间疾苦，是一个好官清官。

他对危害人民的官吏是愤恨的。他把他们比作一只黄昏的饿鸱。在《杂体五首》其二中说：

古宅集祆鸟，群号枯树枝。黄昏窥人室，鬼物相与期。居人不安寝，搏击思此时。岂无鹰与鹯，饱肉不肯飞。既乖逐鸟节，空养凌云姿。孤负肉食恩，何异城上鸱。

而对劳苦的寒夜女，他却充满了无比的同情。他在其三中说：

春罗双鸳鸯，出自寒夜女。心精烟雾色，指历千万绪。长安贵豪家，妖艳不可数。裁此百日功，唯将一朝舞。舞罢复裁新，岂思劳者苦。

他更在《寄李儋元锡》里说了两句很感人的话：“身多疾病思田里，邑有流亡愧俸钱。”本想辞官归隐，但看到百姓逃亡，又不能一走了之。他为自己无功受禄而惭愧，写出了一个仁政爱民的官吏，想有所作为，却又无可奈何的苦闷心情。此联自宋代以来，倍受赞扬。范仲淹、朱熹都叹为“仁者之言”、“贤矣”。南宋黄彻在《碧溪诗话》说：“余谓有官君子当切切作此语。彼有一意供租，专事土木，而视民如仇者，得无愧此诗乎?”

《观田家》也表达了同样的心情：

微雨众卉新，一雷惊蛰始。田家几日闲，耕种从此起。丁壮俱在野，场圃亦就理。归来景常晏，饮犊西涧水。饥劬不自苦，膏泽且为喜。仓禀无宿储，徭役犹未已。方惭不耕者，禄食出闾里。

农家自春徂秋，辛辛苦苦，而仓廪无储，难裹饥腹。那些不耕而食的人应该感到惭愧啊!

韦应物的性情淳厚，对朋友的感情很深，故一些寄赠诗写得真挚感人。如《长安遇冯著》：

客从东方来，衣上灞陵雨。问客何为来?采山因买斧。冥冥花正开，飏飏燕新乳。昨别今已春，鬓丝生几缕?

问候漂泊失意的故人冯著，实在是带了兄弟般的感情。他劝冯著想开点，大自然化育万物，总是公正不欺的。但事实会是这样吗?他也拿不准。于是他有无限感慨。

他还有一首《淮上即事寄广陵亲故》：

前舟已眇眇，欲渡谁相待?秋山起暮钟，楚雨连沧海。风波离思满，宿昔容鬓改。独鸟下东南，广陵何处在?

思念亲人的心情，在孤舟中荡漾，在秋雨暮钟中漂泊。他真羡慕一只鸟，有温暖的巢穴归去，而自己的家却在广陵，遥不可及的地方。

他在全椒山中有个好朋友，是道士。秋风把门前的落叶吹下来，兼有小雨，他忽然想到了道士：

今朝郡斋冷，忽念山中客。涧底束荆薪，归来煮白石。欲持一瓢酒，远慰风雨夕。落叶满空山，何处寻行迹？

这就是被前人称为“化工笔”名篇《寄全椒山中道士》。郡斋如此的冷寂，山中更是不堪了罢。欲持一瓢酒去慰问，但又到哪里去找他的人呢？造语简淡，却见出深深的情感。

韦应物最多的是山水田园诗。后人称他为山水田园诗人，把他和陶渊明并称为“陶韦”，也把他和王维、孟浩然、柳宗元并称为“王孟韦柳”。他写田园，更写田园上劳作者的辛苦。这和那些仅仅只描写田园风光，或在田园风光里寄托洁身自好思想的人，是有区别的。

他在滁州当刺史，亲民，也经常去赏玩滁州的山水。他的《滁州西涧》写滁州的一条小溪、一只小船：

独怜幽草涧边生，上有黄鹂深树鸣。春潮带雨晚来急，野渡无人舟自横。

在春潮的急雨中，小舟横在河面，久久无人。小舟就这样横到今天，横到了中国文学史里。

孟 郊

孟郊最有名的一首诗当然是《游子吟》：

慈母手中线，游子身上衣。临行密密缝，意恐迟迟归。谁言寸草心，报得三春晖。

孟郊一生穷寒。母亲缝制的衣服，有母亲的关怀，抵御大自然的寒冷，也抵御人间的冷漠。

《旧唐书》说孟郊“性孤僻寡合”，他的朋友很少。四十岁之前主要是写诗、考试。屡试不第，直到唐德宗贞元七年，四十一岁，才在故乡湖州中举。中举才有应进士试的资格。贞元八年，他往长安应进士试。就在这次他认识了同应进士试的韩愈。“韩愈一见以为忘形之契。”物以类聚，人以群分，他们两人的遭遇相同，性格都异乎流俗，故是相投的。这次考试，二十四岁的韩愈登第，四十二岁的孟郊下第。韩愈写《孟生诗》，说孟郊古心古貌，学古作诗，却世人不解，无所遇合，算是对他的一份安慰。

孟郊是灰心了，他说“出门即有碍，谁谓天地宽”。但他的母亲鼓励他。他的母亲是和孟母一样的好母亲。贞元十二年，他第三次应进士第，终于及第。他情不自禁，写了《登科后》，抒发得意的心情：

昔日龌龊不足夸，今朝放荡思无涯。春风得意马蹄疾，一日看尽长安花。

看完了花，他却没有得到官职。他周游各地，到处依人，仍然过着贫寒的生活。贞元十七年，又是母亲鼓励他到东都洛阳应铨选，他被选做溧阳县尉。县尉，从九品，负责地方治安，是个可怜的小吏。一般进士甚至文士都是不愿做的。杜甫就在《官定后戏赠》中说：“不作河西尉，凄凉为折腰。”他当然“有若不释然者”。韩愈写《送孟东野序》为他送行，开篇就说“大凡物不得其平则鸣”，他说孟郊的诗抒发愤愤不平之气，是自然的，物不得其平则鸣啊！

他上任，把母亲也接到溧阳。他这株“寸草”，是该报一报三春的光晖了。但他做官很糟糕，母亲根本没有得到他的报答。溧阳有个地方叫投金濑，老木茂盛，青竹摇曳，环境幽美。他经常去那里，游赏吟诗，流连忘返，曹务当然多有废弛。县令不满，报告上司，上司派假尉代理，分掉孟郊官俸的一半。孟郊一家老小的生活更加吃紧了。他在《秋怀》诗里说：“秋至老更贫，破屋无门扉。一片月落床，四壁风入衣。”

他还写了一首《寒地百姓吟》：

无火炙地眠，半夜皆立号。冷箭何处来，棘针风骚骚。霜吹破四壁，苦痛不可逃。高堂搥钟饮，到晓闻烹炮。寒者愿为蛾，烧死彼华膏。华膏隔仙罗，虚绕千万遭。到头落地死，踏地为游遨。游遨者是谁？君子为郁陶！

其中的百姓有自己的影子，故写得如此的真切。读他的诗，仿佛寒风也吹在身上冷飕飕的。最后，他终因穷困而辞官归里。时节正是“秋深木脱，远水涵空”的晚秋，他感到了无限的凉意。

他安置家人后，只身出门漂泊。又漂泊了两年。宪宗元和元年冬，郑馀庆为河南尹，辟他为水陆转运判官、试协律郎。他卜居洛阳立德坊，并在庄前清溪之旁置有小亭，名“生生亭”。他其实是很容易满足的。他在《立德新居》里说：“寺秩虽未贵，家醪良可哺”，“宾秩已觉厚，私储常恐多”。可见他惬意满足的心情。

然而不幸却总是追随他。元和三年，他的三个儿子在几天内都死去了。真是太凄惨了。他在泪雨纷飞之下，写有《杏殇》九首。写得都很感人。在《之七》中写道：“哭此不成春，泪痕三四斑。失芳蝶既狂，失子老亦孱。且无生生力，自有死死颜。灵凤不衔诉，谁为扣天关！”他的不幸遭遇和诗传遍了洛阳城。王建《哭孟东野》说：“老松临死不生枝，东野先生早哭儿。但是洛阳城里客，家传一本《杏殇》诗。”

虽然做了官，但他却有普通农民的情感，他对官吏的征敛是如此的愤怒。他的《织女词》说：

夫是田中郎，妾是田中女。当年嫁得君，为君秉机杼。精力日已疲，不息窗下机。如何织纨素，自着褴褛衣？官家榜村路，更索栽桑树！

他对昏昧的当政者更是不满。他在《湘弦怨》中写道：

昧者理芳草，蒿兰同一锄。狂飙怒秋林，曲直同一枯。嘉木忌深蠹，哲人悲巧诬。灵均入回流，靳尚为良谟。我愿分众泉，清浊各异渠。我愿分众巢，枭鸾相远居。此志谅难保，此情竟何如。湘弦少知音，孤响空踟蹰。

要和这样的当政者分清浊，别枭鸾。他是耿介不群、不入俗流的，故社会很难容他。他一生贫病交迫，这也就不难理解了。在《上达奚舍人》中说："万俗皆走圆，一身犹学方。"他吃尽苦头也不愿改变自己的操守。同时代的诗人韩愈、李观、李翱、张籍、韦应物、贾岛等都十分敬重他的为人。他死后，好多人写诗文悼念他。贾岛《哭孟郊》云："身死声名在，多应万古传。寡妻无子息，破宅带林泉。冢近登山道，诗随过海船。故人相吊后，斜日下寒天。"这是对孟郊的诗作与遭遇最好的概括和品评。

韩 愈

在“唐宋八大家”中，韩愈的称谓较多，这也说明了后人对他的喜爱。他的郡望是昌黎，常自称昌黎韩愈，后人亦称韩昌黎。晚年任吏部侍郎，后世又称韩吏部。死后谥文，故又称韩文公。

韩氏的先世皆通显于世。他的六世祖韩茂仕北魏为尚书令，祖父韩睿素为唐桂州都督府长史，父亲韩仲卿做过武昌令。他的叔父韩云卿担任过礼部郎中，在文学上负有盛名，尤其是墓志铭写得好。韩愈在《科斗书后记》里说：“天下之欲铭述其先人功行、取信来世者，咸归韩氏。”韩愈三岁时父亲去世，即由长兄韩会抚养教育。当时韩会官起居舍人。起居舍人属于中书省的官员，专门记录皇帝所发命令。也不知什么事得罪了皇帝，皇帝把他贬为韶州刺史。韶州远在岭南，韩愈随兄颠沛到岭南。不久韩会死，韩愈随嫂北归河阳，后又避地江南。少年的韩愈过着困顿流离的生活。

正是这种孤苦的身世，韩愈小时候读书就异常的刻苦。他七岁开始读书，十三岁已能写文章。但他的仕途一直不顺利，四次参加考试未中。直到德宗贞元八年即他二十四岁那年才登进士第。蹭蹬十年，得授四门博士，第二年迁监察御史。监察御史的职责就是弹劾与建言。贞元十九年关中大旱，他亲眼看见“饿者何其稠，亲逢道边死”的惨状，而京兆尹还在谎报年成。他就向皇帝如实上奏。皇帝实在是蒙在鼓里，他震怒了。但幸臣们一起攻讦韩愈，说韩愈污蔑大好形势。三人成虎，皇帝信了，韩愈被贬到连州阳山做县令。不久量移江陵府法曹参军。《八月十五夜赠张功曹》《谒衡岳庙遂宿岳寺题门楼》就是在赴江陵途中写下的。自江陵召拜国子博士。后官职屡迁，因性格骨鲠，仕途一直不如意。心情也不好，他的身体一直很差。

有两件大事对韩愈的人生影响较大。一是元和十二年从裴度讨淮西吴元济的叛乱。取得胜利，因功擢升刑部侍郎。一是谏阻迎佛骨。元和十四年正月，宪宗自凤翔迎佛骨至京师，王公大臣以及引车卖浆者流，莫不奔走膜拜。韩愈竭力谏阻，触怒宪宗，被贬为潮州刺史。正是冬天，下大雪，韩愈行至蓝田，写下“云横秦岭家何在，雪拥蓝关马不前”的诗句，充满压抑、寒冷，还有英雄失路的悲凉。几个月后，量移袁州刺史。宪宗死，穆宗继位，召拜为国子祭酒，转兵部侍郎。这时镇州节度使被杀，有个叫王廷凑的自任节度使。朝廷派兵讨伐，被围。危急时刻，穆宗派韩愈往镇州宣慰王廷凑军。韩愈临危不惧，疾驱入镇州。王廷凑设甲士于庭，韩愈大义凛然，晓以利害，终使王廷凑归服中央。功成还朝，转吏部侍郎。死于任，终年才五十七岁。

韩愈一生，虽然在政治上也有建树，但最突出的贡献还是领导了唐代中期的古文运动。苏轼在《潮州韩文公庙碑》中说他“文起八代之衰，而道济天下之溺；忠犯人主之怒，而勇夺三军之帅”，是把他的文的功绩放在第一位的。古文这个名称，最早提出的是韩愈，而高举古文的大旗，身体力行、挽狂澜于既倒的也是韩愈。所谓古文，就是继承先秦两汉的文体，奇句单行，而不是六朝以来流行的以对偶为主的骈体。由于韩愈的古文写得元气淋漓、气势充沛，苏洵的形容是“如长江大河，浑浩流转，鱼鼋蛟龙，万怪惶惑”，一时间韩门弟子不少。李翱、皇甫湜、柳宗元都是韩愈古文的追随者和拥护者。

《送李愿归盘谷序》被苏轼评价为唐代第一篇文章。文中借隐士李愿之口，对官场的丑恶，做了尽情地揭露。

> 伺候于公卿之门，奔走于形势之途，足将进而趑趄，口将言而嗫嚅，处污秽而不羞，触刑辟而诛戮，侥幸于万一，老死而后止者，其于为人贤不肖何如也？

《进学解》则是以问答的形式抒发不遇之感。“国子先生晨入太学，招诸生立馆下，诲之曰：‘业精于勤荒于嬉，行成于思毁于随。……诸生业患不能精，无患有司之不明。’”而诸生却不买账，说他：“公不见信于人，私不见助于友，跋前踬后，动辄得咎。……而反教人为？”说得国子先生无言以对。这是他担任国子博士时的作品。

他的《祭十二郎文》为祭文中的名篇，被前人誉为“千年绝调”。它字字是血，句句是泪，感人肺腑。苏轼把它与《出师表》《陈情表》并举，称其“悲痛悲切，皆出于至情之中，不期然而然也”。事实也是如此。此文中穿插缀合的语助，反复出没，变化莫测，费衮在《梁溪漫志》中惊叹不已。他说：“非妙于文章者，安能及此!”

《杂说（四）》说“千里马常有，而伯乐不常有”，《师说》说“师者，所以传道受业解惑也”，《送孟东野序》说“大凡物不得其平则鸣”，都是人口传诵的名句。因为全文写得精妙，所以人们记住了精妙中的名句。

韩愈善于锤炼语言，戛戛独造，有不少已经成为成语，如垂头丧气、同工异曲、佶屈聱牙、俯首帖耳、蝇营狗苟、面目可憎、语言无味、动辄得咎等。韩愈对丰富祖国的语言文字，做出了杰出的贡献。

相比之下，韩愈诗的名气要小一些，或者说争议要大一些。批评家常用“奇崛险怪”来形容他的诗。他的《南山诗》，搜罗奇字，光怪陆离，而且连用带“或”字的诗句五十一个，叠字诗句十四个，极尽排奡铺张之能事。这些追求奇险而走向极端的诗歌，在内容上没有什么积极的意义，甚至有文字游戏的嫌疑。他还以文为诗，在诗中讲才学，发议论，这都给诗坛带来了不好的影响。不仅影响到中唐诗人，甚至延及北宋、晚清的许多诗人。

但对他的诗歌成就也不能全盘否认。他在中唐诗坛上开创了一个新的局面，一扫大历以来的平庸诗风，这是值得肯定的。同时，他还有许多诗写得清新。如《早春呈水部张十八员外》：

天街小雨润如酥，草色遥看近却无。最是一年春好处，绝胜烟柳满皇都。

刘禹锡

刘禹锡在众多的唐诗人中极为引人注目，其原因就是他诗集中的名篇极多，好读，耐读。明杨慎在《升庵外集》中说：“元和以后，诗人全集之可观者数家，当以刘禹锡为第一。其诗入选及人所脍炙不下百首矣。”现在也仍然是这样，历览选家所有的选本，刘禹锡的诗不会少。

德宗贞元九年，二十一岁的刘禹锡中进士，同年又登博学宏词科。少年得志的刘禹锡意气风发，志存高远，他在《华山歌》中写道：

洪垆作高山，元气鼓其橐。俄然神功就，峻拔在寥廓。灵踪露指爪，杀气见棱角。凡木不敢生，神仙聿来托。天资帝王宅，以我为关钥。

多么的雄放高华。华山峻拔的形象，是有作者自己的影子的。他要为国家做出非凡的贡献，雄心壮志一览无余。

贞元十一年，刘禹锡再应吏部取仕科的考试，合格，释褐为太子校书。第二年父亲刘绪病故于扬州，他南下奔丧，丁忧居家。四年以后，淮南节度使杜佑辟刘禹锡为掌书记。他随杜佑在扬州住了一年多，杜佑是《通典》的作者，唐代著名的大学问家。与这样的学者首长在一起工作，对初涉官场的刘禹锡当然大有帮助。刘禹锡也振奋精神，勤勉努力，为杜佑撰了许多表、状。杜佑当然器重他。

在扬州时刘禹锡写了很多诗，其中以《谢寺双桧》较有特色：

双桧苍然古貌奇，含烟吐雾郁参差。晚依禅客当金殿，初对将军映画旗。龙象界中成宝盖，鸳鸯瓦上出高枝。长明灯是前朝焰，曾照青青年少时。

不仅写出了双桧的形象，也写出了双桧的精神。中间两联浑然天成，生动如画。苍古的双桧，挺立在谢寺的中央，像一个虔诚的老者，在暮鼓晨钟中祈祷。它是谢寺的灵魂。

贞元十八年，刘禹锡调任京兆府渭南县主簿，不久迁监察御史。当时在御史台任职的还有韩愈、柳宗元。柳宗元是刘禹锡的同年，同榜而登进士第的称同年。三人一见如故，成为好友。一个御史台竟有三个中国文学史上的杰出文学家，这真是一件喜事。

贞元二十一年正月，唐德宗卒，顺宗即位。顺宗做太子时，太子侍读是王叔文、王伾。“二王”素有改革弊政的大志，这一下机会来了。顺宗提拔“二王”进入中枢，“二王”又擢拔刘禹锡为屯田员外郎，判度支盐铁案，协助王叔文管理财政。这段时间刘禹锡的政治热情极为高涨，和柳宗元一道成为改革集团的核心人物，被称为“二王刘柳”。“二王刘柳”实现了一系列的政治改革措施，受到了广泛的赞誉。

但改革触犯了藩镇、宦官的利益，于是二者联合起来向改革者进攻。改革失败得一塌糊涂。顺宗被迫退位，太子李纯即位，是为宪宗，改元永贞。宪宗登位后先将王叔文贬官，后处死，刘禹锡、柳宗元等八人被贬为远州司马，史称“八司马”。刘禹锡先被贬为连州刺史，后改贬为朗州司马。朗州的环境实在是太糟糕了，他投书宰相，希望他在皇帝面前说几句好话。但皇帝明确表示，八司马贬定了，不可能更改。

刘禹锡把自己的愤怒倾泻在诗中。他写了《聚蚊谣》：

沉沉夏夜兰堂开，飞蚊伺暗声如雷。嘈然欻起初骇听，殷殷若自南山来。喧腾鼓舞喜昏黑，昧者不分听者惑。露花滴沥月上天，利觜迎人著不得。我躯七尺尔如芒，我孤尔众能我伤。天生有时不可遏，为尔设幄潜匡床。清商一来秋日晓，羞尔微形饲丹鸟。

他把藩镇和宦官比作蚊虫，它们喧腾鼓舞，利嘴迎人，但这样的日子长不了。秋风一来，它们要么被卷扫一空，要么被丹鸟所食。等着瞧吧。

他在朗州竟待了九年。漫漫的九年，虽然很痛苦，但他没有屈服。他写了大量的寓言讽刺诗。他把敌人比作飞鸢、百舌、獭、鹈鹕。还写有著名的《秋词》二首。其中第一首写道：

自古逢秋悲寂寥，我言秋日胜春朝。晴空一鹤排云上，便引诗情到碧霄。

文人悲秋成了惯例。衣裘乘肥者悲秋，何况身居陋室者？何况在遥远的贬地身居陋室者？但刘禹锡不悲秋，他把秋日看得比春日还美。他的精神是积极乐观的、高昂的。

宪宗下诏书招他回长安是在元和九年十二月。永贞革新派人物柳宗元、韩泰等人也回来了。十年不见，他们在一起叙旧，赏景，饮酒。春天到了，他们一起去看桃花。刘禹锡写了《元和十年，自朗州至京，戏赠看花诸君子》：

紫陌红尘拂面来，无人不道看花回。玄都观里桃千树，尽是刘郎去后栽。

用蒲柳之质的桃花影射新得势的权贵，当然有轻蔑的意思。那时的官吏都是文人，他们一眼就看出此诗“语涉讥刺”，于是再贬刘禹锡，贬播州。可怜的柳宗元也跟着倒霉，贬柳州。播州遥远而荒凉。当时刘禹锡的母亲已年近九十，柳宗元便向朝廷表示，自己愿与刘禹锡对换，到播州去。正好宰相裴度也向宪宗说情，遂改刘禹锡为连州刺史。

他在连州待了五年，直到母亲逝世才离开。洛阳守丧三年期满，即穆宗长庆元年冬，被任命为夔州刺史。夔州是《竹枝词》的故乡，当地老百姓都会唱这种曲调。他运用这种曲调来写作，取得很大成功。有一类是描写爱情的，他写道：

杨柳青青江水平，闻郎江上唱歌声。东边日出西边雨，道是无晴却有晴。

写初恋女孩的心情，乍疑乍喜，却用双关语来表现，这正是民歌的特点。

有一类是描写风土人情的：

山上层层桃李花，云间烟火是人家。银钏金钗来负水，长刀短笠去烧畲。

高山上住着人家，门前开着桃花李花；女人背水，男人烧荒，繁忙的山区春耕正在进行。好一幅巴东人民生活的风俗画。

他走在山野上，望江，看树，看劳作的农人，听他们唱歌，他会忘却被贬谪的痛苦吧。

长庆四年夏，刘禹锡调任和州刺史。他顺江而下，经过西塞山，即景抒怀，有感而发，写下著名的《西塞山怀古》：

王濬楼船下益州，金陵王气黯然收。千寻铁锁沉江底，一片降幡出石头。人世几回伤往事，山形依旧枕寒流。今逢四海为家日，故垒萧萧芦荻秋。

当时的藩镇恃险割据，妄自尊大，不在乎朝廷，刘禹锡这首诗含有警告藩镇的意思。后人对这首诗评价极高，清薛雪《一瓢诗话》说："刘宾客《西塞山怀古》，似议非议，有论无论，笔著纸上，神来天际，气魄法律，无不精到，洵是此老一生杰作。"

刘禹锡在和州任职两年多，还不错，朝廷召他回东都洛阳。在扬州，遇见了白居易。好友相逢，当然少不了饮酒赋诗。白居易赠诗一首，尽是伤感。刘禹锡当场写了《酬乐天扬州初逢席上见赠》：

巴山楚水凄凉地，二十三年弃置身。怀旧空吟闻笛赋，到乡翻似烂柯人。沉舟侧畔千帆过，病树前头万木春。今日听君歌一曲，暂凭杯酒长精神。

诗句上半也很低调，但下半却陡来精神，让人情绪一振。这就是不一般的刘禹锡。

第二年，即文宗大和元年，刘禹锡调长安任主客郎中。一到长安，这个不一般的刘禹锡，又写了《再游玄都观》：

百亩庭中半是苔，桃花净尽菜花开。种桃道士归何处，前度刘郎今又来。

上承《元和十年，自朗州至京，戏赠看花诸君子》，还是不屈服。读这首诗，我们仿佛听见了刘禹锡不屈的笑声，你们贬谪我，打击我，还能把我怎么样呢，我不是又回来了吗？

文宗的宰相仍然是裴度，还兼任集贤殿大学士。他是反对宦官弄权的，反对藩镇割据的。他把刘禹锡调任集贤殿学士，当然是有待机重用的意思。但这时朝廷上牛、李两党的斗争，热闹得很。牛是牛僧孺，李是李德裕，都有党羽。牛党占上风，与李党关系较好的裴度受到排挤，罢相。刘禹锡在集贤殿待不住了。文宗派他去担任苏州刺史。颇有政绩，以"政最"，被皇帝赐紫金鱼袋。三年后，即大和八年，调任汝州刺史，第二年改同州刺史。开成元年秋天，刘禹锡因患足疾，改任太子宾客、秘书监分司东都。后人称他刘宾客。他一生颠簸转徙，屡遭贬谪，最后终老在宾客任上。终年过了古来稀，算是高寿了。

其实刘禹锡的散文也写得不错。只要是读书人，几乎都能背诵他的《陋室铭》：

> 山不在高，有仙则名。水不在深，有龙则灵。斯是陋室，惟吾德馨。苔痕上阶绿，草色入帘青。谈笑有鸿儒，往来无白丁。可以调素琴，阅金经。无丝竹之乱耳，无案牍之劳形。南阳诸葛庐，西蜀子云亭。孔子云："何陋之有？"

仿佛刘禹锡人生的自白书。

白居易

白居易流传最广的是“居大不易”的故事。相传年仅十六的白居易携了诗文，到京城长安去拜访顾况。顾况时任著作佐郎，又是中唐时期的著名诗人，他当然有点瞧不起这个乳臭未干的年轻人。一眼看到白居易的名字，便开了一个玩笑说：“长安米贵，居大不易啊。”白居易当时送给他看的诗是《赋得古原草送别》，当他读到“离离原上草，一岁一枯荣。野火烧不尽，春风吹又生”时大惊，连忙改口说：“有句如此，居天下有甚难！老夫前言戏之耳。”顾况还是有识人之明的。

白居易读书非常用功。他在《与元九书》里说：自幼苦节读书，“不遑寝息矣，以至于口舌成疮，手肘成胝”。正是靠这样的“苦学力文”，他在二十六岁（即德宗贞元十五年）成贡生，二十七岁中进士，二十九岁应吏部拔萃科，入甲等，授秘书省校书郎。从此走上官宦之路。

“达则兼济天下，穷则独善其身。”这本是孟子的话，后来成为儒家理想的道德规范。白居易最欣赏这两句话，他说：“仆虽不肖，常师此语。”其实他的人生也大致可以分为这两个时期。前期应该是入仕之初到贬江州司马以前。在这时期他基本上算是“达”的。所谓达，说白了就是做官、得志。他由校书郎而为盩厔尉，不久入为翰林学士，又做了三年左拾遗。盩厔尉是一个小官，他做了两年，亲眼看到官吏的横征暴敛，了解到下层人民的疾苦。他的名作《观刈麦》《宿紫阁山北村》就是这一时期写的。《宿紫阁山北村》写皇帝的禁卫军明目张胆的抢劫，“举杯未及饮，暴卒来入门。紫衣挟刀斧，草草十余人。夺我席上酒，掣我盘中飧”。笔致非常犀利。他还和友人去游仙游寺，有感唐玄宗、杨贵妃的故事，写下著名长诗《长恨歌》。

第二年即元和二年，他被召回长安。《长恨歌》使他名气大震，翰林学士应该受之无愧。又拜左拾遗。拾遗是个谏官，职位虽然不高，但却有批评朝政、向皇帝进言的机会。他十分尽职，时刻担心有辱使命，完成不了任务。他在《初授拾遗诗》里说："惊近白日光，惭非青云器。"他上书批评弊政，反对宦官掌握兵权，甚至当面指责唐宪宗李纯的错误。他完全是一片忠诚，赤子之心。但皇帝、权贵对他不满，谁的耳朵愿听坏话呢。三年秩满，宪宗没有留任的意思，结果改授京兆府户曹参军。上任不久，即丁母忧回到故乡下邽。下邽散发着清新的气息，和令他愉快的东西。他主动和父老乡亲来往，亲自到田野里耕作，享受到朴实的友情。他写了许多记述民间疾苦的作品。如《观稼》《采地黄者》《新制布裘》等。

使他遭受沉重打击的是武元衡事件。武元衡是宪宗时期的宰相，竟被平卢节度使李师道派人刺死。白居易义愤填膺，首先上书"急请捕贼，以雪国耻"，当时的权贵们却认为他僭越言事，就这一条理由把他贬为江州司马。任职江州司马，是他人生后期的开始，即"穷"的时期。所谓穷，就是不得志，无权势。他的心情悲凉，正好在江上遇到一个弹琵琶卖唱的歌女，他深有感触，写了和《长恨歌》齐名的长诗《琵琶行》。他感慨和歌女"同是天涯沦落人"，听罢歌女的弹奏，竟闹得"江州司马青衫湿"，他情绪激动，完全不能自已。

世上的祸福很难说得清楚。正如老子所言："祸兮福之所倚，福兮祸之所伏。"他被贬江州看来是祸，却因祸得福，写下了千古不朽的《琵琶行》。他的《琵琶行》和《长恨歌》在生前就非常有名，当时就有"童子解吟《长恨》曲，胡儿能唱《琵琶》篇"的歌谣。有娼妓能诵此二诗，即身价大增，不同他妓。他的诗作流布海内外，日本、朝鲜把他的诗视为珍宝。

江州三年之后他被召回长安。但他为了避免牛李党争，主动提请去做地方官。他做了近两年杭州刺史，做了一年半的苏州刺史。杭州西湖中通往孤山的一条长堤就是他筑的，人称白堤；苏州的阊门至虎丘的河堤是他筑的，人称白公堤，他在地方任职期间是做了许多好事的。后来又要求"致身散地"，年轻的皇帝敬宗答应了他的要求，他以太子宾客分司东都，在洛阳度过了最后十八年。他闲居在洛阳，作《醉吟先生传》，自号醉吟先生，又与香山的僧人结香火社，白衣鸠杖，号香山居士。

他本是主张“文章合为时而著，歌诗合为事而作”的，即主张文学为政治服务、为现实服务。在此诗论的指导下，他领导元稹、张籍、王建等人，开展了新乐府运动。他本人就创作了《新乐府》五十首、《秦中吟》十首。这些诗继承杜甫的现实主义传统，具有高度的人民性和丰富的思想内容，他把这一类诗称为讽喻诗。它们应该是白居易诗歌的主体。

他同情人民。他说：“力尽不知热，但惜夏日长”，“嗷嗷万族中，惟农最辛苦”，“是岁江南旱，衢州人食人”。

他对贪官污吏却是如此的愤怒。他在《杜陵叟》里说：“剥我身上帛，夺我口中粟。虐人害物即豺狼，何必钩爪锯牙食人肉!”在《红线毯》说：“宣城太守知不知，一丈毯，千两丝。地不知寒人要暖，少夺人衣作地衣。”

江州之贬使他的人生观发生了改变，使他从“兼济天下”，一变而为“独善其身”。他反省自己，认为自己“三十气太壮，胸中多是非”，他开始缄默，“世间尽不关吾事”，一副与世无争的样子。随着他的人生观的改变，他的诗歌风格发生了变化。他的讽喻诗没有了，他的闲适诗、感伤诗多了起来。

他在晚年开始蓄养家姬，还亲自指导家姬们学习乐舞，一种舒缓的长袖的乐舞。他有两个家姬非常有名，一个叫小蛮，一个叫樊素。小蛮的腰细，樊素的口小，“素口蛮腰”这个香艳的形容词，就来自白居易。

柳宗元

柳宗元出身于门阀世家，八世祖到高祖都是高官。从曾祖父起才开始为县令。祖父、父亲也是县令。柳宗元四岁的时候，父亲柳镇去做宣城令，小宗元在母亲卢氏的教育下成长。卢氏受过良好的教育，有相当高的文化修养。

柳宗元是一个早慧的作家，四岁时，竟把母亲所教十四篇古赋全部背诵下来，十三岁作《为崔中丞贺平李怀光表》。二十一岁中进士，后又考取博学宏词科，遂被任命为集贤殿书院正字。三年后，调补京兆府蓝田县尉。但他没有赴蓝田，而是留在京兆尹韦夏卿身边工作。正是由于这样的机会，他的文字天赋得到充分的发挥，而在文坛崭露头角。

柳宗元三十岁的时候，被监察御史中丞李汶拔擢为监察御史里行。其实，这时还有一个人在关注他，就是太子李诵的侍读王叔文。王叔文虽身为“俳优”，却极具政治家的谋略，常“劝太子招纳时之英俊以自辅”，一批青年才俊在王叔文的荐举下进入太子的视野，这其中就有柳宗元、刘禹锡、韩泰等。贞元二十一年，李诵即位，是为顺宗。顺宗让“二王”（王叔文、王伾）执掌大权，“二王”将一批青年才俊提拔到重要岗位上，柳宗元由监察御史里行被提拔为礼部员外郎，成为正六品官员。

“二王”掌权后，进行了一系列大刀阔斧的改革，史称“永贞革新”，但改革仅进行了一百四十六天，就归于失败。“二王”的结局很惨，王伾死于贬所，王叔文在贬所被赐死。柳宗元、刘禹锡等八人皆被远贬，先为刺史，后改司马，故史又称“二王八司马事件”。柳宗元被贬为永州司马，全称是“永州司马员外置同正员”。员外置，即在编制之外，是一个闲官。

永州远在湖南南部，距长安四千里。三十三岁的柳宗元奉母亲卢氏（时其父亲、妻子杨氏已死），还有表弟卢遵、从弟宗直，踏上漫漫的贬谪之路。走了三个多月，才到永州。永州府驻地零陵是一个相当荒冷的地方，长年卑湿多雨，是所谓“瘴疠”之地。母亲长期在北方生活，受不了这里的苦寒，不久就死了。柳宗元既遭贬放，又失去亲人，其痛苦不言而喻。

为摆脱这种痛苦，柳宗元寄情永州的山水，写下了被后人奉为经典的“永州八记”。元和四年，柳宗元由龙兴寺迁居法华寺西亭，在法华寺西面，有一座西山，岈然而高，蔚然而绿，西山之下，是冉水，冉水在自南奔注的过程中，于西山遇阻，荡击啮食，而留下的一个清澈的深潭，当地人叫钴鉧潭。钴鉧潭西二十五步，有一小丘，丘上有奇石竹树，风景清幽。从小丘再西行百二十步，有一小石潭。柳宗元流连此处风景，一连写了《始得西山宴游记》《钴鉧潭记》《钴鉧潭西小丘记》《至小丘西小石潭记》四记。《至小丘西小石潭记》云：

> 从小丘西行百二十步，隔篁竹，闻水声，如鸣珮环，心乐之。伐竹取道，下见小潭，水尤清洌。全石以为底，近岸，卷石底以出，为坻为屿，为嵁为岩。青树翠蔓，蒙络摇缀，参差披拂。
>
> 潭中鱼可百许头，皆若空游无所依。日光下澈，影布石上，佁然不动；俶尔远逝，往来翕忽，似与游者相乐。
>
> 潭西南而望，斗折蛇行，明灭可见。其岸势犬牙差互，不可知其源。坐潭上，四面竹树环合，寂寥无人，凄神寒骨，悄怆幽邃。以其境过清，不可久居，乃记之而去。
>
> 同游者：吴武陵，龚古，余弟宗玄。隶而从者，崔氏二小生：曰恕己，曰奉壹。

柳宗元写小潭及周围的景色，绘形绘色，尤其是描写游鱼一段，历历如画，令人叫绝。最后写石潭“悄怆幽邃”，不可久居，可见作者谪居时孤凄的心情。

柳宗元在西山及西山之西寻景后，又沿着冉水东南而行，过朝阳岩，至芜江（地名），渐次前行，得到了袁家渴、石渠、石涧、小石城山等胜景，柳宗元又以美不胜收之笔，写了《袁家渴记》《石渠记》《石涧记》《小石城山记》四记，合前面四记总称“永州八记”。整个八记方位清楚，地址分明，“八记”之间，如同一幅通景画，自成章法，自有框架，而又互有联系。“永州八记”等奠定了柳宗元在唐代古文运动中的领袖地位，也奠定了他在中国散文史上的重要地位。这是柳宗元遭贬后意想不到的收获。

柳宗元在永州所写的《捕蛇者说》，是历代传诵的名篇。永州之野产异蛇，这种蛇的外表黑质而白章，剧毒无比，但它却是一种名贵的中药材，把它风干以后制成药饵，可以治愈麻风、手脚僵曲、恶疮等多种疾病。太医以王命在永州招募捕蛇人，并准许他们用这种蛇抵缴租税。柳宗元去访问一户捕蛇的蒋姓人家，蒋孙某告诉柳宗元说，他爷爷捕蛇时被毒蛇咬死了，父亲被咬死了，他继承这差事干了十二年，也有好多次差一点被咬死。柳宗元很同情他，就对蒋某说：“我替你去告诉官府的人，更换你的差事，怎么样?”想不到蒋氏大戚，汪然出涕，说了一大段让柳宗元非常震惊的话：

> 君将哀而生之乎？则吾斯役之不幸，未若复吾赋不幸之甚也。向吾不为斯役，则久已病矣。自吾氏三世居是乡，积于今六十岁矣。而乡邻之生日蹙，殚其地之出，竭其庐之入，号呼而转徙，饿渴而顿踣。触风雨，犯寒暑，呼嘘毒疠，往往而死者相藉也。曩与吾祖居者，今其室十无一焉；与吾父居者，今其室十无二三焉；与吾居十二年者，今其室十无四五焉。非死即徙尔，而吾以捕蛇独存。悍吏之来吾乡，叫嚣乎东西，隳突乎南北；哗然而骇者，虽鸡狗不得宁焉。吾恂恂而起，视其缶，而吾蛇尚存，则弛然而卧。谨食之，时而献焉。退而甘食其土之有，以尽吾齿。盖一岁之犯死者二焉，其余则熙熙而乐，岂若吾乡邻之旦旦有是哉。今虽死乎此，比吾乡邻之死则已后矣，又安敢毒耶？

听了蒋某的这番话，柳宗元深深感动了，他情不自禁感叹道：“孔子曰：‘苛政猛于虎也！’吾尝疑乎是，今以蒋氏观之，犹信。呜呼！孰知赋敛之毒，有甚是蛇者乎？故为之说，以俟夫观人风者得焉。”《捕蛇者说》大胆揭露统治者的横征暴敛，描写官吏的凶残如虎，为底层人民喊出悲愤心声，这种文章语气，为历代作品所鲜见。

柳宗元在永州所写的寓言，在中国寓言史上占有重要地位。寓言产生于先秦，但当时还只是论说的附庸，没有独立成篇，是在柳宗元手里，发展成为了一种独立的文学形式。柳宗元最负盛名是《三戒》，《三戒》由《临江之麋》《黔之驴》《永某氏之鼠》三篇寓言组成。“戒”含有指物示戒之意，正如柳宗元在序中所说：“吾恒恶世之人，不知推己之本，而乘物以逞，或依势以干非其类，出技以怒强，窃时以肆暴，然卒迨于祸。有客谈麋、驴、鼠三物，似其事，作《三戒》。”

元和十年正月，在永州渡过了十年的柳宗元接到了还京的诏书。原被贬的八司马，二人死，一人改任，尚存五司马同时回到京城。本以为会受到朝廷重用，但事实却大谬不然，五司马改任刺史，但却被派到更远的地方，其实还是一种贬谪。柳宗元被派到柳州任刺史。当时的柳州，还是蛮荒地区，穷山恶水，古木参天，到处是毒蛇猛兽、瘴疠雾气。柳宗元初到柳州，写下《登柳州城楼寄漳汀封连四州刺史》：

> 城上高楼接大荒，海天愁思正茫茫。惊风乱飐芙蓉水，密雨斜侵薜荔墙。岭树重遮千里目，江流曲似九回肠。共来百粤文身地，犹自音书滞一乡。

诗是寄给同时被贬的韩泰、韩晔、陈谏、刘禹锡四人的。水中芙蓉、墙上薜荔正在惊风狂雨中颠摇，可见他的愁思。他还有一首《与浩初上人同看山，寄京华故旧》，也写无法排遣的愁思：

> 海畔尖山似剑铓，秋来处处割愁肠。若为化得身千亿，散上峰头望故乡。

虽然是万般的愁苦，但身为刺史，柳州的最高行政长官，柳宗元还是想尽办法为柳州人民做实事好事。第一件好事是废除“典贴良人男女作奴婢驱使”制度。所谓“典贴良人男女作奴婢驱使”，就是穷人借了富人的钱，往往以男女的人身作抵押，过期拿不出钱来赎取，作抵押的男女就成了富家的奴隶。柳宗元制文规定，已经沦为奴婢的人，可以用工钱赎身。也就是说，奴婢在富人家劳作，应该计算工钱，一旦累积的工钱与所欠债务的数目相等，奴婢即可获得自由，回家和亲人团聚。这项措施一公布，立即受到了柳州广大贫苦民众的欢迎。不久，就有许多奴婢回到了亲人身边。

第二件大好事是兴教化，发展教育。针对柳州百姓愚昧落后的风俗习惯，柳宗元决定兴办学堂，修复寺院，来启迪民智，鼓励向善。据《柳州县志》记载，柳宗元到柳州后不久，即把废弃多年的“府学”重新修复，并招徕柳州士子在此读书学习。州治马平原有佛寺四座，三座在柳江北岸，一座在柳江南岸，叫大云寺，颇负盛名，惜百年前一场大火，化为灰烬。柳江南岸百姓信仰无所依归，竟乱立神祠，滥杀牲口占卜。柳宗元恢复大云寺旧名，还召集学者僧众，供给住房伙食，让他们安心传播佛道。僧众传播佛道，人们再也不相信巫觋鬼话，而乱杀牲口了。柳宗元在永州曾种过仙灵毗（淫羊藿）、术、白襄荷等，到柳州后，他继续种植这些药材，并自采自制，研究它们的药用价值，告诉柳州人民有病必医、医必用药的道理。

虽有柳江穿过柳州州城，但柳州人吃水用水仍然不易，人们要在又高又陡的江岸爬上爬下，用水罐到江边汲水，遇到天旱水浅，走的路途就更加遥远。尤其是雨雪天气，汲水就更加困难，因汲水而摔跤、摔伤的事时有发生。柳宗元请来一个叫蒋晏的凿井师傅，带领三十六个佣工开凿，终于凿出了一口清水井。井水不仅解决了周围州民的饮水问题，还可用来灌溉菜地。州民欢欣鼓舞，柳宗元也很高兴，他写了《井铭》《祭井文》来记载此事。这是柳宗元做的第三件好事。

第四件好事是发展生产。柳州当时荒瘠很多，尤其是柳州西北城有大片的空地。柳宗元以身示范，带头参加劳动，在城西北种黄柑两百株。在修复大云寺时，柳宗元叫人在寺旁四面开辟荒地，种上树木，栽竹三万竿。还开出园圃水田，种上蔬菜稻米。他还注意发展畜牧业，鼓励州民养猪、养牛、养鸭、养鸡，仅仅二三年时间，柳州就出现了“宅有新屋，步有新船，池园洁修，猪牛鸭鸡肥大蕃息”（韩愈《柳州罗池庙碑》）的新气象。

由于常年流放，心情抑郁，加之患有多种疾病，柳宗元身体每况愈下了。元和十三年，即到柳州的第三年，他就预感到不久于人世。他对他的三个下属说：“吾弃于时，而寄于此，与若等好也。明年吾将死，死而为神。后三年，为庙祀我。”（韩愈《柳州罗池庙碑》）第二年柳宗元真的就死了，死的时候，才四十七岁，两个女儿九岁、八岁，长子周六四岁，次子周七还没有出生。孤儿寡母，情景相当凄凉。他虽身为刺史，却是为官清廉，家徒四壁，一切丧葬费用都是他的上司、桂管观察使裴行立承担的。他的亲朋也伸出援助之手。表弟卢遵在他受贬后一直追随左右，死后又是卢遵把他的灵柩运回长安，葬于万年栖凤原先人墓侧。好友刘禹锡抚养其长子周六，韩愈、崔群、卢遵也担当了抚育其子女的任务。柳州人民不会忘记好官。长庆二年七月，柳宗元死后三年，柳州建罗池庙，专门纪念柳宗元，奉之为罗池之神。

元　稹

元稹、白居易在文学史上并称为“元白”，其实元稹的文学成就远不能与白居易相比。元稹在唐代大出其名，是因为他的一次爱情经历。元稹十五岁以明经擢第，二十一岁，即唐德宗贞元十五年初仕于河中府。是年十二月，河中节度使浑瑊病死，部下无人管束，四处扰民。他的一个远房亲戚，孀妇，带一个女儿、一个侍女，三个女人在普救寺遇到危险，他挺身相救。这个女儿后来成了“崔莺莺”的原型。“崔莺莺”当然是美丽的，她看见救命恩人，本就有无限的好感，现在站在面前的这位救命恩人，竟是这样的少年英俊，她对他由好感而生爱意，这是自然的。

“崔莺莺”的侍女叫红娘，后来这个名字成了牵线搭桥或媒人的代名词，她服侍大小姐久了，自然是懂得大小姐眉目间的意思的。她也觉得这件事很好，大小姐与元稹十分般配，于是主动承当起传书递柬的任务，并为二人幽会提供方便。二人终于在没有父母之命、媒妁之言的情况下，自由结合了。那时的女子非嫁而野合，是不得了的大事，女子以身相许，其实是以生命相许。如果这个同她野合的男人不娶她，她会羞愧而死，或是郁郁而死。

元稹离开“崔莺莺”时自然是百般承诺，答应娶她。但后来元稹违背了自己的诺言。元稹二十五岁那年，与白居易同登书判拔萃科，俱授秘书省校书郎。是年，元稹娶显贵韦夏卿之女韦丛，抛弃了“崔莺莺”。“崔莺莺”后来到底命运如何，史书没有记载，我们也就不得而知了。

不知是出于一种什么样的动机，元稹又把他与“崔莺莺”的恋爱过程讲给许多人听。他的友人李绅也是诗人，听后卓然称异，作《莺莺歌》，元稹又在《莺莺歌》的启发下写了《莺莺传》，唐人传奇。鲁迅

《中国小说史略》说："元稹以张生自寓，述其亲历之境。"小说成功刻画了张生、崔莺莺的艺术形象，细致描绘了二人由相识、热恋到分离的过程。这是一个悲剧。这个悲剧故事感动了一代又一代的读者，元代王实甫把它改编成《西厢记》，《红楼梦》二十三回就描写贾宝玉、林黛玉二人，如痴如醉偷看《西厢记》的情景。贾宝玉还借剧中人物之口，对林黛玉道："我就是个'多愁多病身'，你就是个'倾城倾国貌'。"可见二人受影响之大。

元稹对"崔莺莺"始乱终弃，但和妻子韦丛的感情是深笃的。韦丛不幸早亡，元稹写了许多悼亡诗。最有名的是《遣悲怀》三首：

谢公最小偏怜女，自嫁黔娄百事乖。顾我无衣搜荩箧，泥他沽酒拔金钗。野蔬充膳甘长藿，落叶添薪仰古槐。今日俸钱过十万，与君营奠复营斋。

昔日戏言身后意，今朝都到眼前来。衣裳已施行看尽，针线犹存未忍开。尚想旧情怜婢仆，也曾因梦送钱财。诚知此恨人人有，贫贱夫妻百事哀。

闲坐悲君亦自悲，百年都是几多时？邓攸无子寻知命，潘岳悼亡犹费词。同穴窅冥何所望，他生缘会更难期。惟将终夜长开眼，报答平生未展眉。

"顾我无衣搜荩箧，泥他沽酒拔金钗"，"泥"读去声，柔言索物之意。至今江汉平原南部尚有此读音流行。实在是写出了夫妻之间的亲密无间。而"诚知此恨人人有，贫贱夫妻百事哀""惟将终夜长开眼，报答平生未展眉"二联，则感人至深。后来"贫贱夫妻百事哀"成为成语，也说明《遣悲怀》感人的程度。

他还写有《离思》五首。《之四》写道：

曾经沧海难为水，除却巫山不是云。取次花丛懒回顾，半缘修道半缘君。

经历过沧海、巫山，对别处的水和云就难以看上眼了。意思是说，除了爱妻韦丛以外，世上再没有能使自己动情的女子了。不过，还没有过上两年，他就在江陵府纳妾。后人诟病他言行不一，是失之于求全责备的。他被贬江陵，孤独无依，找一个伴侣以慰寂寥，应该是再正常不过的事。就是韦丛地下有知，也应当是投赞成票的。

他还有一件事遭人诟病，是后来做了宰相，和宦官同流合污了。宪宗元和四年，他三十一岁，担任监察御史。他本是嫉恶如仇的，何况嫉恶如仇又是监察御史的本职呢！他弹劾剑南东川节度使，他弹劾河南尹，又与宦官争高下，得罪的人太多了。皇帝也是一只糊涂虫，谁的人多势众他就听谁的。他把元稹贬江陵府士曹参军。元稹连降好几级。遭贬官之苦，又遭丧妻之痛，元稹心中的痛苦可想而知。

也许是他受的痛苦太多了，他不断反省自己的言行。他在诗里说："远处从人须谨慎，少年为事要舒徐。"他开始结交权贵，笼络宦官，向权力的中心靠拢。元稹贬江陵的时候，正好宦官崔潭峻担任荆南监军。崔潭峻非常喜欢元稹的诗，故二人成了好朋友。元和十四年，因大赦的机会，元稹结束了"废弃十年"的贬谪生涯，被召为膳部员外郎。元和十五年，得到崔潭峻的援引，擢祠部郎中、知制诰。第二年穆宗承位。正好穆宗也喜欢元稹的诗，崔潭峻就到处找元稹的诗给穆宗读，穆宗读后大悦。长庆元年，穆宗擢拔元稹为中书舍人、翰林承旨学士，二年，"竟排群议"，以元稹为平章事，即宰相。元稹的政治生涯达到巅峰。

但朝廷上宦官专权、牛李党争十分激烈，元稹成为牺牲品，又两度出为地方官。大和四年，出为武昌军节度使。他的心情很不好，又多疾病，到武昌的第二年就去世了。去世后，白居易为他撰墓志铭说："予尝悲公始以直躬律人，勤而行之，则坎壈而不偶；谪瘴乡凡十年，发斑白而归来。次以权道济世，变而通之，又龃龉而不安；居相位仅三月。席不暖而罢去。"寥寥数语，却概括了元稹一生的行事。

元稹成就较大的是乐府诗。他以奔放愤激之词，指斥时弊，哀叹民生。如他的《田家词》：

> 牛吒吒，田确确，旱块敲牛蹄趵趵。种得官仓珠颗谷。六十年来兵簇簇，月月食粮车辘辘。一日官军收海服，驱牛驾车食牛肉。归来收得牛两角，重铸锄犁作斤斫。姑舂妇担去输官，输官不足归卖屋。愿官早胜仇早覆，农死有儿牛有犊，誓不遣官军粮不足。

一连串的仄声，流露出愤懑的情绪，这其实就是农民的呼喊、抗争和控诉。全诗读后给人一种沉重、压抑之感。元稹的乐府诗给了白居易以启发，他在元稹乐府诗的基础上写了《新乐府》五十首，蔚为大观，遂将唐代新乐府诗推向新的高峰。白居易乐府诗的成就比元稹要高，但元稹的创作先于白居易，故后人称之为“元白”。

贾　岛

贾岛的苦吟是有名的。“推敲”一词成为成语就说明了他苦吟的程度。据宋曾慥的《类说》转引《唐宋遗史》云：“贾岛苦吟赴举，至京师，得句云：‘鸟宿池边树，僧敲月下门。’又欲改敲为推，骑驴举手吟哦，引手推敲之势，不觉冲京尹韩退之节。左右拥之至，具述其事。退之笑曰：‘作敲字佳。’乃命乘驴并辔哦诗，久之而去。”吟诗出神而至冲撞韩愈的大驾，哪知有大驾的韩愈也是一个同好，于是二人久久“推敲”，成为好朋友。

贾岛的这首诗就是《题李凝幽居》：

闲居少邻并，草径入荒园。鸟宿池边树，僧敲月下门。过桥分野色，移石动云根。暂去还来此，幽期不负言。

韩愈的观点是对的，“敲”字佳。夜深人静，寺门早关，僧人是不可能推开月下门的。于是轻轻地敲。这一敲大概重了些，把树上的宿鸟也惊飞了。宿鸟惊飞，虽然有声音，却飞出了一个极其幽静的环境，其他的词句，如闲居、荒园、野色、云根等也就有了着落。一个“敲”字实在太重要了。

贾岛的苦吟有名，但他的事迹却绝少记载。他出身寒门，早年栖身佛门为僧，法名无本。他实在是不甘心在梵宇之下终老。他一边诵经念佛，一边学习时贤的诗句。韩愈、孟郊、张籍的奇崛险怪、排奡硬古，他是最欣赏的。在一首《投孟郊》里，他这样写道：

月中有孤芳，天下聆薰风。江南有高唱，海北初来通。容飘清冷余，自蕴襟抱中。止息乃流溢，推寻却冥蒙。我知雪山子，谒彼偈句空。必竟获所实，尔焉遂深衷。录之孤灯前，犹恨百首终。一吟动狂机，万疾辞顽躬。

把孟郊的诗作手录百首，反复吟哦讽诵，已是一种痴迷的程度。大约在唐宪宗元和六年，贾岛去洛阳晋见韩愈。这和传说中因“推敲”而相见其实不同，那时韩愈也不是京尹，而是河南县令，仕宦颇不得意，但他在文学上却早已名满天下。他看见贾岛，披一件敝旧的袈裟，一副落落寡合的样子，心里早就有三分的同情。贾岛献上诗作，他读得非常认真，读完了，大惊。这个年轻和尚的诗写得这样好。在《送无本师归范阳》里韩愈说：“家居幽都远，未识气先感。”他把贾岛引为同调，竭力揄扬。

大概就在这次晋见韩愈之后，贾岛回范阳办理了还俗安家诸事。当然是听了韩愈的劝告。韩愈劝他应进士第，走科举之路。韩愈调入京城长安为职方员外郎，贾岛亦随之赴长安，并与孟郊、张籍等结交。韩、贾、孟、张意气相投，往来唱和，颇有一段愉快的时光。

元和九年八月，孟郊赴兴元郑余庆幕为参谋，途中突发急病而死。孟郊的三个儿子都死了，身后萧条，极其凄怆。贾岛闻此噩耗，很悲伤。他写了《哭孟郊》《吊孟协律》二首：

身死声名在，多应万古传。寡妻无子息，破宅带林泉。冢近登山道，诗随过海船。故人相吊后，斜日下寒天。（《哭孟郊》）

才行古人齐，生前品位低。葬时贫卖马，远日哭惟妻。孤冢北邙外，空斋中岳西。集诗应万首，物象遍曾题。（《吊孟协律》）

他哭孟郊，也是哭自己。孟郊才高位卑，穷愁潦倒，自己返俗数年，一无着落，不也是如此吗？

元和十年到十五年这六年期间，贾岛有过两三次短暂外出，但基本上是在京、洛二地。主要是读书参加进士考试，数次都名落孙山。他是悠悠万事，惟此为大，世间其他事概不过问。淮西吴元济叛乱，攻城掠邑，闹得朝野上下惊慌。朝廷年年征讨，直到元和十二年吴元济才被裴度、李朔等生擒。此次战役，韩愈作为行军司马从征，立有赞襄之功，淮西平后，被擢为刑部侍郎，并奉命撰《平淮西碑》。对此重大事件，贾岛竟无一字提及。元和十四年，韩愈谏迎佛骨，被贬为潮州司马，他作为韩愈的挚友兼私淑弟子，竟只有几句单纯思念的话，没有表达任何牢骚不平之气。他是考进士考昏头了。

唐穆宗长庆二年，四十四岁的贾岛再去应试。想到每次都被黜落，他终于愤愤难以隐忍，提笔写下一首《病蝉》：

病蝉飞不得，向我掌中行。折翼犹能簿，酸吟尚极清。露华凝在腹，尘点误侵睛。黄雀并鸟鸟，俱怀害尔情。

他的诗一下子传开了。他的诗再明白不过，自己是“病蝉”，考官们是“黄雀并乌鸟”。考官们读诗大怒，把他列为“举场十恶”，并以“僻涩之才无所采用”为由，再度黜落。贾岛真的是只能“折翼犹能簿”了。他满腹愁苦回到长安升道坊。

升道坊在长安城东南青门附近，是一个“尽是墟墓，绝无人居”的地方。贾岛也在诗里说“南原多草夜无邻”。有邻的地方他住得起吗？张籍的《赠贾岛》说他“拄杖傍田寻野菜，封书乞米趁朝炊”，过着寒苦的生活。他在这里留下大量诗作，无非是枯树寒鸦、破阶老萤，一派凄苦幽冷之气。

开成二年，贾岛已是年近花甲的老人了，他漂泊大半生，仍然是一介白衣，生活困顿。也许是他有了诗名，也许是他的落魄引起了同情，这年九月他被任命为遂州长江主簿。长江是个偏鄙之地，主簿也是一个县佐卑职，但他还是动身就任了。不能说他走马上任，他当然没有马骑，最多也就骑一匹瘦驴吧。

他有一首《剑客》，略有豪气，应该是这时候写的：

十年磨一剑，霜刃未曾试。今日把示君，谁有不平事？

一个主簿，相当于后世专门写公文一类的人。谁有了不平事，你又能怎么样呢？其实他做了官，仍然“卷不释手”，并未改变读书吟咏的癖好。人的一生也快走完了，养成的习惯很难改变。这样的人做官，其政绩可想而知。三年任满，他被迁为普州司仓参军。没有升官，反而降了。普州远在巴蜀，瘴气湿热，年迈的贾岛自然是水土不服。在普州任满前夕，他就死了。死后萧条，并无子息，与孟郊一样凄凉。与他同时的诗人可止写过《哭贾岛》：

燕生松雪地，蜀死葬山根。诗僻降今古，官卑误子孙。冢栏寒月色，人哭苦吟魂。墓雨滴碑字，年年添藓痕。

僻、卑、寒、苦，正是贾岛的一生。可止之哭，可谓知音。

李 贺

李贺（字长吉）和李贺的诗，在中国文学史上都是一个奇迹。他只活了二十七岁，然而他的许多作品却十分的雄健豪放，受到人们的激赏。稍后的温庭筠、李商隐摹拟他，宋元明清一路下来，贺铸、刘克庄摹拟他的雄壮，杨维桢、徐渭摹拟他的寄意，龚自珍、黄遵宪摹拟他的不落凡近。毛泽东就引用过他的“天若有情天亦老”“雄鸡一声天下白”“桃花乱落如红雨”等诗句。他的诗至今闪耀着不朽的光芒。

传说他七岁时诗名就轰动京城。当时的官员韩愈、皇甫湜曾连骑造门，要求他现场赋诗一首。他“承命欣然，操觚染翰，旁若无人”，写下《高轩过》一首。诗的开头就用“华裾织翠青如葱，金环压辔摇玲珑。马蹄隐耳声隆隆，入门下马气如虹”描写韩、皇甫二公的气概和车马服饰的华美，真令人惊叹。难怪当时二公爱怜之至，要亲为束发了。

这就是缘分。后来二公和李贺成了朋友。元和二年，十七岁的李贺去东都洛阳参加府试，正好韩愈迁调洛阳，分司东都国子监，大致相当于现在教育部的副部长（或一流大学的校长），李贺去谒见韩愈，送上自己的《雁门太守行》等诗作。诗中的“黑云压城城欲摧，甲光向日金鳞开”等句子，雄浑奇诡，逼人眼目，让韩愈激赏不已。韩愈在韩门弟子中称许李贺，李贺的知名度进一步提高，也顺利通过了府试。这就为考进士铺平了道路。按说李贺是可以青云直上的，想不到竟是父亲的名字让他的理想破灭。

原来李贺的父亲名李晋肃。“晋”与“进”同音，如果李贺考进士，按当时的礼规，就是犯讳。有许多嫉妒李贺的士子攻击他，抓住这个问题不放，说他“轻薄”。韩愈为他抱不平说：“父名晋肃，子不得举进士；若父名仁，子不得为人乎？”这话是驳得实在有道理，但无济于事，李贺还是被取消了进士应试的资格。这一件事对李贺的影响太大了。他在《出城》里说：

雪下桂花稀，啼乌被弹归。关水乘驴影，秦风帽带垂。入乡诚可重，无印自堪悲。卿卿忍相问，镜中双泪姿。

唐朝人把考中进士称作折桂，桂花稀当隐指落第。他比落第更不堪。像一只中弹的乌鸦，在茫茫雪地里哀鸣。然而他更担心，怎么面对妻子的相问和痛苦的眼神。应该是二人一起流泪吧。

二十一岁的时候，李贺在京城做过一个小官，从九品，叫奉礼郎，是在朝会、祭祀时，担任赞礼跪拜的司仪。这实在和他的理想相去甚远。他的诗里充满了牢骚与不平："臣妾气态间，唯欲承箕帚。天眼何时开，古剑庸一吼。"他认为做大官，"从车骑数十人，使闾巷小民聚观而赞叹之"，才是开天眼，才是实现了抱负理想。这其实是书生的幼稚。也可以说是狂妄。但他就是这么想的。他的不平之气冲牛斗，毅然辞去了奉礼郎小官，回到老家福昌昌谷。由于精神和物质的双重折磨，他的身体越来越差。刚刚二十七岁，他年轻的生命就被病魔无情地夺走。相传那天玉帝新成白玉楼，特召他上天撰写纪念碑文。

其实他在世时几乎没有一刻停止写作。李商隐《李贺小传》云：

恒从小奚奴，骑距驴，背一古破锦囊，遇有所得，即书投囊中。及暮归，太夫人使婢受囊出之，见所书多，辄曰："是儿要当呕出心始已耳！"上灯与食，长吉从婢取书，研墨叠纸足成之，投他囊中。非大醉及吊丧日率如此。

他是一个真正以生命写作的人。他抒发理想的幻灭，人生的悲凉，还有对新奇事物的惊叹。他搜索枯肠，寻找脱离凡近的诗句。他用"羲和敲日玻璃声"来形容太阳的明亮，用"昆山玉碎凤凰叫"来形容箜篌的清脆，用"向前敲瘦骨，犹自带铜声"来形容马的美好素质，实在是出人意表。对字和辞藻的锤炼，达到了"语不惊人死不休"的程度。他喜欢用色彩鲜丽的词。一个字就像是一幅画，或是一面旗帜。他用啼、哭、惊、笑来传递敏锐的情感，用鬼、死、雪、骨来渲染幽冷的气氛。他的《苏小小墓》：

幽兰露，如啼眼。无物结同心，烟花不堪剪。草如茵，松如盖，风为裳，水为珮。油壁车，夕相待。冷翠烛，劳光彩。西陵下，风吹雨。

真令人毛骨悚然。可以明显看出屈原《山鬼》的影响。杜牧评价李贺诗集说："鲸呿鳌掷，牛鬼蛇神，不足为其虚荒幻诞也。"后人称他为"鬼才"或"诗鬼"，大约就是从这一类诗歌来说的。他的寿命短促，人们也很容易把他和鬼联系起来。

据说李贺诗存世的不足他原作的三分之一。唐张固的《幽闲鼓吹》讲了这样一个故事。有一个叫李藩的人收集了很多李贺诗歌。正准备印行，又听说李贺有个一块儿长大的表兄，还收藏有不少李贺旧作，他便去找这人。这人说，我是有不少。但我也想看看你所收集的，如有疏漏，我也可以帮忙改正一下。李藩大喜，就把李贺的诗集悉数交给他。后来这个李贺表兄就总也不与李藩见面。李藩好不容易才把他找到。问他，他竟说，某从小就跟李贺在一起，恨其傲忽，总想报复他一下。现在机会来了。我已把他所有诗歌丢到厕所里毁掉了。张固是唐朝人，他的故事应该是有一定可信度的。

杜　牧

京兆杜氏是魏晋以来的高门世族，世代皆有显官。其中最有名的是西晋的杜预，任镇南大将军，撰《春秋左氏经传集解》。杜牧的祖父名杜佑，官至宰相。他的父亲杜从郁，官至驾部员外郎。杜牧是典型的名门之后。

杜牧十岁的时候，祖父逝世。本来他的父亲还在做官，但家庭情况越来越不行了。他家的房屋三十余间，因还债而归于他人，他们全家数度迁移，居无定所。家里的奴婢也逃走了。他在后来《上宰相求湖州第二启》里回忆说："食野蒿藿，寒无夜烛。"简直和平民的情况差不多了。

杜牧从十五六岁开始研究兵法。那时藩镇拥兵自重，朝廷征讨不已，成为国家沉重的负担。先是淮西吴元济叛变，接着是平卢节度使李师道作乱，再是河北三镇、河朔不服朝廷管束。他为之痛心不已。他认为此时此刻，知兵应当是士大夫的首要责任。他注解《孙子》十三篇，写《罪言》，提出了一些重要的用兵之策。

但皇帝们仍然贪图享乐，醉生梦死。敬宗宝历时，大兴土木，宫室巍峨，杜牧作《阿房宫赋》以讽谏。《阿房宫赋》起笔雄伟警拔，非同凡响。"六王毕，四海一，蜀山兀，阿房出。"这几句话还和结尾的句子紧密呼应："灭六国者六国也，非秦也；族秦者秦也，非天下也。"原来，不爱百姓只爱纷奢的统治者，都逃脱不了灭亡的命运。但这个道理统治者总不明白。于是杜牧万般感叹："秦人不暇自哀而后人哀之，后人哀之而不鉴之，亦使后人而复哀后人也。"他说得再明白不过，要敬宗引以为戒，莫蹈前人覆辙。

《阿房宫赋》为杜牧赢得了声誉，也在他进士及第中帮了大忙。据

《新唐书·吴武陵传》及《唐摭言》记载，文宗大和二年，崔郾将赴东都主持考试，当时的太学博士吴武陵对崔郾说，有一个人有王佐之才，你可不能让他落第。崔郾问是谁？吴武陵就把杜牧的《阿房宫赋》拿出来给崔郾看，崔郾也惊诧不已。后来崔郾在阅卷中，就对杜牧这个名字相当注意。这一年杜牧高中进士第五名。

三月，杜牧又赴长安参加贤良方正能直言极谏科考试，以第四等及第。故他在《赠终南兰若僧》中称“两枝仙桂一时芳”。那年杜牧二十六岁。文宗授他弘文馆校书郎、试左武卫兵曹参军。

后来他有十年时间在各方镇使府中为幕僚。先是被江西观察使沈传师辟为江西团练巡官、试大理评事。沈传师的弟弟沈述师，是已故天才诗人李贺的好友，他请杜牧为李贺写《李贺集序》。杜牧在序里说：“云烟绵联，不足为其态也；水之迢迢，不足为其情也；春之盎盎，不足为其和也；秋之明洁，不足为其格也；风樯阵马，不足为其勇也；瓦棺篆鼎，不足为其古也；时花美女，不足为其色也；荒国陊殿，梗莽邱垅，不足为其恨怨悲愁也；鲸呿鳌掷，牛鬼蛇神，不足为其虚荒幻诞也。”对李贺的诗作了高度评价。

大和七年四月，又被淮南节度使牛僧孺聘为淮南节度推官、监察御史里行。不久转掌书记。牛僧孺曾两度入相，是唐中晚期牛李党争中牛派的领袖。淮南节度使的府第位于扬州。扬州是唐代第一个大都市，自古就是烟柳繁华地、温柔富贵乡。杜牧来到扬州后，夜间常到青楼酒肆游赏。他后来在《遣怀》里回忆这段生活说：“落魄江湖载酒行，楚腰纤细掌中轻。十年一觉扬州梦，赢得青楼薄幸名。”牛僧孺对杜牧很关心，故对他这种行为很担忧，但又不好直接点破，就暗中派兵卒保护他。如果杜牧平安，兵卒就送回平安报。大和九年，杜牧官升监察御史，将赴京就任，牛僧孺才告诉他平安报的事，杜牧大惊，深表感谢。

在长安只待了几个月，杜牧以监察御史身份分司东都。唐代在东都洛阳设置留台，其职务是很清闲的。大约在大和九年八月，杜牧在东城遇到著名歌女张好好。张好好原是沈述师（即上面提到的李贺的好友）的小妾，沈述师死了，她流落洛阳，当垆卖酒。杜牧十分同情。他重睹好好，感旧伤怀，写了《张好好诗并序》。长篇五古，中有“双鬟可高下，才过青罗襦。盼盼乍垂袖，一声雏凤呼”等句子来写好好的美丽。令人不可思议的是这首诗的真迹还在，现存故宫博物院。

文宗开成二年春，杜牧请假赴扬州看望弟弟杜颛的眼病。杜颛的眼睛有失明的危险，杜牧就没有再回洛阳。他在扬州附近宣州找了一份工作，并携弟同往。宣州有开元寺，风景很好，杜牧常去游玩，写过好几首咏开元寺的诗。在《题宣州开元寺水阁，阁下宛溪，夹溪居人》他写道：

六朝文物草连空，天淡云闲今古同。鸟去鸟来山色里，人歌人哭水声中。深秋帘幕千家雨，落日楼台一笛风。惆怅无因见范蠡，参差烟树五湖东。

宣州的风物，实在是明丽如画，让人生出向往之情。

开成四年，杜牧赴长安就职，后又迁膳部、比部员外郎。官不小了。但只过了一年多，武宗会昌二年，他就被外放为黄州刺史。大约是受到了李德裕的排挤。李德裕是牛李党争中李派的领袖，当时任宰相。杜牧与牛僧孺私交很好，李德裕就把他视为牛党。是牛党，在京城里就没有待的地方。党争之厉害，从唐代伊始。

黄州在唐代又名齐安郡。他在齐安郡写的诗不少。其中最有名是《赤壁》：

折戟沉沙铁未销，自将磨洗认前朝。东风不与周郎便，铜雀春深锁二乔。

会昌四年九月，杜牧迁池州刺史。池州城南的齐山很美，他邀请好友、诗人张祜同游，写下《九日齐山登高》：

江涵秋影雁初飞，与客携壶上翠微。尘世难逢开口笑，菊花须插满头归。但将酩酊酬佳节，不用登临恨落晖。古往今来只如此，牛山何必独沾衣。

开头的两句很美。后来用“江涵秋影雁”五字组合取名的人不少。而“尘世难逢开口笑，菊花须插满头归”几乎成为成语，在人们的口头流传。

在池州任上刚满两年，杜牧又调任睦州刺史。他乘船沿大江东行，经过润州。润州他曾经来过，今又重游，他的思绪万端。《润州二首》

就是这时写的，其一云：

向吴亭东千里秋，放歌曾作昔年游。青苔寺里无马迹，绿水桥边多酒楼。大抵南朝皆旷达，可怜东晋最风流。月明更想桓伊在，一笛闻吹出塞愁。

“大抵南朝皆旷达，可怜东晋最风流。”南朝和东晋，千古风流人物不少，令杜牧慕往不已。能和他们同时代的话是一件幸事。

到了睦州，他收到了吏部尚书高元裕的慰问信。杜牧自出守黄州开始，“三守僻左，七换星霜”，高元裕是第一个写信慰问的高官，这使杜牧很感动。他在回信里说：“每遇时移节换，家远身孤，吊影自伤，向隅独泣。”他的心情是相当寂寞的。

宣宗大中二年十二月，他回到长安任司勋员外郎、史馆修撰。这都多亏了宰相周墀的援引。就在这一年他与著名诗人李商隐相识。后人把他和李商隐并称“小李杜”，以别于李白、杜甫。李商隐赠予杜牧两首诗，其中有一首说：“高楼风雨感斯文，短翼差池不及群。刻意伤春复伤别，人间唯有杜司勋。”李商隐自谦为“短翼差池”，不及杜司勋的诗。“伤春复伤别”点出了杜牧诗的特点。即感伤、幽婉的情调。比如他的《江南春》：

千里莺啼绿映红，水村山郭酒旗风。南朝四百八十寺，多少楼台烟雨中。

大中三年闰十一月，杜牧升迁为吏部员外郎，这是比较重要的职位，但杜牧却请求外放。他去了湖州做刺史。赴湖州之前，他写《将赴吴兴登乐游园一绝》，表露自己的心迹：

清时有味是无能，闲爱孤云静爱僧。欲把一麾江海去，乐游原上望昭陵。

吴兴即湖州。是因为在京无法施展自己的抱负，他去了湖州。湖州自己说了做主，应该可以多为百姓做一点事吧。湖州乌程县西南有小敷山，被李贺称为“吴兴才人”的沈亚之曾在此居住，杜牧特往凭吊，并作了一首《沈下贤》。

大中五年，杜牧的爱弟杜颛病死，知己好友周墀也逝世了。杜牧非常沉痛，他为他们写祭文和墓志铭。这年冬天，他回到长安，内升为考功郎中、知制诰，不久迁中书舍人。他的官在升着，但身体越来越不行了。长安城南下杜樊乡有杜佑的樊川别墅，他重加修理。有一天他喝多了，对外甥裴延翰说，我老了。我一生无所夸，惟数百篇文章，略可传世。将来你替我作序，号《樊川集》。果然他不久就去世了。

温庭筠

温庭筠是唐初宰相温彦博的后代。温彦博是唐高祖、唐太宗时代一言九鼎的重臣，家世显赫，占有采地，但到温庭筠时已经家道衰落，与平民无异了。

温庭筠小的时候相当聪明，长大后更是才思敏捷，走笔万言。尤工律赋，每试，押官韵，八叉手而八韵成，故人称“温八叉”。当时与李商隐、段成式号称“三才子”，因三人都是排行十六，故称“三十六体”。然而屡试不第。其原因不是他考不上，而是时人认为他“薄行无检幅”。《旧唐书》记他“士行尘杂，不修边幅，能逐弦吹之音，为侧艳之词，公卿家无赖子弟裴諴、令狐滈之徒，相与蒱饮，酣醉终日。由是累年不第”。所谓“薄行无检幅”，就是赌博饮酒，“不修边幅”，按说这都不是大节问题，怎么会影响到他举进士呢？

还有他“能逐弦吹之音，为侧艳之词”，是说他会弹琴吹笛，所作歌词过于香艳。这也不应该是问题。因为当时的宣宗就爱唱《菩萨蛮》词，越是香艳的词他还越喜欢唱呢！宣宗曾令丞相令狐绹作《菩萨蛮》词，令狐绹作不出，他就请温庭筠代作。这正是温庭筠发挥才情的好机会，他一连作了二十首，现存十四首。我们选三首读一下：

小山重叠金明灭，鬓云欲度香腮雪。懒起画蛾眉，弄妆梳洗迟。　照花前后镜，花面交相映。新贴绣罗襦，双双金鹧鸪。

水精帘里颇黎枕，暖香惹梦鸳鸯锦。江上柳如烟，雁飞残月天。　藕丝秋色浅，人胜参差剪。双鬓隔香红，玉钗头上风。

南园满地堆轻絮，愁闻一霎清明雨。雨后却斜阳，杏花零落香。　无言匀睡脸，枕上屏山掩。时节欲黄昏，无聊独倚门。

虽是红香翠软，却是秾丽绵密，难怪后蜀赵崇祚编《花间集》，收录十八位词人作品凡五百首，把温庭筠列在首位。皇帝爱他的词，又有一大群“粉丝”，名气不小，这都是应该有利于他登进士第的。但他终身未第。其原因并不是《旧唐书》所说的“不修边幅”之类，而是他犯了另外两个大错。

一是宣宗大和九年，试宏词，有人泄露题目，温庭筠逞才使气，为京兆尹柳熹之子假手代为作文作赋，后被人发觉。又有人揭发他经常为人假手作文，考官大怒，认为他扰乱科场，加以贬黜。

更重要的是他文多讽刺，鄙夷权贵。令狐绹请他代作《菩萨蛮》词，是对他充分的信任。这些词都是以令狐绹的名义交给宣宗的，宣宗大喜，令梨园传唱，轰动一时。但他后来却有意透露，词是他代作的。这还不算，他还多次公开讥刺，说令狐绹是“中书堂内坐将军”，不学无术，徒有其位。令狐绹位高权重，远近族人趋奉他，至有姓胡的冒姓令狐，他作诗讽刺说：“自从元老登庸后，天下诸胡悉带令。”他对令狐绹是这样，对其他权贵也是这样。犯了众怒，能有好日子过吗？温庭筠自己心里也有数。他在《百韵诗》和献李德裕诗说：“寒心畏厚诬”，“积毁方销骨，微瑕惧掩瑜”。他感到了来自贵族阵营中的压力。

有一次他竟然冒犯了皇帝，当然是在不知情的情况下。宣宗微服出行，与庭筠遇于传舍，就是旅店，温庭筠看宣宗的样子，有点像一个落魄的文人，又像是一个文官小吏，就傲慢地问：“你是司马、长史一类的人吧？”宣宗说：“不是的。”庭筠又说：“那么你是六参、簿、尉一类的人吗？”宣宗说：“不是的。”后来宣宗问传舍老板，这人是谁呀，如此傲慢。传舍老板告诉他，这人就是大名鼎鼎的温庭筠呀。宣宗有一次问令狐绹，说温庭筠这人怎么样呢？令狐奏此人“有才无行”。耳听是虚，眼见为实，温庭筠果然如此。

宣宗本还想起用他一下的，现在完全失望了。大中十三年，贬温庭筠为方城尉，并且下了一份诏书。诏书是这样写的：“孔门以德行居先，文章为末。尔既早随计吏，宿负雄名，徒夸不羁之才，罕有适时之用。放骚人于湘浦，移贾谊于长沙，尚有前席之期，未爽抽毫之思。”前席是指汉文帝召见贾谊的典故。贾谊被贬为长沙王太傅后，又被召入朝廷，问鬼神之事，君臣二人谈得十分投机，谈至夜中，汉文帝不自觉地移坐向前。他是为了更加清楚地听贾谊说话。“尚有前席之期”，这说明宣宗对温庭筠还有期待。

第二年，即懿宗咸通元年，襄阳刺史徐商署温庭筠为巡官。徐商也是诗人，他爱读庭筠的诗词，带了一班人，如段成式、余知古、韦蟾等和温庭筠唱和。他们过了一段愉快的日子。但时间不长。大约是温庭筠瞧不起权贵、上司的老毛病又犯了。

不久庭筠离开襄阳，去江陵，入荆南节度使裴休幕为从事。他对人大诉苦水，说他陷入了贫病交加、旅况困窘的困境。想来裴休待他也不过如此。

咸通四年，温庭筠已是五十二岁的人了。他回江东，路过扬州。《新唐书·温庭筠传》：“令狐绹方镇淮南，庭筠怨居中时不为助力，过府不肯谒。丐钱扬子院，夜醉，为逻卒击折其齿。”到巡院去乞索，又喝多了，竟被巡卒打断几颗牙齿。

但他的知名度却是越来越高了。崇拜者当然不少。懿宗也还算对得起他，给了面子。咸通七年，擢国子助教，主考试。他一生受困考场，感慨良多，如今主持考试，他“悯擢寒苦，乃榜谒诗三十余篇，以振公道”。所谓“榜谒诗”，就是把已中进士的干谒诗张榜公布，让大家来评，看他们是不是有真才实学。温庭筠对于这事还专门发了一个榜文。榜文云：

> 右前进士所纳诗篇等，识略精微，堪裨教化。声词激切，曲备风谣。标题命篇，时所难著。灯烛之下，雄词卓然。诚宜榜示众人，不敢独专华藻。并仰榜出，以明无私。仍请申堂，并榜礼部。咸通七年十月六日，试官温庭筠榜。

这个榜文记录在《全唐文》里。非常清楚的显示了温庭筠的立场，就是公正。温庭筠写有一首《醉歌》，其中有“洛阳卢仝称文房，妻子脚秃舂黄粮。阿耋光颜不识字，指麾豪俊如驱羊”的句子。有才者不遇，无才者得遇，这就是不公正，他对不公正是深恶痛绝的。

后人提及温庭筠，总会说他的词，称他为“花间鼻祖”。其实他的诗也不错。他的《商山早行》即历来为人传诵：

> 晨起动征铎，客行悲故乡。鸡声茅店月，人迹板桥霜。槲叶落

山路，枳花明驿墙。因思杜陵梦，凫雁满回塘。

写羁旅的寒霜冷月，和梦回故乡的情怀。因为写得太美，让所有的读者都和他行进在商山的山间小道上，感受飘落的槲叶和盛开的枳花了。

李商隐

最令我感动的一首诗就是李商隐的《夜雨寄北》：

君问归期未有期，巴山夜雨涨秋池。何当共剪西窗烛，却话巴山夜雨时。

静静的大山，绵绵的秋雨，羁旅异地的诗人。他在想一个人，想一个魂牵梦绕的人，想得实在是苦啊。他剪了一次灯花，又剪一次。他还枯寂地坐着，还在想。这个人是谁呢？

还有一首《无题》：

相见时难别亦难，东风无力百花残。春蚕到死丝方尽，蜡炬成灰泪始干。晓镜但愁云鬓改，夜吟应觉月光寒。蓬山此去无多路，青鸟殷勤为探看。

这个人又是谁呢？

这两处思念的人应该是一个人，一个女人。

当然不是他的妻子。他写《夜雨寄北》时，妻子王氏已经去世。有人说是写给令狐绹的，这是比附，是违背文学创作规律的政治图解。据后人考证（很多人也有不同意见），他思念的对象是一个女道士，姓宋，称宋真人。

在前一首《无题》里，已有蓬莱、青鸟透露消息，他还有一首《重过圣女祠》：

白石岩扉碧藓滋，上清沦谪得归迟。一春梦雨常飘瓦，尽日灵风不满旗。萼绿华来无定所，杜兰香去未移时。玉郎会此通仙籍，忆向天阶问紫芝。

萼绿华是得道的女仙，杜兰香是女仙，传说二女仙都曾下降人间，与凡人相爱。玉郎，是道教中掌管典籍的仙官，又何尝不是作者自况呢？李商隐字义山，号玉溪生。他流传于世的诗就名《玉溪生诗集》。还有人说他写的圣女祠其实是一个真地名，在陈仓与大散关之间。如果这是真的，那么那位宋真人就曾是圣女祠的女道士了。或许宋真人与他在玉阳山同时学过道教。李商隐考取进士之前，曾在玉阳山学道，那是睿宗女玉真公主修道的场所。“素女悲清瑟，秦娥弄碧箫。”玉阳山有会奏乐的女道士。

我之所以要花这么多笔墨写这些，是因为李商隐有大量的《无题》诗，都和一个女道士（或者两个女道士）有关。这些有本事的爱情诗，写得缠绵悱恻，景象迷离，代表了李氏的最高艺术成就。不明白这一点，也就始终不明白李商隐《无题》诗的奥秘所在。金代元好问就说：“诗家总爱西昆好，独恨无人作郑笺。”“西昆”即西方的昆仑山，是道家仙人的藏书之所，故后人称那些堆砌典故、用事僻涩的诗为“西昆体”。元好问就认为李商隐的诗不好懂，有人作注就好了。他最难解的诗就是《锦瑟》：

锦瑟无端五十弦，一弦一柱思华年。庄生晓梦迷蝴蝶，望帝春心托杜鹃。沧海月明珠有泪，蓝田日暖玉生烟。此情可待成追忆，只是当时已惘然。

李商隐十七岁时，到天平军节度使令狐楚的幕府里去做巡官。唐朝尊崇道教，所以幕府中也有道教的醮坛。有一次，李商隐看见一个娇艳的女道士，大概那个时候他就开始对女道士有好感罢，他写道：

白足禅僧思败道，青袍御史拟休官。虽然同是将军客，不敢公然子细看。

看到这样美丽的女道士，和尚想弃禅，御史想辞官，都想跟她一起去学道，自己呢，想看，又不敢仔细看。

令狐楚非常欣赏李商隐，安排他在幕府里做巡官，教他和儿子令狐绹一起学四六文，还给他办行装，让他到京城去应考。没有考上。直到令狐绹做了副考官，他还在考。这一年他考中了。也就是在学道的第二年他考中了。令狐绹当然起了作用。令狐父子对李商隐是有深恩的，他对令狐父子感激不尽。

他也在努力报答这份恩情。令狐楚调兴元节度使，病得厉害，他前去护理，不离左右半步。后来令狐楚死，他像儿子一样从兴元护丧还京，哀哀尽孝。这一时期他和令狐家的关系是密切的。后来，泾原节度使王茂元聘他入幕，他要谋生，也就答应了。王茂元爱他的才华，把女儿嫁给他。就是这一件事，使李商隐陷入了党争的旋涡，终生都未能解脱。原来武宗时期存在牛（僧孺）李（德裕）党争，各有党羽。令狐父子是牛党，而王茂元是李党。李商隐入王茂元幕，牛党认为李商隐是背叛，是忘恩负义。可怜李商隐一介书生，不知党争为何物，竟陷入其中而不能自拔，这真是他的人生悲剧。

其实李商隐从未认为他是哪一党，因丁母忧而闲居洛阳的时候，他给令狐绹去信，令狐绹也还回信问候他。他在《寄令狐郎中》里说："嵩云秦树久离居，双鲤迢迢一纸书。休问梁园旧宾客，茂陵秋雨病相如。"他心情抑郁，以闲居病免的司马相如自况。言下之意，当然是希望得到令狐绹的提携和帮助。但令狐绹对他相当冷淡。后来令狐绹担任宰相兼礼部尚书以后，李商隐多次向令狐绹陈情，乞望得到援引，令狐绹也没有给他任何答复。李商隐真是有满腹的怨抑愁苦。他只有到可望而不可即的爱里去寻找寄托、安慰，写一些扑朔迷离、寄概遥深的爱情诗。李商隐的研究者们说成是陈情诗，而与令狐绹相关，这也是在情理之中的。

李商隐一生官职卑微，但未敢忘国忧，对一些重大的政治事件，都敢于发表自己的看法。如文宗大和年间，刘蕡在对策中痛论"黄门（宦官）太横，将危宗社"，后来遭受迫害，吞恨而死。李商隐作诗哭他，鲜明地表达了自己与黄门势不两立的政治态度。还有历史上著名的"甘露之变"，宦官幽禁文宗，屠杀朝官，当时的士大夫都畏祸依违，比如白居易，此时远处洛阳，只庆幸自己"青山独往"，李商隐却挺身而出，奋笔写下《重有感》等诗作，对宦官的暴行提出强烈的抗议：

> 玉帐牙旗得上游，安危须共主君忧。窦融表已来关右，陶侃军次宜石头。岂有蛟龙愁失水，更与鹰隼与高秋。昼号夜哭兼幽显，早晚星关雪涕收。

李商隐的晚年是在颠沛流离中度过的。那时牛党当权，李党的京官纷纷外放。牛党排斥他，看样子他也只有去追随李党了。他先是在郑亚的桂林幕府，又到卢弘止的武宁幕，最后到柳仲郢梓州幕做幕僚。梓州在东蜀，他赴任时是冬天，妻子又刚刚去世。他虽然和女道士有柏拉图式的精神恋爱，但和妻子王氏的感情是深笃的，可以说是相濡以沫。他在散关遇雪，羁旅的寒冷、寂寞、悲伤，使他更加怀念妻子。他的《悼伤后赴东蜀辟至散关遇雪》多么感人：

剑外从军远，无家与寄衣。散关三尺雪，回梦旧鸳机。

再没有妻子为自己缝制棉衣了。但为了生存，还得衣着单薄地踏雪上路。他饱含着眼泪，将瑟瑟背影留在唐末茫茫的雪地里。

罗隐

《吴越备史》本传说："隐本名横，凡十上不中第，遂更名。""十上"是用典，《战国策·秦策》："苏秦说秦王，书十上而说不行。"罗隐考进士实际上是六次。他在《投秘监韦尚书启》里说："十年索米于京都，六举随波而上下。"那时的进士是三年一考，考六次就要近二十年的时间。人生有几个二十年？难怪罗隐考得把名字都改了。

而那些考中的人，学问名声不过尔尔，罗隐愤愤不平。他写了很多讽刺诗文。懿宗咸通八年，他把这些作品编为一集，名曰《谗书》。与他同时代的诗人方回在《谗书》跋里说："愤懑不平之言，不遇于当世而无所泄其怒之所作。"鲁迅先生在《小品文的危机》一文中也说："唐末诗风衰落，而小品放了光辉。但罗隐的《谗书》，几乎全部是抗争和愤激之谈；皮日休和陆龟蒙，自以为隐士，别人也称之为隐士，而看他们在《皮子文薮》和《笠泽丛书》中的小品文，并没有忘记天下，正是一榻胡涂的泥塘里的光彩和锋镳。"

"并没有忘记天下"，后人隔了一层，说起来很轻松，其实当事人是要付出沉重的代价的。他的《谗书》让皇帝和权贵很不痛快。当然不痛快，我们读一下《谗书》中的《英雄之言》：

> 物之所以有韬晦者，防乎盗也。故人亦然。夫盗，亦人也：冠履焉，衣服焉。其所以异者，退让之心、贞廉之节，不恒其性耳。视玉帛而取者，则曰牵于寒饥；视国家而取者，则曰救彼涂炭。牵于寒饥者无得而言矣。救彼涂炭者，则宜以百姓心为心。而西刘则曰："居宜如是。"楚籍则曰："可取而代。"噫！彼未必无退让之心、贞廉之节；盖以视其靡曼骄崇，然后生其谋耳。当英雄者犹若是，况常人乎？是以峻宇逸游不为人所窥者鲜矣！

帝王的所谓“英雄之言”，就是救民涂炭，而所谓的救民涂炭，不过是为了一己私利，这就深刻地揭露了帝王的内在本质。类似这样的文章还有《说天鸡》《汉武山呼》《三闾大夫意》《叙二狂生》《梅先生碑》等篇，也都是嬉笑怒骂，涉笔成趣。你说，统治者会喜欢这样的文人吗？还幸好他生在唐朝，唐朝统治者还算是宽容、大度。罗隐不仅没有获重罪，还大写咏史讽刺诗，有了大名气。

黄巢攻入长安，僖宗步玄宗的后尘，狼狈逃到四川，随行的有一个耍猴的，把猴子驯养得很听话，围着僖宗拱手作揖，僖宗很开心，就封耍猴的五品官职，穿了红袍。罗隐听说了这事，有感而作《感弄猴人赐朱绂》：

> 十二三年就试期，五湖烟月奈相违。何如学取孙供奉，一笑君王便着绯。

这个耍猴的并不姓孙，罗隐称他为孙供奉，是取“猢狲”的“狲”的谐音。自己寒窗苦读，六试不中，依旧布衣，而这个耍猴的却靠哄皇帝开心，轻而易举地得“赐朱绂”。不同的遭遇，鲜明的对比，揭露了这个末代的皇帝是何等的昏庸荒诞。

不久黄巢事平，这时朝廷上的贤臣建议把罗隐召来，给个一官半职。当时的宰相韦贻范听了，坚决不同意。他讲起一次与罗隐的偶遇：“某与同舟而载，虽未相识，舟人告诉他：‘此有朝官。’罗隐说：‘是何朝官，我脚夹笔，亦可敌得数辈。’此人竟然狂傲如此！若让此人登科通籍，那还得了？”由是不果召。口出狂言，得罪宰相，当然只能是不果召。

罗隐费窘途穷，无奈之下，去谒族人罗绍威。唐祚衰凌，群雄交乱，绍威当时据魏为邺王。关于这件事《五代史补》里有记载：

> 罗隐将入境，先贻书叙其家世，邺王为侄。幕府僚吏见其书，皆怒曰：“罗隐一布衣耳，而侄视大王，其可乎！”绍威素重士，且曰：“罗隐名振天下，王公大夫多为所薄，今惠然肯顾，其何以胜！得在侄行，为幸多矣，敢不致恭，诸公慎勿言。”于是拥旆郊迎，一见即拜，隐亦不让。及将行，绍威赠以百万，他物称是，仍致书于镠谓叔父，镠首用之。

罗绍威贵为邺王，而罗隐还在人家面前摆叔父的架子，可见他的傲气。幸好罗绍威礼贤下士，理解他。罗绍威也是文人，他有藏书万卷，懂音律，善书法，而且还是罗隐诗的崇拜者。他叔视罗隐，把罗隐推荐给吴越王钱镠。一个叔辈身份的人，又是自己的崇拜对象，用在手下，实在别扭。推荐给别人，当为明智之举。

这就是罗隐的机缘了。吴越王钱镠也绝不是一个草莽英雄，他能作诗文，也读过罗隐的诗文，对罗隐的才华是欣赏的。罗隐投身门下，使门庭增辉，当然是一件好事。钱镠辟罗隐为从事，后又表奏为钱塘令。钱塘令是朝廷的命官，当然要上表得到皇帝的批准。钱镠虽然割据吴越，但名义上还是唐朝的臣子。那是唐僖宗光启三年。

钱镠在表中说："仲宣远托刘荆州，都缘乱世；夫子辟为鲁司寇，只为故乡。"他把罗隐比作王粲、孔子，是很敬重的。为了表达这份敬重，他不停地让罗隐升官。罗隐任钱塘令不久，又拜著作郎，寻授镇海军掌书记。昭宗天祐三年，转司勋郎中，充镇海节度判官。唐亡，梁天平二年，授给事中，三年，迁盐铁发运副使。几乎每年都有官运。有什么大事，钱镠都向罗隐请教。

昭宗景福二年，朝廷擢钱镠为镇海军节度、浙江西道观察处置等职。按礼节，钱镠要向皇帝上谢表。谢表为另一文士所作，他在谢表中盛言浙西繁富。钱镠把表给罗隐看，征求意见。罗隐看了表，不以为然。他说："今浙西兵火之余，日不暇给，朝廷执政方切于贿赂，此表入奏，执政岂无意于要求耶?"钱镠请他更作，他写了这样两句：

天寒而麇鹿常游，日暮而牛羊不下。

描写浙西的荒凉暮寒，人民的困窘贫苦，是令人同情的。这也反映出他反对苛政的民本思想。其实他的民本思想是一以贯之的。早年在长安，冬天下大雪，他即景生情，写有一首小诗《雪》：

尽道丰年瑞，丰年事若何？长安有贫者，为瑞不宜多。

龙纪元年，昭宗更名为晔，"晔"字一半是"华"，一半是"日"，他在贺表中说："左则虞舜之全文（虞舜名重华），右则姬昌之半字（昌之半字为日）。"他的巧思，让陈词滥调的颂圣文字，一变而为可读可诵。

晚年的罗隐，成为文坛巨擘，得他一诗，世人视为至宝。《唐诗纪事》记载了这样一件事：

令狐滈，赵公绹之子，登进士，隐以诗贺之，赵公谓滈曰："吾不喜汝及第，喜汝得罗公一篇耳。"《十国春秋·罗隐传》录此，并加一语："其取重当时有如此。"

皮日休

皮日休是晚唐知名度颇高的人物。一是他自编过诗文集《皮子文薮》，与诗友陆龟蒙共同编过《松陵集》，都流传下来了。二是他中过进士，做过官，却被胁裹进入了黄巢领导的农民义军，后被杀死。他是中国文学史上唯一进入农民义军的诗人，就此一点，他身上就多了许多关注的目光。

皮日休是湖北襄阳人，家庭小有田产，衣食是基本有保障的。他青少年时期，在襄阳鹿门山读书渔钓，有时还下田耕作。但他素有“兼济天下”的大志。他在鹿门山所作的《秋夜有怀》里说：“骨肉煎我心，不是谋生急。如何欲佐主，功名未成立。”他作《鹿门隐书》六十篇，关心天下，针砭时弊，显示了他“兼济天下”的雄心。

懿宗咸通四年，年近三十岁的皮日休离家出游。他从襄阳出发，沿汉水南下，达湖北东部，又南浮沅湘，到江西北部。渡长江，过安徽、河南，由南阳入蓝田关，最后抵京都长安。在近三年的时间里，皮日休“干者十数侯，绕者二万里”，大大开阔了视野，增加了对社会现实、民生疾苦的了解。这次游历对他一生产生了重大影响。

他是咸通六年十月到达长安的。到了长安，即以自己的诗文进谒当时的名流权贵。当然是为了“以文事造请”，即造成舆论影响，为考取进士打下一点基础。但他的希望落空了。第二年春闱，名落孙山。他很快离京，取道洛阳，退归寿州，寓居于州东别墅。在这里他写下《三羞诗》三首：

> 南荒不择吏，致我交阯覆。联绵三四年，流为中原辱。懦者斗则退，武者兵则黩。军庸满天下，战将多金玉。刮得齐民疮，分为猛士禄。雄健许昌师，忠武冠其族。去为万骑风，住作一川肉。昨

朝残卒回，千门万户哭。哀声动闾里，怨气成山谷。（其二）

天子丙戌年，淮右民多饥。就中颍之汭，转徙何累累。夫妇相顾亡，弃却抱中儿。兄弟各自散，出门如大痴。一金易芦卜，一缣换凫茈。荒村墓鸟树，空屋野花篱。儿童齧草根，倚桑空羸羸。班白死路旁，枕上皆离离。（其三）

皮日休早年的诗歌，深受杜甫、白居易的影响。他的《三羞诗》，继承杜、白二人现实主义优良传统，深刻反映了当时黑暗的社会现实，是晚唐时期不可多得的优秀诗篇。

皮日休还学习白居易编有《正乐府十篇》。他在序里开宗明义说："乐府，盖古圣王采天下之诗，欲以知国之利病，民之休戚者也。"《正乐府十篇》中最著名的是《橡媪叹》：

秋深橡子熟，散落榛芜冈。伛偻黄发媪，拾之践晨霜。移时始盈掬，尽日方满筐。几曝复几蒸，用作三冬粮。山前有熟稻，紫穗袭人香。细获又精舂，粒粒如玉珰。持之纳于官，私室无仓箱。如何一石余，只作五斗量！狡吏不畏刑，贪官不避赃。农时作私债，农毕归官仓。自冬及于春，橡实诳饥肠。吾闻田成子，诈仁犹自王。吁嗟逢橡媪，不觉泪沾裳。

稻米全部都要"持之纳于官"，伛偻黄发媪只有上山拾橡子为食。诗作反映了劳动人民贫困的真实面貌，也对那些不顾人民死活的贪官污吏以无情的鞭挞。如果当时的统治者看到，是可以"知国之利病，民之休戚"的。但统治者怎么会认真读这样的好诗呢？

咸通八年，皮日休再度入长安应进士试。这次他考取了。但没有马上得到官职。咸通九年，他又开始了第二次游历。他离京东游华、嵩诸山，到洛阳，乘船达扬州，又渡长江，由镇江到苏州。咸通十年，被苏州刺史崔璞辟为州军事判官。就在这时，他与吴中名士陆龟蒙相识。二人性情相投，酬答唱和，积诗甚多。后编为《松陵集》，流布于世。

在崔璞幕中，他做过两件事，一是咸通十一年夏，苏州淫雨不止，奉崔璞之命祷于太湖。二是咸通十三年二月，为常熟令汝南周君作《破山龙堂记》。就在这一年，皮日休被召回京都任著作郎、太常博士。僖宗乾符二年，他又回到吴郡，为毗陵副使。这时王仙芝、黄巢的农民义军起事，天下不安。乾符五年，王仙芝死，黄巢自称冲天大将军，建元王霸。他率军渡江入浙西，继而攻下杭州、越州。皮日休就在这一带，被黄巢胁裹进农民军。

有史学家认为皮日休是自愿投军的。其理由是皮日休有强烈的反唐情绪。除诗歌以外，他还有一些言辞激烈、犀利的小品文。鲁迅先生就说："皮日休和陆龟蒙，自以为隐士，别人也称之为隐士，而看他们在《皮子文薮》和《笠泽丛书》中的小品文，并没有忘记天下，正是一榻胡涂的泥塘里的光彩和锋镳。"如他在《鹿门隐书》中说：

古之官人也，以天下为己累，故己忧之；今之官人也，以己为天下累，故人忧之。古之杀人也，怒；今之杀人也，笑。古之用贤也，为国；今之用贤也，为家。古之酗醟也，为酒；今之酗醟也，为人。古之置吏也，将以逐盗；今之置吏也，将以为盗。

在《读司马法》中，他揭露了历代开国之君的凶残面目："古之取天下也，以民心；今之取天下也，以民命。"在皮日休看来，即使是皇帝，也并不是神圣不可侵犯的。他在《原谤》里说："呜呼！尧舜大圣也，民且谤之；后之王天下者，有不为尧舜之行者，则民扼其吭，捽其首，辱而逐之，折而族之，不为甚矣。"

他因为有这样一些言论，所以有人认为他是主动投奔农民军的。其实说这种话的人，并不了解皮日休的整个思想体系。皮日休的思想体系是完整的儒家思想体系。一部《皮子文薮》，对所有儒家经典人物推崇备至。他在《原化》中说："圣人之化，出于三皇，成于五帝，定于周孔。其质也，道德仁义；其文也，诗书礼乐。此万代王者未有易是而能理者也。"同时他还具有"民本思想"。在《请行周典》一文中，以恢复古制为名，提出了发展农桑、重视农桑的革新主张。而王仙芝、黄巢之流，显然是与他的政治理想背道而驰的。

他虽然敢于抨击皇帝，但他是唐朝的进士官吏，忠君思想还是相当浓厚的。这并不矛盾。忠君是他的本分，而批评是他的责任，是他"兼济天下"的责任使然。最典型的例子是罗隐。罗隐不遇于唐，六试不第，当然对唐多有咎词，但唐亡，他却表现出对唐最大的忠诚。从上述几方面来看，皮日休是不可能主动加入王、黄这样的军队的。

其实古人早已言之凿凿，说得再明白不过：皮日休是“陷巢贼中”。如孙光宪《北梦琐言》、钱易《南部新书》、计有功《唐诗纪事》、晁公武《郡斋读书志》、辛文房《唐才子传》等。《唐才子传》中有这样一段话，表明皮日休是被胁裹进农民军，后被农民军首领黄巢杀死的。

> 乾符丧乱，东出关，为毗陵副使，陷巢贼中，巢惜其才，授以翰林学士。日休惶恐踢踧，欲死未能。劫令作谶文以惑众，曰：“欲知圣人姓，田八二十一；欲知圣人名，果头三屈律。”贼疑其裹恨，必讥已，遂杀之。临刑，神色自若，无知不知皆痛惋也。

韦 庄

韦庄是我国唐末五代的重要作家。他是中唐诗人韦应物的四代孙，童年时曾在长安和下邽生活过。他的童年是快乐的：

昔为童稚不知愁，竹马闲乘绕县游。曾为看花偷出郭，也因逃学暂登楼。招他邑客来还醉，儳得先生去始休。今日故人无处问，夕阳衰草尽荒丘。

这是他后来回忆时写下的《下邽感旧》。但这份快乐十分短暂。他出身这样的家庭，当然要走科举求仕的道路。这一条路是曲折而漫长的。他虽然从小“才敏过人”，但却久试不中。时光荏苒，四十二岁的他仍然是布衣一个。他不得不离开老家杜陵，东出潼关，去寻找新的天地。他到过河南、虢州。他感叹时光如箭，天道如弓。在《关河道中》写道：

槐陌蝉声柳市风，驿楼高倚夕阳东。往来千里路长在，聚散十年人不同。但见时光流似箭，岂知天道曲如弓。平生志业匡尧舜，又拟沧浪学钓翁。

济世的雄心无法实现，只得采菊东篱，归隐田园。但衣食无着，再好的田园风光又哪有心情欣赏？僖宗乾符六年，他又鼓起勇气回到长安应举，但又一次落第。他心情悲凉，贫病交侵，滞留在长安城中。这时农民军首领黄巢的势力越来越大。洛阳失守，潼关失守。广明元年，黄巢的军队攻陷京都长安，僖宗仓皇逃往四川，把金銮宝殿和百万子民丢给了黄巢。韦庄目睹黄巢和他的军队的所作所为，义愤填膺，写下纪实诗《秦妇吟》：

家家流血如泉沸，处处冤声声动地。舞伎歌姬尽暗捐，婴儿稚女皆生弃。……尚让厨中食木皮，黄巢机上刲人肉。东南断绝无粮道，沟壑渐平人渐少。六军门外倚殭尸，七架营中填饿殍。长安寂寂今何有？废市荒街麦苗秀。采樵斫尽杏园花，修寨诛残御沟柳。华轩绣毂皆销散，甲第朱门无一半。含元殿上狐兔行，花萼楼前荆棘满。昔时繁盛皆埋没，举目凄凉无故物。内库烧为锦绣灰，天街踏尽公卿骨。

多么的惊心动魄，又是多么的令人发指！黄巢等人为一己之私，给唐朝人民带来了无穷的灾难。

唐代的第一长诗不是白居易的《长恨歌》和《琵琶行》，而是韦庄的这首《秦妇吟》。所谓“秦妇吟”，其实是一位秦中女子的血泪控诉。她用亲眼目睹的经历，叙述了黄巢的农民军攻占长安之后的暴行。“明朝晓至三峰路，百万人家无一户。破落田园但有蒿，催残竹树皆无主。”繁华的京都都成了什么样子！

《秦妇吟》后来却长久的失传。自五代以下的宋元明清一路下来，再无人读到过《秦妇吟》。《北梦琐言》卷六说：“蜀相韦庄应举时，遇黄寇犯阙，著《秦妇吟》一篇。内一联云：‘内府烧为锦绣灰，天街踏尽公卿骨。’尔后公卿亦多垂讶，庄乃讳之。时人号为‘秦妇吟秀才’。他日撰家诫，内不许垂《秦妇吟》障子。以此止谤，亦无及也。”《秦妇吟》的内容当时制为障子，则风行一时可知。是韦庄撰家诫，讳言此诗，故弟蔼编《浣花集》，不以入集，遂不传于世。直至清光绪三十一年前后，才在敦煌石窟中发现了九种手抄本，其中最早抄本为“天复五年”，正是唐亡前一年，那时韦庄尚在世。在蜀王王建幕府中任掌书记。《秦妇吟》的发现，为研究韦庄和唐诗提供了极其珍贵的材料。

中和二年，韦庄逃离长安，到了洛阳。洛阳也残破得不像样子了。他在《洛阳吟》中写道：“如今父老偏垂泪，不见承平四十年。”洛阳也待不住了，他“举棹东复东”，到达江南润州，在镇海军节度使周宝府署中当了一名幕僚。京城长安还在黄巢的铁蹄之下，而周宝的府署中却是“满耳笙歌”“满楼珠翠”，大唐的末世之音在江南回荡。

他暂时忘却了离乱的痛苦，他在“满楼珠翠”中放浪形骸。江南的人是美的，水是美的。然而，故乡，仍是他挥之不去的牵挂。我们读他在江南写的两首《菩萨蛮》：

人人尽说江南好，游人只合江南老。春水碧于天，画船听雨眠。　垆边人似月，皓腕凝霜雪。未老莫还乡，还乡须断肠。

洛阳城里春光好，洛阳才子他乡老。柳暗魏王堤，此时心转迷。　桃花春水绿，水上鸳鸯浴。凝恨对残晖，忆君君不知。

江南水乡，风景如画，又有如月的美女，实在是颐养天年的好地方。但浓浓的乡思与乡愁，却弥漫在字里行间。

中和四年六月，黄巢的农民军被赶出长安，并被彻底的消灭。光启元年三月，僖宗从四川还京。但屁股还没有坐热，就被藩镇悍将相逼，重奔凤翔。韦庄是有浓厚的忠君思想的。他不顾年过半百的高龄，毅然渡江北上，决心到凤翔迎驾。但藩将们在前面相互攻伐，昏天黑地，道路被阻塞，他只得绕道返回建康。建康是六朝古都，现在却是烟笼古柳，雨侵荒草。他即景生情，写下名作《台城》：

江雨霏霏江草齐，六朝如梦鸟空啼。无情最是台城柳，依旧烟笼十里堤。

柳的冷漠无情，衬托出人的无限伤感。笔致凝练，风调凄迷，其实也是对衰落的唐王朝的无限感慨。

“满耳笙歌”的周宝被部下驱逐，回润州回不成了，韦庄搬到婺州乡下暂住了一年。重阳节是在婺州度过的。他写道：

异国逢佳节，凭高独苦吟。一杯今日酒，万里故乡心。

昭宗景福二年，韦庄再一次来到长安应试，再次落第。他不灰心，第二年又试，这次总算天遂人愿，考取了。他这时已是白发苍苍的六十岁的老人了。

他得到一个校书郎的小官。虽然职位卑下，但总算是解褐通籍，做了官。那是唐朝晚期，李氏王朝的统治风雨飘摇，地方藩将们的势力越来越大。昭宗乾宁四年，四川藩将王建攻打东川，东川节度使向昭宗求救，昭宗派谏议大夫李询为两川宣谕和协使，韦庄为判官，同行入蜀诏令王建罢兵。王建哪里肯听昭宗的诏令？但他却对韦庄十分欣赏。三年后，即天复元年，韦庄应聘到王建幕中任掌书记。天祐四年四月，改名朱全忠的朱温谋弑唐昭宗后，又废掉他亲手扶立的傀儡皇帝哀帝，自立为帝，建立梁朝。历时近三百年的大唐王朝宣告灭亡。

唐亡后，韦庄就积极拥戴王建称帝。这当然也是王建求之不得的。王建即帝位，建立前蜀。韦庄为前蜀政权制定开国制度、刑法、礼乐规章等，成为前蜀的开国元勋。韦庄官至宰相，身居高位，显赫一时。这是六十岁以前为穷书生时无法相比的了。

入蜀后的韦庄享尽人间荣华。只有一事，令他抱憾终身。他有一位心爱的姬妾，资质艳丽，兼善词翰，却被王建看中，占为己有。他一连写了几首怀念姬妾的词，“情意凄怨，人相传播，盛行于时”。姬妾读到了，遂不食而死。韦庄每每想起，心中万分痛苦。

李 煜

南唐后主李煜，世称“李后主”。他最有名的一首词是《虞美人》：

春花秋月何时了，往事知多少。小楼昨夜又东风，故国不堪回首月明中。 雕栏玉砌应犹在，只是朱颜改。问君能有几多愁，恰似一江春水向东流。

这是李煜被俘后，在宋朝的汴梁写下的。从帝王到阶下囚，他每天以泪洗面，有数不尽的愁苦。令人惊讶的是，他把这份愁苦形容得是多么的生动：恰似一江春水向东流。大概他自己也很欣赏这句话，七月七日，是他的生日，他令歌伎在家里唱，宋太宗赵光义听到了，大怒，派人逼他服牵机药。他被毒死了，如春水般的愁再不流淌，戛然而止。是无数的后人将这一江的春水复活，让它跨越时空不停地汩汩流淌。

李煜是中主李璟的第六子，生长在帝王之家，小的时候当然无愁可言。不过他的容貌给他带来了一点小麻烦。他生得阔额，丰颊，骈齿，一目重瞳，都是大贵之相。这种容貌遭到了太子弘冀的猜忌。为了避祸，他到山间隐居，自号钟山隐士、莲峰居士等，表示愿意归隐，无意于世间政事。他潜心读书，研究诗词、书法、绘画。《渔父》两首，大约是这时写的：

阆苑有情千里雪，桃李无言一队春。 一壶酒，一竿身，快活如侬有几人？

一棹春风一叶舟，一纶茧缕一轻钩。 花满渚，酒满瓯，万顷波中得自由。

南唐中主保大十二年，周世宗显德元年，李煜十八岁，娶大司徒周宗的女儿为妻。周宗女儿名宪，小字蛾皇，世称“大周后”。大周后容貌美丽，精音律，善弹琵琶，李煜爱好词曲，当与大周后的爱好有关系。

保大十四年，周世宗显德三年，后周军攻南唐，南唐大败。南唐不用良将，政治不振，这次又被后周打败，陷入内外交困的境地。没有办法，只有拱手向后周称臣，以图苟延残喘。世宗显德五年，中主李璟去帝号，称国主，用后周年号。六年，周世宗死，殿前都检点赵匡胤代后周，建立宋朝。《水浒传》开头道："自古帝王都不及这朝天子，一条杆棒等身齐，打四百座军州都姓赵！"原来是靠武力征服天下。宋太祖建隆二年，李煜在金陵即国主之位。太子弘冀死了，父亲李璟死了，长相雄奇的李煜成了南唐后主。那时南唐兵败地削，国力式微，早是宋朝的附庸。

其实南唐的地盘还不小，拥有二十一州，而且相当富庶，如果励精图治，是可以有所作为的。但李煜徒有外表，国事一塌糊涂。他迷信佛教，纵情声色，经营词章，不亦乐乎。大周后精音律，一到晚上，她就带宫廷歌女们唱李煜的新词。暗香浮动，款款温婉，李煜又把这些记录在词里：

> 晚妆初过，沉檀轻注些儿个，向人微露丁香颗。一曲清歌，暂引樱桃破。　罗袖裛残殷色可，杯深旋被香醪涴。绣床斜凭娇无那，烂嚼红茸，笑向檀郎唾。（《一斛珠》）

大周后病，他又去勾引小姨子。小姨子年轻貌美，后来成为他的继室，世称"小周后"。那时两人还没有明媒正娶，只能偷情。小姨子也实在是偷情高手。李煜的几首《菩萨蛮》的主人翁就是小姨子：

> 花明月暗笼轻雾，今宵好向郎边去！刬袜步香阶，手提金缕鞋。　画堂南畔见，一晌偎人颤。奴为出来难，教君恣意怜。

趁着月色朦胧，小姨子偷偷地来了。她怕金缕鞋踩在地上发出声音，就脱下提在手上，踮着一双光袜子的小脚，当然一点声音也无。李煜早在画堂南畔等她。俩人一靠近，就如同磁与铁相吸，紧紧地拥抱在一起。此时的李煜只是男人，什么国主之尊，江山天下，早丢到九霄云外了。

他们如胶似漆，难舍难分，不久就双飞双宿了：

> 蓬莱院闭天台女，画堂昼寝人无语。抛枕翠云光，绣衣闻异

香。　　潜来珠锁动，惊觉银屏梦。脸慢笑盈盈，相看无限情。（《菩萨蛮》）

有绝色的美女搂在身边，慢笑盈盈，无限情趣，李煜当然就听不进大臣们的进言了。李煜的手下当时有四位著名的大臣。一位是南都留守林仁肇。林仁肇素有谋略。他有一次密言于后主曰："宋淮南诸州，戍守单弱，而连年出兵，灭蜀，平荆湖，今又取岭表，往返数千里，师旅罢疲，此在兵家为可乘之势。请假臣兵数万，出寿春，渡淮，据正阳，因思旧之民以复故境。彼纵来援，吾形势已固，必不得志。"一位是沿江巡检卢绛。他多次劝李煜出其不意"灭吴越，则国威大振，北兵不敢动矣"。在当时形势下，这都是锦囊妙计，行之必效，但李煜沉醉在温柔乡里，何曾听得进一句半句？听不进大臣们的话，却一下子把宋人的鬼话听进去了。宋人说林仁肇准备反南唐，李煜就把林仁肇毒死了。后来才知道是中了反间计。他疑神疑鬼，把卢绛也从沿江巡检任上调走。林、卢二人都是能抗宋的名将。他自毁长城，自取灭亡。

还有两人，一个是内史舍人潘佑，一个是户部侍郎李平。潘佑是一个耿直之人，他指责李煜受奸邪蒙蔽，要破家亡国。他怀疑潘佑是受李平挑拨所致，先逮捕李平，再又去捉拿潘佑。二人本是忠心耿耿，现在受到这样的对待，气愤已极，先后自杀身亡。四位有作为的大臣都死了，宋朝派了大军来攻南唐，当然是不堪一击。李煜一败涂地，肉袒出降。

在被俘北去途中，也不知是坐车还是坐船，他还没有忘记填词。《破阵子》，多么的悲哀无奈：

四十年来家国，三千里地山河。凤阁龙楼连霄汉，玉树琼枝作烟萝。几曾识干戈？　　一旦归为臣虏，沈腰潘鬓消磨。最是仓皇辞庙日，教坊犹奏别离歌。垂泪对宫娥。

李煜到了汴梁，宋太祖赵匡胤还要羞辱他。赵匡胤在明德楼上，令李煜白衣纱帽到楼下叩头请罪。请罪完了，方才装模作样下诏赦罪，封违命侯。也是带侮辱性的。赵匡胤死，他的二弟赵光义继位，是为宋太宗。太宗改了这个带侮辱性的封号，封陇西公，加检校太尉衔。都是虚的。宋朝给口饭吃，给几间房子住，就是天大的人情。

他每天以泪洗面，词风也为之一变：

往事只堪哀，对景难排。秋风庭院藓侵阶。一行珠帘闲不卷，终日谁来？　金剑已沉埋，壮气蒿莱。晚凉天净月华开。想得玉楼瑶殿影，空照秦淮！（《浪淘沙令》）

帘外雨潺潺，春意阑珊。罗衾不耐五更寒，梦里不知身是客，一晌贪欢。　独自莫凭栏，无限江山，别时容易见时难。流水落花春去也，天上人间　。（《浪淘沙令》）

他在悲伤之外还要蒙受羞辱。他的妻子小周后能歌善舞，容貌出众，先是宋太祖赵匡胤垂涎，后是他的弟弟宋太宗赵光义倾慕。他们把小周后封郑国夫人，按例要跟命妃入宫。小周后入宫，命运就掌握在皇帝手中了，所以小周后出得宫来，都要对李煜大哭大骂。但李煜除了默默忍受，又有什么办法？

太宗赵光义不知出于一种什么样的动机，派李煜的旧臣徐铉去看李煜。一个老仆拿了两把旧椅子出来，相对摆好。徐铉说："只要一把椅子就够了。"李煜出来了，徐铉要行礼，李说："今天哪有这礼？"就握着徐的手大哭。徐不说话，李忽的长叹一声，说："当时错杀了潘佑、李平，懊悔不及！"李煜真是一介书生，在这样的场合下还说心里话，还把徐当自己的旧臣，岂有不送命的道理。徐回去复命，就把实话跟赵光义说了。他又怎么敢不说实话呢？赵光义大怒。后来李煜在生日那天又唱"问君能有几多愁，恰似一江春水向东流"，声闻于外，赵光义怒上加怒，就逼李煜服牵机药。李煜被毒死后，小周后不久也悲痛而死。算是为李煜殉了情。

梅尧臣

梅尧臣（字圣俞）小的时候读书很聪明。他的父亲是农民，无力负担学费，叔父梅询是翰林侍读学士，就把他带到身边读书。虽然早有诗名，却一直未能考取进士。二十六岁时，即仁宗天圣六年，以梅询的门荫，补太庙斋郎。所谓门荫，是指凭借先辈的功勋循例做官。不久调任县主簿。在担任河阳县主簿期间，认识了当时的几位重要文人，一位是西京留守钱惟演，一位是西京留守推官欧阳修。二人都是大名鼎鼎的人物。梅尧臣与他们交往甚密，时有诗歌唱和。

梅尧臣的诗写得好，钱、欧二人是欣赏、佩服的。《宋史·梅尧臣传》说钱惟演“特嗟赏之，为忘年交”，而“欧阳修与为诗友，自以为不及”。在二人的鼓励下，景祐元年，梅尧臣再一次赴汴京应进士试。但又失败了。仁宗还算仁厚，虽然梅尧臣没有中进士，还是提升他做了建德县令。五年后又去做襄城县令。他没有辜负仁宗的期望，在县令的任上做了许多好事。他关心民间疾苦，把农民当成了自己的兄弟和亲人看待。他在《田家语》写道：

谁道田家乐？春税秋未足！里胥扣我门，日夕苦煎促。盛夏流潦多，白水高于屋。水既害我菽，蝗又食我粟。前月诏书来，生齿复板录；三丁籍一壮，恶使操弓韣。州符今又严，老吏持鞭朴；搜索稚与艾，唯存跛无目。田闾敢怨嗟，父子各悲哭。南亩焉可事？买箭卖牛犊。愁气变久雨，铛缶空无粥。盲跛不能耕，死亡在迟速。我闻诚所惭，徒尔叨君禄；却咏“归去来”，刈薪向深谷。

完全是农民的口吻，也完全是农民的情感。要不是后面几句表示惭愧的话，还真不敢相信这首诗出自一个县令的笔下。他还有一首《汝坟贫女》也是在做襄城县令时写的：

汝坟贫家女，行哭音凄怆。自言有老父，孤独无丁壮。郡吏来何暴，县官不敢抗。督遣勿稽留，龙钟去携杖。勤勤嘱四邻，幸愿相依傍。适闻闾里归，问讯疑犹强。果然寒雨中，僵死壤河上。弱质无以托，横尸无以葬。生女不如男，虽存何所当。拊膺呼苍天，生死将奈向。

诗题下自注说："时再点弓手，老幼俱集。大雨甚寒，道死百余人，自壤河至昆阳老牛陂，僵尸相继。"他大胆描绘汝坟贫家女的悲惨遭遇，指斥官家的无情和残暴，笔致是何等的犀利！县令写这样的诗，而皇帝还信任、提拔这样的县令，这就不得不令我们佩服宋代皇帝的民本思想了。

他的《小村》更形象地写出了农村的荒凉景象和农民的困苦生活：

淮阔州多忽有村，棘篱疏败漫为门。寒鸡得食自呼伴，老叟无衣犹抱孙。野艇鸟翘唯断缆，枯桑水啮只危根。嗟哉生计一如此，谬入王民版籍论。

他还有一首著名的小诗《陶者》：

陶尽门前土，屋上无片瓦。十指不沾泥，鳞鳞居大厦。

二者对比十分的鲜明。直接反映了贫富阶级的尖锐对立，有警示的作用。他的"不沾泥"是指不劳而获，他当然是反对不劳而获的。

梅尧臣在襄城县令任上做了两年，以后的职务是一路升迁。皇祐三年九月，仁宗赐梅尧臣同进士出身，改太常博士。嘉祐元年，补国子监直讲。二年，礼部试进士，欧阳修为主考官，梅尧臣为参详官。著名文学家苏轼就在这一年考进士。梅读到苏的试卷大加赞赏，"以为有孟轲之风"，于是推荐给主考官欧阳修，欧阳修惊喜异常。这年苏轼中进士第二名，写了著名散文《上梅直讲书》。在文中苏轼给欧、梅二位以高度评价："想见其为人，意其飘然脱去世俗之乐而自乐其乐者。"高怀雅论，大破俗肠，又实在是恰如其分之论。梅尧臣最后的职务是尚书都官员外郎，故世称"梅都官"。

梅尧臣后来还编过《唐书》，也是欧阳修推荐的。梅尧臣的大名留在史书上。一个人的成功，自己的努力是关键，长者和力者的奖掖扶助也必不可少。梅尧臣拥有这两个条件，他是幸运的。

他一生创作的诗歌二千八百多首，数量实在可观。其内容除上述反映社会现实，具有较强人民性的作品外，还有不少写景抒情的作品。如《鲁山山行》：

适与野情惬，千山高复低。好峰随处改，幽径独行迷。霜落熊升树，林空鹿饮溪。人家在何许？云外一声鸡。

描写山间晚秋的景色，又有人的感受，实在是细致入微。欧阳修《六一诗话》云："圣俞尝语余曰：'诗家虽率意而造语亦难。若意新语工，得前人所未道者，斯为善也。必能状难写之景如在目前，含不尽之意见于言外，然后为至矣。'"他的这首诗，确实做到了"状难写之景如在目前"。

他还有一首《东溪》也别具剪裁，饶有趣味：

行到东溪看水时，坐临孤屿发船迟。野凫眠岸有闲意，老树着花无丑枝。短短蒲茸齐似剪，平平沙石净于筛。情虽不厌住不得，薄暮归来车马疲。

东溪的野景，带着老树花的香味，还有野鸭的闲适，悠悠地走入了我们视野。我们仿佛和他一起坐到了那迟迟才发出的一只小船上。

梅尧臣是苦吟诗人。然而也有一次，于樽俎之间，顷刻写成了一首奇诗，这就是《范饶州坐中客语食河豚鱼》。那时他将离开建德县，饶州知府范仲淹约他一起游庐山，在招待范仲淹的宴席上，有人绘声绘色讲起河豚这种美味，他就一边听，一边用诗记下了河豚的种种：

春洲生荻芽，春岸飞杨花。河豚当是时，贵不数鱼虾。其状已可怪，其毒亦莫加。忿腹若封豕，怒目犹吴蛙。庖煎苟失所，入喉为镆铘。若此丧躯体，何须资齿牙。持问南方人，党护复矜夸。皆言美无度，谁谓死如麻。

欧阳修的《六一诗话》记载了这件事："梅圣俞尝于范希文席上赋《河豚鱼诗》云：'春洲生荻芽，春岸飞杨花。河豚当是时，贵不数鱼虾。'河豚常出于春暮，群游水上，食絮而肥。南人多与荻芽为羹，云最美。故知诗者谓只破题两句，已道尽河豚好处。圣俞平生苦于吟咏，以闲远古淡为意，故其构思极艰。此诗作于樽俎之间，笔力雄赡，顷刻而成，遂为绝唱。"可见这首诗在当时的影响是很大的。

柳　永

词原本是能唱的歌词。北宋前期将近百年的承平，能够娱宾遣兴的词发展起来了。于是一批词人应运而生。柳永是这批词人中的杰出代表。

宋人叶梦得《避暑录话》中有这样一句话："凡有井水饮处，即能歌柳词。"这说明柳永的词在当时流传很广，知名度很高。同时也说明词是一种通俗性的东西，类似今天的流行歌曲。虽然能流行，但在士大夫中间不一定有很高的地位。据说当时有人在仁宗面前举荐他，仁宗当然知道他的大名，就明知故问道："得非填词柳三变乎？"举荐他的人说是的。仁宗不屑地说："且去填词好了。"他失去了上进的希望，就以破罐子破摔的态度，自称"奉旨填词柳三变"，在汴京、苏州、杭州，在能歌善舞的歌伎中间，过着一种流浪般的生活。当时就有人称他是浪子。

然而他的词确实写得好。他的《望海潮》，描写的是杭州的繁华：

> 东南形胜，三吴都会，钱塘自古繁华。烟柳画桥，风帘翠幕，参差十万人家。云树绕堤沙，怒涛卷霜雪，天堑无涯。市列珠玑，户盈罗绮竞豪奢。　重湖叠巘清嘉，有三秋桂子，十里荷花。羌管弄晴，菱歌泛夜，嬉嬉钓叟莲娃。千骑拥高牙，乘醉听箫鼓，吟赏烟霞。异日图将好景，归去凤池夸。

这首词的影响很大。相传金主完颜亮读到"三秋桂子，十里荷花"，因此"起投鞭渡江之志"。谁不想拥有这样繁华、美好的地方呢？

他更多的词是写流落江湖的感受，以及难以割舍的离情别绪。《雨霖铃》是这方面的代表作：

> 寒蝉凄切，对长亭晚，骤雨初歇。都门帐饮无绪，留恋处，兰舟催发。执手相看泪眼，竟无语凝噎。念去去，千里烟波，暮霭沉

沉楚天阔。　　多情自古伤离别，更那堪冷落清秋节，今宵酒醒何处？杨柳岸晓风残月。此去经年，应是良辰好景虚设。便纵有千种风情，更与何人说。

与恋人离别的背景是晚秋，寒蝉凄切，黄叶飘零。正好与离别的心境相吻合。“执手相看泪眼，竟无语凝噎”，二人缠绵悱恻，感情实在不是一般。“今宵酒醒何处？杨柳岸晓风残月”，写出他漂泊江湖的感受，以及无可奈何的心情。整首词情景交融，在艺术上是成功的。

他还有一首《蝶恋花》，也是为一个女人而憔悴：

伫倚危楼风细细，望极春愁，黯黯生天际。草色烟光残照里，无言谁会凭栏意。　　拟把疏狂图一醉，对酒当歌，强乐还无味。衣带渐宽终不悔，为伊消得人憔悴。

蝶恋花，真是无比的契合，他是一只蝶，那女人是一朵花。深恋这个女人，成了他挥之不去的春愁。人越来越消瘦了，但他不后悔。“衣带渐宽终不悔，为伊消得人憔悴”，成了广为传诵的名句。本是为女人，却被王国维把词意扩大了。王国维在《人间词话》里说，古往今来成大事者须经历三重境界：“昨夜西风凋碧树。独上高楼，望尽天涯路。”是说要站得高，看得远。“衣带渐宽终不悔，为伊消得人憔悴”，是说要全身心投入，心无旁骛。“众里寻他千百度，蓦然回首，那人却在，灯火阑珊处”，是说只要努力了，成功就在眼前。

他有的词则是把怀人和羁旅结合起来。如《八声甘州》：

对潇潇暮雨洒江天，一番洗清秋。渐霜风凄紧，关河冷落，残照当楼。是处红衰翠减，苒苒物华休，惟有长江水，无语东流。

不忍登高临远，望故乡渺邈，归思难收，叹年来踪迹，何事苦淹留。想佳人、妆楼颙望，误几回、天际识归舟。争知我，倚栏杆处，正恁凝愁。

正是晚秋近初冬的季节，霜风凄紧，却又是潇潇暮雨。此时此刻，在外孤身一人，心情当是何等的悲凉。这时最想的就是故乡，故乡的佳人。而故乡的佳人也正在妆楼上望他，“误几回、天际识归舟”。他为佳人的苦心守望而难过，也为佳人的不改痴情而感动。本是思人，却反说人思，这就把这份思念之情表达得跌宕有致。

柳永的词一扫晚唐五代的雕琢习气，十分清新自然。同时他还大量吸收口语入词，一般不识字的庶众都能听得懂。如《忆帝京》，就全是用口语写成的：

薄衾小枕天气，乍觉别离滋味。展转数寒更，起了还重睡。毕竟不成眠，一夜长如岁。　　也拟待、却回征辔。又争奈、已成行计。万种思量，多方开解，只恁寂寞厌厌地。系我一生心，负你千行泪。

词的长短句本就适合表达起伏的情感，现在加上柳永口语的运用，就更显出了词调在这方面的优越性。柳词在宋代影响大，对后世也产生了深远的影响，就是这个原因。但在当时，词毕竟不能登大雅之堂。柳永遭人排挤，仕途受挫，他的内心非常痛苦。父亲柳宜是工部侍郎，他本是出身于官宦之家。也许他的父亲看他不成器，也给了相当大的压力。他下定决心，重整旗鼓，参加进士考试。把名字也改了，柳三变改成了柳永。终于在四十岁那年，即景祐元年如愿以偿。

他赋《柳初新》词表达心中的喜悦之情。其中有“报帝里、春来也。柳抬烟眼，花匀露脸，渐觉绿娇红姹”“新郎君、成行如画。杏园风细，桃花浪暖，竞喜羽迁鳞化”等句子。他“羽迁鳞化”，再不是“白衣卿相”了。

他做了官，睦州团练推官。不久改任昌国州晓峰盐场监官。看到盐民生活的辛苦，他写有《鬻海歌》一诗。庆历初，为泗州判官。庆历三年五月，仁宗下了一道诏，诏的内容是“举幕职、州县官充京朝官”。按例，柳永应在举拔之列，但没有他的名字。张舜民的《画墁录》记载了这样一件事：柳永见没有自己的名字，很生气，就去找身居高位的晏殊。晏殊也是著名的词人，不料他这样反问柳永：“贤俊作曲子么？”柳永回答说：“只如相公亦作曲子。”晏殊说：“殊虽作曲子，不曾道针线慵拈伴伊坐。”柳永再没说话，遂默默而退。往昔的浪漫行迹，又一次给他的宦途带来挫折。

他前半生流连歌楼妓馆，浅斟低唱，功名失意；后半生痛改前非，折节读书，考中进士，但依然沉沦下僚。直到晚年才逐次升迁为著作郎、太常博士。最后官至屯田员外郎，也不过六品小官，世称“柳屯田”。

欧阳修

欧阳修四岁丧父，家境贫寒，母亲郑氏出身于江南名族，以荻杆画地教他识字。孤苦的身世，母亲的教诲，使他养成了刻苦读书的习惯。他从邻人家借得《昌黎先生文集》，如获至宝，“用心苦读，至忘寝食”。二十四岁中进士，是他苦读得来的果实。他一生著作等身，在文章、诗歌、词、史学等方面都卓有成就。他后来总结写作的经验，说：“余生平所作文章，多在三上，乃马上，枕上，厕上也。”其勤奋可见一斑。

欧阳修做官以后，恪守“仁政爱民”的准则，以直言敢谏而闻名于政坛。在范仲淹上书言政、被宰相吕夷简诬为朋党的时候，他坚定站在范的一面，写下著名的《朋党论》《与高司谏书》。他反击保守派对范仲淹的攻击污蔑，直斥谏官高若讷趋炎附势、不敢主持正义的卑劣行径。态度坚决，语言犀利。他甚至敢对皇帝提出批评意见。他虽然屡遭诬陷和贬谪，但不为所动，这是需要相当大的勇气的。他在《与尹师鲁书》中说：“往时砧斧鼎镬，皆是烹斩人之物，然士有死不失义，则趋而就之，与几席枕藉之无异。”他连死也不怕。幸好仁宗是一位虚心纳谏的皇帝。

他一生做过朝廷和地方的许多官职，是北宋中叶的重要政治人物，也是著名的作家和文坛领袖。他与尹洙（字师鲁）兄弟、梅尧臣、谢绛、富弼等人为文章挚友，而王安石、曾巩、苏轼、苏辙等人皆出其门，故他在当时的文坛上具有举足轻重的地位。他积极响应范仲淹改革时弊、改革文风的主张，举起了诗文革新运动的大旗。所谓革新，就是提倡平实朴素的文风，反对西昆派的雕琢浮华，反对“险怪奇涩之文”。西昆派的代表人物是杨亿、钱惟演、刘筠等，都是宫廷文学侍臣。闲暇之余以诗唱和，形式华美，而内容空虚。他们的《西昆酬唱集》耸动天下，时人号为“西昆体”。

他少年时代即读韩愈文章，一生受韩愈影响最大。他的诗文革新理论就是与韩愈一脉相承的。在文和道的关系上，他和韩愈一样，也强调道对文的决定作用，认为道是内容，如金玉，文是形式，如金玉发出的光辉。这样他就把二者的关系阐述得很清楚了。他鼓励诗文反映现实生活，为现实政治服务。实际上也就是强调诗文要有充实的内容。

虽然欧阳修以学习韩愈相标榜，但他们的风格是有区别的。从散文方面说，欧文娓娓而谈，含蓄委婉，又注意修辞的圆融和声调的谐和，这些都和韩文的凌厉峭拔、雄辩滔滔有所不同。如他的《醉翁亭记》：

> 若夫日出而林霏开，云归而岩穴暝，晦明变化者，山间之朝暮也。野芳发而幽香，佳木秀而繁阴，风霜高洁，水落而石出者，山间之四时也。朝而往，暮而归，四时之景不同，而乐亦无穷也。
>
> 至于负者歌于途，行者休于树，前者呼，后者应，伛偻提携，往来而不绝者，滁人游也。临溪而渔，溪深而鱼肥；酿泉为酒，泉香而酒洌；山肴野蔌，杂然而前陈者，太守宴也。宴酣之乐，非丝非竹，射者中，弈者胜，觥筹交错，坐起而喧哗者，众宾欢也。苍颜白发，颓然乎其间者，太守醉也。

写山间朝暮的变化，四时不同的景色；写滁人游，前者呼，后者应；众宾欢，射者中，弈者胜；最后才见到苍颜白发、颓然乎其间的太守。层次历落分明，语言轻丽流畅，一种从容纡徐的情致摇曳笔端。仿佛让人置身疏林间，而迎面吹来的是一股徐徐的清风。

他的《秋声赋》一变骈偶对仗而为奇偶相间的散体，是宋代散文赋的先导：

> 欧阳子方夜读书，闻有声自西南来者，悚然而听之，曰：“异哉！”初淅沥以萧飒，忽奔腾而砰湃，如波涛夜惊，风雨骤至。其触于物也，鏦鏦铮铮，金铁皆鸣。又如赴敌之兵，衔枚疾走，不闻号令，但闻人马之行声。予谓童子：“此何声也？汝出视之。”童子曰：“星月皎洁，明河在天，四无人声，声在树间。”
>
> 余曰：“噫嘻，悲哉！此秋声也，胡为而来哉？盖夫秋之为状也；其色惨淡，烟霏云敛；其容清明，天高日晶；其气栗冽，砭人

肌骨；其意萧条，山川寂寥。故其为声也，凄凄切切，呼号愤发。丰草绿缛而争茂，佳木葱茏而可悦；草拂之而色变，木遭之而叶脱。其所以摧败零落者，乃其一气之余烈。”

文章一开头，就通过多种譬喻，描摹无形的秋声，和气象万千的秋天景色。骈散结合，声情并茂，一气贯通，无所间断，充分显示了欧文的特色。苏洵在《上欧阳内翰书》中说：“纡徐委备，往复百折，而条达疏畅，无所间断；气尽语极，急言竭论，而容与闲易，无艰难劳苦之态。”这实在是一语中的。

欧阳修的散文取得如此高的成就，与他反复修改大有关系。《吕氏童蒙训》说：“欧公作文，先贴于壁，时加窜定，有终篇不留一字者。”朱熹在《朱子语类》中也谈道：“欧公文，亦多是修改到妙处。顷有人买他《醉翁亭记》稿，初是滁州四面有山，凡数十字，末后改定，只曰‘环滁皆山也’五字而已。”这都说明欧阳修的创作态度是极为严谨的。

不能不提一下欧阳修的《归田录》和《六一诗话》。《归田录》是欧晚年辞官闲居时所作笔记小品，凡一百十五条。记载朝中遗闻与文人士大夫琐事。因所记多为亲身经历，故颇有史料价值。《六一诗话》是一部论诗笔记小品，对诗艺多精辟之论。如他记梅尧臣咏河豚：“圣俞平生苦于吟咏，以闲远古淡为意，故其构思极艰。此诗作于罇俎之间，笔力雄赡，顷刻而成，遂为绝唱。”《六一诗话》对后世影响较大。稍后司马光有《续诗话》一卷。自此以后，诗话之作，相继问世，一直至元明清绵延而不绝。

欧阳修的散文开有宋一代风气，而他的词却沿袭“花间派”的老路，流连于花前月下，浅斟低唱。当时有人甚至不相信这些词出自欧氏笔下。曾慥《乐府诗词序》云：“欧公一代儒宗，风流自命，词章窈眇，世所矜式。乃小人或作艳曲，谬为公词。”其实正因为这种无所顾忌的抒情，欧阳修的情思才更具灵性，更显得真情绵长。如《蝶恋花》：

庭院深深深几许？杨柳堆烟，帘幕无重数。玉勒雕鞍游冶处，楼高不见章台路。　　雨横风狂三月暮。门掩黄昏，无计留春住。泪眼问花花不语，乱红飞过秋千去。

色调鲜明，情思深远。尤其是三个形容词的叠用，别致而有境界，受到著名女词人李清照的激赏、模仿。

他的《踏莎行》抒写离愁别恨，向来被认为是欧阳修的代表作：

候馆梅残，溪桥柳细。草薰风暖摇征辔。离愁渐远渐无穷，迢迢不断如春水。　　寸寸柔肠，盈盈粉泪。楼高莫近危栏倚。平芜尽处是春山，行人更在春山外。

上阕以暮春的景色渲染游子思妇的离情，下阕则是游子对离别后思妇的联想，流露了游子对思妇的体贴。离愁不断如春水，而行人更在春山外，相见无期，这就构成了绵长而深婉的意境。后人评价他的词“疏隽开子瞻，深婉开少游”，意思是说他的词对苏轼、秦观都有深远的影响，在宋词发展史上有较高地位，这种说法是有道理的。

比较起来，欧阳修诗词文中，诗的成就最低，主要还是他深受韩愈影响，以文为诗，以议论为诗，妨碍了诗意形象的创造，读起来了无趣味。他的好诗当然有，如《戏答元珍》等，但数量相当少。

苏 洵

苏洵大出其名，有人说是他培养了两个出众的儿子。其实这话只说对了一半。苏洵大出其名，还是因为他的文章写得好。他在《上欧阳内翰书》说："韩子之文如长江大河，浑浩流转，鱼鼋蛟龙，万怪惶惑，而抑遏蔽掩不使自露，而人望见其渊然之光，苍然之色，亦自畏避不敢迫视。"这实在可以看作是他的夫子之道。他的文笔如赴壑之水，一气奔涌，正具有这样的特色。

《三字经》上说："苏老泉，二十七，始发愤，读书籍。"他在二十七岁始发愤读书，应该感谢他的妻子程氏。程氏是同县大理寺丞程文应之女，知书达理，聪明贤淑。她坚决支持丈夫重振旧业，研习应举之学。在妻子的鼓励下，苏洵"谢其素所往来少年，闭门读书为文辞"。二十九岁时苏洵再次赴京应进士第，不中。三十七岁时，他第三次北游汴京，应茂才异等制科试，又不中。三次科场挫折，使他下决心"绝意于功名，而自托于学术"。他认为场科文字"不足为学"，竟把原来写成的上百篇文章烧个一干二净。

他开始兀然端坐，闭门读书。主要读《论语》《孟子》及韩愈等人的文章，读《史记》《汉书》。"方其始也，入其中而惶然，博观于其外而骇然以惊。及其久也，读之益精，而其胸中豁然以明。"这是苏洵后来谈的体会。就这样他读了十年，果然学业大进，下笔千言立就。他也很自信。在《上田枢密书》里说："诗人之优柔，骚人之清深，孟韩之温醇，迁固之雄刚，孙吴之简切，投之所向，无不入意。"

我们读一下他的《六国论》：

> 六国破灭，非兵不利，战不善，弊在赂秦。赂秦而力亏，破灭之道也。或曰："六国互丧，率赂秦邪？"曰："不赂者以赂者丧，

盖失强援，不能独完，故曰，弊在赂秦也。”

秦以攻取之外，小则获邑，大则得城。较秦之所得与战胜而得者，其实百倍；诸侯之所亡与战败而亡者，其实亦百倍；则秦之所大欲，诸侯所大患，固不在战矣。

思厥先祖父，暴霜露，斩荆棘，以有尺寸之地；子孙视之不甚惜，举以与人，如弃草芥。今日割五城，明日割十城，然后得一夕安寝，起视四境，而秦兵又至矣。然则诸侯之地有限，暴秦之欲无厌，奉之弥繁，侵之愈急，故不战而强弱胜负已判矣。至于颠覆，理固宜然。古人云：“以地事秦，犹抱薪救火；薪不尽，火不灭。”此言得之。

行文纵横驰骋，论断斩钉截铁，语言质朴简劲，体现了苏洵滔滔雄辩、沛然莫之能御的风格。

先是受益州太守张方平、雅州太守雷简夫的称赏。张、雷二人也是读书人，他们当然知道苏洵文章的分量。于是鼓励老苏北游汴京，以文章去遍谒京城名流。那是仁宗嘉祐元年，苏洵四十八岁，并不老。之所以称他为老苏，是因为他的两个儿子苏轼、苏辙也长大成人了，一个二十岁，一个十七岁，雏凤清于老凤声，二人的文章才气散发出夺目的光芒。老苏信心大增，他带了张、雷二人的推荐信，带了自己所著的《权书》《衡论》《机策》等，当然还带了两个稚气未脱的儿子，辞别巴山蜀水，辞别可敬的程夫人，上路了。

是春三月，百花盛开。然而不是坐在辚辚的马车上。从蜀地到京城，迢迢千里，穿剑阁，越秦岭，大都是崎岖的山路。大约是五月，苏氏父子才到达汴京。京城里正下着大雨，少见的大雨，都成灾了。朝廷的要员们都忙着救灾，父子三人只能一面复习，一面在住所里等着。直到秋后，他才带着二子去见了欧阳修、韩琦。欧、韩二人读了老苏的文章，大惊。欧阳修称其文有荀子之风，给予了相当高的评价。

欧阳修是当时的文坛盟主，他的话摇动了整个京城。士大夫们争相传诵老苏的文章，果然沦肌浃髓，味如稻粱醯醢。第二年春闱，苏洵与二子同中进士，一时苏门三士名动京师。有人以一见“三苏”为荣。却是老苏不喜应酬，一副冷淡自负的作风，让许多人无法接近。连王安石也同他闹僵了。僵就僵，老苏也不在乎。就在苏氏父子风光无限的时候，却传来令人吃惊的消息，程夫人去世了。

这真是晴天霹雳。苏洵携二子仓促返里。苏洵能有今天的成就，真是多亏了程夫人。然而程夫人没有享受一天的清福，却中道而殂，苏洵的悲痛可想而知。他作《祭亡妻文》，痛不欲生。他说："子去不返，我怀永哀。反覆求思，意子复回。"然而这样一位伟大的女性，贤妻良母，是再也不会回来了。

不久，仁宗下诏令苏洵赴舍人院应试。苏洵本不擅长科场时文，而舍人院应试全是科场时文，这不是叫人难堪吗？他认为"以五十衰病之身，奔赴万里以就试"，无异于"自取轻笑"，遂称病辞不赴阙。他在《上皇帝书》里说："臣不幸有负薪之疾，不能奔走道路，以副陛下搜扬之心。忧惶负罪，无所容处。""负薪之疾"是有病的委婉说法，典出《礼记·曲礼下》。

仁宗再次下诏。看样子不去不行了。嘉祐四年，苏洵携全家再度赴京。妻子已死，两个儿子也即将候阙赴任，他准备远离家乡而不复返。临行前，他在亡妻灵前祭别："死者有知，或升于天，或升于四方，上下所适如意，亦若余之游于四方而无系云尔。"他流下热泪。

他们这次走的是水路。船过三峡，苏洵和两个儿子为三峡的壮丽激动不已。没有听见两岸的猿声，却看见孤零零的茅舍，背负青天，好像悬在头顶上。船速如箭，让他们体会了"千里江陵一日还"的快感。不久眼前就出现了低平的稻田，和袅袅的炊烟，他们到了江陵。阴历年是在江陵过的。他们饮屠苏酒、桃汤，茹五辛，感受古楚国年味的丰美。

正月初五离开江陵，陆行北上。车马劳顿，二月十五抵汴京。盘桓了一段时间，主要拜谒的对象是欧阳修、赵抃等人。由于欧、赵二人的力荐，苏洵没有参加任何考试，而被授秘书省校书郎。嘉祐六年，为霸州文安县主簿，留京编纂礼书。苏洵已经五十三岁，却是第一次以官员的身份为国家效力。他激动，因而案牍劳形，殚精竭虑。

就在这一年的秋天，他的两个儿子同时参加了制策的考试。大儿子轼入三等，除大理评事、凤翔签判；二儿子辙入四等，授商州军事推官。父亲年纪大了，孤身一人，总得有一人陪伴在身边。两兄弟商量的结果，是老大赴任，老二留下来照料父亲。老二留下来，也成了苏洵编纂礼书的好帮手。

越三年，《太常因革礼》一百卷编成。真是浩繁的大工程，耗完了苏洵最后一点精力。刚把书奏进朝廷，英宗治平三年春，五十八岁的苏洵就一病不起。他的《易传》还没来得及写完。他留下遗言，让大儿子苏轼述其志。一生怀济世之学，未得大用而死，故时人无不为之叹惋。

王安石

王安石曾几度担任北宋神宗朝的宰相。说他几度，是因为他被屡次罢相，屡次起用。而他被罢相和起用的原因，都是因为一场变法。王安石变法，简直就是一场政治大地震。用司马光的话说，就是“天下怨谤、中外鼎沸”。但他百折不回。《宋史・王安石传》说他“性强忮，遇事无可否，自信所见，执意不回”。

他纠察在京刑狱时，遇到这样一个案子：有少年得到一只斗鹑，他的朋友想要这只斗鹑，他坚决不与，于是朋友趁他不注意，拿了就跑。少年大怒，追过去竟把这个朋友杀了。这件事发生在开封府，府官判少年死刑。案子报到王安石这里，王不同意，他说：“按律，公取、窃取皆为盗。此不与而彼携以去，是盗也；追而杀之，是捕盗也，虽死当勿论。”他弹劾开封府司法不当。开封府不服，上诉到审刑、大理，审刑、大理都认为开封府的判决是正确的。朝廷要王安石认个错，王的口气却非常强硬：“我没有错。”一百个不肯。这件事充分说明了他刚愎自用的性格。

他从小就有以天下为己任的远大抱负。二十二岁中进士，为淮南判官、鄞县知县等地方官。他做地方官的时候，发现了不少问题，就多次向上级官吏上书，提建议。有时也写成诗，最有名的是《河北民》：

> 河北民，生近二边长苦辛。家家养子学耕织，输与官家事夷狄。今年大旱千里赤，州县仍催给河役。老小相携来就南，南人丰年自无食。悲愁白日天地昏，路傍过者无颜色。汝生不及贞观中，斗粟数钱无兵戎。

当时，辽和西夏结成联盟，经常侵扰中原，他们“俘掠人民，焚荡村舍，农桑废业，闾里为墟”。而北宋政府却麻痹苟安，得过且过，黄河以北的百姓深受其苦。王安石这首诗表现出对人民的同情，对社会前途的忧虑。他这一类的诗篇不少，《阴山画虎图》《兼并》《收盐》《感事》《发廪》等都是。

从常州知州调为提点江东刑狱后，发现了更多的问题，又向仁宗皇帝上万言书，主张效法先王之政，对现实政治加以“改易更革”。他的文笔很好，万言书写得慷慨激昂，在当时影响很大。所以神宗皇帝甫继位，就召见这个写万言书的人。神宗皇帝问他治理天下什么为先？他回答是择术为先。神宗说：“唐太宗怎么样？”他说：“陛下当法尧舜，何以太宗为哉？尧舜之道，至简而不繁，至要而不迂，至易而不难。但末世学者不能通知，以为高不可及尔。”王安石的口才很好，说得神宗心花怒放。

但王安石还觉得没有把话说透彻，又向神宗上《本朝百年无事札子》。他通过对北宋百年来政治情况的分析，指出“大有为之时，正在今日”，以此激励神宗。神宗当时还只有二十一岁，是一个有志图强的年轻皇帝，他改革的雄心被王安石的一把火点燃。他拔擢王安石为参知政事，即副宰相，负责天下的改革变法。

王安石雄心勃勃。然而他的变法牵涉面太广，很大一部分也不符合实际的情况，故全国上下都是一片反对的声浪。比如说“青苗法”，春播时贷款给农民，秋收时按百分之二十收取利息还官。他的本意是抑制各地大地主们放高利贷盘剥农民，但青苗法又何尝不是一种盘剥？虽然青苗法的利息较高利贷少，但仍然是盘剥，而且盘剥的范围比以前大多了。尤其是一些自给自足的富户，本不需要贷款，现在不要也得要，这一部分人简直就是愤怒。老百姓反对，保守的一派官员也反对。翰林学士范镇指青苗法是“唐衰乱之世所为”，谏官李常等人也上言“乞明有司勿以强民（借青苗钱）”，开封府推官苏轼上七千余言的长篇奏疏，说“造端宏大，民实惊疑；创法新奇，吏皆惶恐”。司马光本和王安石关系不错，现在也成了反对派。他一连写了三封信劝王安石。王安石何曾肯听？不仅不听，还写《答司马谏议书》进行凌厉地反驳：

> 盖儒者所争，尤在于名实。名实已明，而天下之理得矣。今君实所以见教者，以为侵官，生事，征利，拒谏，以致天下怨谤也。

> 某则以谓受命于人主，议法度而修之于朝廷，以授之于有司，不为侵官；举先王之政，以兴利除弊，不为生事；为天下理财，不为征利；辟邪说，难壬人，不为拒谏。至于怨诽之多，则固前知其如此也。
>
> 人习于苟且非一日，士大夫多以不恤国事、同俗自媚于众为善，上乃欲变此，而某不量敌之众寡，欲出力助上以抗之，则众何为而不汹汹然？盘庚之迁，胥怨者民也，非特朝廷士大夫而已；盘庚不为怨者故改其度，度义而后动，是而不见可悔故也。如君实责我以在位久，未能助上大有为，以膏泽斯民，则某知罪矣；如曰今日当一切不事事，守前所为而已，则非某之所敢知。

司马光本是一番好意，而且语言是柔和的。但王安石针锋相对，毫不相让，出语有如一把刀子。好朋友都不能相容，对其他人可想而知。王安石在朝廷上陷入孤独的境地。宰相几乎当不下去了。于是他把与自己意见不同的人罢官，或是排挤去任地方官，而大量起用同党。《宋史》中说他“罢黜中外老成人几尽，多用门下儇慧少年”。这样的结果是“士夫沸腾，黎民骚动”。天上出现彗星，不吉之兆，天下归咎于他；地上发生旱情，百姓困窘，天下归咎于他。安南进攻中国，他们的讨伐檄文上竟写着：“中国作青苗、助役之法，穷困生民。我今出兵，欲相拯济。”连藩属国挑衅都是因为王安石变法。神宗虽然信任王安石，但这时也不得不用怀疑的眼光看他了。神宗怀疑之时，就是他的罢相之日。

王安石最后一次罢相是熙宁九年。他以“判江宁府”的官衔回江宁，第二年，他干脆把这个职务也辞掉了，只以集禧观使的名义闲居。他在城外钟山间构筑了“半山园”，引泉凿池，随势构园，过起了隐居的生活。本是自奉俭约之人，在宰相任上也从不讲排场，现在成了隐士，就恢复了老面目：衣垢不浣，面垢不洗。关于这一点，他曾和苏洵，即苏轼的父亲交恶。苏洵说，不浣不洗，鲜不为大奸慝，作《辩奸论》，谓王安石是“王衍、卢杞合为一人”。王衍是西晋奸臣，卢杞是唐朝奸臣。当然，老苏的言辞有点偏激。

王安石在江宁度过了人生最后的十年。他的日常生活除了读书诵诗，谈禅出游，再就是勤奋著述。十年期间，他完成了学术著作《字说》，写了不少书札精品，以及许多描写湖光山色的小诗。由于生活和心情的变化，他的诗风也为之一变。如《书湖阴先生壁》：

> 茅檐长扫静无苔，花木成畦手自栽。一水护田将绿绕，两山排闼送青来。

还有如《泊船瓜洲》：

> 京口瓜洲一水间，钟山只隔数重山。春风又绿江南岸，明月何时照我还？

这些小诗新颖别致，清新自然，但来之不易。据洪迈《容斋随笔》记载，“春风又绿江南岸”的“绿”字曾数易其稿，先是“到”，再是“过”，三是“入”“满”，改了十多个字，最后才定为“绿”。一个“绿”字果然是恰到好处，把看不见的春风转换成了鲜明的视觉形象。王安石喜欢改诗，炼字工夫非常有名。可惜他担任宰辅，白白浪费了不少宝贵时光。不然，他还会为后世留下更多的佳作。

这个观点是古人说的。《宋史·王安石传》载：“昔神宗欲命相，问韩琦曰：‘安石何如？’对曰：‘安石为翰林学士则有余，处辅弼之地则不可。’神宗不听，遂相安石。呜呼！此虽宋氏之不幸，亦安石之不幸也。”没有把王安石安排在合适的岗位上，让他发挥应有的作用，当然是他的大不幸。

苏　轼

苏轼（号东坡居士）有那么多人喜爱，从他在生之日开始，九百多年来就一直是这样。这真是一个奇迹。林语堂说，一提到苏东坡，在中国总会引起人亲切敬佩的微笑，也许这话最能概括苏轼的一切了。

苏轼是一个旷古的天才。他的诗词书画都代表了有宋一代的最高成就。他的词是豪放派的代表，“大江东去，浪淘尽千古风流人物”，须关西大汉，执铜琵琶、铁绰板，伟声高唱，其实他的“春色三分，二分尘土，一分流水”，又何尝不能由十七八女郎，执红牙板，柔声低吟。一个人，既是豪放派的代表，又是婉约派的代表，就像鱼与熊掌，他都能兼而有之。

他的书法与黄（庭坚）、米（芾）、蔡（襄）并称四大家。这种并称并不客观。他的书法成就远在黄、米、蔡之上。黄的字生硬，米的字有点飘，蔡的字失之纤弱。看他的字是一种享受，流畅圆转，丰肥自在，多么的潇洒飘逸。他擅长的绘画是竹和怪石。石上仿佛有风在吹，有生命在呼啸。竹却是挺拔的，荡漾在风和日丽之中。他在记文与可画竹时说：“故画竹，必先得成竹于胸中，执笔熟视，乃见其所欲画者，急起从之，振笔直遂，以追其所见，如兔起鹘落，少纵则逝矣。”他的竹韵体现了他的艺术追求。

他的散文，正如他在《与谢民师推官书》中所说：“大略如行云流水，初无定质，但常行于所当行，常止于不可不止。”这可以看作是他创作的经验之谈。当时的文坛盟主欧阳修读了他的文章，欣喜之情简直没法形容：“读轼书，不觉汗出，快哉快哉！老夫当避路，放他出一头地也。可喜可喜。”他在二十一岁考中进士后写给梅尧臣的《上梅直讲书》，以乐字统领全篇，“乃知今周公之富贵，有不如夫子之贫贱。夫以召公之贤，以管、蔡之亲，而不知其心，则周公谁与乐其富贵。而夫子之所与共贫贱者，皆天下之贤才，则亦足与乐乎此矣”。文笔跌宕，舒卷自然。使人想起一朵朵白云，于天际自由来去。

中国人只要是读过书的，都读过他的《前赤壁赋》和《后赤壁赋》，简直是神来之笔，诵读令人大快。其实他的小品也是那样的清新可爱。仿佛青山下一条潺湲的小溪。我们来读一下他的《记承天寺夜游》：

> 元丰六年十月十二日夜，解衣欲睡，月色入户，欣然起行。念无与为乐者，遂至承天寺寻张怀民，怀民亦未寝，相与步于中庭。庭下如积水空明，水中藻荇交横，盖竹柏影也。何夜无月？何处无竹柏？但少闲人如吾两人者耳。

苏轼是诗人。他的诗现存二千七百余首，无论数量、质量都堪称古今一人。他的诗是他本性的自然流露，率真而发乎自然。然而他大抵是快乐的。官员遭贬谪流放，应该是不快乐的，然而他依然快乐。他到黄州，住临皋亭，在亭的东坡上耕作，自号东坡居士。看到地上冒出小苗，他欢喜得像个孩子，而稻叶上沾满的露珠，也使他得意而满足。他到岭南，竟完全沉浸在高山深谷的大美里。他说：“他年谁作舆地志，海南万里真吾乡。”他饮了一点酒，脸上发红，儿子苏过说：“父亲，你还年轻。”他大笑说：“寂寂东坡一病翁，白须萧散满霜风。小儿误喜朱颜在，一笑那知是酒红。”他吃了荔枝，味道不错，很高兴，写下“日啖荔枝三百颗，不辞长作岭南人”。

苏轼生性诙谐，即使和政敌也是如此。王安石研究字源学，喜欢从结构上找趣谈。比如“波”字，是个形声字，水是形，皮是声，王安石却说，波者，水之皮也，完全是把它作为文学的想象。有一天，苏轼遇见他，向他戏道：“波若是水之皮，则滑就是水之骨了。”按王安石的想象，水的骨应该是冰，水之水，这像话吗？还有一个“鸠”字，苏问王安石为什么是九、鸟合成呢？王安石说，不知道。苏说：“我能告诉你为什么。诗经上有‘鸣鸠在桑，其子七兮’，七只小鸟加上父母两个，不是九个吗？”王安石哭笑不得，但又找不出词来反驳他。

苏轼一生朋友很多。他曾对他的弟弟子由说：“吾上可陪玉皇大帝，下可陪卑田院乞儿。眼前见天下无一个不是好人。”皇帝、皇后是他的朋友，官吏是他的朋友，门生是他的朋友，月下漫步者是他的朋友，酿酒者是他的朋友，僧人、农民、流浪者、三教九流也是他的朋友。有小两口开了一个小馆子，生意不行，很着急，他走过去，蘸墨写了一副对联，上联是“为名忙，为利忙，忙里偷闲，慢慢喝杯茶去”；下联是“劳心苦，劳力苦，苦中作乐，快快拿壶酒来”。听说是苏轼写的，大家一传十、十传百的都来看热闹，一时间小馆子门口车水马龙，生意一下子兴旺起来。后来小两口也成了苏轼的朋友。他一生最不寂寞。虽然他受过许多的苦难。

费衮的《梁溪漫志》记载了这样一件事：苏轼从儋州回来，居住在阳羡，他的好朋友邵民瞻为他买了一座房子，这座房子的价格很昂贵，几乎花去了苏轼的所有积蓄。后来苏轼搬进新居。有一天，苏轼与邵月下散步，偶然经过一个小村，听到一个老妇人的哭声。于是苏轼走过去问她为什么哭。老妇人说：“我有一间房子，已家传百年，我儿子不肖，把它卖给别人了。”想不到老妇人所说的房子就是苏轼买的那栋房子。苏轼再三地安慰她说：“你的老房子是我买的，你不要太过悲伤，现在我就把它还给你。”于是让人取来房契，当着老妇人的面烧掉了。第二天，苏轼叫老妇人的儿子接回母亲，也没有索要自己买房子的钱。他的宅心仁厚，实在是令人感动。

关于他的民间故事举不胜举。他的书画在当时就是珍品，很多人都想求得，而他不轻易写画，也不随便送人。但他有个癖好，就是醉酒醒了之后都要写字画画。和他相识的人经常用这种方法得到他的字画。有位武官十分爱赏他的字画，但和他素不相识，无法使用此法，于是找来一位和苏轼相识的文官说，如果能帮忙得到苏轼的一幅字画，便赠予一只羊腿。这位文官答应了，便开始给苏轼写信，苏轼是有信必回的，这样来来回回，这位文官得到了不少的羊腿。

后来这事不知怎么让苏轼的弟子，也就是“苏黄米蔡”中的黄庭坚知道了，他把这件事告诉了苏轼，苏轼笑着说，有这回事吗？那位文官见苏轼久久没有回信，派了仆人来催。苏轼本来把羊腿的事给忘了，拿起笔要回信时，突然想到了黄庭坚的话，于是把笔放在砚台上，对那仆人说：“回去告诉你家大人，说本官今天不杀羊！”

秦 观

民间传说秦观的妻子是苏小妹，而苏小妹是苏洵之女，苏轼之妹。相传小妹与秦观新婚之夜，出了一大堆诗歌、联语，试秦观才情，秦观狼狈不堪，后由苏东坡暗助，始得完卷。好多传奇剧本也记其事。其实翻一翻史料，就知道不可信。苏洵《祭亡妻文》云："有子六人，今谁在堂？唯轼与辙，仅存不亡。"苏洵与妻程氏育有三子三女，一子二女夭折。有一女嫁其表兄程氏，被虐待而死。此女也是苏轼姐姐，而非妹妹。秦观有一篇《徐君主簿行状》云："（徐成甫）女三人，文美，文英，文柔，以文英妻余。"说得再明白不过，秦观的妻子叫徐文英，而不是苏小妹。

之所以民间有这样的传说，是因为秦观是"苏门四学士"（黄庭坚、秦观、晁补之和张耒）之一，与苏轼关系密切；同时秦观写有大量的爱情诗词，有一首咏七夕的《鹊桥仙》更是家喻户晓：

> 纤云弄巧，飞星传恨，银汉迢迢暗渡。金风玉露一相逢，便胜却人间无数。　　柔情似水，佳期如梦，忍顾鹊桥归路。两情若是久长时，又岂在朝朝暮暮。

有上述两个原因，衍生出秦观、苏小妹的爱情故事，也就不足怪了。这也说明苏轼、秦观受到民众的喜爱。民众对喜爱的人物，总要编织出几个有趣的故事，戴在他们头上。

秦观少时博览群书，志趣抱负不俗，但无意于科举。他往返于湖州、杭州、润州、高邮等地，登楼赋诗，邀友剧饮，生活浪漫，充分表现了他脱略行迹的豪宕风格。熙宁十年，经朋友介绍，他去拜访苏轼。他对苏轼倾慕已久，见面之后，更是佩服得五体投地。在《别子瞻》诗中，竟模仿李白上韩荆州的口吻说："我独不愿万户侯，惟愿一识苏徐州。”当时苏轼是徐州知府。

苏轼也对秦观的才华赞赏备至，认为有屈、宋之才。这个评价相当高。正是因为苏轼的揄扬，秦观的知名度极大提高。但知名度不是身份，也当不得饭吃衣穿。苏轼于是鼓励秦观参加进士考试。秦观萧散惯了，不愿受场屋时文的束缚。苏轼说，你不走应试之路，靠什么来亲养呢？亲养就是赡养父母。这句话说动了秦观。秦观是孝子。

但秦观的应举之路却非常坎坷。神宗元丰元年，秦观赴乡贡试，未中。他铩羽而归，情绪低落，苏轼及时写信劝勉，给了他很大信心。元丰五年，秦观鼓起勇气参加礼部选，又未中。他回归高邮，在抑郁落寞中打发时光。这时苏轼因“乌台诗案”差点送命。“乌台”是御史台的别称，御史台的官员为监察御史。有几位监察御史的眼睛雪亮，他们找出几首苏轼的诗，内容关于农人青苗贷款，农人三个月无盐吃，还有燕子与蝙蝠的争论，于是弹劾他“指斥乘舆”，“包藏祸心”，而将他逮捕入狱。这就是北宋著名的文字狱。但皇帝还是相信他没有反心，只是将他贬谪黄州了事，任黄州团练副使。苏轼在难中，秦观失去了一位可以依赖的人物。

但苏轼记得他。元丰七年，苏轼从黄州移知汝州，到金陵，与王安石相见。寒暄后的第一句话，就是称道秦观，认为是难得的人才。后来到了汝州，又写《与王荆公书》说：“愿公少借齿牙，使增重于世。”苏轼念念不忘的人物，也使王安石好奇。他找来秦观的诗词读，果然不错。他的评价是“清新妩丽，与鲍谢似之”。有了两位文坛前辈的称许，秦观再一次振作起来。他把自己所作诗文编为《淮海闲居集》，第二次赴京应试。皇天不负苦心人，元丰八年，三十六岁的秦观终于登第。

他先是在汝南蔡州做学官，一份闲职，一做就是五年。但他从容不迫，态度温如。元祐五年，苏轼以贤良方正荐于朝，秦观才得除太学博士，校正秘书省书籍。不久，苏轼自杭州召还，进官翰林侍读学士、礼部尚书。秦观也迁国史院编修，与黄庭坚、晁补之、张耒同时供职史馆，人称“苏门四学士”。他们在一起赏景流连，饮酒赋诗，过了一段快乐的日子。

当时朝中的新旧党争日益激烈，树大招风，以苏轼为领袖的文士集团被目为旧党，成为攻讦的目标。新党贾易、赵君锡等诬告苏轼写诗庆幸神宗晏驾。简直是无中生有。苏轼待不住了，主动要求外放远郡。哲宗皇帝答应了。他被派知颍州、扬州。覆巢之下，岂有完卵？这层道理秦观当然明白。秦观深感不安，心头笼罩着党祸的阴影。

后来果然就是这样。哲宗绍圣元年，秦观以“影附苏轼，增损实录”，出为杭州通判，途中改贬处州茶盐酒税。初出京城，秦观心头倒有如释重负之感。终于跳出了党争的风口浪尖，可以松一口气了。他在《赴杭倅至汴上作》写道：

俯仰觚棱十载间，扁舟江海得身闲。平生孤负僧床睡，准拟如今处处还。

然而，他高兴得太早了。他的政敌不会轻易地放过他。“使者承风望指，候伺过失，既而无所得，则以谒告写佛书为罪，削秩徙郴州。”这是《宋史·秦观传》里的一段话。“承风望指，候伺过失”，到处都下好了套，只等他往套里钻了。多么险恶的政治环境。他没有钻，新党就开始罗织罪状。竟是“以谒告写佛书”作为罪证，再次远贬郴州。在郴州，他写下《踏莎行》：

雾失楼台，月迷津渡，桃源望断无寻处。可堪孤馆闭春寒，杜鹃声里斜阳暮。　　驿寄梅花，鱼传尺素，砌成此恨无重数。郴江幸自绕郴山，为谁流下潇湘去！

弥漫着浓厚的感伤情调，又有着无可奈何的感慨。全词音调凄楚，意蕴深长。苏轼绝爱其尾两句，自书于扇说：“少游已矣，虽万人何赎！”他对弟子深怀高山流水之悲，也深怀疚恨。弟子是因为他而被牵连受苦。

在郴州只待了一年，元符元年，又诏移横州编管，九月，再移雷州编管。在这几年中，贬官，削职，除名，一再远贬，一连串的打击，让秦观仿若暴风雨下的残蕊，失去了抬起头来的力量，往日的豪宕荡然无存。他的心情越来越差。元符二年岁暮，写下《自作挽词》，“家乡在万里，妻子天一涯”，其语哀艳欲绝。

元符三年，徽宗即位，大赦天下。六月，苏轼自海南儋州内移廉州，特来雷州与秦观相会。二位两鬓霜染的逐臣，所谓的元祐旧党，大难不死，相拥而泣。这是他们人生最后的一面。

不久，秦观复宣德郎。放还，至藤州，游当地胜景光华亭。他的心情很好，与同游的人讲梦中得到的好句。刚讲到一半，突然大呼要水喝，水送上来，他却没能喝上一口，便倒在地上，死了。

黄庭坚

黄庭坚出生在一个诗书之家。他的祖父黄湜兄弟十人俱成进士，世称“十龙”。父黄庶也是进士，做官之余，刻意于诗，有《伐檀集》传世。舅父李常是藏书家，又是诗人。在这样一个家庭里，读书、作诗、中进士自然是黄庭坚的必然选择和必由之路。

黄庭坚自幼聪慧，五岁能背诵五经，七八岁时已能写诗。二十二岁时，果然一举登进士第。神宗时教授北京国子监。他写了许多诗文，大文豪苏轼十分称赏，“以为超轶绝尘，独立万物之表，世久无此作”。这个评价很高，因此年轻的黄庭坚声名大噪。

哲宗时旧党执政，他擢为国史编修官。这时供职史馆的还有秦观、晁补之、张耒等，他们四人都得过苏轼的提携，在诗文创作方面也深受苏轼的影响，故后人并称为“苏门四学士”。这时新旧党争非常激烈。苏轼是所谓旧党，故他的门徒全部被目为旧党。后来新党复用，旧党大受排挤贬谪，他和苏轼、秦观等人一样，一贬再贬，六十一岁时死于宜州贬所。他死的时候相当凄凉，只有一个远道谒访的文学青年范寥陪伴身边，料理后事。

黄庭坚虽说是“苏门四学士”之一，其实他的诗风和苏轼是有区别的。他和陈师道、陈与义等人一起，开创了宋代影响最大的诗派“江西诗派”，俨然和苏轼分庭抗礼。黄庭坚是这派诗人里的领袖人物。

黄庭坚的本意是要推陈出新。他在诗里说“文章最忌随人后”，又说“随人作计终后人”，可见他出新的决心。靠什么出新呢？黄庭坚认为，诗人首先要有深厚的学养。学养来自两个方面，一个是养性，一个是读书。他尤其重视读书。书读多了，人才有学问，“词意高胜要从学问中来”。他在《答洪驹父书》里说：“老杜作诗，退之作文，无一字无来处；盖后人读书少，故谓韩杜自作此语耳。古之能为文章者，真能陶冶万物，虽取古人之陈言入于翰墨，如灵丹一粒，点铁成金也。”在《论作诗文》中说：“作文字须摹古人，百工之技，亦无有不法而成者。”按照他的理解，古人的好词好句都有来历，都是巧妙摹拟、“点铁成金”的结果。

那么如何“点铁成金”呢？他总结出一套所谓“夺胎换骨”的方法。宋代著名诗僧惠洪《冷斋夜话》曾解释说：“不易其意而造其语，谓之换骨法；窥入其意而形容之，谓之夺胎法。”不改变诗意而新造词语是换骨，揣摩诗意而对词语略加改造是夺胎。这两种方法说的其实就是继承和发展的问题。但片面强调技巧字法，强调书本知识，就必然忽视社会生活作为文学最本质的源泉；也就必然陷入形式主义的泥潭而不能自拔。后来他的追随者变本加厉，果然如此。

黄庭坚本是以学杜相标榜的，但他的有些诗论，却又和杜甫背道而驰。比如黄庭坚在《书王知载朐山杂咏后》里说：“诗者，人之情性也，非强谏争于廷，怨忿垢于道，怒邻骂坐之为也。”又说：“其发为讪谤侵陵，引颈以承戈，披襟而受矢，以快一朝之忿者，人皆以为诗之祸，是失诗之旨，非诗之过也。”他主张诗歌要娱悦性情，陶洗胸襟，而不赞成诗歌的刺世作用，这和杜甫的关注民生、关心民瘼的现实主义传统是大不同的。

其实黄庭坚并不是漠视现实的诗人。他早年在做叶县尉时，就写过反映人民苦难的《流民叹》。那是熙宁初年，河北遭到旱灾，又发生地震，继以洪水，三灾交侵，百姓或为鱼鳖，或携儿带女流离遮道，作者写道：

> 朔方频年无好雨，五种不入虚春秋。迩来后土中夜震，有似巨鳌复载三山游。倾墙摧栋压老弱，冤声未定随洪流。地文划劙水觱沸，十户八九生鱼头。稍闻澶渊渡河日数万，河北不知虚几州。累累襁负襄叶间，问舍无所耕无牛。初来犹自得旷土，嗟尔后至将何怙。

在元丰中做太和令时，也曾深入山区，察访民情，写过一组描写山农困苦生活的诗篇，发出了“民病我亦病”的感叹。在《虎号南山》

中，他把贪吏暴政比作猛虎，进行猛烈地抨击。但这一类诗作毕竟不多，在黄庭坚的诗歌中不占主导地位。他很大一部分诗歌，或以诗代笺，或依韵限题，偏于应用和应酬。有的刻意雕琢，追求奇险、奇拗，近乎游戏笔墨。故他的诗受到当时和后世许多人的诟病。金末著名学者王若虚说："山谷之诗有奇而无妙，有斩绝而无横放，铺张学问以为富，点化陈腐以为新，而浑然天成、如肺肝中流出者不足也。此所以力追东坡而不及欤！"（《滹南诗话》）这些话指出了黄庭坚诗歌的缺点所在，是比较中肯的。

当然作为一个开创流派的艺术大匠，黄庭坚自有一些清新流畅的好诗。如《雨中登岳阳楼望君山二首》：

投荒万死鬓毛斑，生入瞿塘滟滪关。未到江南先一笑，岳阳楼上对君山。

满川风雨独凭栏，绾结湘娥十二鬟。可惜不当湖水面，银山堆里看青山。

远贬遐方，好不容易才回到江南。心情是好的。他看君山，想到了关于湘夫人的传说，于是把君山十二峰想象成湘夫人的发髻。构思雄奇，寄怀壮阔，是黄庭坚七绝中的冠冕之作。可惜这一类诗作太少。

黄庭坚今存诗一千八百余首，词一百八十余首，词的数量为诗的十分之一。他的词接近柳永，多写花月艳情，有的竟流于猥亵，与其诗的刻板瘦硬大异其趣。有人曾警告他写这类词，"当下犁舌之狱"（《小山集序》），从这句话可以窥见其早年词风面貌。但总的说来，他的词语言直率、俚俗，较之他的诗有趣味。我们来读一首他的《沁园春》：

把我身心，为伊烦恼，算天便知。恨一回相见，百方做计，未能偎依，早觅东西。镜里拈花，水中捉月，觑着无由得近伊。添憔悴，镇花销翠减，玉瘦香肌。　　奴儿。又有行期，你去即无妨我共谁。向眼前常见，心犹未足，怎生禁得，真个分离。地角天涯，我随君去，掘井为盟无改移。君须是，做些儿相度，莫待临时。

代表一个女人表白心曲，倾泻胸臆，却也是千娇百媚，一往情深。

最后说一说他的书法。苏黄米蔡，宋四大书家，黄就是他，可见他在书法史上的地位。他的书法广泛吸收前人成果，而独创出自己的风格，尤善行楷和草书。他的行楷险侧奇崛，苍劲老健；他的草书运笔圆润，奔放不羁，往来纵横，如脱缰野马，一无拘束。据说他是晚年入峡，见船夫荡桨，而悟出笔法笔意，因而书法大有长进的。书家到了一定的程度，就能从平常的事情中悟出书法的道理，唐代狂草大师张旭就是见到公主、挑夫争路而笔势更加雄峻的。

李清照

李清照是北宋后期、南宋初期的著名女词人。父亲李格非，以文章受知于苏轼，是一位学识渊博、崇尚气节的学者。李清照深受父亲的熏陶，从小就有诗名。十七岁就以《浯溪中兴颂诗和张文潜》二首震惊诗坛。我们来读第一首：

五十年功如电扫，华清花柳咸阳草。五坊供奉斗鸡儿，酒肉堆中不知老。胡兵忽自天上来，逆胡亦是奸雄才。勤政楼前走胡马，珠翠踏尽香尘埃。何为出战辄披靡，传置荔枝多马死。尧功舜德本如天，安用区区纪文字。著碑铭德真陋哉，乃令神鬼磨山崖。子仪光弼不自猜，天心悔祸人心开。夏商有鉴当深戒，简策汗青今具在。君不见当时张说最多机，虽生已被姚崇卖。

张文潜就是张耒，“苏门四学士”之一，和其父是好友，故李清照和其诗。张耒的诗原是歌颂中兴元老，李清照的诗则另辟蹊径，揭发安史之乱的祸害及其根源，目的是在借古讽今，告诫当时的徽宗不要重蹈历史的覆辙。表现了青年时代李清照的卓越见解。

李清照十八岁嫁太学生赵明诚。明诚是副宰相赵挺之之子，著名的金石学家和鉴赏家。夫妇二人志趣相投，言谈融洽，婚后十分幸福美满。每逢初一、十五，他们手牵手去相国寺看热闹，买碑文书画，回来后，相对欣赏把玩，自称是与世无争的葛天氏时代的人。熙宁四年，为相两年的赵挺之罢相，不久客死京都。明诚丁忧，便携李清照一同回到故乡青州。

这时的青州还是一块净土。年轻的夫妇李清照、赵明诚一踏上青州的土地，就感到了一种归来的安定与愉悦。他们读晋人陶渊明的《归去来兮辞》，玩赏“审容膝之易安”的句子，并把自己的厅堂居室取名为

“归来堂”“易安室”。夫妇俩是打算过“归去来兮”的隐居生活的。他们收集整理金石碑刻，鉴赏书画，校勘古书，唱和诗词，其乐融融。李清照的记忆力惊人，常常在茶余饭后，指点堆积的书史，说某事在某书、某卷、第几页、第几行，她以猜中与否和赵明诚比赛胜负，都是以李清照胜利大笑而作罢。

他们在青州度过了十二年。李清照这时写了许多词，来记录他们这一生如梦的日子。她有两首《如梦令》：

昨夜雨疏风骤，浓睡不消残酒。试问卷帘人，却道海棠依旧。知否、知否？应是绿肥红瘦。

常记溪亭日暮，沉醉不知归路。兴尽晚回舟，误入藕花深处。争渡、争渡，惊起一滩鸥鹭。

前令写在家中。是暮春的一个早上，夜里下过一场骤雨，她拥衾未起，便连忙询问侍女，户外的海棠花怎么样了？侍女说，还和昨天一样，没有什么两样。李清照说，傻孩子，你再细看，你难道看不出花儿见少，叶儿见多了吗？后令记一次出游。到一个溪亭上看荷花，多饮了一点酒，回来时已是暮色苍茫。舟人看不清路把船撑错了地方，他急着把船调回原处，撑快了点，竟把栖息在洲滩上的鸥鹭惊飞了。两首小令，都表现了她的生活情趣和审美情趣，言有尽而意无穷。

那是重阳节，赵明诚出门在外没能回来。二人婚后还没有离别这么长时间，这是第一次。李清照太想念明诚了，晚上，饮了一点酒，酒后乘兴写了一首词，《醉花阴》：

薄雾浓云愁永昼，瑞脑消金兽。佳节又重阳，玉枕纱厨，半夜凉初透。　　东篱把酒黄昏后，有暗香盈袖。莫道不消魂，帘卷西风，人比黄花瘦。

赵明诚回来，读到了这首词，自然是又感动又不服。妻子写词名声远播，远远超过了自己。每每有人提及赵某人，总说这是李清照的丈夫，“这不是牝鸡司鸣吗。”这首《醉花阴》，实在是写得太妙。尤其是后面三句，渲染一位落寞佳人，支颐窗下，听西风萧瑟，任佳节冷落的景况，真是神来之笔。难道自己就真的不如妻子吗？

他决心与妻子比个高下。他谢绝访客，把自己关在房间三日三夜，一口气作了五十首词。又把李清照的《醉花阴》抄了一遍，杂在自己的五十首词作中，拿给友人陆德夫去看。陆德夫也是有名的词人，他玩之再三说："五十一首，只有三句绝佳。"赵明诚连忙问哪三句？陆德夫说："莫道不消魂，帘卷西风，人比黄花瘦。"赵明诚大惊，他佩服陆德夫的眼光，更佩服妻子的词才。真是不服也得服。他更爱这个才气横溢的妻子了。

大约在徽宗宣和二年，赵明诚复官，先到莱州，后到淄州任太守。公职之余，主要的事情就是和清照一起整理金石书画。但就在这时，北宋发生一件惊天动地的大事：金人攻下汴京，徽、钦二帝被掳北去，北宋灭亡。因为发生在钦宗靖康年间，史称"靖康之耻"。岳飞词《满江红》就有"靖康耻，犹未雪"的句子。面对突如其来的政局动荡，二人惊得说不出话来。

他们仿佛有了这样的预感，这些来之不易的金石书画再也不属于他们了。高宗建炎元年三月，赵明诚一人装载十五车金石书画南下，李清照则留在青州守护另一部分。杭州的南宋朝廷再次起用赵明诚，任命为建康知府。独自留在青州的李清照，却是又惊又怕，又思念明诚，春天来了，她却感受不到春的温暖和气息。她在《蝶恋花·离情》中写道：

暖日晴风初破冻，柳眼梅腮，已觉春心动。酒意诗情谁与共，泪融残粉花钿重。　乍试夹衫金缕缝，山枕斜欹，枕损钗头凤。独抱浓愁无好梦，夜阑犹翦灯花弄。

独抱浓愁也抱不成了。秋天，金人攻陷青州，李清照狼狈逃出，一路的战火照亮夜空，可怜李清照夫妇在青州十余屋的收藏统统烧成了灰烬。然而，更大的打击还在后面。建炎三年八月，赵明诚暴病身亡，李清照自己也大病一场。但李清照已没有喘息的机会，金人的兵车战马，辚辚萧萧，还有兵士的狂呼乱叫，已经向建康逼近了。

李清照战战兢兢，将南下十五车中的大部分书画托妹夫先带往洪州。不料，金兵攻陷了洪州，这二万二千卷书籍、画册，全部落入金人手中。李清照真是欲哭无泪。不幸之中的万幸是，自己病中偶尔把玩的数箧书画"岿然独存"。建康危在旦夕，李清照携带这些书画文物，踏上了逃亡之路。一路颠簸，千辛万苦，途中这些书画彝器被官兵趁火打劫，拿走了十之五六。

她在越州住在一位姓钟的土民家里。这时她身边还有五七簏筐书画。她守着这些书画，提心吊胆。忽然有一夜，钟姓土民的墙壁被挖了一个大洞，有人从洞里偷走了五簏筐书画。清照悲恸不已，她出重金收购这些被盗之物，但想尽办法，也只收购回了极少部分。其余的全被一个叫吴说的人买走。所谓“岿然独存”者，这时也只剩下十之一二了。

第二年，即绍兴二年，李清照赴杭州。这时候她遇到了一个人，这人叫张汝舟，是右承奉郎、监诸军审计司属吏。这个人对李清照百般殷勤，热烈示爱。李清照正在心灰意冷、孤苦无依之时，她稀里糊涂接受了张的示爱，并且嫁给了他。哪知婚后不久，张就暴露出市侩面目，李清照不堪虐待，提出离婚，张不许。于是李清照告发张以前“妄增举数入官”之罪，张被除名，编管柳州。按照宋代《刑统》规定：妻告夫，即使是属实，也须受二年牢狱之苦。李清照豁出去了。当时有一个官员綦崇礼是李清照的朋友，他从中斡旋，使她“居囹圄者九日”，即获释放。这对李清照也算是一个小小的安慰。宋人赵彦卫在《云麓漫钞》中提及此事，还有六部宋代著作中也提及此事，应该是事实。

绍兴四年，李清照卜居金华。金华有山有水，景色不错，清照一颗漂泊的心才慢慢平静下来。然而愁是驱之不去的。她居住的小院里有芭蕉，夜雨敲打在芭蕉叶上，使她夜不成寐，她索性坐起来，写了一首《减字采桑子·芭蕉》：

> 窗前谁种芭蕉树，阴满中庭，阴满中庭，叶叶心心舒卷有余情。　　伤心枕上三更雨，点滴霖霪，点滴霖霪，愁损北人不惯起来听。

金华双溪是有名的胜景，可以观景划船。春天来了，有朋友邀李清照去双溪散散心，划划船。她何尝不想去呢？但她不能去，她的愁太多太浓了，于是写《武陵春》向朋友说明：

> 风住尘香花已尽，日晚倦梳头。物是人非事事休，欲语泪先流。　　闻说双溪春尚好，也拟泛轻舟。只恐双溪舴艋舟，载不动许多愁。

杭州改成了临安，成为南宋首府。一些流散各地的要员和名流纷纷向临安汇集。有许多当然是李清照的老朋友。他们劝李清照也到临安来，这里环境好，朋友也毕竟多些。李清照一个人也实在太孤寂，就离开金华到了临安。偏安一隅的南宋小朝廷依然歌舞升平，各种节日都很热闹。元宵佳节，更是车水马龙，夜花千树。朋友们邀她说，出来看看热闹呀。她却没有赴约。她在《永遇乐》中写道：

落日熔金，暮云合璧，人在何处？染柳烟浓，吹梅笛怨，春意知几许？元宵佳节，融和天气，次第岂无风雨？来相召、香车宝马，谢他酒朋诗侣。　　中州盛日，闺门多暇，记得偏重三五。铺翠冠儿，捻金雪柳，簇带争济楚。如今憔悴，风鬟雾鬓，怕见夜间出去。不如向帘儿底下，听人笑语。

朋友说“春意知几许”，她却说“人在何处”；朋友说“融和天气”，她却回答说“次第岂无风雨”。她遭受了国破家亡的命运，再也没有心情出去游玩了。何况容颜憔悴，头发花白，也不好意思出去了。在窗帘底下，听听别人的谈笑，也就十分满足。还奢望什么呢？

热闹她不愿去感受，那么孤寂她更受不了。秋天来了，孤雁在天上叫着，地上到处是凋谢的黄花。到了晚上，竟下起小雨来。小雨打在梧桐叶上，一片萧萧飒飒，有着透入骨髓的寒意。李清照怎能入眠，在暗淡的灯光下，她提笔写下著名的《声声慢》：

寻寻觅觅，冷冷清清，凄凄惨惨戚戚。乍暖还寒时候，最难将息。三杯两盏淡酒，怎敌他晚来风急！雁过也，正伤心，却是旧时相识。　　满地黄花堆积。憔悴损，如今有谁堪摘？守着窗儿，独自怎生得黑。梧桐更兼细雨，到黄昏，点点滴滴。这次第，怎一个愁字了得。

李后主的“问君能有几多愁，恰似一江春水向东流”，是把愁形容到了极致；李清照的“这次第，怎一个愁字了得”，也是把愁形容到了极致。可怜的女词人，就在这孤独无依、寂寞悲凉的愁苦中，度过了自己最后的日子。只有一点使李清照晚年略感欣慰，就是她的《金石录》终于出版，这是她和赵明诚留给后人的珍贵遗产。这也使无数的后世读者感到欣慰。

陆 游

提陆游当然要提及他的爱情生活。他的爱情生活是那样不幸，以至八百年后的读者都要一洒同情之泪。他二十岁结婚，娶的是美丽的表妹唐琬。婚后二人“伉俪相得”，“琴瑟甚和”，但不知为什么，陆游的母亲唐氏，也就是唐琬的姑母，却十分不喜欢这个亲舅侄女，硬是把他们生生拆开。后唐琬改嫁“同郡宗子”赵士程。一对恩爱夫妻从此音息阻隔，彼此思念。

几年后的一个春日，陆游独游沈园，恰与偕夫同游的唐琬邂逅。唐琬征得赵某同意，派人给陆游送来酒肴，聊表抚慰之情。陆游念及旧情往事，怅恨不已，遂乘醉赋词，信笔题于园壁之上：

红酥手，黄縢酒，满城春色宫墙柳。东风恶，欢情薄，一怀愁绪，几年离索。错，错，错！　　春如旧，人空瘦，泪痕红浥鲛绡透。桃花落，闲池阁，山盟虽在，锦书难托。莫，莫，莫！

这首名《钗头凤》的词，写出了对唐琬的无限眷念，也写出了自己心头的无比悔恨，读来感人肺腑。唐琬也是一位多情的才女，见到此词，百感交集，泪如雨下。她也以《钗头凤》词相答：

世情薄，人情恶，雨送黄昏花易落。晓风干，泪痕残，欲笺心事，独语斜阑。难，难，难！　　人成各，今非昨，病魂常似秋千索。角声寒，夜阑珊，怕人寻问，咽泪装欢。瞒，瞒，瞒！

本是无比思念，却要装得若无其事；本是哀痛欲绝，却要强颜欢笑。唐琬在陆游的痛苦之上又多了一层痛苦。这层痛苦是封建礼教和世俗观念双重压迫的结果。现在她捅破了这层窗户纸，把该说的心里话也说了，有什么议论、责难、冷眼、诽谤，就叫它一股脑儿来吧。它肯定会来。它来了，一个多病之身的弱女子怎么承受得起？写这首词后不久，年仅三十三岁的唐琬就离开了人世。

宁宗庆元五年，也就是唐琬死后四十年，陆游又至沈园。那时他已是七十五岁的高龄。目睹旧园，物是人非，他写下哀婉凄艳的《沈园》二首：

> 城上斜阳画角哀，沈园非复旧池台。伤心桥下春波绿，曾是惊鸿照影来。
>
> 梦断香消四十年，沈园柳老不吹绵。此身行作稽山土，犹吊遗踪一泫然。

孑然一身的老诗人，白发萧萧，为唐琬泫然落泪，也引得历史落泪。人们痛恨陆游母亲，为什么如此狠心，硬是要棒打鸳鸯两分离？原来事出有因。陆游的祖父官至礼部侍郎、尚书右丞，父亲做过吏部尚书、淮南计度转运副使。陆游母亲是希望儿子克绍箕裘，在仕途上超过乃祖乃父的。然而儿子和妻子陶醉在温柔乡里，出则牵手，入则相抱，完全没有了读书的兴趣，唐氏提醒过几回，儿子媳妇哪里肯听？儿子“年十二，能诗文”，不能毁在小妖精手里。她把媚态十足的侄女称作小妖精。

她令儿子休掉唐琬。封建社会里，父母的命令是至高无上的。陆游按照母亲的安排，开始了读书应进士试之路。绍兴二十三年，二十九岁的陆游赴临安应进士试，被取为第一，明年复试于礼部，亦名列前茅。但这时出现了一件意想不到的事，陆游的名字居秦桧孙秦埙之前。秦桧是著名的奸相，他当然不能容忍，找了一个“喜论恢复”的理由，把陆游黜落。

五年以后秦桧死去，陆游才出任福州宁德县主簿。那时孝宗刚刚继位，大有恢复的雄心，抗战派受到重用，故陆游被召见，赐进士出身。陆游乘机提了许多政治、军事方面的建议，也积极赞助张浚北伐，收复中原。但不幸的是，由于部将不和，张浚北伐失利，主战派在朝中的地位一落千丈，张浚被罢免，陆游也以“鼓唱是非，力说张浚用兵”的罪名而被罢官家居。

三年之后陆游才被任命为夔州通判。乾道六年初夏，他带着家眷离开故乡，动身入蜀。主要是走水路，沿长江溯流而上。一路上游览大江两岸的名胜，并日记一则，至夔州时完成了一部六卷的《入蜀记》。《入蜀记》记录沿途山川景物，也兼记世俗风情和政事兴废，文辞娟秀清新，是宋人笔记中的优秀之作。

乾道八年，四川宣抚使王炎邀请他为干办公事，襄赞军务。这正是他求之不得的。他从夔州来到南郑，身临前线，全身戎装，十分振奋。他从小就有“上马击狂胡，下马草军书”的壮志，现在，实现自己抱负的机会来了。他来往于边防前线，生活于战士中间，爱国热情极大地激发出来。而爱国热情又点燃了他诗歌创作的热情。他从火热的战斗生活中汲取题材，写下了许多“寄意恢复”的爱国诗篇。后来他把这些诗都编为一集，名曰《剑南诗稿》。

然而，南宋小朝廷偏安一隅，是不会容忍爱国将士的抗战热情的。不到一年，王炎调离川陕，陆游也改除成都安抚使参议官。他骑着瘦驴，在微雨中经过剑门道中：

衣上征尘杂酒痕，远游无处不消魂。此身合是诗人未？细雨骑驴入剑门。（《剑门道中遇微雨》）

在一派潇洒的外表下，却深藏着诗人壮志难酬、心有不甘的无限感慨。

此后不久他还写有《金错刀行》：

黄金错刀白玉装，夜穿窗扉出光芒。丈夫五十功未立，提刀独立顾八荒。京华结客尽奇士，意气相期共生死。千年史册耻无名，一片丹心报天子。尔来从军天汉滨，南山晓雪玉嶙峋。呜呼，楚虽三户能亡秦，岂有堂堂中国空无人。

诗人先是借刀抒怀，兴功名未就之叹，然后表达自己抗金的决心，以及必胜的信念。全诗奔放豪壮，气韵沉雄，有相当强的感染力。

淳熙元年年底，他又奉调四川制置使司参议官。这时的四川制置使是诗人范成大。他和范是多年相交的诗友，二人常“以文字交，不拘礼法”，同僚“讥其颓放”，说他不懂尊卑，放诞不羁，他索性自号放翁。其实他的内心相当苦闷，只能借酒浇愁。《关山月》诗说：

和戎诏下十五年，将军不战空临边。朱门沉沉按歌舞，厩马肥死弓断弦。戍楼刁斗催落月，三十从军今白发。笛里谁知壮士心？

沙头空照征人骨。中原干戈古亦闻，岂有逆胡传子孙！遗民忍死望恢复，几处今宵垂泪痕。

写三种人不同的境况和心情。将军、士兵和遗民。将军临边不战，战士蹉跎年华，遗民含泪苦盼，诗人把他们置身于清寒的月色之中，于是关山的苍凉，战士和遗民的沉痛悲愤，就显得无边无际，分外感人。

淳熙五年，陆游去蜀东归，先后在福建、江西、浙江等地做官。他的官做得很不顺，被免两回。第一回是在江西的任上，抚州地区发生水灾，饿死了好多人，他开仓赈济灾民。这做的本是一件好事，但上级以擅自开仓之罪免了他的职。第二回是起用为严州知州后，他写诗歌咏抗金，也遭到免职的处分。不过给他定罪时说的不是“歌咏抗金”，而是“嘲咏风月”。欲加之罪，何患无辞？

光宗绍熙元年，六十六岁的陆游回到故乡山阴。他活了八十五岁，此后的二十年大部分都是在山阴度过的。他脱去了官服，完全像一个山阴农民。他种地，采山药，有时还骑着驴子，带着药囊，到远近村落里为病人看病施药。他走在村间小路上，接触的是农民，看到的是田间风光，所以诗风也为之一变。他描写田园风光，风格趋向平淡。

但他的爱国主义情怀依然是炽热的，没有变。有一个深秋，天快亮了，他站在篱笆门口，突然感到了阵阵凉意。一年又将过去，然而收复失地的希望，却仍然是泡影：

三万里河东入海，五千仞岳上摩天。遗民泪尽胡尘里，南望王师又一年。（《秋夜将晓出篱门迎凉有感》）

“三万里河”是指黄河，“五千仞岳”是指华山，现在黄河、华山都在金人的统治之下，它们还有它们所在区的人民，什么时候能重归宋王朝的怀抱？

他似乎对大自然的变化都是敏感的。有一天，风雨吹窗，他写下了著名的《十一月四日风雨大作》：

僵卧孤村不自哀，尚思为国戍轮台。夜阑卧听风吹雨，铁马冰河入梦来。

纵然是僵卧孤村，想到的依然是横戈跃马，上阵杀敌，可以想见诗人的爱国主义热情是何等强烈！他的词《诉衷情》也抒发了这样的情感：

当年万里觅封侯。匹马戍梁州。关河梦断何处？尘暗旧貂裘。

胡未灭，鬓先秋，泪空流。此生谁料，心在天山，身老沧州。

但却掺入了无可奈何的感慨。他是越来越老了。嘉定二年，八十五岁的老诗人，抱着对“死前恨不见中原”的深深遗恨，抱着对前妻唐琬的无比思念，与世长辞。临终时，他写下《示儿》诗：

死后元知万事空，但悲不见九州同。王师北定中原日，家祭无忘告乃翁。

这是他的遗憾，也是他的希望。他希望有朝一日，王师北上，定鼎中原，实现国家的完全统一。诗人至死不渝，燃烧着爱国热情，这是多么的执着，又是多么的感人！

范成大

范成大出身一个仕宦之家。但不幸的是，他尚未成年，父母便相继病故。为了忘却内心伤痛，他曾隐迹昆山的一个禅寺里苦读，度过了十年光阴。他是打算就这样一生的读下去的。后来他的父挚以先君遗志劝说督勉，他才走出禅寺，参加进士考试。绍兴二十四年，即他二十八岁时中进士。从此开始仕宦生涯。他的仕途大致比较顺利。乾道四年，孝宗为索取河南“陵寝”地，派他出使金国。在金主面前，他慷慨陈词，不辱使命，受到朝野上下称誉。孝宗更是大为高兴，一再嘉勉拔擢。他累官至四川制置使、参知政事，成为南宋诗人中最为显达的一位。淳熙九年，因疾退居石湖，自号石湖居士。

范成大是个爱国者，也比较关心人民的疾苦。这在他的早期、中期的诗歌中均有充分体现。晚期的诗歌则主要是田园诗。“绍兴和议”达成以后，南宋朝廷接待金使，特建“体势宏丽”的姑苏馆供金使登临观赏，那时范成大还是一位少年，听说此事后十分不满。他谴责南宋小朝廷苟且偷安，向金使炫耀可怜的半壁江山，于是写下《秋日二绝》，其一云：

碧芦青柳不宜霜，染作沧洲一带黄。莫把江山夸北客，冷云寒水更荒凉。

现在不是春天而是秋天，芦苇和杨柳不再青碧，南方的江山早已是苍黄寒冷，还有什么值得向北人夸耀的呢？北人指金使，而荒寒的秋景则是指残破的国土。全诗写景如画，而以景寓意，意境又十分的深邃、凄咽。

在奉命出使金国时，他目睹北国人物风光，沿途写下七十二首绝句。其中中原人民眷怀故国的深厚情感，给他深刻的印象：

州桥南北是天街，父老年年等驾回。忍泪失声询使者："几时真有六军来?"（《州桥》）

州桥是指北宋故都汴京城内横跨汴河的天街桥。就在这座桥边，他看到白发苍苍的汴京父老，在忍泪失声地问："我大宋的军队何时能回来啊!"这是多么感人的画面。

于是他追怀历史上的杰出人物，强烈谴责那些误国的权奸：

平地孤城寇若林，两公犹解障妖祲。大梁襟带洪河险，谁遣神州陆地沉?（《双庙》）

双庙是唐人为纪念张巡、许远二人所立。安史乱中，张、许二人坚守睢阳，矢尽粮绝，城破被执，不屈而死。他们二人当时"以千百就尽之卒，战百万日滋之众"，对阻遏安史叛军的进攻起了很大作用。而大梁为宋京所在，有襟带洪河之险可以固守，但却失守了，这就如同舟船在陆地上沉没了一般。这是多么令人愤慨!

这次出使金国，他还写了日记《揽辔录》，生动地记述了当时的所见所闻。这部日记对研究宋史及金史，具有多方面的史料价值。同时也是他爱国主义情感的生动体现。

他的日记体散文还有《骖鸾录》和《吴船录》。前者为出知静江府途中所记，后者为出蜀所记，沿途的山川、古迹、风土之胜，无不按日记载，精心模范。除了文学价值，它还是研究地理山川极为宝贵的资料。

范成大关心民瘼，年轻时就写了一些揭露剥削、同情农民疾苦的诗。代表作品有《催租行》：

输租得钞官更催，踉蹡里正敲门来。手持文书杂嗔喜："我亦来营醉归耳!"床头悭囊大如拳，扑破正有三百钱：不堪与君成一醉，聊复偿君草鞋费。

八句五十六个字，仿佛一幕独幕剧，令人可笑、可恨。交完官府的租赋，却又有里正来讨酒钱。手中已是分文无有的农民，只有把自己积积攒攒的"悭囊"扑破，把里面的三百钱悉数送给他。送给他了还要说对不起，"不堪与君成一醉，聊复偿君草鞋费"，真叫人气愤。

他的《后催租行》更写出农民被迫出卖女儿以输租的惨状：

老父田荒秋雨里，旧时高岸今江水。佣耕犹自抱长饥，的知无力输租米。自从乡官新上来，黄纸放尽白纸催。卖衣得钱都纳却，病骨虽寒聊免缚。去年衣尽到家口，大女临岐两分首。今年次女已行媒，亦复驱将换升斗。室中更有第三女，明年不怕催租苦！

题为“催租”，却没有写如何催，而是写纳。如何纳呢？去年是卖大女，今年卖二女，明年呢，打算卖三女。纳租到了鬻儿卖女的地步，可见催租的是多么凶悍、横暴。末句是农民的血泪控诉，用反语写出，却更见深刻，更富艺术感染力。“室中更有第三女，明年不怕催租苦！”读罢此语，谁不潸然泪下？

范成大晚年隐居石湖，写了大量田园诗，其中影响最大的是《四时田园杂兴六十首》。农民的生产和生活，农民的勤劳、淳朴和他们的苦乐，各个方面都写到了，而且写得很细致。我们选读下面三首：

昼出耘田夜绩麻，村庄儿女各当家。童孙未解供耕织，也傍桑阴学种瓜。

梅子金黄杏子肥，麦花雪白菜花稀。日长篱落无人过，唯有蜻蜓蛱蝶飞。

新筑场泥镜面平，家家打稻趁霜晴。笑歌声里轻雷动，一夜连枷响到明。

我们相信他是和陶渊明一样，来到了农民中间，和农民打成一片，把农民的喜怒哀乐当成了自己的喜怒哀乐，不然，他的诗不会那么栩栩如生，不会有那样真挚的情感。读他的诗，我们仿佛看到了南宋人民劳作的身影，以及听到他们愉快的笑声。

但南宋人民的日子毕竟是悲苦的。他的《夜坐有感》《咏河市歌者》就写了人民悲苦的生活。他在《雪中闻墙外鬻鱼菜者，求售之声甚苦，有感三绝》（之一）写道：

饭箩驱出敢偷闲，雪胫冰须惯忍寒。岂是不能扃户坐，忍寒犹可忍饥难。

为能填饱肚子，养活家人，小贩只有在雪地里往来奔走，高声叫卖。没有法子，“忍寒犹可忍饥难”。这是范成大在家里听见的，散发着热气的凄苦之声，他把它写出来，字里行间充满了同情。

范成大还有一项重大贡献不得不提，那就是他所著《吴郡志》五十卷，是我国最早以“志”命名的地方志之一，后人简称《范志》。此志共分三十九门，旁征博引，叙述简明，为后来方志学者、史学家所重视。尤其是志中所引古书、篇名和诗文，一些原作今已散佚不存，其文史资料价值尤为珍贵。

他的主要成就当然是诗。他与杨万里、陆游、尤袤号称“中兴四大诗人”，杨万里对他评价很高，说：“今海内诗人，不过三四，而公皆过之无不及者。”这个评价不是十分允当，无论是诗作的数量还是质量，范还是不能和大诗人陆游相比的。

杨万里

杨万里是南宋有名的田园诗人。几乎人人都能背诵他的《晓出净慈寺送林子方》："毕竟西湖六月中，风光不与四时同。接天莲叶无穷碧，映日荷花别样红。"后两句是经典名句，把西湖的莲叶、荷花写得如此多娇，连带的把西湖也写出名了。还有苏轼的《饮湖上初晴后雨》其二："水光潋滟晴方好，山色空蒙雨亦奇。欲把西湖比西子，淡妆浓抹总相宜。"也把西湖写出名了。他们这两首诗称得上是西湖的名片。

杨万里是江西人，不可能不受江西诗派的影响。但后来终于摆脱束缚，而走上师法自然的道路。他在《荆溪集序》里说："予之诗，始学江西诸君子，既又学后山五字律，既又学半山老人七字绝句，晚乃学绝句于唐人。……戊戌三朝，时节赐告，少公事，是日即作诗，忽若有寤，于是辞谢唐人及王、陈、江西诸君子皆不敢学，而后欣如也。"他认为大自然是最好的老师，山上的大石流水，绿树青草，当然还有四季的繁花，会告诉你怎样写诗，"山中物物是诗题"，"无山安得诗"，这就是他的体会。他观察得细致，故他笔下的山川风物都生动逼真。著名词人姜夔跟他开玩笑说"处处山川怕见君"，是说他的笔太厉害了。

他号诚斋，诚斋也是他的书室名。他是绍兴二十四年进士，初授赣州司户参军，继而调永州零陵县丞。当时名臣张浚谪居永州，杜门谢客，杨万里数往方得与其相见。张浚见其虚心求学，孺子可教，乃以正心诚意相勉励。为终身记住张的教诲，万里名其读书之室为"诚斋"。张浚后来为相，对他的仕途人生多有影响。

他的诗作流传下来的有四千二百多首，被人称为"诚斋体"。"诚斋体"的主要特点是风趣诙谐，生动活泼。我们来读以下诸诗：

芙蕖落片自成船，吹泊高荷伞柄边。泊了又离离又泊，看他走

遍水中天。(《泉石轩初秋乘凉小荷池上》)

篙师只管信船流，不作前滩水石谋。却被惊湍旋三转，倒将船尾作船头。(《下横山滩望金华山》)

野菊荒苔各铸钱，金黄铜绿两争妍。天公支与穷诗客，只买清愁不买田。(《戏笔》)

第一首写荷花的落瓣，在水中漂泊的情景；第二首写一只小船，在前滩中流旋转的情景。一轻一重，一静一动，同是水中泛物，却写得各有趣味，令人忍俊不禁。第三首写眼前景物，有深刻的寓意，却又尖新轻俏，不作呼天抢地、怨天尤人之状。他曾说过“老子平生不解愁”，杨万里的这种诗风，体现了他对生活的乐观态度，和对前途的坚定信念。

“诚斋体”的另一特点是善于写景，表现动态之美。如他的《小池》：

泉眼无声惜细流，树阴照水爱晴柔。小荷才露尖尖角，早有蜻蜓立上头。

全诗玲珑剔透，温柔细腻。最妙处在一枝新荷，睡眼未开，而一只蜻蜓，早已悄然飞来，依偎其上。真是佳句偶成，妙趣横生，令人爱不释手。

杨万里对农民的痛苦深表同情。在《发孔镇晨炊漆桥道中纪行》中，他说：“荒山半寸无遗土，田父何曾一饱来!”他的《插秧歌》很有名：

田夫抛秧田妇接，小儿拔秧大儿插。笠是兜鍪蓑是甲，雨从头上湿到胛。唤渠朝餐歇半霎，低头折腰只不答。秧根未牢莳未匝，照管鹅儿与雏鸭。

写田夫一家人插秧忙碌的情景，仿佛是口语，率口而出，却又一气贯通，新鲜活泼，充分体现了“诚斋体”师法自然的特点。这对于讲究“无一字无来历”的“江西诗派”末流，是一个彻底的颠覆。

杨万里当然更是一个爱国诗人。南宋小朝廷半壁江山失却，苟且偷安，歌舞升平，一般人的爱国热情都会极大地被激发出来，何况万里这样的血性汉子。淳熙元年，杨万里奉命迎接金使，来到淮河。本是祖国的腹心之地的淮河，却成为金宋双方的疆界，他感慨万千，写下《初入淮河四绝句》：

船离洪泽岸头沙，人到淮河意不佳。何必桑干方是远，中流以北即天涯！（其一）

两岸舟船各背驰，波浪交涉亦难为。只余鸥鹭无拘管，北去南来自在飞。（其三）

“桑干”即永定河上游的桑干河。越过此河，就进入塞北地区，而现在，还要越什么遥远的桑干河，淮河过去就是天的尽头了。淮河两岸的舟船背向而行，连波浪都不能相接；能够相接的只有鸥鹭们，它们无拘无束，北去南来，任意飞翔。它们还好像很得意呢！沉痛的感喟，力透纸背。

写诗之余，杨万里主要爱好是研究《易》学，曾以十七年的精力写成《诚斋易传》。他想使经书“切于世用”，竟用历史事件来证实《易学》的观点，独开史证一派。后世经学家对此颇有微词。但他的这本书毕竟还是有价值，而且一直到现在也有读者。

杨万里为人刚直而偏执，他曾多次上疏指责朝政，引起皇帝和权贵不快。发生地震、日食，他上疏归咎于朝政紊乱。发生旱情，他上疏说：“以上泽不下流，下流不上达，故天地之气阻隔而不通。”高宗崩，孝宗欲守孝三年，把朝中事务悉交太子处理。他上疏太子说：“天无二日，民无二主，一履危机，悔之何及？其悔之而无及，孰若辞之而不居。愿殿下三辞五辞，而必不居也。”说得太子心上心下，不知如何是好。后来朝议欲行铁钱于江南诸郡，杨万里时为江东转运副使，他连上七疏，称其不便。本来一件好事，让他搅和得一塌糊涂。

新相韩侂胄筑南园，请他作记，并答应记成之后予以重用。那时他的名气相当大了。但他坚决不作记。他说：“官可弃，记不可作。”语言非常斩绝。韩侂胄很生气，但又毫无办法，只好请别人作。他没有作记，真的也就弃了官，在家闲居达十五年之久。后来韩侂胄领兵北伐，他痛哭失声，亟呼纸书曰：“韩侂胄奸臣，专权无上，动兵残民，谋危社稷。吾头颅如许，报国无路，惟有孤愤。”又书十四言别妻子儿女，书罢，笔落而逝。

朱 熹

朱熹小时就表现出非凡的禀赋。刚会说话，父亲抱着他指天说："这是天。"他反问道："天之上又是什么?"父亲大惊，觉得这个小儿太不简单了。读蒙学，老师教授《孝经》，朱熹读完了，在上面题字道："不若是，非人也。"和一群小儿到沙滩上玩耍，小儿们奔跑嬉戏，独朱熹一人端坐以指画沙。他画的竟是八卦。小小年纪就开始读《易经》。

绍兴十八年，朱熹考中进士。那时他才十八岁。这实在是一个奇迹。绍兴二十三年，朱熹被任命为泉州同安县主簿。同时，他拜著名理学家李侗为师。李侗是"二程"（程颢、程颐）的再传弟子，学问宏富。朱熹自入李侗之门，始专心儒学，学术思想有很大转变。他曾用"鸢飞鱼跃"四字，来形容自己这时期的转变。他的从政思想也转变了。在同安县主簿任上做了三年，他退居崇安县著述讲学。

绍兴三十二年，孝宗即位。年轻的孝宗是想有所作为的。于是在全国范围内诏求直言。朱熹应诏上《壬午封事》。他在《壬午封事》里说："夫金人于我有不共戴天之仇，则不可和也明矣。"他是坚决反对和议的。次年（隆兴元年），孝宗特在垂拱殿召见他，他连上三札，重申前议，言辞激越。但这时的宰相汤思退、洪适等人是主和的，朱熹和当政者意见不合，于是屡辞朝廷任命。他当然是不满意那些任命的。乾道至淳熙初，他闲居讲学著述达十五年之久。他的文名越来越大。

淳熙五年，新相史浩起用他知南康军，他再辞，但朝廷不允许他再辞了。次年到任。这是他第二次从政。当时正值灾荒，朱熹竭尽全力，筹办赈济，助民度荒。忙完了，他去访白鹿洞书院遗址（位于江西庐山五老峰南麓）。白鹿洞书院始建于唐朝，北宋初年又在旧址上重建，但现在又荒废了。朱熹上奏皇帝，重新修复，并制订了《白鹿洞书院教条》，即严格的书院规章制度。这是我国教育史上最早的教育规章制度之一。白鹿洞书院“一时文风士习之盛，济济焉，彬彬焉”。

淳熙七年，孝宗诏监司、郡守陈述民间利弊，朱熹应诏上《庚子封事》，言天下大事，以体恤百姓为第一要务，而体恤百姓之本，又在人君正心术、立纪纲。那么，孝宗正心术、立纪纲没有呢？朱熹说，孝宗不信先王之大道，亲近嗜利无耻之徒，不能体恤百姓，没有正心术、立纪纲。在封事的后面他以犀利的语言对孝宗说：“莫大之祸，必至之忧，近在朝夕，而陛下独未知之。”孝宗读到这里，大怒说：“这个朱熹，不是将我看作亡国之君了吗？”

幸好孝宗还算是有度量的君主。后来有人力荐朱熹，谈了充分的理由，孝宗还是点头认同，乃任命朱熹提举江西常平茶盐公事。倒是朱熹一根筋执拗，辞职不就。原因是他知南康军时筹办赈济，有个纳粟人没有得到赏赐。淳熙八年，浙东大饥，孝宗改任他为提举浙东常平茶盐公事，他还是辞，原因仍是：纳粟人没有得到赏赐。皇帝遇到这种执拗人也没有办法。好吧，赏那个纳粟人。朱熹这才受职而行，单车就道。

他是忠于职守的。任职期间，他轻车简从，钩访民情，救活灾黎，不辞辛劳。对于隐瞒灾情、谎报政绩的官吏，他坚决弹劾；对于兼并土地、囤积居奇的豪强，他坚决打击。他做了许多有利百姓的好事。但当时腐败的官僚政治，实在使他无法作为。特别是他弹劾台州唐仲友一事。

知台州的唐仲友将被提拔为江西提刑，但他行访至台州，却见到许多告发仲友的信函。他坐下来反复核查，果然告发的都是事实，于是向皇帝写了奏章。谁知仲友这人有来头，他的姻家正是当朝宰相王淮。王淮本和朱熹的关系很好。这次力荐朱熹出任的，就是这个宰相王淮。朱熹不是不知道，而是他觉得公是公、私是私，他为朝廷做事，不应该徇私情。

但王淮徇私情。他把朱熹的奏章都压下，不报给皇帝。朱熹这时候执拗劲又来了。你不报，我就反复呈，看你报不报。王淮感到了压力，只好把朱熹的奏章给皇帝。皇帝看了，说你们核一下。于是王淮安排浙西提刑委清强官去核查，而令朱熹速到其他旱区去视察。但朱熹就是不去，他留在台州，一次又一次地写奏章，一共写了六次。王淮不得已，乃夺仲友新职以授熹。王淮气愤之极，他这样做的潜台词是，你朱某揪住不放，无非是你想当江西提刑，现在让你去当好了。他这样做比扇朱熹的大耳光还厉害。朱熹当然不能接受。他辞职退居乡里，闭门不出，潜心讲学。

淳熙十五年，王淮罢相，朱熹应诏入京。路上有人对他说："当今皇上不喜'正心诚意'之说，你到了皇帝面前，千万不要提这四字。"朱熹答道："我平生所学，就只此四字，我怎么能隐藏在心中，欺骗皇上呢?"他不仅大提特提，还上了长达一万五千字的《戊申封事》。朱熹指出，天下大事，本在君王之心，君王心思端正，天下之事就无一不正；君王心思不正，天下之事就无一能正。据说这篇封事上奏之时，孝宗已经就寝，听说朱熹有封事，急忙起床秉烛夜读。读后，孝宗深为朱熹忧国热忱所感动。

淳熙十六年，孝宗内禅，光宗即位。光宗深知朱熹的为人，把他派往漳州、潭州等地当地方官。朱熹不负所望，破除了当地一些陋俗，纾解了许多民事纠纷。他还在长沙重建岳麓书院。他是希望通过儒家教育，来启迪民智，消除民众对朝廷的不满情绪。可谓用心良苦。后来岳麓书院也和白鹿洞书院一样，成为南宋传习理学的重要基地。

绍熙五年，光宗内禅，宁宗即位。由于宰相赵汝愚的推荐，朱熹任焕章阁待制兼侍讲。在任上，他又开始不停地上奏章。孝宗的山陵，土层浅薄，下有水石，台史不敢议论，他敢。他说："寿皇衣冠之藏，当博访名山，不宜偏信台史，委之水泉沙砾之中。"宁宗修葺了东宫三百间旧房，打算搬进去居住，朱熹也要上疏说，正当修省之时，不当兴此大役。臣恐上帝震怒，灾异数出。把话说得非常严重。

韩侂胄为外戚，他担心外戚专权的故事重演，乃利用讲学之便，多次攻击执政的韩侂胄。韩有拥立宁宗的大功，朱熹对韩的攻击，引起了宁宗的大不快。就在这一年宁宗将朱熹褫职出朝，让他回福建建阳县居住。庆元元年，赵汝愚罢相，次年遇害。韩侂胄这时把持朝政，大权在握，他指使党羽，上疏指控朱熹罪行，称道学为"伪学"。后来变本加厉，称伪学之徒为"伪党"，进而变为"逆党"。当时朝廷上下，众口一词，攻讦道学，无所不用其极。有人甚至上书要斩朱熹。

朱熹被闹得无所容身，他的生徒也人人自危。有的闭门不出，隐居丘壑；有的更名他师，过门不入。有的甚至把自己打扮得花里胡哨，在闹市上狎游谈笑，以证明自己不是道貌岸然的道学之徒。而朱熹此时，仍勤奋著述，与诸生讲学不休。直到临终前三天，还在修改《大学章句》和《楚辞集句》。

朱熹的一生，“登第五十年，仕于外者仅九考，立朝才四十日”(《宋史·朱熹传》)，在政治上并无多大建树。然而，他却是宋代理学的集大成者。他发展了“二程”的理气关系、理先气后的学说，建成了系统的客观唯心主义的哲学体系，在思想史上产生了深远的影响。他的著述繁富，著作等身，对哲学、经学、史学、文学、宗教都有深入研究。韩侂胄死后，他的尊称纷至沓来，威望与日俱增。理宗宝庆二年，诏谥曰文，故后人称朱文公。三年，赠太师，追封信国公，寻改徽国公。后世的加封更是不可胜计。

朱熹自谓不能诗，然而他却留下了一千二百五十多首诗作。其实，无论是关心国事，还是抒写个人襟怀，朱熹都有不少优秀篇什，有不容忽视的造诣和成就。结尾时我们来欣赏他两首七绝：

胜日寻芳泗水滨，无边光景一时新。等闲识得春风面，万紫千红总是春。(《春日》)

半亩方塘一鉴开，天光云影共徘徊。问渠那得清如许，为有源头活水来。(《观书有感》之一)

写得清新如水、清丽如画，完全没有“学究气”。读完诗，我们对朱熹又多了一层了解。

辛弃疾

辛弃疾，他的词是一个传奇，他的人生也是一个传奇。

辛弃疾出生在山东济南历城县，当时属于金统治区。他的祖父辛赞做过几任金治下的地方官，但不忘故国，每引儿辈“登高望远，指划山河”，则愤然不平。辛弃疾自小受乃祖影响，心中埋下反金的种子。绍兴三十一年，金主完颜亮南下攻宋，北方汉人乘此机会，纷纷起义。年方二十二岁的辛弃疾也聚众二千，投奔山东的英雄耿京，为掌书记。辛弃疾有一个僧人朋友，叫义端，这时也聚众千余。为使耿京的义军更加壮大团结，辛弃疾说服义端来投，使之隶京。

谁知这个义端不怀好意。有一天晚上，他偷了耿京的大印，仓皇逃走。当然是去金人那儿邀功请赏。耿京大怒，他责怪辛弃疾，欲杀之。辛弃疾对耿京说：“请你给我三天时间，如果三天之内我抓不着义端，你再杀我也不迟。”他骑着一匹快马，终于追上义端，斩于马下，取了首级，归报耿京。耿京大惊。当然也大喜。

绍兴三十二年，辛弃疾奉耿京之命，南渡与宋政权联络。高宗大喜，在建康召见辛弃疾，擢为承务郎，并授耿京天平军节度使、知东平府等职。辛弃疾匆匆北返，途中闻耿京部将张安国等已杀耿京，投降金人。辛弃疾痛心疾首，大叫曰：“不杀安国，誓不为人!”乃率五十骑，挥刀冲入金兵营中。时张安国方与金将酣饮，未及喊叫，已被辛弃疾缚于马上，疾驰而归。又聚集耿京余部万人，日夜兼程，南渡归宋。这种极富传奇色彩的英雄行为，极大地振奋了南北人民抗金的斗志，鼓舞了士气。

南归后的辛弃疾被任命为地方官吏。他满怀杀敌报国的热忱，一心想有所作为。宋孝宗开始也是支持他的。但第二年，张浚北伐，败于符离，主战派随之失势。辛弃疾这时不顾自身官职的低微，写成《美芹十论》献给孝宗，后又写成《九议》献给宰相虞允文。在这两篇论文里，他言之凿凿，分析了敌我双方形势，提出了详细的抗战方略。他认为“胜败兵家之常事”，不能因为一次的失败就对主战派全盘否定，而应该坚定信念，抗战到底。

但他的这些意见没有被统治者采纳。南宋小朝廷屈膝事敌，不思恢复，得过且过。他们任用辛弃疾做地方官（辛弃疾曾在两湖、江西一带辗转任职），只是利用他在政治上和军事上的才能，应付地方事变，镇压农民起义，如此而已。要知道辛弃疾是带了北方人民要求恢复的愿望南归的，不统一祖国，恢复失地，他就算是白回来了。辛弃疾远大的政治抱负，和不与主和派妥协的政治态度，使他在南宋统治集团内部格格不入。他在《论盗贼札子》里说：“年来不为众人所容，恐言未脱口，而祸不旋踵。”他在政治上屡遭打击，非常失意，故他这时候所写的词也交织着种种矛盾的心情，显得苍凉而沉郁。

淳熙八年，辛弃疾因言官弹劾落职，退居江西上饶的带湖。这一退居就是二十一年，一直到宁宗嘉泰二年。在这期间，他创作了大量脍炙人口的词。报国无门，无路请缨，乃把一腔孤愤，发之于词，寄之于词。淳熙十五年，其门人范开编印了他的第一部诗集《稼轩词甲集》。他曾对人说：“人生在勤，当以力田为先。”故以“稼”名其轩。稼轩之内，他以纸为地，以笔为犁，虽未沐风栉雨，但他的勤劳不亚于农夫。

辛弃疾轻钱财，重情谊。他有一个旧日同僚死，贫无棺敛，遂倾其所有，给安葬费，还把情况反映到官府，后来朝廷赐了银绢。他和大理学家朱熹是好朋友，朱熹曾为他书“克己复礼”“夙兴夜寐”，题其二斋室。朱熹死，因为当时朝廷禁理学，门生故旧无敢送葬者。辛弃疾为文往哭之曰：“所不朽者，垂万世名。孰谓公死，凛凛犹生！”他为朱熹的不朽而呼喊，表现了热血男儿的铮铮骨气。

到嘉泰、开禧年间，情况有了一些变化，崛起于斡难河流域的蒙古部落强大起来，金国后方受到了重大威胁。这种形势对南宋是有利的。这时南宋的宰相是韩侂胄，他想乘此机会对金用兵，以提高自己的威望，于是起用一些抗金派人士。已经六十四岁的辛弃疾被任命为浙东安抚使、镇江知府等官。辛弃疾的爱国热情又在熊熊燃烧。他一面精心备战，一面向韩侂胄提出一些很好的建议。韩侂胄本是外戚，他不懂军事，刚愎自用，意骄气满，何尝把辛弃疾的话听得进半句。正在用人之际，竟把辛弃疾罢免了。轻率北伐，结果大败。这时主和派找到理由，猛烈攻讦主战派，本来已经闲居的辛弃疾也遭到责难。有人还说韩侂胄北伐是辛弃疾煽动的，把战败的主要责任都推给了他。他满肚子苦水，还有一腔的愤恨，郁结在心，无处发泄，就在韩侂胄北伐失败的第二年，即开禧三年，辛弃疾就在无限遗恨中离开了人世。

辛弃疾是南宋著名的爱国词人。他专注于词的创作，自如地以词记事、咏史、抒情、言志，几乎到了出神入化、无施不可的地步。后人对他词的评价相当高，有人称他“横绝六合，扫空万里”（刘克庄《后村诗话》），把他与苏轼共列为豪放派代表作家，并称“苏辛”。这些评价是恰当的。的确，他的词气魄雄大，意境开阔，当之无愧。

他生当国难深重之时，又不得一展抱负，故他的诗洋溢着炽热的爱国激情。如《水龙吟》：

> 楚天千里清秋，水随天去秋无际。遥岑远目，献愁供恨，玉簪螺髻。落日楼头，断鸿声里，江南游子，把吴钩看了，阑干拍遍，无人会、登临意。　　休说鲈鱼堪脍，尽西风季鹰归未？求田问舍，怕应羞见，刘郎才气。可惜流年，忧愁风雨，树犹如此。倩何人唤取，红巾翠袖，揾英雄泪？

一腔热血，满腹经纶，却沉沦下僚，浪掷年华，但他既不愿意归隐江湖，更不愿求田问舍为自己经营，于是一片慷慨不平之气不能自已，跃然纸上。

即使老了，即使在睡梦中，辛弃疾想到的仍然是挽弓跃马，驰骋沙场，我们来读他的《破阵子》：

> 醉里挑灯看剑，梦回吹角连营。八百里分麾下炙，五十弦翻塞外声，沙场秋点兵。　　马作的卢飞快，弓如霹雳弦惊。了却君王天下事，赢得生前身后名。可怜白发生！

这首词前有一句话：“为陈同甫赋壮词以寄之”。陈同甫就是陈亮，南宋辛派词人，生平力主抗战，与辛弃疾交谊很深。这里是悲陈亮，亦是自悲，为壮志难酬而自悲，而忧愤。这样的忧愤名作还有《永遇乐·京口北固亭怀古》：

千古江山，英雄无觅、孙仲谋处。舞榭歌台，风流总被雨打风吹去。斜阳草树，寻常巷陌，人道寄奴曾住。想当年，金戈铁马，气吞万里如虎。　　元嘉草草，封狼居胥，赢得仓皇北顾。四十三年，望中犹记，烽火扬州路。可堪回首，佛狸祠下，一片神鸦社鼓！凭谁问，廉颇老矣，尚能饭否？

这是他任浙东安抚使、镇江知府时写下的。是他对北伐者提出的忠告。他希望北伐者既要像刘宋王朝的刘裕那样，有金戈铁马、气吞万里的雄心，但也要慎重行事，充分准备，千万不能草率出征，以求一战成功。可惜当时韩侂胄没有听他的建议，以至于一败涂地，一蹶不振，给南宋的恢复大业带来重大损失。

辛弃疾的主要成就就是这些充满爱国情怀的词作，数量也不少。除此之外，他还写有一些以农村生活为题材的作品。他在上饶乡村度过了二十多年的闲居生活，对农村和农民，还有风土人情是了解的。他是满怀热情，带着自己的深切感受去写的，故他笔下的农村景色清新如画：

陌上柔桑破嫩芽，东邻蚕种已生些。平冈细草鸣黄犊，斜日寒林点暮鸦。　　山远近，路横斜，青旗沽酒有人家。城中桃李愁风雨，春在溪头荠菜花。（《鹧鸪天·代人赋》）

他还一首《清平乐》，把一个普通农家的生活写温暖而和谐：

茅檐低小，溪上青青草。醉里吴音相媚好，白发谁家翁媪？大儿锄豆溪东，中儿正织鸡笼。最喜小儿无赖，溪头卧剥莲蓬。

一家人各执其事，自得其乐，仿佛是陶渊明笔下的世外桃源。这里面当然有他美化的成分，在一定程度上反映了他的理想。

辛词中的山水诗占了很大比重。他热爱祖国的山河，故他笔下的山河意境开阔，千姿百态。他在《贺新郎·甚矣吾衰矣》中说："我见青山多妩媚，料青山见我应如是。"在《沁园春·再到期思卜筑》中说："青山意气峥嵘，似为我归来妩媚生。"他的《菩萨蛮·书江西造口壁》是山水名篇：

郁孤台下清江水，中间多少行人泪。西北望长安，可怜无数山。　　青山遮不住，毕竟东流去。江晚正愁余，山深闻鹧鸪。

笔不离山水，山清水秀，而以山水之景道心中之事，将满腔的忠愤、悲凉寄之于山水，但也饱含着希望。这就是辛弃疾山水词的与众不同之处。

姜　夔

姜夔的履历很简单。早年孤贫，依姊而居于汉阳。长大后漫游于吴越一带。长期住在杭州，也多次寓居合肥。一生没有做官，过着清客式的布衣生活。死后萧条，连入土安葬费也是朋友们帮助凑集的。

姜夔到过许多地方，见过世面。当时的名人巨公，有很多和他是文友或朋友。往来最多的是范成大、张鉴二人。范成大是诗人，累官至四川制置使，晚年因病退居石湖，建有石湖别墅。张鉴系南宋初期大将张俊之孙，贵胄公子，家中亦有园林之胜。姜夔是他们园林里的常客。因为他们园林里常有“声伎之娱”，“欢饮浩歌”，而须姜夔“授简征新声”，做音乐方面的指导。姜夔精通乐律，曾向皇帝进《大乐议》一卷、《琴瑟考古图》一卷，又上《圣宋铙歌鼓吹十二章》。值得一提的是，他所传词中，有十七首附有乐谱，即工尺古谱。这是我国流传至今唯一的宋代词乐文献，在我国音乐史上具有很高的研究价值。五十岁前后，与辛弃疾有文字交往，词风颇受辛的影响。

他会自度新曲，更擅长填词。所流传下来的《白石词》，艺术价值很高。他的词绝大多数是纪游与咏物。身世的飘零，情场的失意，还有剪不断的离愁，常被他填在词里。如《长亭怨慢》：

予颇喜自制曲，初率意为长短句，然后协以律，故前后阕多不同。桓大司马云：“昔年种柳，依依汉南；今看摇落，凄怆江潭；树犹如此，人何以堪?”此语予深爱之。

渐吹尽、枝头香絮，是处人家，绿深门户。远浦萦回，暮帆零乱向何许？阅人多矣，谁得似、长亭树。树若有情时，不会得、青青如此！　　日暮。望高城不见，只见乱山无数。韦郎去也，怎忘得、玉环分付。第一是、早早归来，怕红萼、无人为主。算空有并刀，难剪离愁千缕。

序文中“桓大司马”指东晋桓温。以下六句，其实均出自庾信《枯树赋》。姜夔寓居合肥时，与歌女姊妹二人相识，情好甚笃，其后屡次来往，见于词作。上片是咏柳。其实是用柳丝千缕暗喻剪不断的离愁。下片用二典写离别后的恋慕之情。“望高城不见”指唐欧阳詹事。欧阳詹在太原与一妓女相恋，离别时有“高城已不见，况复城中人”之句。“韦郎”二句用唐韦皋事。韦皋游江夏，与女子有情，别时留玉指环，约以稍后来娶。后久不至，女子绝食而死（见唐范摅《云溪友议·玉箫记》）。这里是说，自己不会像韦皋那样“忘得玉环分付”，还会重来的。全词情意绵绵，感情真挚。

他果然没有像韦皋。即使分别日久，他仍然记得她们。丁未元日，即孝宗淳熙十四年元日，他离开合肥姊妹二人已二十余年，她们还在他梦里。我们来读他的《踏莎行》：

燕燕轻盈，莺莺娇软。分明又向华胥见。夜长争得薄情知？春初早被相思染。　　别后书辞，别时针线。离魂暗逐郎行远。淮南皓月冷千山，冥冥归去无人管。

词前有序文云：“自沔东来，丁未元日至金陵，江上感梦而作。”华胥就是梦。由梦见伊人起兴，从而引起绵绵的相思之情。伊人的梦魂于深夜里独自归去，千山之下唯有一轮冷月相随，传达了作者对伊人的无限的爱怜与关切，读来感人至深。

姜夔对朋友的感情也是深厚的。他一生的朋友很多，大都是词界名流，或是有节操的儒生。他对他们投入了真挚的感情。最能表现这种感情的作品之一是《八归·湘中送胡德华》：

芳莲坠粉，疏桐吹绿，庭院暗雨乍歇。无端抱影销魂处，还见筱墙萤暗，藓阶蛩切。送客重寻西去路，问水面，琵琶谁拨？最可惜、一片江山，总付与啼鴂。　　长恨相从未款，而今何事，又对西风离别？渚寒烟淡，棹移人远，飘渺行舟如叶。想文君望久，倚竹愁生步罗袜。归来后，翠尊双饮，下了珠帘，玲珑闲看月。

上片写送别友人的心情。庭院萧瑟的秋景，皆是为这种心情做铺垫。“问水面，琵琶谁拨”用白居易诗意，极尽其缠绵情绪。下片写留客殷勤之意，仍用秋景来烘托。后六句宕开一笔，想象友人归去后夫妻相聚之乐，全词乃从落寞凄伤中挣脱，而一变为开朗喜悦。变化转折过程有如一朵白云，舒卷自如。

姜夔一生没有涉足官场，但他对世事万象还是关心的。比如他在二十多岁写的《扬州慢》就是一首感时伤怀、忧国忧民之作：

> 淳熙丙申至日，予过维扬。夜雪初霁，荠麦弥望。入其城则四壁萧条，寒水自碧，暮色渐起，戍角悲吟。予怀怆然，感慨今昔，因自度此曲。千岩老人以为有《黍离》之悲也。
>
> 淮左名都，竹西佳处，解鞍少驻初程。过春风十里，尽荠麦青青。自胡马窥江去后，废池乔木，犹厌言兵。渐黄昏、清角吹寒，都在空城。　杜郎俊赏，算而今、重到须惊。纵豆蔻词工，青楼梦好，难赋深情。二十四桥仍在，波心荡、冷月无声。念桥边红药，年年知为谁生。

杜牧的笔下是“春风十里扬州路”，何等的繁华，而自金人窥江去后，却是一派萧条残破，惨不忍睹。词人在沉重的叹息中，抒发了无限的伤时念乱之情，寄托了深沉的家国之恨。无怪词前小序结尾说“千岩老人以为有《黍离》之悲也”。《黍离》是《诗·王风》篇名。周大夫过旧都宗庙宫室，见到的是禾黍离离，故彷徨不忍去而作是诗。

姜夔词在艺术上取得了很大成就。前人论述时，常常以一个“清”字加以概括，清空、清虚、清劲，或用“野云孤飞，去留无迹”加以形容。这都是姜夔词的主要美学特征。姜词还有一点值得重视，就是词前的小序写得引人入胜。前引《扬州慢》序文是如此，与六位友人月夜泛舟时所写的《湘月》小序也是如此：

> 长溪杨声伯典长沙楫棹，居濒湘江，窗间所见，如燕公、郭熙画图，卧起幽适。丙午七月既望，声伯约予与赵景鲁、景望、萧和父、裕父、时父、恭父，大舟浮湘，放乎中流，山水空寒，烟月交映，凄然其为秋也。坐客皆小冠綀服，或弹琴，或浩歌，或自酌，或援笔搜句。予度此曲，即念奴娇之鬲指声也，于双调中吹之。鬲指亦谓之“过腔”，见晁无咎集。凡能吹竹者，便能过腔也。

笔致凄清幽静，真有唐柳宗元“永州八记”小品文的味道。还有

《念奴娇》小序也是趣味盎然：

予客武陵，湖北宪治在焉。古城野水，乔木参天。予与二三友日荡舟其间，薄荷花而饮。意象幽闲，不类人境。秋水且涸，荷叶出地寻丈，因列坐其下。上不见日，清风徐来，绿云自动。间于疏处窥见游人画船，亦一乐也。

荷花飘香，荷叶如云，二三友人，列坐其下，真似蓬莱仙境。还有游人的主观感受，物我交融，亲密无间，更见一派闲情逸致。其后有许多人仿效姜夔，也作小序。明代公安、竟陵诸子的一些散文，也可以窥见姜夔小序的影子。

姜夔当然还有诗。他的诗早年学黄庭坚，从“江西诗派”入手，后转向学晚唐陆龟蒙、皮日休。早年的诗气魄比较宏大，如《昔游》“洞庭八百里，玉盘盛水银；长虹忽照影，大哉五色轮”等片段。而晚年的诗，尤其是七绝，写得颇为清峻，如《除夜自石湖归苕溪》十绝句（其一）：

细草穿沙雪半消，吴宫烟冷水迢迢。梅花竹里无人见，一夜吹香过石桥。

杨万里对他的诗评价很高，称赞为“有裁云缝雾之妙思，敲金戛玉之奇声”。

元好问

辽、金两个国家在历史上存在的时间并不短。契丹族建立的辽和北宋对峙了一百六十六年，女真族建立的金和南宋对峙了一百零九年。辽金立国的时间虽长，但文学成就却远不能和两宋相比。要不是金元之际出现了一个元好问，辽金的文学史就真的乏善可陈了。

元好问，字裕之，号遗山，金章宗明昌元年出生在太原府忻州秀容县，一个累世为宦的书香人家。父亲元德明自幼嗜读书，颇有诗名。在父亲的影响下，元好问七岁能诗。年十四，受业于著名学者郝天挺，六年而学有所成。此后他开始漫游四方，写了许多诗作。礼部尚书赵秉文见到元好问的诗，评价很高，认为“近代无此作也”，于是名动京师。金国的京都是中都，即今北京。

然而金国的江山越来越不安稳了。蒙古高原的成吉思汗崛起，构成了对金国的巨大威胁。金宣宗贞祐元年，蒙古军队挥师南下，连破十余州。随后又沿太行山北上，直取平阳、太原等地。二年三月，元好问的家乡忻州被攻破，蒙古人纵火屠城，杀死十余万人。元好问长兄元好古也在这时遇害。元好问自己历尽艰难，仅以身免。这场近乎疯狂的毁灭性的战争，给金国人民带来了巨大的痛苦和灾难，也让金统治者惶惶不可终日。同年五月，金廷仓皇南迁汴京，开始走上了衰亡的道路。

为避兵祸，元好问于贞祐四年举家逃亡到河南福昌三乡镇，不久移居登封，后来又在昆阳购置田地，营建别业。他或与达官名士流连诗酒，或以琴棋书画自娱自乐，很过了几年与世无争的日子。但他毕竟流落异乡，心情是苦闷的。

兴定五年，元好问三十二岁，中进士。他没有立即就选做官，而是袖风担月，往来于箕山颍水之间。这期间他写了更多的诗，诗名更大了。哀宗正大元年五月，赵秉文等举荐他入宏词科试，入选。凭着这份资格，他担任了国史院编修官。正好这时国史院修《宣宗实录》，他受命访求“先朝逸事”。这些逸事有褒有贬，有许多是对宣宗不利的，但他据实采录，秉笔直书，维护了史学“直笔”“征信”的优良传统。这是需要勇气的。

金哀宗正大三年到八年，元好问先后出任镇平、内乡、南阳三县县令。当时，县令的职责就是征粮催租。由于金国对蒙古作战，军费开支庞大，老百姓的税赋是平时的三倍多。身为县令，他既不忍向衣食无着的百姓征科，又为无粮佐军、军无储粮而忧虑。他有《内乡县斋书事》一首，正好写出了这种矛盾的心情：

吏散公庭夜已分，寸心牢落百忧薰。催科无政堪书考，出粟何人与佐军？饥鼠绕林如欲语，惊乌啼月不堪闻。扁舟未得沧浪去，惭愧舂陵老使君。

正大八年八月，元好问在南阳县令任上奉诏赴京，被任命为尚书省掾，不久除左司都事。这时金朝的江山已经朝不保夕，岌岌可危了。开兴元年三月，蒙古大军长驱直入，包围了汴京。十二月，金哀宗弃城逃跑。次年正月，汴京西面元帅崔立发动政变，杀死丞相完颜奴申等留守官员，向蒙古军献城投降。不献也守不住了。金宗室男女五百余人被掳至青城，全部被杀。元好问等其他金朝官员则被押送到聊城，成了亡国的囚徒。那个弃城逃跑的金哀宗逃往归德，打起了金国的旗号，做最后的挣扎。天兴三年正月，蒙古和南宋联军攻破归德，哀宗自缢，金朝灭亡了。南宋被金国欺负得太苦了，现在总算出了一口恶气。但出了恶气，吞下去的却是恶果。

就在亡国的前后几年里，元好问写下了大量动人心弦的诗作。统治者的腐败无能，侵略者的冷酷残暴，以及人民遭受的空前灾难，令诗人悲愤欲绝。在听到凤翔失陷、惨遭屠城的消息后，诗人哀悼道：

百二关河草不横，十年戎马暗帝京。岐阳西望无来信，陇水东流闻哭声。野蔓有情萦战骨，残阳何意照空城？从谁细向苍苍问，争遣蚩尤作五兵？（《岐阳三首》之二）

真是满腔悲愤，字字血泪。他被押往聊城，向北渡过黄河，看见蒙古军烧杀掳抢，无所不为，他无限悲伤，唱出了绝望的哀歌：

道旁僵卧满累囚，过去旃车似水流。红粉哭随回鹘马，为谁一步一回头？（《癸巳五月三日北渡》其一）

白骨纵横似乱麻，几年桑梓变龙沙。只知河朔生灵尽，破屋疏烟却数家！（《癸巳五月三日北渡》其三）

男人被杀死了，女人被抢走了，房子被烧光了，美丽的家乡变成一片荒漠。诗人眼中所见的情景，真是惨绝人寰，不忍投视。

在聊城关押了一段时间，元好问被解除拘管，过起了遗民生活。元太宗十一年，元好问回到了阔别二十四年的家乡秀容。他这时要做一件大事，就是保存金朝国史，收集金代诗歌和金代君臣言行录。他在家中筑起“野史亭”，开始了全方位的收集工作。通过二十余年的艰苦努力，他靠一个人的力量，编成了金代诗歌总集《中州集》，和金代君臣言行录《壬辰杂编》。这为后来修金史提供了许多可靠材料。这一贡献实在是非凡的，伟大的。

后人对元好问的诗歌评价很高。《金史·元好问传》说他“奇崛而绝雕刿，巧缛而谢绮丽”。自金元至今，文学评论家都把他看作是中国文学史上的“一代宗工”，比之李、杜、苏、黄。他对自己的诗也非常看重。曾嘱咐门人说：“某死之日，不愿有碑志也；墓头树三尺石，书曰‘诗人元遗山之墓’，足矣。”其诗今存一千三百八十余首。

他的《诗论三十首》也很有名。当然是受了杜甫《戏为六绝句》的影响。他提倡《诗经》《离骚》以来所谓“正体”的优秀传统，尤其推崇“梗概而多气”的“建安风骨”。他喜爱淳朴自然，最欣赏《敕勒歌》中所表现的“中州万古英雄气”，不满孟郊的穷愁苦吟，反对雕琢华艳。他说：

望帝春心托杜鹃，佳人锦瑟怨华年。诗家总爱西昆好，独恨无人作郑笺。（《论诗三十首》其十二）

宋初的馆阁之臣杨亿、刘筠、钱惟演等，作诗效法李商隐，以组织典故、华丽工巧为特色，被称为“西昆体”。这里用“西昆”指代李诗。“郑笺”是指东汉经学家郑玄为儒家经典所作的笺注。元好问揭出了李诗的瑕疵，也对效尤者提出了中肯批评。

元好问的散文也写得好。他的《送秦中诸人引》是传诵的名篇。文章以浓墨重彩极写山川之胜、人情之美，文风沉稳，气魄宏大，文人才子潇洒飘逸之气，跃然纸上。

文天祥

文天祥是汉民族值得骄傲的伟大人物。他的“人生自古谁无死，留取丹心照汗青”的民族气节和情怀，至今让我们钦佩不已。

父亲文仪是一位饱学正义之士，文天祥自小就受到良好的家庭教育。二十岁的时候，进入庐陵白鹭洲书院攻读。那时白鹭洲书院的主持是著名学者欧阳守道，他治学以“有益于时用”为宗旨，不以高谈虚语以自标榜于一时，这对文天祥的成长产生了良好的影响。

文天祥的家乡庐陵，自古是人文荟萃之地。他在游乡学时见到欧阳修、杨邦乂、胡铨等人的塑像，欣然慕之，说：“我如果不像他们一样，俎豆其间，枉为男子汉！”文天祥就是在这样的文化背景下成长起来的。

宋理宗宝祐四年，年方二十的文天祥考中进士。皇帝把所有的新进士召入集贤殿对策，文天祥以法天不息为对，洋洋万言，不为草稿，一挥而就。理宗阅卷大喜，亲擢为第一（即状元）。考官王应麟也很兴奋，他对理宗说：“文天祥这篇论策古谊如龟鉴，忠肝如铁石，我为您得到人才而高兴。”文天祥的名字一时传遍天下。

开庆元年，被任命为宁海军节度判官。这时元兵大举伐宋，京师危急，宦官董宋臣怂恿理宗迁都逃走，朝臣没有人敢发言，文天祥立即上疏：“六师一动，变生无方，臣恐京畿为血为肉者，今已不可胜计矣”，并“乞斩宋臣，以一人心”。文天祥的疏奏上去了，但理宗没有答复。文天祥悲愤至极，辞去官职还乡。

理宗不久又起用他。数迁至刑部郎官。这时宋臣复出为都知，文天祥又上书极言其罪，但理宗还是不答复。后文天祥出守瑞州，改江西提刑，迁尚书左司郎官，寻除军器监兼权直学士院。因为忠正耿直，敢忤权奸，文天祥三次被台臣上书奏免。但文天祥抱定“公尔忘私，国尔忘家”的信念，笑对排挤，不屈不挠，表现了非凡的胆识和气魄。

咸淳九年，起为湖南提刑。这时他去拜访故相江万里。江万里素奇文天祥志节，他以关切的眼光看着文天祥说：“宋瑞（天祥字），天时人事当有变，我见的人多了，能负天下之责的，就在你了。你要多多保重啊!”前辈的勉励，使文天祥激动不已。他深感重任在肩，义不容辞。

咸淳十年九月，元世祖忽必烈命丞相伯颜率军二十万侵宋。元军长驱直入，如入无人之境，宋城池要塞纷纷陷落，谢后降颁《哀痛诏》：“愤兹丑虏，闯我长江，乘隙抵巇，诱逆犯顺。”乃召唤天下军臣，忠肝义胆，起兵勤王。

宋恭帝德祐元年正月十三日，文天祥在知赣州任上接到勤王诏书。历史把文天祥推到了风口浪尖上。他立即移檄诸路，并以家赀为军费，号召天下英雄聚集，保卫宋室。一时响应者如云，短期内聚兵五万。八月拥军至京师临安，驻兵西湖之上。九月，除浙西江东制置使，知平江府事。这时伯颜军已发金陵入常州，文天祥遣将解常州之围，不幸败于五木。又以独松关危急，趣师入卫，未至而关失守。

德祐二年正月十八日，伯颜大军势如破竹，进驻皋亭山，临安危在旦夕。宰相陈宜中逃走，朝臣纷纷作鸟兽散。在此危急时刻，文天祥被任命为右丞相兼枢密使，都督诸路兵马。这时伯颜邀宋朝当国者相见，文天祥挺身前往，与之舌战于皋亭山。文天祥措辞慷慨，令元酋“为之辞屈而不敢怒”。元军无奈，乃强行扣留文天祥。二十一日，谢后派遣宰相吴坚、贾庆余以国降，南宋灭亡。二月五日，吴坚、贾庆余等奉降表赴元京大都，文天祥也被胁迫北行。至京口，文天祥设法逃脱，到达宋军据守的真州。在《指南录后序》中，文天祥连用二十二个“死”字，来形容这次虎口脱险的艰难经历。

在真州的文天祥雄心万丈。他想挽狂澜于既倒，复国脉于淮水。但淮西制置使夏贵早已降元，淮东制置使李庭芝也不接纳他，文天祥毫无办法，复国希望化为泡影。无可奈何之下，他又开始辗转跋涉，泛海经温州至福安。先期逃至福安的陈宜中、张世杰拥立八岁的益王赵昰称帝，是为端宗，改元景炎。南归的文天祥被任命为右丞相。

文天祥到南剑州聚兵抗元，成立都督府，号召各地起兵，夺回江西。原来随文天祥起兵的旧部，一部分来到福建，福建当地人也参加了文天祥的队伍。景炎元年十一月，文天祥移兵到汀州。元军追过来，天祥遂移兵漳州。元军又追，天祥依靠人民群众的支持，在雩都大败元军，进而攻下兴国，并收复了赣州和吉州的一部分属县。南宋复国这时出现一线希望。

元军随即增派骑兵，发动反攻，文天祥寡不敌众，被元军打败。文天祥收残兵奔循州，驻南岭。这时文天祥和帝昰小朝廷失去了联系。景炎二年二月，文天祥进兵海丰，向潮州移动。

这年三月，帝昰在广州湾病死，陆秀夫、张世杰又拥立八岁的卫王赵昺作皇帝，改元祥兴，继续打宋朝的旗帜。陈宜中见大势已去，又乘机逃走。这个见风使舵的小人。六月间，帝昺的小朝廷迁到大海中的厓山，企图以大海为屏障来保存自己。

元朝以张弘范为都元帅，海陆并进，大举南下，当然是想一举消灭宋军的残余。这时文天祥退出潮阳，转到海丰北的五岭坡。正在埋锅造饭，张弘范兵追来了，众不及战，文天祥被俘。

元兵把文天祥带去见张弘范，左右令之拜，文天祥扬扬而立，不肯下拜。张弘范把文天祥押到船上，那是元朝水军进攻厓山的兵船。张弘范要文天祥作书招张世杰投降。文天祥说："我不能捍卫父母，却叫人去叛变父母，有这样的道理吗？"张弘范强要，文天祥乃书《过零丁洋》诗与之：

辛苦遭逢起一经，干戈寥落四周星。山河破碎风飘絮，身世浮沉雨打萍。惶恐滩头说惶恐，零丁洋里叹零丁。人生自古谁无死，留取丹心照汗青。

张弘范读了诗，也深为感动，连连说："好诗，好诗！"也就不再相强。战斗开始了，宋军一败涂地，陆秀夫抱帝昺投海死。张世杰也死了。宋朝残存的抵抗力量完全覆没。文天祥目睹激战，向南痛哭，写下《二月六日海上大战》，描述了厓山大海战的惨烈，读来感人肺腑。

张弘范把文天祥押解到元大都，关在狱中。元朝统治者想尽一切办法，劝诱文天祥投降。先是宋朝的宰相状元留梦炎来。他逃跑后投降元朝做了官，元世祖忽必烈派他来劝降。他刚开口，就遭到了文天祥的痛骂，留梦炎狼狈而回。忽必烈又派俘虏来的亡国皇帝赵㬎来，文天祥只是连声说：“圣驾请回。”文天祥决心以身殉国。他在狱中作《正气歌》说：“天地有正气，杂然赋流形。下则为河岳，上则为日星。于人曰浩然，沛乎塞苍冥。……是气所磅礴，凛烈万古存。当其贯日月，生死安足论。地维赖以立，天柱赖以尊。”

文天祥被关押三年余，元朝统治者对他的凛然正气也相当佩服。后忽必烈亲自来劝降，文天祥仍然大义凛然拒绝。他临刑从容，英勇就义。其妻收其尸，其衣带中有赞曰：“孔曰成仁，孟曰取义，惟其义尽，所以仁至。读圣贤书，所学何事，而今而后，庶几无愧。”他忠于宋室，真的做到了问心无愧。

文天祥是南宋末世最有成就的诗人和散文家。他前期的诗受江湖诗人影响较深，后期则主要学杜甫。他诗歌的精华主要是后期的作品。国难当头，国破家亡，文天祥身为楚囚，蘸泪写诗，故其诗如杜甫沉郁顿挫，慷慨悲凉。他的前后《指南录》、《吟啸集》，以及《集杜诗》二百首，指斥奸臣的专权误国、元军的冷酷野蛮，表现志士的浴血奋战，以及自己坚持民族气节的自豪感，惊天地，泣鬼神，完全可以当作宋末的史诗来读。

他的散文则一扫南渡后散文的拘谨畏缩，大开大阖，宏论滔滔，有如长江大河，一泻千里而有余。代表作是他在集贤殿一挥而就的《御试策》，说理透彻，气势磅礴。而他的名篇《指南录后序》，则把叙事和抒情紧密结合，描写自己颠沛流离、万死南归的传奇经历，字里行间，澎湃着至死不渝的爱国激情，读来催人泪下。游记散文《文山观大水记》，以移步换形之笔，把大水的声势表现得惊心动魄，不可逼视，有很高的艺术价值。

关汉卿

元朝的建立，结束了中国境内宋、辽、夏、金以及吐蕃、大理等长期并存的局面，成为幅员辽阔的泱泱帝国。泱泱帝国总是需要新的文学样式来表现自己。于是一种新的文学样式，即元杂剧应运而生。

元杂剧是在金院本的基础上发展起来的。由于它在元代空前的繁荣，从而使它在文学史上获得了和唐诗、宋词并称的地位。关于元杂剧空前繁荣的原因，史学家众说纷纭。但有一个重要原因是不可忽视的，那就是几位伟大戏剧家的推波助澜。这几位戏剧家就是文学史上并称的“元曲四大家”：关汉卿、马致远、郑光祖、白朴。毫无疑问，元杂剧的奠基人关汉卿位居“元曲四大家”之首。贾仲明的《书〈录鬼簿〉后》也持有这样的观点。他在悼词中称关汉卿为“驱梨园领袖，总编修师首，捻杂剧班头”。当时北方杂剧作家高文秀有“小汉卿”之称，而南方戏剧作家沈和甫被称为“蛮子汉卿”，可见关在元代剧坛上举足轻重的地位。

但有关关汉卿的生平资料却非常缺乏。钟嗣成的《录鬼簿》记他号“已斋叟”，大都人，曾任太医院尹。清初编的《祁州志》说他是祁州伍仁村人，当地也流传着许多关于关汉卿的传说。可能他的原籍是祁州，因为后来从事戏剧活动，才来到大都定居的。关于他的生卒年月，就更加的扑朔迷离。现在根据种种迹象推断，他大约生在金宣宗贞祐、元光之间，卒于元成宗大德年间。

蒙古王朝在改元之前，是不注意保护儒士的。金亡前一年，著名作家元好问上书蒙古重臣耶律楚材，要求保护儒士。正是在耶律楚材的努力下，窝阔台即汗位后第十年，即金亡后第四年，实行第一次科举取士。但随后这种取士方式就遭到了统治集团的强烈反对，科举取士中断了。《析津志》把关汉卿列于《名宦传》，传中说：“是时文翰晦盲，不能独振，淹于辞章者久矣。”意思是说当时科举未能举行，他不能以翰墨为世人所知。

《析津志》还说他“生而倜傥，博学能文，滑稽多智，蕴藉风流，为一时之冠”。传说他和大名的王和卿是好朋友。二人都是滑稽佻达之士，经常唇枪舌剑，相互讥讽戏谑。其结果往往是王略占上风，而关终不能胜。王突然去世。去世时的样子很奇怪，他是坐着死的，两个鼻孔里鼻涕有一尺多长。关来吊唁，问王怎么是这个样子。有人就告诉他，这就是释家所谓坐化也。他又问鼻悬何物？有人说这是玉箸。关说：“我说你怎么会认识这个东西呢？这不是玉箸，这是嗓。”众皆大笑起来。原来“嗓”当时有这样两层意思：一是六畜劳伤，则鼻中常流脓水，谓之嗓；二是爱攻讦人过失者，亦称之为嗓。就有人嘲笑关汉卿说，你被王和卿轻辱了半世，现在他死了，你才胜了一筹。你胜得不容易啊！

关汉卿写有一套带有自传体性质的散曲［南吕·一枝花］《不伏老》，其中［黄钟煞］一支广为传诵：

> 我是个蒸不烂、煮不熟、槌不匾、炒不爆、响当当一粒铜豌豆；恁子弟每谁教你钻入他锄不断、斫不下、解不开、顿不脱、慢腾腾千层锦套头。我玩的是梁园月，饮的是东京酒，赏的是洛阳花，攀的是章台柳。我也会围棋、会蹴踘、会打围、会插科、会歌舞、会吹弹、会咽作、会吟诗、会双陆。你便是落了我牙，歪了我嘴，瘸了我腿，折了我手，天赐与我这几般儿歹症候，尚兀自不肯休。则除是阎王亲自唤，神鬼自来勾，三魂归地府，七魄丧冥幽，天那，那其间才不向烟花路儿上走！

这一段话可以看出他的性格特点，他是一个相当倔强，不服输、有个性的人。这和前面的故事可以相互印证。同时也可窥见他生活的一斑：混迹勾栏，作风浪荡。他在［梁州］一支里说：“我是个普天下郎君领袖，盖世界浪子班头。”在《不伏老》的开头更直接说和许多女人有来往：“攀出墙朵朵花，折临路枝枝柳；花攀红蕊嫩，柳折翠条柔。浪子风流。凭着我折柳攀花手，直煞得花残柳败休。半生来折柳攀花，一世里眠花卧柳。”这些女人中有名有姓的只有一位，就是名演员珠帘秀。二人关系密切，关汉卿曾写［南吕·一枝花］赠给她。珠帘秀本人也会写散曲。她在［正宫］《醉西施》里写道：“检点旧风流，近日来渐觉小蛮腰瘦。想当初万种恩情，到如今反做了一场僝僽。害得我柳眉颦秋波水溜，泪滴春衫袖，似桃花带雨胭脂透。绿肥红瘦，正是愁时候。”也是一个多情女人。

元朝统一以后，关汉卿曾南游杭州，写下著名散套［南吕·一枝花］《杭州景》：

普天下锦绣乡，环海内风流地。大元朝新附国，亡宋家旧华夷。水秀山奇，一到处堪游戏，这答儿忒富贵。满城中绣幕风帘，一哄地人烟凑集。

这次南行，他还到过扬州。他在《赠珠帘秀》散曲中写道：“千里扬州风物妍，出落着神仙。”他的著名杂剧《窦娥冤》可能就写于这次南行中。也许是淮扬一带流传很广的一个冤狱故事，他把它提炼改编而成。

《窦娥冤》是关汉卿的代表作，也是元杂剧中悲剧的典范。此剧写秀才窦天章因无力偿还蔡婆的高利贷，而将女儿窦娥典押给蔡婆做童养媳。不幸窦娥成婚后不久，又做了寡妇。这时恶棍张驴儿父子出现了。张驴儿企图霸占年轻的窦娥，他买来毒药，打算毒死蔡婆，不料阴差阳错，误毒了自己的父亲。张驴儿于是嫁祸于窦娥。州官接受了张的贿赂，严刑逼供，窦娥苦打成招，被判处斩决。在刑场上，窦娥满腔悲愤，控诉了封建吏治的黑暗：

有日月朝暮悬，有鬼神掌着生死权。天地也！只合把清浊分辨，可怎生糊涂了盗跖、颜渊？为善的受贫穷更命短，造恶的享富贵又寿延。天地也！做得个怕硬欺软，却原来也这般顺水推船！地也，你不分好歹何为地！天也，你错勘贤愚枉做天！哎，只落得两泪涟涟。

呼天抢地，一字一泪。窦娥短暂的一生，是孤女、童养媳、寡妇，她是想顺从命运的，是想遵从封建道德规范的，但恶势力的残暴、吏治的黑暗，还是让她走上了绝路。窦娥的呐喊与控诉，响亮表达了普通人民的正义呼声，猛烈抨击了是非不分、人妖颠倒的封建制度，有非常深刻的历史意义。

关汉卿写了六十多种杂剧，今存十八种，除《窦娥冤》外，还有《救风尘》《单刀会》《拜月亭》最为著名。他的杂剧在艺术上有明显特色：结构紧凑，情节曲折，人物形象鲜明生动。尤其是语言，个性化极强。从上面窦娥的唱词就可以想见大概。王国维评价说："关汉卿一空倚傍，自铸伟词，而其言曲尽人情，字字本色，故当为元人第一。"他的评价是公允的。

高 启

高启是文人当中死得最惨的一个。他是被明朝开国皇帝朱元璋腰斩的。朱元璋对高启恨之入骨，亲自监斩，他要看着这个孤高自许、不识抬举的小子怎样死去。据说高启被腰斩后并没有马上死掉，而是痛苦地扭动着上半截身子，蘸着自己淋漓的鲜血，写下了“惨、惨、惨”三个鲜红的大字。这一幕实在是惨绝人寰，就连杀人如麻的朱元璋也感到惊心动魄。后来他被噩梦缠绕，夜不成寐，不久就去世了。

高启被腰斩的原因，说来却是不值一提。那是洪武六年，苏州知府魏观兴建府衙。府衙上梁的时候，魏观为记其盛事，当然也是为排场热闹，特地请来隐居青丘的高启撰写《郡治上梁文》。魏观兴建府衙的地方，正是张士诚宫殿的遗址。张士诚原是朱元璋的死对头，二人曾为争夺天下，打得焦头烂额。这就被朱找到了借口——“兴灭王之基”，这还了得？魏观被诛。魏观被诛杀以后，朱读高所作的《郡治上梁文》，当读到“龙蟠虎踞”等句子，勃然大怒。“龙蟠虎踞”当为帝王所居之地，把张士诚住过的地方也称“龙蟠虎踞”，岂非大逆不道？于是高启横遭厄运。

其实朱元璋杀高启，还另有原因，这个原因就是高启不愿与之合作。元末混乱之际，高启一直隐居故乡青丘，自号青丘子。他性格疏狂，落拓不羁，在早年所作的《青丘子歌》里，他说：“蹑屩厌远游，荷锄懒躬耕。有剑任羞涩，有书任纵横。不肯折腰为五斗米，不肯掉舌下七十城。但好觅诗句，自吟自酬赓。”又说：“当其苦吟时，兀兀如被酲。头发不暇栉，家事不及营。儿啼不知怜，客至不果迎。不忧回也空，不慕猗氏盈。不惭被宽褐，不羡垂华缨。不问龙虎苦战斗，不管乌兔忙奔倾。向水际独坐、林中独行。”这说明他沉迷于读书苦吟，不关心现实，也不愿同流合污。但他诗写得好，有了大名。

就是靠这份大名，他在洪武初就被召修元史，授翰林院编修。此时国家一统，朝气蓬勃、风华正茂的诗人，心中洋溢着喜悦，以及对未来的美好憧憬。他的代表作《登金陵雨花台望大江》就是此时所写：

大江来从万山中，山势尽与江流东。钟山如龙独西上，欲破巨浪乘长风。江山相雄不相让，形胜争夸天下壮。秦皇空此瘗黄金，佳气葱葱至今王。我怀郁塞何由开？酒酣走上城南台。坐觉苍茫万古意，远自荒烟落日之中来。石头城下涛声怒，武骑千群谁敢渡？黄旗入洛竟何祥，铁锁横江未为固。前三国，后六朝，草生宫阙何萧萧！英雄乘时务割据，几度战血流寒潮。我生幸逢圣人起南国，祸乱初平事休息，从今四海永为家，不用长江限南北。

落笔就给人一种博大昌明的气象，结尾更是意气高昂，充满期待。按说高启是可以前途无量的。但时间不长，高启便对朱明政权产生了厌恶。朱元璋在政治上的高压和杀戮政策，使高启望而生畏、惴惴不安。他在《步至东皋》中写道："斜日半川明，幽人每独行。愁怀逢暮惨，诗意入秋清。鸟啄枯杨碎，虫悬落叶轻。如何得归后，犹似客中情。"虫子用一根细丝悬在半空，随时都有被鸟儿啄食的危险。这个毫无着落与安全感的意象，正是高启此时的心态。高启早就想离开这个令人恐怖的地方了。

但朱元璋却很欣赏高启。在修元史的过程中，他看到了高启的才华。这样的人才正是朱明所需要的。洪武三年，朱元璋下诏令，擢拔高启为户部侍郎。两年而为户部侍郎，这样的晋级速度是惊人的。高启该感恩戴德了。但令朱元璋意想不到的是，高启固辞，说什么也不肯接受。他要去老家青丘归隐。朱元璋一时懵住了。但他又毫无办法。人家辞官不做，归隐故土，又没有犯王法。朱元璋表示出少有的大度：赐白银放还。

回到青丘的高启以授徒为生。高启大名在外，生源是不成问题的，衣食可以无忧。但朱元璋有忧，且有恨。这小子，不给面子，不与新王朝合作。"率土之滨，莫非王臣。寰中士大夫不为君用，是自外其教者，诛其身而没其家，不为之过。"这是朱元璋说的。现在高启就是"自外其教者”。

他叫人分析高启的所有诗作，从而找出欲加之罪的蛛丝马迹。还用找吗，高启的诗作里有的是。高启有《题宫女图》：“女奴扶墙踏苍苔，明月西园侍宴回。小犬隔花空吠影，夜深宫禁有谁来？”这不是在借古讽今，说我老朱淫乱吗？还有，他早年的《青丘子歌》有“不闻龙虎苦战斗”之句，那时我老朱率军与元军、陈友谅、张士诚三方强敌“苦战、苦斗”，你竟作壁上观，说风凉话。何况，谁是龙？谁是虎？你说给我听听看！最令人不能容忍的是，他竟在《太白三章》里说：“新丰主人莫相忽，人奴亦有封侯骨。”这不是嘲笑我老朱放过牛、当过和尚吗？

朱元璋嗜杀成瘾，他对那些帮他打天下的功臣都敢下狠手，还会饶过一个令他极度不快的文人吗？欲加之罪，何患无辞？朱到底就找了这么一个理由，把高启置于死地。只是高启死得太惨，让人不寒而栗。

朱元璋是个半文盲，你的水平高，超过我，我就要你梦断人间。远的不说，单说“明初四杰”，就无一幸免。明初诗人很多，人们模仿唐初王、杨、卢、骆，而遴选出高启、杨基、张羽、徐贲称之为“明初四杰”。在朱元璋时代而被戴上这样的桂冠，这不是找死吗？杨基被无缘无故罚作苦工，最后死在工所；张羽也不知什么原因，被绑起来扔到长江喂了鱼；徐贲还有一个罪名：犒军不及时，被下狱折磨致死。但是他们相比高启来说，又是幸运的。他们死的方式要轻松得多了。

其实朱元璋如果善待文人——所谓善待，无非是饘粥足以糊口、布絮足以蔽体而已，这些文人所取得的成就，不也就是朱明时代的成就吗？不也就是朱明时代的功德吗？比如高启，如果让他终其天年，不知会有多少鸿篇巨制、佳作杰构流传后世。人们每每提及高启，当然就会提及大明，提及朱元璋，那样一个温暖的朝代，那样一位伟大的皇帝。但朱元璋没有这样做。

高启虽然只活了三十九岁，后人却尊称他为“明初诗人之冠”，清人纪晓岚、赵翼对高启评价极高。毛泽东也称他为“明朝最伟大的诗人”。他的诗歌众体兼长，风格多样。他模拟取法，学什么像什么，用纪晓岚的话说就是“其于诗，拟汉魏似汉魏，拟六朝似六朝，拟唐似唐，拟宋似宋，凡古之所长无不兼之”。不过，高启的“拟”，绝不是简单的模仿，而是取其精髓，自成一体，丝毫看不出模仿的痕迹。比如他的歌行体，就是刻意学李白，但我们却看不出李白的痕迹。硬要说痕迹，就是李白的气韵荡漾在高启的诗里。如《醉歌赠宋仲温》：

书足记姓名，剑可酬恩仇。少学两不就，空作澹荡游。与君相逢在东州，赤气浮面非凡俦。驱车欲过公子宅，苦心莫伸涕横流。黄云已蔽燕国晚，白露正满梁园秋。天高海阔无处往，借问何以销烦忧？千石酒，万户侯，请君论此谁当优？吴门日出花满楼，醉眠不须遣客休。君留绿绮琴，我脱紫衣裘。今朝春好能饮否？东风吹散江南愁。

高启还写有许多乐府诗，反映农村现实生活。由于大部分时间住在农村，他对农村和农民是熟悉的：

东家西家罢来往，晴日深窗风雨响。三眠蚕起食叶多，陌头桑树空枝柯。新妇守箔女执筐，头发不梳一月忙。三姑祭后今年好，满簇如云茧成早。檐前蝶车急作丝，又是夏税相催时。

这首题为《养蚕词》的乐府诗，写蚕家喂蚕、收茧的辛苦繁忙，而等到蚕茧如云，却又担心夏税相催，这就写出蚕家的真实感情，那种艰苦的汗味的生活。

他的七言律诗，内容不是十分丰富，无非登临、怀古之类，但却有很高的艺术造诣。例如《清明呈馆中诸公》：

新烟著柳禁垣斜，杏酪分香俗共夸。白下有山皆绕郭，清明无客不思家。卞侯墓下迷芳草，卢女门前映落花。喜得故人同待诏，拟沽春酒醉京华。

此诗当作于诗人修元史的时候。帝京的清明，一方面是烟柳繁花，春色撩人；一方面是追思先人，凭吊之情油然而生。诗人以喜衬悲，涵浑从容，其韵致风神，接近一些盛唐人的风格。

王守仁

王守仁，浙江余姚人，早年读书于绍兴会稽山阳明洞，故世人称之为“阳明先生”。提王守仁的名字，可能会有人陌生，但提王阳明，却是天下无人不晓。王阳明创立的心学，风靡有明一代，至今影响犹未已。

王守仁出生的时候，他祖母做了一个奇梦，梦见有位神仙踏着云抱着小孩送到他们家来，所以给他取名“云”。云长到五岁还不会说话。有一天来了一位云游的高僧。高僧说，这孩子叫云不行，要叫守仁，叫守仁他就会说话。说也奇怪，王云改名王守仁，果然就开口说话了。他一开口说话，家里就把他送到私塾读书。想不到他聪明异常，所学的四书五经，倒背如流。背书之余，他酷爱下象棋。父亲王华认为下象棋影响学业，就把儿子的象棋丢到了河里。小守仁心受到震动，乃赋诗一首励志曰：

> 象棋终日乐悠悠，苦被严亲一旦丢。兵卒坠河皆不救，将军溺水一齐休。马行千里随波去，象入三川逐浪游。炮响一声天地震，忽然惊起卧龙愁。

王守仁十岁的时候，父亲王华高中状元。父亲带他赴京，路过金山寺，与朋友诗酒聚会，咏金山寺。父亲和朋友还在苦思冥索，王守仁的诗早口号而成：“金山一点大如拳，打破维扬水底天。醉倚妙高台上月，玉萧吹彻洞龙眠。”四座无不惊叹。

二十岁，王守仁参加乡试，被录取为举人。二十八岁，参加会试，被录取为进士。朝廷正在讨论西北边防的大事，王守仁整理了八条意见呈上去，很受赏识。不久被授为刑部主事，后来又做了兵部主事。按说，王守仁的仕途是无限光明的。

但八年后发生了一件事。那是正德元年冬天，宦官刘瑾兴起大狱，把南京的二十几名官员抓了。年轻的王守仁觉得刘瑾太过分了，挺身而出，向皇帝上奏章营救。刘瑾是武宗朱厚照的宠臣，有恃无恐，当时就令人把王守仁裤子扒下，廷杖四十。廷杖完了，还不罢休，谪王守仁为贵州龙场驿丞。

龙场在万山丛中，四围遍布瘴疠之气，环境险恶，身体稍弱一点的，将有去无回。王守仁在龙场驿丞任上，曾目睹一个来自京师的吏目官挈一子一仆，耐不住阴雨昏黑，全部倒毙在龙场驿途中。王守仁率二童子持畚锸瘗埋三人尸体，写下感泣千古的散文《瘗旅文》。幸好王守仁从小骑马射箭，练就了一副好身板。他不仅没有死，还在孤独的环境中，对《大学》的中心思想及陆九渊的心学，有了新的发现及领悟，史称“龙场悟道”。

后来刘瑾因为贪婪专权，被武宗诛杀。刘瑾被诛杀以后，王守仁的处境有了转机。他从龙场驿丞一路升迁，三年时间就升到了鸿胪卿，正四品。三年后，又被兵部尚书王琼保举为都察院右佥都御史，巡抚南康、赣州地区。当时这两个地区盗匪蜂起，形势十分严峻。王守仁到任后的首要任务，将是如何制止、平定盗匪的攻剽抢掠。王守仁要去带兵打仗，以文官之身去行武官之事，这对于王守仁实在是一个考验。

王守仁上任后，马上察觉到州府内有匪首的耳目。有一个老吏的举止鬼鬼祟祟，十分可疑。传到身边秘密审问，果然是匪首安插的一个耳目。王守仁好言抚慰，要他归顺朝廷，做反耳目。老吏答应了。以耳目之身而为反耳目，老吏驾轻就熟，做得十分成功。不久王守仁就洞悉了几股盗匪的真实情况。

王守仁布置好了精锐，却佯装退师。大帽山的盗匪叫詹师富，以为这是攻打官军的好时机，倾巢而出追赶。王守仁的精锐掌握最佳时机，从埋伏的地方出其不意冲杀出来。连破四十余寨，俘斩七千有奇，连匪首詹师富也活捉了。首战就取得了大胜利，王琼高兴得不行，连忙将王守仁的战功上报朝廷。

王守仁经过了一场实战，发现了一个大问题，就是赏罚将士要得到朝廷的批准，这样一来一去，很影响将士的情绪。王守仁将这个问题报告给王琼，王琼马上上疏朝廷，请求朝廷给守仁旗牌，提督军务，得便宜从事。所谓便宜从事，就是王守仁可以视战场的实际情况，自行处理军务，赏罚将士。因为王守仁打了大胜仗，朝廷二话没说就答应了。王守仁乃改编兵制，任命将官，颁布命令。王守仁成了军中的最高统帅，指挥起来更加方便，更有权威，军队的战斗力大大提高了。

王守仁带领这支军队南征北战，立下了赫赫战功。三年下来，竟把南康、赣州地区平定了。王守仁所将皆文吏及偏裨小校，平定数十年而未能平定的巨寇，远近上下惊为神。朝廷大加奖励，进为右副都御史，予世袭锦衣卫百户，再进副千户。

这就到了正德十四年，王守仁已经四十七岁。这时福建发生叛乱，朝廷急令王守仁星夜兼程去福建平乱。行至江西丰城，人报南昌宁王朱宸濠反。朱宸濠是宁献王朱权的第四代继承人（朱权是明太祖朱元璋的第十七子），弘治十年嗣宁王位。宁王借口武宗荒淫无道，集兵号十万造反，他略九江，破南康，出江西，率舟师下江，气势很盛，情况相当危急。

王守仁回师吉安，治器械舟楫，然后发出讨贼檄文，传各地守令率吏士勤王。这时王守仁最担心宁王挥师东下，一鼓而攻战南京。如果南京为宁王所得，宁王就有了称帝的资本，同时也占有了地利，那就不容易对付了。王守仁虚张声势，利用谍人假情报，扰乱宁王的视线。宁王观望徘徊，耽误时间达半月之久。王守仁利用这一宝贵时间，布置好了南京的防守。宁王攻打南京的计划，化为泡影。

宁王知道自己中了王守仁的圈套，恼羞成怒，乃率精锐六万渡长江攻打安庆。王守仁与部下商议，该如何迎敌。部下有人说应急救安庆。王守仁洞若观火，他说："现在九江、南康已经被宁王占领，如果我们越过南昌跨江救安庆，就会腹背受敌。现在南昌空虚，我军可一举攻破。宁王听说南昌失守，定会回师来援，这时我们在鄱阳湖全面迎击，宁王可擒也。"

王守仁攻占了南昌，宁王率精兵回救。王守仁派诸将分五路迎击，宁王的军队被分割成五部分，惨遭大败。宁王见局势不妙，急调九江、南康的精锐部队出击，王守仁派大军分成数路迎战。这一战打得十分惨烈，官军曾一度退却，王守仁令部将立斩后退之人，军队方稳住阵脚，反败为胜。宁王退保樵舍地区，将大船结成方阵，拿出金银珠宝犒赏士兵，准备殊死一搏。

王守仁乃效赤壁之战，以小舟载薪，乘风纵火，焚毁了宁王的副船，王妃娄氏及宫人皆投水死。宁王的船搁浅，易船逃亡，但旋被擒获，手下大臣亦无一漏网，王守仁平宁王之乱取得彻底胜利，前后只用了三十五天时间，被人称为“大明军神”。

王守仁立了大功，本应该得到封赏，但武宗跟前布满了小人，进谗不断。安边伯许泰、提督军务太监张忠，对人说：“王守仁，一介文士，侥幸得胜耳。他连箭也不会射。”王守仁的部下都为之不平，要王守仁射箭给他们看看。王守仁不想在这个问题上浪费时间，不肯射。许泰、张忠更来劲了，竟在王守仁耳边说：“心虚了吧，你有本领就射给我们看呀。”王守仁没有办法，叫人布置了靶场，站立在百步之外，只见他拈弓搭箭，弓如满月，箭如流星，“嗖、嗖、嗖”三箭，全部皆中靶心。全军欢声雷动，许泰、张忠则赧颜报惭，低下头去。

大学士杨廷和与王琼不协，王守仁前后平贼，率归功王琼，杨廷和不高兴，亦多方阻拦皇帝给予的赏赐。但王琼等给王守仁请功，皇帝论功，特进王守仁光禄大夫、柱国、新建伯，世袭，岁禄一千石。不久丁父忧，回里守庐墓三年。期满，朝廷未复召用。直到嘉靖六年，思恩、田州土酋造反，两广总督束手无策，王守仁才重新被起用。他以原官兼左都御史，总督两广兼巡抚。王守仁在赴两广途中，给皇帝上书，言对待土酋不能只用兵，而应该是用兵与安抚相结合。王守仁的安抚绥靖政策果然获得成功。不费兵卒，思恩、田州相安无事，王守仁又立大功。

但多年征战，鞍马劳顿，王守仁的身体越来越不行了，乃上疏乞骸骨。在归舟中去世，卒年五十七。临终之际，他身边的学生问他有何遗言，他说：“此心光明，亦复何言？”诏赠新建侯，谥文成。万历十二年从祀文庙。

王守仁一生戎马倥偬，然不废读书，著述甚丰。他死后，由门人蒐辑成《王文成公全书》三十八卷。在哲学上最重要的著作是《传习录》和《大学问》。王守仁说：“心外无物，心外无事，心外无理，心外无义，心外无善。”他认为一切事物都产生于人心，是人心发生意念活动的结果，没有心就没有客观事物，所以心是宇宙的本体，是第一位的。一次，王守仁与友人在南安山游玩，友人诘难他说：你说天下无心外之物，这山中的花自开自谢，于我的心有什么相干呢？王守仁辩解说：“你未看此花时，此花与你心同归于寂；你来看此花时，则此花颜色一时明白起来，便知此花不在你的心外。”这就是说，人没有看花时，花没有表现；待到人看它时，花的颜色才显现出来。可见花不在人的心外，而在心里。

王守仁还是著名的教育家。他曾在江西修濂溪书院，在绍兴、余姚创立稽山书院、阳明书院，在广西兴办思田学校、南宁学校和敷文书院，并曾集门人在白鹿洞讲学。王守仁常用育树说明其教育思想。他说，树木总是先抽芽，长叶，生枝，然后长成树干。人们往往只看见参天大树，却不曾想一想，没有幼芽，哪有参天大树呢？而幼芽没有根就不能生长，所以树木之本在于根，有根则生，无根则死。什么是育人之根呢？培养良知、道德意识就是育人之根。

他的学说自明朝中叶后开始流行，形成了阳明学派，影响很大。徐阶、张居正、海瑞、蒋介石、陶行知等都是他的信徒。陶行知的名字就是根据其“知行合一”学说而取的。蒋介石把台北草山易名为阳明山，就是为纪念王守仁。王守仁的学说在日本很受欢迎。日本大将东乡平八郎有一块腰牌，上镌七字曰：“一生伏首拜阳明”。可见其心悦诚服的程度。

吴承恩

如果出一道问答题，问：哪一部作品中人物的知名度最高？我想很多人都要脱口而出，答：《西游记》中的孙悟空。这是对的。用家喻户晓、人人皆知来形容孙悟空的知名度，是一点也不为过的。

《西游记》的作者吴承恩虽只是一个凡人，不能像孙悟空一样腾云驾雾，却天资聪颖。才一岁还不会走路，他就扶着墙，在墙上以粉土作画。不是信笔涂鸦，而是画什么像什么。这时有一个老者过来了，就要他画一只飞物，他点点头，画了一只鹅。老者说："鹅怎么能飞呢？"小承恩仰天而笑，告诉老者他画的是天鹅。老者吐舌异之，说："此小儿不师而能，太不可思议了，太不可思议了。"他去学校读书，超人的悟性让老师惊诧不已。开笔写文章就不俗。督学使者看到他的诗文，大为吃惊说"此儿取功名当如拾芥耳"，给予了很高的期望。

吴承恩少年时代对什么都好奇，尤其爱好神奇的故事传说。他曾在《禹鼎志》的自序中说："余幼年即好奇闻，在童子社学时，每偷市野言稗史。惧为师父呵夺，私求隐处读之。比长，好益甚，闻益奇。迨于既壮，旁求曲致，几贮满胸中矣。"俗话说，学之者不如好之者，好之者不如乐之者。吴承恩以读写传奇为乐，这就为他后来写作《西游记》奠定了很好的基础。

也许就是这一爱好，让他从此无法迎合八股文的写作。他困顿场屋，久试不售。直到嘉靖二十三年，已到中年的吴承恩才补得一个岁贡生。贡生就是可供皇帝使用的人才。但皇帝什么时候使用，要看各地官吏的出缺情况。过了差不多七年，他才获得浙江长兴县丞的职务。这一职务是卑微的，但他在任上勤勉工作，忠于职守，政绩还不错。

吴承恩在长兴待的时间并不长。他长期过的，还是一种卖文自给的清苦生活。他对自己的社会地位是不满的。他的诗文里经常出现一种现象，就是借志怪语言的掩盖，来讽刺不合理的社会现实。例如他的《禹鼎志》就是寓有鉴戒意味的短篇志怪小说；他的诗如《瑞龙歌》《二郎搜山图歌》等，就是借扫荡邪魔，来寄托自己安民保国的理想，其浪漫主义风格可以与《西游记》相互印证，而其中二郎神的形象，又可以想见那个与孙悟空交战的二郎神。

《西游记》是吴承恩对中国文学史做出的杰出贡献。他写孙悟空保护唐僧去西天取经，一路上降妖伏魔，历经九九八十一难，最后终于修成正果，取回真经的故事。这一故事的成书过程极其漫长，它经过了一个民间传说、无名作者加工，最后由著名作家在此基础上创作定型的过程。它是群众创作和文人创作相结合的产物。《三国演义》和《水浒传》也是这样创作出来的。

《西游记》故事的最初雏形要上溯到唐朝的玄奘。玄奘是一个和尚，他费时十七载，独自一人跋山涉水，历经艰险，从遥远的天竺取回佛经六百五十七部。他这一壮举，曾在当时引起轰动。归国后，玄奘口述所见所闻，由其门徒辑录整理成《大唐西域记》，介绍西域诸国的历史宗教、风土人情、地理形貌等。这件事本该就此截止，告一段落了。但他后来的门徒慧立等人，为夸大师父的业绩，又在玄奘西行过程中，加入了一些神话传说，写成了《大唐大慈恩寺三藏法师传》。这些故事传入民间以后，愈传愈奇，以至于和它本来的历史真实愈来愈远了。不久，《独异志》《大唐新语》出现了，这些唐人笔记已带有浓厚的神异色彩。虽然他们标明讲的还是玄奘取经的故事。

南宋的《大唐三藏取经诗话》可以看作是《西游记》的蓝本。它开始把各种神话与取经故事串联起来，形式近乎寺院里的“俗讲”。全书分上、中、下三卷，内容记述唐僧一行六人西天取经，在途中遭遇各种精怪的故事。书中出现了猴行者形象，他原是“花果山紫云洞八万四千铜头铁额猕猴王”，摇身一变为白衣秀士。这个白衣秀士的本领不得了，他神通广大，足智多谋，一路上忠心保护唐僧，降伏龙虎沙神，终于使取经事业得以成功。白衣秀士的形象，已经具有了孙悟空的某些特征，而书中关于深沙神、鬼子母国、女人国的描写，也可以看到《西游记》

某些章节的雏形。

玄奘的故事还在发展。至迟在元末，就出现了更加完整生动的《西游记平话》。为什么说至迟在元末呢？因为在元代磁州窑的唐僧取经枕上，已经有唐僧、孙悟空、猪八戒和沙僧师徒四人的取经形象。这些形象的母本，应该就是来自《西游记平话》。《西游记平话》已经失传，我们是从《永乐大典》，还有一本叫《朴事通谚解》的书中了解到这些的。《永乐大典》引有一千二百余字的“梦斩泾河龙”，标题作《西游记》，与吴承恩《西游记》第九回“袁守诚妙算无私曲，老龙王拙计犯天条”基本相同。《朴事通谚解》是古代朝鲜的汉、朝语对照读本，上面也多次提到《西游记》。而其复述“车迟国斗圣”的梗概，和吴氏《西游记》第四十六回“外道弄强欺正法，心猿显圣灭诸邪”十分相似。

同时，《朴事通谚解》还提到了住在花果山水帘洞铁板桥下的老猴精，号齐天大圣，它偷得仙园蟠桃、老君丹药，犯下许多天条。李天王奉命引领天兵十万及诸神将，下界与大圣大战失利，终赖二郎神的特殊手段捕获，交观音押入石缝。后唐僧取经路过此山，将他放出，收为徒弟，并赐法名悟空，改号孙行者。还提到唐僧遇到的许多妖怪，如黑熊精、黄风怪、蜘蛛精、狮子怪、多目怪、红孩儿怪等，唐僧经过的许多地名，如师陀国、棘钩洞、火焰山、薄屎洞、女人国等。这些都和吴氏的《西游记》十分接近。可见在吴承恩之前，百回本《西游记》的情节早已定型。

但是，我们不能说吴承恩的《西游记》就是以前版本的改写，或者加工。现在流行的《西游记》是吴承恩的再创造。首先他塑造了一个全新的孙悟空的形象。吴承恩用了整整七回的篇幅，浓墨重彩，写孙悟空“大闹天宫”的故事。孙悟空本是一个破石而出的美猴王，他远泛大海，学得七十二般变化，一个跟斗十万八千里。听说龙宫宝贝多，他下到龙宫讨要宝盔、金箍棒。这只金箍棒又称如意金箍棒，有神奇的超自然的能力，放大能戳破天，缩小能藏在耳内，拿在手里更是无不如意。正是有了这样的本领和宝物，他才敢向玉帝挑战，竖起“齐天大圣”的旗号。玉帝派来的天兵天将被他打得落花流水，于是只好降旨招安。他来到天上，被玉帝封为“弼马温”。后来听说弼马温只不过是一介马夫，他咬牙大怒，取出耳中如意金箍棒，把天庭打得稀里哗啦，不可收拾。整个天庭协同作战，费了九牛二虎之力，才把他投入老君的八卦炉里。可是烧了七七四十九天，他不仅没有被烧死，还炼成了火眼金睛。他跳出八卦炉，再一次手持金箍棒，直打得“九曜星闭门闭户，四天王无影无形”。最后是玉帝请来法力无边的如来佛，才把他压在五行山下。就是面对如来，他也敢大叫“强者为尊该让我，英雄只此敢争先”，“皇帝轮流做，明年到我家”。他不服输。

吴承恩塑造这样一个神足气完的孙悟空形象，是为保护唐僧西天取经服务的。不管路途有多么遥远艰险，不管妖精有多么凶恶可怕，有这样一个徒弟全力保护，还怕什么？何况还有二弟猪八戒、三弟沙僧，还有白龙马。但事情远不是那么简单。山水一处比一处险恶，妖精一个比一个狡猾，再加上唐僧慈悲为怀，好歹莫辨，动不动就念紧箍咒，孙悟空每战胜一个妖怪都极不容易，要使出浑身解数。故事紧张曲折，扣人心弦。这就冲淡了取经故事浓厚而刻板的宗教色彩，大大丰富了作品的现实内容。这是吴承恩的第二个创造。

再一点就是吴承恩的语言艺术。吴氏的《西游记》最擅长的是讽刺和幽默。在井井有条的叙述之间，作者常常掺入一点善意的嘲笑和辛辣的讽刺，使不少章回妙趣横生。这就调和了气氛，增加了读者阅读的快感。它的语言有散文，有韵文，尤其是它对民间说唱和方言口语的运用，使小说增色不少。

归有光

归有光散文的最大特点就是感人肺腑，催人泪下。王锡爵的评价是“如清庙之瑟，一唱三叹，无意于感人，而欢愉惨恻之思，溢于言表”（《归公墓志铭》）。王世贞的评价是“不事雕饰而自有风味”（《归太仆赞序》）。我们来读一下他几篇文章的片段。《先妣事略》：

> 正德八年五月二十三日，孺人卒。诸儿见家人泣，则随之泣，然犹以为母寝也，伤哉！于是家人延画工画，出二子，命之曰：“鼻以上画有光，鼻以下画大姐。”以二子肖母也。

母亲死的时候，归有光姐弟还很小，不知从此失去了母亲，还以为母亲正在睡觉。淡淡写来，却把幼年丧母的哀痛表现得何等强烈！后面写二子肖母，余痛不尽。《世美堂后记》：

> 庚戌岁，余落第出都门，从陆道旬日至家。时芍药花盛开，吾妻具酒相问劳。余谓：“得无有所恨耶？”曰：“方共采药鹿门，何恨也？”长沙张文隐公薨，余哭之恸，吾妻亦泪下。曰：“世无知君者矣，然张公负君耳！”辛亥五月晦日，吾妻卒。实张文隐公薨之明年也。

归有光下第还家，妻子置酒洗尘，好言抚慰；归有光为恩师逝世而下泪，妻子也在一旁潸然泪下。写这些夫妻间相濡以沫的深情，表达的却是感人至深的悼亡之情。《项脊轩志》：

> 室西连于中闺，先妣尝一至。妪每谓予曰：“某所，而母立于兹。”妪又曰：“汝姊在吾怀，呱呱而泣；娘以指叩门扉曰：‘儿寒乎？欲食乎？’吾从板外相为应答。”语未毕，余泣，妪亦泣。

回忆母亲，只选了老妪说的两句话，仅此二句，却把母亲对儿女的一片慈爱表达得淋漓尽致。然而，这样的母爱却再也得不到了。难怪老妪还没有说完，有光就痛哭起来。见归有光哭，老妪也哭。读者至此，未有不泪洒衣裳者。

正是靠这种亲切动人、哀婉缠绵的文字，归有光赢得了“明文第一”的美誉。但就是这个“明文第一”，在当时的乡试、会试中却是屡屡受挫。归有光“弱冠尽通六经、三史、七大家之文，及濂、洛、关、闽之说”（王锡爵《归公墓志铭》），而且取得了童子试第一名的好成绩。以归氏之才，科举之途本当是一帆风顺的，但却不然。他乡试六次未中，直到第七次他三十五岁时，才在应天乡试中中举。不过名次很高，是第二名。当时的主考官是翰林学士张治（字文隐），他很欣赏归有光的文章，认为是“贾（谊）、董（仲舒）再生”。就他这一句话，使归有光声名鹊起。四方来求学者络绎于途，“多至数十百人”。他号震川，人称“震川先生”。

中举之后方能应礼部试，即会试。他偏偏又在会试中连连失利。会试是三年一次，他一次又一次的“计偕北行”，一次又一次的“下第南还”。

他在一次又一次的失望中白了头发，而古文家的名声却传播开来了。他凭自己的名声公开与文坛巨子王世贞叫板。当时王世贞已是“后七子”之首，主张文必秦汉、诗必盛唐。他针锋相对说：“文章至于宋元诸名家，其力足以追数千载之上，而与之颉颃。而世直以蚍蜉撼之，可悲也。”（《项思尧文集序》）又说：“今世以琢句为工，自谓欲追秦汉，然不过剽窃齐梁之余，而海内宗之，翕然成风，可谓悼叹耳。”（《与沈敬甫书》）他认为文章要“如上甑馒头，一时要发，乃佳”。就是说文章要新鲜、生动。他与王慎中、唐顺之、茅坤等被称之为“唐宋派”，影响很大。时人以见他为荣。有一次，归有光在济州城外遇到泉州的几位举子，当知道他就是归有光后，皆大惊说：“吾等少诵公文，以为异世人，不意今日得见！”景仰、激动之情溢于言表。王世贞的父亲是辽蓟总督，被严嵩构害死于京师，翌年丧还故乡。他的故乡是吴中太仓。吴中是藏龙卧虎之地，进士翰林多如牛毛，吴中士大夫却公推归有光写诔文。要知道，此时的归有光仅为一老举子。可见人们对他看重的程度。

他名盖天下，却屡试不第，这就引起了社会广泛的同情和不满。有举子公开说："归生不第，何名为公车？"学士严讷说："天下久屈此人，虽文字不入格，亦须置之第一，人必无异议。"他的恩师张治两度主持礼闱，出语非常沉痛。他说："吾为国得士三百人，不自喜，而以失一士为恨。"（《己未会试杂记》）他也算是归有光的知己了。他死后，归有光和妻子失声痛哭。

直到嘉靖四十四年，归有光才以六十岁的高龄考中进士。他考取的过程还真有点戏剧性。那一科的副考官是余有丁。余有丁非常佩服归有光，少时随父任至昆山，曾想拜归有光为师，后来没有实现。余知道归就在这批考生中，就在阅卷中十分留心。当他发现一份"古色黯淡"的考卷，就认定此卷必为归有光所作，于是推荐给主考官高拱。高拱大喜说："是张文隐公留心数十年不能得者，若得之，有以谢天下士矣。"当时高、余二人都拟定此卷第一，后来不知怎么搞的，卷子被弄混了。发榜时归有光只中了一个三甲进士。但毕竟中了进士，了却了归氏一生的心愿。

六十一岁的归有光出任长兴县知县。沉沦了大半辈子，突然解褐做官，一时间能适应波谲云诡的官场吗？上任伊始，归有光就下达了《长兴县编审告示》："当职谬寄百里之命，止知奉朝廷法令，以抚养小民；不敢阿意上官，以求保荐，是非毁誉，置之度外，不恤也。"他的主意非常明确，是站在同情小民的立场上。他苦口婆心告谕大户："尔等大户，享有田宅童仆富厚之奉，小民终岁勤苦，糟糠裋褐，犹常不给；且彼耕田商贾，大户又取其租息，若刻剥小民，大户亦何所赖？况大户岁当粮长，不过捐毫毛之利，以助县官；若小民一应役，如今之里递者，生计尽矣。如之何不为之怜恤也。"告谕之后又给予警告："尔等大户，各自为子孙之计，毋得仍前侥幸，剥害小民。幽有鬼神，明有国法，宜各深思。"他算是把豪门大户得罪了个精光。

于是豪门大户们联合起来对付他。一时间谤议汹汹，归有光在长兴县坐不住了。两年后，即穆宗隆庆二年，被调迁顺德府通判，专管马政。通判是副职，这其实是明升暗降。归有光当然明白其中的原委。他说："有光之为县，不敢自附古人，然护持小民，而奸豪大猾多所不便，遂腾谤议。顾今小民之情不闻于上，故有光之受谗构无已。"（《上王都

御史书》）又说："今兹之调，实由谗邪之中伤。"（《乞休申文》）

顺德府通判的办公环境很差。归有光去的时候，连一个书案都没有。正好一场大风，把衙门前的一棵大柳树刮倒了，他就用这棵刮倒的柳树做了一个书案。书斋则更加简陋了，是由芦苇编起来，再糊上泥而成。虽然环境很差，但他的工作热情却很高。他开始考察马政的沿革，撰写《马政志》。

隆庆四年，归有光以邢州倅的身份入京贺万寿节。倅是佐贰副官的意思。这次进京对归有光来说很有意义。经他的恩师高拱等人的力荐，归有光升任南京太仆寺丞。首辅李春芳早闻他的文名，就把他留在北京掌制敕房，修《世宗实录》。归有光对这个职位很满意。他久有的志向熊熊燃烧起来。他想修完《世宗实录》以后，开始重修《宋史》。不仅是《宋史》，他还有宏大的修史计划。在《与陆太常书》里说："而怪近世数代之史，卑鄙凡猥，不足复自振。尝有志规摩前人之述作，稍为删定，以成一家之言。"除《宋史》以外，他还想修《元史》《金史》《辽史》等。

但他的宏大计划因为身体原因而搁浅了。是年秋天他病入沉疴。原欲归乡养病，因《世宗实录》未完而抱病撰述。终于坚持不住了，第二年正月即病逝于北京。临殁，他握着儿子的手说："假我数年，卒成大业，庶几不负先师，今竟不可得，命也。"归有光死不瞑目啊！

徐 渭

他从小机智幽默，在民间留下了许多传说，人们把他比作新疆的阿凡提；他一生坎坷不幸，多次自杀未遂，人们又把他比作法国的凡·高。然而，他在文学艺术的众多领域却取得了巨大成就，在当代和后世产生了深远的影响。他的诗，袁宏道称之为明代第一；他的戏剧，受到汤显祖的高度推崇；他的绘画更不得了，郑板桥曾自刻一印，印上刻有六个字："青藤门下走狗"。现代大画家齐白石也将他与朱耷、吴昌硕并举说："我愿九原为走狗，三家门下转轮来。"他就是明代中叶的文学家、书画家、奇人徐渭。

徐渭字文长，号青藤，又号天池。浙江山阴人。出生于一个官宦之家，自小读书聪明无比，被人目为神童，然而在科举上却是屡试不中。连考八次，考到四十一岁，连一个举人都没有考上。眼看着才气、名声都不如他的朋友、同学一个个金榜题名，得志场屋，他怎么也想不通。

徐渭的诗、书、画却是无人能及，他的名气越来越大。浙江总督胡宗宪也听说了。胡宗宪礼贤下士，特地把他罗致幕府。他一介平民，葛衣乌巾，然而谈起天下大事，却是胸有韬略，滔滔不绝。胡宗宪大喜。正好胡宗宪得到一只白鹿。当时人得到白色动物，都认为是朝廷祥瑞的象征，于是胡宗宪就令徐渭向嘉靖皇帝写贺表。徐渭的贺表写得文采斐然，词旨得体，嘉靖看了非常高兴，就奖赏胡宗宪。胡宗宪当然更高兴，就大大地奖赏徐渭。他更信任徐渭了，把一切公文事务，都交给徐渭处理。

徐渭好酒，又讲义气，经常与朋友在市井豪饮，酩酊大醉。有时总督府有急事，找不着他。总督府手下的人向胡宗宪报告，媒孽其短，胡宗宪就说，天才亮逸的人总会有点与众不同，你们都要理解他。正是有胡宗宪的庇护，徐渭在浙江总督府过得很神气。胡宗宪很有威望，文武将吏参见他时膝语蛇行，不敢抬头，惟有徐渭，直闯辕门，旁若无人。在胡宗宪幕府几年是徐渭最得意的日子。

谁知胡宗宪却遭遇不测。原来胡宗宪是严嵩提拔的。嘉靖四十一年，擅政多年的严嵩失宠下台，胡宗宪也跟着受牵连罢官，丢了性命。胡宗宪死了，徐渭像一只丧家之犬，一无所依。礼部尚书李春芳知道了，邀他入京，执掌文书。谁知李春芳的架子很大，对待门客如同仆人，徐渭当然受不了。结果是二人交恶，徐渭愤然离去。

徐渭受到官僚的凌辱，又加上失去工作，衣食无着，心情一天不如一天。后来他竟然决定自杀。他写好了《自为墓志铭》。在墓志铭里他说自己习文问道，终无所得；狂傲不羁，实非真情。有许多的无奈和悔恨。

他拿起一把斧子，朝自己的头上猛劈，血流满面，头骨也破折了。但没有死。他又取一枚长铁钉，往耳窍里猛刺，虽然受伤很重，但也没有死。他还采取了其他许多办法自杀，但都没成功。他命悬一线，彻底地绝望了。

就在这时，他开始怀疑继室张氏有不贞的行为。其实这都是他的精神幻觉所致，事实并非如此。但他忍无可忍，竟然将张氏杀死。为此他被逮捕入狱，关在一间破败污秽的牢房里，身戴枷锁，满身虮虱，脸上憔悴不堪，完全失去了人形。幸亏他有许多旧友为他奔走。有的去看望他，给他送食物，送笔墨纸砚，他的情绪才稍稍稳定下来。后遇新皇帝（神宗）即位，照例大赦，他方出了牢狱。此时已经五十三岁了。

年纪老大，他不再乖戾狂躁、容易冲动，而是变得万念俱灰、颓放悲凉。他不停地画画，也靠卖画过日子。他在一幅水墨葡萄画轴上题诗道：

> 半生落魄已成翁，独立书斋啸晚风。笔底明珠无处卖，闲抛闲掷野藤中。

“笔底明珠”是指葡萄，但显然一语双关，也是指自己满腹的才华。英雄无用武之地，每天只能在低矮歪斜的青藤书屋中，偃仰啸歌，打发时光，徐渭觉得，这个世道多么的不公平。

万历初的几年，徐渭闲居在家，画画是为了稻粱谋，而写杂剧则是为了抒发心中的愤懑之情。这一时期他写作了《狂鼓史渔阳三弄》《雌木兰替父从军》《女状元辞凰得凤》三杂剧。连同早年所作的《玉禅师翠乡一梦》，四剧合称《四声猿》。《水经注》所录民谣云："巴东三峡巫峡长，猿鸣三声泪沾裳。"猿鸣四声泪水大概会更多。他的四个杂剧都是悲剧，所以他以这么一个名称总而称之。

在语言艺术方面，《四声猿》显示出了非凡的成就。语言对白，初看似不费力，浅如口语，而仔细研读，却发现是精心锤炼、惨淡经营的结果。整个剧情完整，跌宕起伏，表现了徐渭狂放不羁的性格和愤世嫉俗的情怀。尤其是作品所表现出的浪漫主义精神，大力冲击了当时戏剧创作上陈陈相因的习气，对后来的剧作家有明显的影响。

四个剧本写完了，徐渭的情绪略有好转。万历四年夏，徐渭从山阴来到长城边的军事重镇宣府。老同学吴兑担任宣府巡抚，他应邀到营中任幕僚。吴兑帐下的将吏都对他很尊重。他站在长城上遥望大漠景色，心情为之开阔激荡。他用传统的边塞题材写诗，写得很有特色，如《边词》十首：

> 立马单盘俯大荒，提鞭一一问戎羌。健儿只晓黄台吉，大雪山中指帐房。（之三）
>
> 八里庄儿一堡中，银环小杏坠腮红。妆成自不撩人看，起莝黄刍喂铁骢。（之五）

在吴兑营中仅半年多的时间，徐渭就离开了。也不知什么原因。他又回到山阴。这就到了万历八年。这时北京有个人邀他去，帮忙处理一些文字事务。这人就是张元忭。

张元忭是张天复的儿子，而张天复是徐渭的老街坊、老同学。张、徐两家都在山阴经商，并是富户。但徐家到了徐渭这一代开始败落，而张家则从张天复开始上升。张天复做到提学史，张元忭则做到翰林编修。张氏父子对徐渭还是有感情的。徐渭入狱，张氏父子奔走呼号，竭力解救。按辈分来说，张元忭是徐渭的晚辈；但从地位来说，张元忭位居清要，而徐渭不过是个潦倒的书生。这种辈分与地位的颠倒，终于使二人发生了激烈的冲突。最后又是徐渭愤然离去。

徐渭的精神受到强烈的刺激，是儿子护送他回到山阴故乡的。他更加颓放，也更加愤激。但就在这时，他的诗歌和绘画达到了一个新的高度。他的诗歌不计工拙，放浪随意，袁宏道的《徐文长传》是这样评价他的诗的：

> 其所见山奔海立、沙起云行、风鸣树偃、幽谷大都、人物鱼鸟，一切可惊可愕之状，一一皆达之于诗。其胸中又有勃然不可磨灭之气，英雄失路，托足无门之悲。故其为诗，如嗔如笑，如水鸣峡，如种出土，如寡妇之夜哭，羁人之寒起。虽其体格时有卑者，然匠心独出，有王者气，非彼巾帼而事人者所敢望也。

他的绘画更是炉火纯青，让人称奇。他把水墨直接倾倒纸上，随其散化之形而驰骋想象，大胆勾勒，酣畅淋漓，狂野恣肆，有纵横不可一世之态。他被公认为中国古代大写意画派的开创者之一。

他眼空千古，独立一时，不与达官贵人往来，连知府一级的官员想见他都不能。有时来访者已经推开了门，他还在背后顶着，大叫："徐某不在!"可想见他对官场的深恶痛绝。与他来往频繁的都是下层文人和贫苦百姓。王思任的《徐文长先生佚稿序》是这样描述的：

> 以对贵人为苦，辄逃去。与不如公荣者饮即快，卒然遭之，科头戟手，鸥眠其几，豕接其盆，"老贼"呼其名氏，饮更大快，一有当意，衰童遢妓，屠贩田佁，操腥热一盛，螺蟹一提，敲门乞火，叫拍要挟，征诗得诗，征文得文，征字得字。

他晚年身体很不好，患有耳聋、手足麻痹、下身水肿等多种疾病，但他挣扎活着。他死的时候很凄凉，床帐和席子都是破的，他就睡在蓬乱的稻草上面。

李 贽

李贽（号卓吾，又号温陵居士）是嘉靖、万历间的一个奇人。他的思想激进，语言犀利，有如一把刀子。敢于大胆地否定一切，敢于向传统和世俗进行挑战。他是敢于战斗的勇士和弄潮儿。

明朝统治者提倡尊孔读经，他却公开否定孔孟的儒家思想。他说《论语》《孟子》等儒家的经典著作，仅是弟子们的随笔记录，并非“万世之至论”，痛斥孔子“不学无术”，反对“咸以孔子之是非为是非”。他对封建礼教和程朱理学进行猛烈的抨击，指斥理学“存天理，灭人欲”，道学家们更是“被服儒雅，行若狗彘”。自称“见人则恶，见僧则恶，见道学先生则尤恶”，口无遮拦，不留情面，一副金刚怒目的模样。在文学方面，他则主张“童心说”：

> 天下之至文，未有不出于童心焉者也。苟童心常存，则道理不行，闻见不立，无时不文，无人不文，无一样创制体格文字而非文者。诗何必古选？文何必先秦？降而为六朝，变而为近体，又变而为传奇，变而为院本，为杂剧，为《西厢曲》，为《水浒传》，为今之举子业，皆古今至文，不可得而时势先后论也。故吾因是而有感于童心者之自文也，更说什么六经，更说什么《语》《孟》乎！

基于这样的主张，他写书札写文章，便是真情流露，信口而谈，态度愤激。例如在《答耿司寇》中说：

> 试观公之行事，殊无甚异于人者。人尽如此，我亦如此，公亦如此。自朝至暮，自有知识以至今日，均之耕田而求食，买地而求种，架屋而求安，读书而求科第，居官而求尊显，博求风水以求福荫子孙。种种日用，皆为自己身家计虑，无一厘为人谋者。及乎开口谈学，便说尔为自己，我为他人，尔为自私，我欲利他；我怜东

家之饥矣，又思西家之寒难可忍也；某等肯上门教人矣，是孔、孟之志也，某等不肯会人，是自私自利之徒也，某行虽不谨，而肯与人为善，某等行虽端谨，而好以佛法害人。以此而观，所讲者未必公之所行，所行者又公之所不讲，其与言顾行、行顾言何异乎？以是谓非孔圣之训可乎？翻思此等，反不如市井小夫，身履是事，口便说是事，作生意者但说生意，力田作者但说力田，凿凿有味，真有德之言，令人听之忘厌倦矣。

全是大白话，大实话，而这些话又字字针砭，句句见血，对伪道学进行了无情的揭露。他为什么要揭露耿定向的伪道学，耿定向又是一个什么人呢？这就要从李贽的出身说起了。

李贽是福建泉州晋江人。他二十六岁时中福建乡试举人。后来没有参加进士考试，就以举人的身份做了官。当然都是小官。万历五年，李贽五十一岁的时候，做到了云南姚安府知府。做了三年以后，被上官勒令解职。解职的原因竟是一件小事：他头上发痒，懒于梳栉，就把所有头发剃去，剃成了一个光头。他就这样光头、冠服端坐在大堂上办公。这在当时礼仪森严的官府衙门，当然被视作大逆不道。

他过起了独居讲学的生活。先是来到黄安讲学著述。是耿定向把他招过去的。耿定向是黄安人，嘉靖三十五年进士，曾任南京右都御史。他任南京右都御史的时候，李贽正是南京刑部员外郎。二人就在那个时候相识，成了朋友。

耿定向有个弟弟叫耿定理，虽然只是一诸生，却是满腹学问。李贽和耿定理共同讲学，志趣相投。这时候的李贽变得更加狂放。他“不喜俗客，客不获辞而至，但一交手，即令之远坐，嫌其臭秽。其欣赏者，镇日言笑；意所不契，寂无一语。滑稽排调，冲口而发。既能解颐，亦可刺骨”（袁中道《李温陵传》）。他和耿定理镇日言笑，却和耿定向寂无一语了。他在思想上和耿定向发生冲突，几乎到了水火不容的地步。

不久耿定理死了，李贽就离开黄安，到麻城定居讲学。他得到周思久、周思敬兄弟的接待，住在麻城龙湖芝佛院。这时候他开始与耿定向辩论，书札往还，放言无忌。上面提到的《答耿司寇》就是这时写的。因耿定向担任过南京右都御史，故李贽称他为耿司寇。他的“刺骨”的话使耿定向十分生气。

他在龙湖的时候，公安袁宗道、袁宏道（字中郎）、袁中道三兄弟去拜访他，他非常高兴，终日和“三袁”讲学论道不休。他的思想对“三袁”影响甚大。老大宗道曾写信给李贽云：“不佞读他人文字，觉懑懑；读翁片言只语，辄精神百倍。岂因宿世耳根惯熟乎？”老三中道撰《中郎先生行状》说：“先生既见龙湖（李贽），始知一向掇拾陈言，株守俗见，死于古人语下，一段精光不得披露。至是浩浩焉如鸿毛之遇顺风，巨鱼之纵大壑。能为心师，不师于心；能转古人，不为古转。发为语言，一一从胸襟流出，盖天盖地，如象截急流，雷开蛰户，浸浸乎其未有涯也。”“三袁”的“性灵说”显然受到李贽“童心说”的启发。

李贽的著作这时也陆续出现。他的《焚书》《藏书》《卓吾大德》等书就是这时印行的。他在书中公开否认封建社会的等级制度，认为“圣人不曾高，众人不曾低”；他认为经商并不可鄙，工商业者开采矿藏，商人购销商品，都对发展生产、改善人民生活有好处；他还认为男女同样有智慧，不能是“男子之见尽长，女人之见尽短”。李贽书中极强的逆叛性、战斗性，是与整个封建社会尖锐对立的，也是与统治者尖锐对立的。于是他的学说被斥为异端邪说，他的著作一再遭到禁毁。万历二十八年，他被官方从麻城赶走。他流寓各地，居无定所。后来逃到通州退职御史马经纶家。

对李贽恨入骨髓的耿定向一伙也开始迫害他。礼部给事中张问达疏劾李贽云：“李贽壮岁为官，晚年削发，近又刻《焚书》《藏书》《卓吾大德》等书，流行海内，惑乱人心。以吕不韦、李园为智谋，以李斯为才力，以冯道为吏隐，以卓文君为善择佳偶，以司马光论桑弘羊欺武帝为可笑，以秦始皇为千古一帝，以孔子之是非为不足据。狂诞悖戾，未易枚举。”于是李贽竟以“敢倡乱道，惑世诬民”而被捕治罪。

李贽这时已是七十六岁的老人了。他老病入狱，不胜其愤，写了《系中八绝》，其七《不是好汉》云：

> 志士不忘在沟壑，勇士不忘丧其元。我今不死更何待，愿早一命归黄泉。

竟在狱中自刎而死。

汤显祖

汤显祖写有传奇“临川四梦”，其实他本人就是一部传奇。

汤显祖出身于江西临川一个书香世家，从小就受到良好教育。他五岁便能属对，十二岁就有诗作流传，十四岁考中秀才。隆庆四年，年仅二十一岁的汤显祖以第八名中举。当时他已熟读骚、赋、六朝之文，精通乐府歌行五七言诗，且对天官、地理、医药、卜筮、河渠、墨、兵等也颇有研究。他的声名日隆，以至于海内人以一见汤显祖为荣。

年轻的汤显祖一帆风顺，踌躇满志，对未来充满信心，视功名富贵如囊中之物。但令人意想不到的是，汤显祖赴京参加四次会试，四次铩羽而归。

当然并不是汤显祖水平不行。但为什么如此结果呢？其中的原因说来话长。这里我们要费点笔墨提到一个大人物，这个大人物就是万历初年的宰辅张居正。

张居正精明强干，在历史上是一位有作为的政治家。他有三个儿子，都很聪明。为了使儿子们顺利成才，学有榜样，张居正特地列出几位海内名士，要儿子们与之交往。其中排在首位的就是汤显祖。神宗万历四年，汤显祖客居安徽宣城，与宣城县令姜奇芳颇有交往，而姜奇芳就是张居正儿子之师。于是张就想通过姜，让儿子结识汤显祖。在别人看来，这正是一次求之不得的机会。与宰辅之子结识，不就等于跨进了官场的门槛吗？但汤显祖却不吃这一套。张居正还不死心，万历五年，汤显祖和好友沈懋学赴京应试，张又多次派人游说二人，让他们去拜谒首辅并结交其子。但汤显祖又严词拒绝。

这一下就惹怒了张居正。会试揭榜，汤显祖名落孙山，而沈懋学却以第一名第一甲赐进士及第，即状元，张居正的二子以第二名及第，即榜眼。原来，沈懋学背着汤显祖悄悄去了张家，投到了张居正的门下。

投人与不投人所产生的结果，竟是如此迥然不同，这让汤显祖非常失望。原来神圣的科场竟是如此的诡谲，如此的黑暗。他的功名之心冷淡了许多。回到家乡以后，汤显祖开始潜心于词曲的创作。他的第一部杂剧作品是《紫箫记》，根据唐人蒋防的小说《霍小玉传》改编。他当然对张居正耿耿于怀。为了达到讥刺张居正的目的，他在剧中凭空增添了丞相杜黄裳弃官出家的情节，故剧情头绪芜杂，不符合生活的逻辑。但辞藻秾丽，唱词精妙，初显了他在戏剧方面的才华。

万历十年，张居正病故。本来已对科举丧失信心的汤显祖又开始跃跃欲试。第二年，汤显祖鼓起勇气，参加了第五次会试，终于以较好成绩考中进士。那一年汤显祖三十四岁。

万历十二年，汤显祖去南京任太常寺博士。这本是一个坐冷板凳的闲职，但汤显祖却如鱼得水。他正好利用这闲静的时光读书诵文、吟诗作赋。汤显祖还是老脾气，清高自负，把有权势者不放在眼里。继张居正之后的首辅叫申时行，他儿子和汤显祖是同榜进士，称为同年，他也想利用这层关系招汤显祖，但同样遭到了汤的拒绝。他的友人劝他对人对事不要过于认真，说和首辅靠近，日后不就有去北京做官的机会吗？他听了大为不满，竟学“竹林七贤”中嵇康的样子，一口气列举了“断不可北者五”，叫人哭笑不得。

万历十六年，江南在连年的灾害之后发生了大疫，汤显祖的诗有“白骨蔽江下”“积骨与城厚”之句，记录当时的悲惨状况。但就在这样一个局面下，却发生了一件咄咄怪事：一个到江南救灾的使臣，置嗷嗷待哺的灾民于不顾，却去大量收受地方官吏的贿赂。这个官员回到京城，不仅没有受到处分，反而得到了提升。消息传到汤显祖的耳朵里，汤显祖再也坐不住了。他毅然挺身而出，向皇帝上了一道《论辅臣科臣疏》，汤显祖在疏里说：“陛下经营天下二十年于兹矣。前十年之政，张居正刚而有欲，以群私人嚣然坏之。后十年之政，时行柔而有欲，又以群私人靡然坏之。”汤显祖的上疏语言犀利，朝野震惊。他弹劾宰相滥用私人，实际上也间接批评了神宗的昏聩不明。神宗览疏后大怒，给汤显祖按了个“以南部为散局，不遂己志，敢假借国事攻击元辅”的罪名，贬为广东徐闻县典史。

古时官员的贬谪之所，大都是瘴疠蛮荒之地。徐闻当然也不例外。它地处中国最南端的雷州半岛，白日不朗，红雾四障，友人们都为汤显祖担心，但汤显祖却很泰然，他说："我正想游览南方的名胜古迹，这不正好是个机会吗?"他口里这样说着，其实心情还是悲凉的。

万历十九年十一月，汤显祖抵达徐闻寓所。他身为典史，职掌行政，但他更关心的是教育。寓所正好是书院，他就在书院里给诸生们讲学。他的大名早已远播遐方，前来求教的诸生络绎不绝。后来诸生太多，狭小的书院挤得水泄不通，汤显祖便与县令商议，重建了一所新书院，并命名为"贵生书院"，就是以诸生为贵的意思。他在《贵生书院说》里说，统治者应"知天下之生皆当贵重"，反映了他的人本主义思想。

两年后汤显祖调任浙江遂昌知县。遂昌处在万山之中，土地荒瘠，民众不知礼义。汤显祖决心通过治理这个小县，来实现自己的政治理想。他兴办教育，启迪顽冥，不到半年就建成学舍和射台三十余间，合称"相圃书院"。县城的百姓不知昏晓，没有时间观念，汤显祖就建了一座启明楼，铸一口大钟悬挂楼上，撞钟报时。据说汤显祖每天黎明亲自登楼撞钟击鼓，然后巡视四方，发现有高卧不起、不事生产者，则严加处罚。不到一年的时间，遂昌的风气大为好转，一派新气象。

他在遂昌五年，政绩很不错。人民拥戴他，喜欢他，他对遂昌也有了深厚的感情。他在《即事寄孙世行吕玉绳》里说：

> 平昌四见碧桐花，一睡三餐两放衙。也有云山开百里，都无城郭凑千家。长桥夜月歌携酒，僻坞春风唱采茶。即事便成彭泽里，何须归去说桑麻。

但这时已是明末，以皇帝为首的官场腐败已不可收拾。万历二十五年，神宗为攫取更多的金银财富，指派太监到各地开矿。太监每到一地，胡乱摊派，大肆勒索，各地叫苦不迭。遂昌有金矿，也被列为开采对象。汤显祖不忍看到自己管辖的这块土地山水狼藉，也不愿看到他的子民痛苦的样子，他决定在太监来到之前，辞官回乡。

汤显祖就这样结束了自己的仕途，回到了家乡临川。此后家居十八年，他表面上过的是一种教子养亲的悠闲的乡村生活，其实不然。他把主要精力用在戏剧创作上，殚精竭虑，惨淡经营，付出了艰辛的劳动。他回乡后创作的第一部戏剧是《牡丹亭》（又名《还魂记》）。在写此剧的时候，他沉醉于剧情而不能自拔，剧中人喜则喜，剧中人悲则悲。据焦循《剧说》载：

相传临川作《还魂记》，运思独苦。一日，家人求之不可得，遍索，乃卧庭中薪上，掩袂痛哭，惊问之，曰：填词至“赏春香还是旧罗裙”句也。

查继祖《汤显祖传》说：

相传谱四剧时，坐舆中谒客，得一奇句，辄下舆索市廛秃笔，书片楮粘舆顶，盖数步一书，不自知其劳也。

四剧即“临川四梦”：《牡丹亭》《紫钗记》（根据旧作《紫箫记》改写）、《邯郸梦》《南柯记》。正是靠这种执着精神，汤显祖的戏剧创作才取得了巨大成功。

他的《牡丹亭》取材于话本小说《杜丽娘慕色还魂记》，作品通过杜丽娘和柳梦梅生死离合的爱情故事，热情歌颂了真挚的爱情，以及强烈要求个性解放的精神。

当杜丽娘走出深闺，看到一个美丽的新天地，她唱道：

原来姹紫嫣红开遍，似这般都付与断井颓垣。良辰美景奈何天，赏心乐事谁家院？朝飞暮卷，云霞翠轩，雨丝风片，烟波画船。锦屏人忒看的这韶光贱！

她看到春色，于是燃起怀春的心思。这是自然的。她对爱情的追求始终与情欲结合在一起，她认为求偶是动物的本能，怀春则是人的天性，而人的天性是不应该受到压抑的。剧中多次描写杜丽娘与柳梦梅梦中的欢合、幽会，并觉得“美满幽香不可言”。这种大胆的笔墨，吹响了个性自由的号角，对后世的文学作品影响很大。

他的《南柯记》取材于唐人小说《南柯太守传》，即我们熟悉的“南柯一梦”的典故。《邯郸梦》取材于唐人小说《枕中记》，即“黄粱一梦”的典故。作者用辛辣的笔触，讽刺了大官僚淳于棼、卢生等人荒淫无耻、道貌岸然的丑态，揭露了统治者的虚伪狡诈和腐朽本质，表现了鲜明的爱憎。

袁宏道

袁宏道，字中郎，湖北公安人。与兄宗道、弟中道并有才名，时称“三袁”，又称“公安派”。“三袁”猛烈反对前后“七子”的拟古主义，提出独抒灵性、不拘格套的“性灵说”，他们的作品清新俊逸，趣味天成，在当时影响很大。

“三袁”以老二袁宏道成就最大。袁宏道从小就聪明，四岁的时候就能对对子。据说有一天他穿了一双新鞋，他舅舅随口说：“足下生云。”他马上答道：“头上顶天。”十六岁的时候，即结社城南，自任社长。文社社员相互学习交流，做诗歌古文，办得很有些名声。袁宏道曾有一首诗追忆当年社中学习情况：

> 宿昔城南约，苍茫十载情。交游悲喜尽，文字揣摩成。古屋繁阴入，空阶冻鸟行。终年惟搦管，辛苦是书生。

读书人不辛苦，肚子哪会有学问？袁宏道勤奋学习，有了回报。万历十六年的乡试，他考取了举人。有了举人的资格，第二年就可以进京参加会试。会试每三年举行一次。会试高中，就是进士。第一次会试不中。袁宏道返回故里，与兄宗道商榷性命之学。

这时晋江李贽（字卓吾）在麻城龙湖讲学，门徒甚多。“三袁”同至龙湖拜访李贽。李贽主“童心”之说，“三袁”如同醍醐灌顶，启发很大。李贽是个怪人，他对喜欢的人，镇日言笑；对不喜欢的人，寂无一语，而且令之远坐，嫌其臭秽。李贽和“三袁”言笑晏晏，终日不倦。

万历十八年春天，李贽来到了公安柞林，寄住在一座野庙里。“三袁”到野庙中求学问道，一同住了三个多月。在这三个月时间里，“三袁”收获不小。老三中道把他们学习对话的情景记录在《柞林纪谭》

里，用的是语录体，显然是仿《论语·先进》中的“子路、曾皙、冉有、公西华侍坐”章，孔子在“侍坐”章里问弟子们各自的志向，《柞林纪谭》里的李贽也不断问“三袁”许多问题，要“三袁”一个一个地回答。李贽在“三袁”心目中有孔子般崇高的地位。袁宏道曾经说，听了李大师的教导和启发，自己就像鸿毛遇到了顺风，像大鱼纵跃于波涛之中，心灵豁然开朗。

袁宏道第二次考进士，考取了。但他不肯出仕。他说：“凤凰不与凡鸟共巢，麒麟不与凡马伏枥，大丈夫当独往独来，自舒其逸耳，岂可逐世啼笑、听人穿鼻络首！”其实老大宗道有不同看法，他说：“居人间当敛其锋锷，与世抑扬，万石周慎，为安亲保身之道。”袁宏道、袁宗道论学、处世，还是有许多不尽相同的地方。

也许是听了父兄的劝告，袁宏道于万历二十三年出任吴县县令。一到吴县，他就给故乡的朋友们写信报告：

> 弟已令吴中矣。吴中得若令也，五湖有长，洞庭有君，酒有主人，茶有知己，生公说法石有长老。但恐五百里粮长，来唐突人耳。吏道缚人，未知向后景状如何，先此报知。

信写得很清雅。有初任县令的新鲜感，也有为催粮征科而生出的担忧。古时的县令，上管天，下管地，中管百姓，集全县权力于一身，但催粮征科和升堂审案还是两项最主要的工作。苏州是富庶地区，老百姓赋税很重，袁宏道就想尽一切办法减轻百姓负担。审理案件，避重就轻，当堂立断，很快就把一件案子了结。他采取的是“政清刑简”的政策，百姓都很高兴。

公务之余，他去游览洞庭东西二山和虎丘、上方等名胜。每游必记，他在苏州一共写了十八篇游记。我们读一下他的《虎丘记》片段：

> 虎丘去城可七八里，其山无高岩邃壑，独以近城，故箫鼓楼船，无日无之。凡月之夜，花之晨，雪之夕，游人往来，纷错如织，而中秋为尤胜。每至是日，倾城阖户，连臂而至。衣冠士女，下迨蔀屋，莫不靓妆丽服，重茵累席，置酒交衢间。从千人石上至山门，栉比如鳞，檀板丘积，樽罍云泻，远而望之，如雁落平沙，霞铺江上，雷辊电霍，无得而状。

袁宏道的游记写景，也写游人，更写自己心灵的感受。大多是快乐的，也有不快乐的时候。有一次，他和朋友游阳澄湖，游兴正浓，忽然一声报告巡按御史来了，他连忙结束游程，接待御史。繁文缛节，身心俱疲，更不能忍受的是“长日折腰俯首，去所好而从所恶”。他似乎对官场很不适应。

他给朋友沈存肃博士写信说：

> 作吴令，无复人理，几不知有昏明寒暑矣！何也，钱谷多如牛毛，人情茫如风影，过客积若蚊虫，官长尊若阎罗。以故七尺之躯，疲于奔命，十围之腰，绵于弱柳。每照须眉，辄尔自嫌，故园松菌，若复隔世。

他把自己比作一只在笼之鸟，“羽翼皆胶，动转不得”，整日郁郁不乐。正好家中有书来，告诉他庶祖母病危，他就以此为理由辞去了县令之职。

辞去县令之职以后，他开始了吴越的漫游。同游的有他的好朋友陶望龄、王静虚等。回到大自然的怀抱，享受自由的呼吸，他高兴极了。他和朋友们躺在西湖六桥的桃花下，任桃花飘落一身，谁的桃花多，谁就饮一大杯酒，谁的桃花少，谁就唱一支歌。他认为这样的自由自在就是人生的乐趣。

他们游罢了天目等山，晚上就住在陶望龄的家里。在灯下他随意地从书架上抽书看，发现了徐渭（字文长）写的诗稿《阙编》，他大惊，读着诗，又叫又跳，把书僮、仆人从睡梦中惊醒。后来他通过采访，知道了徐渭是一个天才、奇才，他诗文书画，堪称四绝，但他遭遇坎坷，人生悲凉，令袁宏道感慨唏嘘不已。几天以后，袁宏道写出《徐文长传》，给予这位苦命的天才以极高的评价。正是因为他的推崇和评价，徐渭在文坛和画坛取得了崇高的地位。

袁宏道回到家乡的时候，还不到三十岁。父兄都认为他正是事业发扬的时候，不应该此时退居林下。因此他仍回北京候选。万历二十六年，他被选为顺天府教授，第二年，升为国子监助教。这一年春天，他写下名篇《满井游记》：

> 廿二日，天稍和，偕数友出东直，至满井。高柳夹堤，土膏微

润，一望空阔，若脱笼之鹄。于时冰皮始解，波色乍明，鳞浪层层，清澈见底，晶晶然如镜之新开而冷光乍出于匣也。山峦为晴雪所洗，娟然如拭，鲜妍明媚，如倩女之靧面而髻鬟之始掠也。柳条将舒未舒，柔梢披风，麦田浅鬣寸许。游人虽未盛，泉而茗者，罍而歌者，红装而蹇者，亦时时有。风力虽尚劲，然徒步则汗出浃背。凡曝沙之鸟，呷浪之鳞，悠然自得，毛羽鳞鬣之间，皆有喜气。始知郊田之外，未始无春，而城居者未之知也。

对满井山水田畴、柳条披风的惊喜，反映了袁宏道对庸俗官场的极度厌恶。万历二十八年，他升为礼部主事。也就在这一年，兄长宗道去世，他又以此为理由，坚决辞官，回到故乡公安闲居。这一年他也只有三十一岁。他像一位林泉老人，尽情享受闲淡恬静的生活。这样过了七年。

老父对他这样闲居大为不满。父亲当然希望看到儿子飞黄腾达，于是强烈要求儿子重去做官。袁宏道不忍拂却父意，万不得已，只得再次踏上宦途。万历三十四年，他回京接着做礼部主事，后转吏部主事。吏部是六部之首，权力很大，朝廷官员的升降任免都要经过吏部。吏部那些办事员，叫“都吏”“当该”，袁宏道发现，其实是他们操纵实际权力。他们有了权力，肆无忌惮，竟公开地营私舞弊，谁谁出了银子，就可以填某个缺，谁谁出的银子多，就可以填某个肥缺，闹得乌烟瘴气。袁宏道是眼睛里揉不得沙子的人，他义愤填膺，向皇帝上奏疏，把一个叫朱国梁的抓了起来。这样一来，吏部选官规矩多了。

袁宏道在吏部工作了两年。他力所能及，做了一些清除积弊和官吏考核的工作。但封建官场几百年的陋习，作为一个吏部主事，是无力改变的。万历三十八年，袁宏道请归。归家后不久就去世了，年仅四十三岁。

冯梦龙

冯梦龙是个放荡不羁的人物。王挺说他“放浪忘形骸，觞咏托心理。石上听新歌，当堤候月起。逍遥艳冶场，游戏烟花里”（《挽冯梦龙》）。他青年时代就和一名苏州妓女相恋，二人甚至还订下白头之约。这名妓女叫侯慧卿，后来不知为什么和他分手了，他很悲伤，曾写下许多诗和散曲，表达对侯慧卿的不舍和忆念。他记得那一天是端午二日，分别一周年后他写《端二忆别》，在序里伤心地说：“五月端二日，即去年失慧卿之日也，日远日疏，即欲如去年之别，亦不可得，伤心哉！行吟小斋，忽成商调，安得大喉咙人，顺风唱入至耳耶！”感情非常真挚。

当时的许多青楼女子都会唱散曲、时调、民歌，他听她们唱，觉得很美就记下来。他的一首《挂枝儿·送别》就是名妓冯喜生唱给他听的。后来记了厚厚一大本。他为这本民歌俗曲集取名《广挂枝儿》，还出钱把它印行了。印行的时候，一些士大夫公开批评他，说他“无行”、“坏人子弟”，给了他很大的舆论压力。但他不在乎。相反，这些压力更激发了他热心民歌俗曲的决心，他一鼓作气，又收集整理了《童痴一弄·挂枝儿》《童痴二弄·山歌》。正是靠他的不懈努力，四百多首民歌才得以流传到今天。这是我国民间文学史上，第一个以个人力量完成的最大的民歌俗曲集。冯梦龙为民歌俗曲的保存和发展做出了巨大贡献。

冯梦龙出身于苏州一个名门世家，兄弟三人都有文才。他早年博览群书，广泛涉猎，但他用力最勤的还是治《春秋》。《春秋》是五经之一，孔子依据鲁国史官所编《春秋》整理修订而成。明代以科举取士，四书五经是必读书，他开始是为科举考试而读，读来读去，读出了心得。他曾对人说：“不佞童年受经，逢人问道，四方之秘箧，尽得疏观；廿载之苦心，亦多所悟。”他花了二十年来研读《春秋》，编著了《春秋衡库》《麟经指月》《春秋定旨参新》等书，取得了相当可观的学术成果。

他有了名声，曾被人邀请在黄冈、麻城等地讲学授徒，传业解惑。麻城有许多治《春秋》的名家，他们对冯梦龙的成果交口称赞，认为是“发传得未曾有”，对学者大有裨益。他的讲学受到欢迎。在他的指导下，许多青年学子一举中第。然而他自己，却始终徘徊在场屋之外，屡试屡北。

对于这种情况，俗语常称之为“文章不如我，造化不如他”，“造化”这里是指机缘、机会的意思。其实，他的落第大概还有一个重要原因，就是前面提到的放荡不羁。他与青楼女子过从甚密，诗酒流连，是与封建礼教的行为准则相悖的。礼部官员在录取他的问题上，当然要三思而后行了。

他失意于场屋，于是把主要精力用到了小说的选辑、改编和创作上面。明代中后期，小说的发展非常迅速，长篇、中篇、短篇；白话、俚语、文言；人物的传记、市井的笑谈、历史的演义，真可谓类型繁多，目不暇接。冯梦龙无疑是出色的鉴赏家，哪一篇小说、哪一本书有价值，他一眼就可甄别。当看到《金瓶梅》的手抄本，他大惊喜，连连怂恿书商以重价购刻。当看到李贽评本《忠义水浒全传》手稿，惊喜之极，并主动与人“相与校对再三，删削讹谬”，于万历四十年“精书妙刻”。此后，他增补了罗贯中二十四回本《平妖传》，几乎增补了一倍，达到了四十回。还对《列国志》纠误补遗，纂成《新列国志》。他依据《左传》《国语》《史记》等史实，对旧志中疏漏杜撰进行了改正，他认为历史演义必须坚持历史的真实。

他还花费不少时间，从浩如烟海的书籍中披沙拣金，辑成了《智囊》《情史》和《古今谭概》三部书。《智囊》选取历代智慧故事上千条，分为十大类。他的目的当然是启迪世人心智。沈几《智囊叙》说：“使微妙玄通之士，超然娱会于意言之外，破大疑，宅大快，心爽而涎欲流，盖入世用世之概，见于此矣。”《情史》遴选有关男女之情的小品近九百条，分为二十二卷。冯氏自称：“虽事专男女，未尽雅训，而曲终之奏，要归于正。善读者可以广情，不善读者亦不至于导欲。”整个选本没有诲淫的东西。《古今谭概》则选量更大。他在自序里谈到选稿的初衷。他说，生活真正需要的是轻松的笑声，如果我们笑一笑，想一想，我们就会把富贵、功名、道德以及子孙眷属、经营顾虑等等，看得很轻很轻了。是颇有调侃意味的。

冯梦龙最突出的业绩、奠定他在文学史上地位的，还是他编选的“三言”，即《喻世明言》《警世通言》《醒世恒言》。“三言”收宋元明话本一百二十篇，应该说这是一套规模庞大而风格体例大体接近的白话短篇小说集。这套书的编选花去了冯梦龙十年的时间，是冯一生中耗时最长、用力最著的一项系统工程。除了独具只眼进行编选外，冯梦龙还做了两件事，一是改写，二是创作。“三言”的体例、风格大体接近，这与冯梦龙精心的加工、润饰、增删是分不开的。他的有些改写已经含有再创作的成分，如《陈从善梅岭失浑家》《众名姬春风吊柳七》《杜十娘怒沉百宝箱》等。经过他的改写增删，小说的情节更生动，人物更形象，故事更精彩，而语言也更具特色了。完全由他自己创作的则数量不多，目前确知的仅有《老门生三世报恩》一篇。

由于“三言”具有讽世劝善的教化作用，加之故事万象纷呈、丰富多彩，以及通俗易懂、口语化的特点，它出版之后即不胫而走，引起了广泛而长久的轰动。“三言”在我国古代白话小说发展史上具有里程碑式的意义：它最终完成了从口头到文学、从书场到案头的巨大转变，并且开始了由集体的创作向个人的创作过渡。冯梦龙的功绩是不朽的。

大概是因为名声和成就，冯梦龙五十七岁时补了一名贡生，并在崇祯年间被任命为寿宁县知县。他遇民以恩，待士以礼，忠于职守，在知县任上做了许多好事实事，还向皇帝上疏，陈述国家衰败的原因。当然他更没有忘怀文学，他写了许多反映农民疾苦和自然风光的诗作。

后来他回到家乡。李自成的大军攻占北京，他痛心疾首；而清兵南下，他更是悲愤欲绝。他一方面不遗余力收集整理明代史实遗事，一方面为抗清复明进行坚决斗争。他的努力当然是白费了，最后在忧愤中郁郁而终。

张 岱

张岱（别号陶庵）出生于山阴一个仕宦之家。其先世居蜀，故岱亦自称“蜀人”。小时极聪明。六岁时，祖父雨若翁携至武林，遇眉公先生。眉公先生名陈继儒，明代著名文学家和书画家，与同郡董其昌齐名。眉公先生与雨若翁是好友。他跨一角鹿，为钱塘游客，神情潇洒。他对雨若翁说：“久闻汝孙聪明，我今天面试一下。”乃指屏上《李白骑鲸图》说：“太白骑鲸，采石江边捞夜月。”年方六岁的张岱应声对曰：“眉公跨鹿，钱塘县里打秋风。”眉公大笑，起跃说：“那得灵隽若此！吾小友也。”一时传为佳话。

张岱为纨绔子弟，极爱繁华。早年曾有功名之念，但仕途不利，一直未得科第。当时正是明之季世，国势垂危。就在他五十岁的时候，明朝覆亡。他成了明末遗民。他从钟鸣鼎食、诗礼簪缨之家，一下子跌落到“破床碎几，折鼎病琴”，往日的繁华瞬间成为昨日梦幻。

怎么办？是削发为僧，不问世事，还是隐名埋姓，披发入山？或者干脆仿效伯夷、叔齐不食周粟，饿死首阳山中？他在《陶庵梦忆自序》中说：“瓶粟屡罄，不能举火，始知首阳二老，直头饿死，不食周粟，还是后人妆点语也。”张岱看透世相，洞悉炎凉，他知道，所谓不食周粟，这都是后人杜撰出来的故事。无论在什么情况下，首先还得吃饱肚子。

他无法好精舍，好美婢，好娈童，好鲜衣美食，好骏马华灯，好烟火梨园了，于是他吃饱或半饱肚子之后，只有一件事可好了，那就是好弄笔墨。他把整个的身心投入到写作上。他在《自题小像》中这样调侃自己：

功名耶，落空；富贵耶，如梦；忠臣耶，怕痛；锄头耶，怕重；著书二十年耶，而仅堪覆瓮；之人耶，有用没用？

他的文字轻灵幽默，充满了冷嘲热讽。他有一部很有名的著作名《夜航船》。《夜航船》的内容包罗万象，从天文地理到经史百家，从三教九流到神仙鬼怪，从政治人事到典章沿革，从动物植物到日用宝玩，共计二十大类，四千多个条目。这是张岱以个人力量编撰的一本百科全书。他为什么要取这样一个书名呢？他在序言中写道：

> 昔有一僧人，与一士子同宿夜航船。士子高谈阔论，僧畏慑，拳足而寝。僧人听其语有破绽，乃曰："请问相公，澹台灭明是一个人、两个人？"士子曰："是两个人。"僧曰："这等尧舜是一个人、两个人？"士子曰："自然是一个人！"僧乃笑曰："这等说起来，且待小僧伸伸脚。"余所记载，皆眼前极肤浅之事，吾辈聊且记取，但勿使僧人伸脚则可已矣。故即命其名曰《夜航船》。

真令人喷饭。可怜的高谈阔论的士子。这就是张岱无比辛辣的文笔。但张岱惨淡经营的还是他的史学著作。在明朝未亡之际他就开始撰《古今义烈传》，又著《史阙》以补历代之史。他花三十年著《石匮书》，这是一本明代纪传体史著，二百二十卷，起自洪武，迄于天启。又撰《石匮书后集》六十三卷，记载崇祯朝及南明史事。邵廷采撰《张岱传》说他"沈浸有明一代之纪传……至于废兴存亡之际，孤臣贞士之操，未尝不感慨流连陨涕三致意也"。他也为此而自负。

其实他为后世所称道的，却是他的笔记小品。当然还有他的人物传记，包括一些墓志。一般的墓志容易写得平板呆滞，或是满纸阿谀。但他的墓志却写得声口毕肖，栩栩如生。他在《周宛委墓志铭》中曾说："余生平不喜作谀墓文，间有作者，必期酷肖其人。"他的人物传记当然更是"酷肖其人"。他有一篇《王谑庵先生传》，是写明代作家王思任。王思任极善描摹色彩。他的《小洋》以鹦鹉绿、猩红云、赤玛瑙、鸦背青、老瓜皮、葡萄紫等来描绘山水间景物之色，对后世作家如曹雪芹、张爱玲启发影响较大。他"聪明绝世，出言灵巧，与人谐谑，矢口放言，略无忌惮"。张岱写了他这样一件事：

> 川黔总督蔡公敬夫，先生同年友也，以先生闲居在家，思以帷幄屈先生，徵先生至。至之日，宴先生于滕王阁。时日落霞生，先

> 生谓公曰："王勃《滕王阁序》，不意今日见之。"公问故，先生笑曰："落霞与孤鹜齐飞，今日正当落霞；而年兄眇一目，孤目齐飞，殆为年兄道也。"公面赭及颈，先生知其意，襆被即行。

这一段确实写出了王思任"矢口放言，略无忌惮"的特点，简直是人身攻击，恶作剧。

张岱传世最有名的两本书是《陶庵梦忆》和《西湖梦寻》。往事如梦。但其中写到的人物，却是绘声绘色，栩栩如生。如《陶庵梦忆》中《柳敬亭说书》：

> 余听其说景阳冈武松打虎白文，与本传大异。其描写刻画，微入毫发；然又找截干净，并不唠叨。哱夬声如巨钟，说至筋节处，叱咤叫喊，汹汹崩屋。武松到店沽酒，店内无人，謈地一吼，店中空缸空甓皆瓮瓮有声。闲中著色，细微至此。主人必屏息静坐，倾耳听之，彼方掉舌；稍见下人呫哔耳语，听者欠伸有倦色，辄不言，故不得强。每至丙夜，拭桌剪灯，素瓷静递，款款言之。其疾徐轻重，吞吐抑扬，入情入理，入筋入骨，摘世上说书之耳而使之谛听，不怕齰舌死也。

"两梦"的内容十分丰富，所记地域遍及会稽、杭州、苏州、镇江、南京、扬州、兖州、泰安等地；时节则有元宵、清明、端午、中元、中秋等；风俗则涉及庙会、香市、扫墓、校猎、放生、斗鸡、赏月、观潮、赛舟等；旁及美食茶道，方物花卉，古玩器皿，可谓林林总总，琳琅满目。"奇情奇文，引人入胜，如山阴道上，应接不暇。"（金忠淳《陶庵梦忆跋》）这些繁华的片段"梦忆"，其实是他对国破家亡的感慨，对故国和故土故园的无比思念。

就是他的这些故国之思或故土之思，让我们读到了如此多的美文。他的《西湖七月半》记游人情态，细致入微：

> 西湖七月半，一无可看，止可看看七月半之人。看七月半之人，以五类看之。其一，楼船箫鼓，峨冠盛筵，灯火优傒，声光相乱，名为看月而实不见月者，看之；其一，亦船亦楼，名娃闺秀，携及童娈，笑啼杂之，环坐露台，左右盼望，身在月下而实不看月者，看之；其一，亦船亦声歌，名妓闲僧，浅斟低唱，弱管轻丝，

竹肉相发，亦在月下，亦看月而欲人看其看月者，看之；其一，不舟不车，不衫不帻，酒醉饭饱，呼群三五，跻入人丛，昭庆、断桥，嘄呼嘈杂，装假醉，唱无腔曲，月亦看，看月者亦看，不看月者亦看，而实无一看者，看之；其一，小船轻幌，净几暖炉，茶铛旋煮，素瓷静递，好友佳人，邀月同坐，或匿影树下，或逃嚣里湖，看月而人不见其看月之态，亦不作意看月者，看之。

这与作者长时间生活在杭州，熟悉杭州的人物风习有关系。当然还有他细致的观察。他的《湖心亭看雪》是记西湖的雪景：

崇祯五年十二月，余住西湖。大雪三日，湖中人鸟声俱绝。是日更定矣，余拏一小舟，拥毳衣炉火，独往湖心亭看雪。雾凇沆砀，天与云与山与水，上下一白。湖上影子，惟长堤一痕，湖心亭一点，与余舟一芥，舟中人两三粒而已。

到亭上，有两人铺毡对坐，一童子烧酒炉正沸。见余大喜曰："湖中焉得更有此人!"拉余同饮。余强饮三大白而别，问其姓氏，是金陵人，客此。及下船，舟子喃喃曰："莫说相公痴，更有痴似相公者!"

点染雪景，剪裁人物，一次湖心亭看雪，犹如一个精美的电影特写镜头，由近及远，又由远及近，将西湖雪景尽收眼底。二三人物则是雪景中的眼睛，有了眼睛，一片雪景玲珑剔透，万般鲜活。我们不得不佩服张岱神奇的笔力。

黄宗羲

明崇祯二年，阉党魏忠贤被处死，其爪牙许显纯、崔应元接受刑部审处，一个十九岁的年轻人出庭对证。说时迟，那时快，只见年轻人拿出袖中铁锥，以迅雷不及掩耳的速度向许刺去，许还没有反应过来，身上早被刺得鲜血淋漓。刺罢许，又迅速转身去拔崔的胡子，拔了一把在手中。这位年轻人就是浙江余姚人黄宗羲。原来，黄宗羲的父亲黄尊素因弹劾魏阉，被魏阉关进大牢，瘐死狱中，黄宗羲这是为父报仇，为天下彰正义。一时，这个敢于为父申冤、无所畏惧的年轻人的名字传遍了京城。

然而，崇祯依然崇信宦官，独断专行，明朝颓败的形势并没有好转。而这时，李自成、张献忠的农民起义军迅猛发展，几成燎原之势；东北的满族贵族集团建立清政权，虎视眈眈。为了挽救国家的命运，黄宗羲参加了复社。复社以“重气节，轻生死，严操守，辨是非”为宗旨，是当时社会上影响最大的文人团体。崇祯十一年，黄宗羲与陈贞慧、吴应箕等人，组织复社中的一百四十人，联名发表了《留都防乱公揭》，声讨阮大铖。阮大铖当时被人称之为魏忠贤第二，士子百姓对其恨之入骨。这一件事又一次轰动了京城，黄宗羲再一次受到关注。

崇祯十七年，李自成攻入北京，崇祯皇帝在万岁山一棵槐树上吊死。崇祯死后，阮大铖、马士英在南京拥立福王称帝，建号弘光。弘光朝廷成立后，不去思谋如何抗清复明，而是由阮大铖编造黑名单，捕杀东林党人和复社成员。黄宗羲因此被捕，后来因清兵攻入南京，才得幸逃脱。

黄宗羲的老师是浙东大学者刘宗周。清兵入关后，刘宗周避居山间，绝食殉国。老师的崇高气节激励着黄宗羲，使他下定决心坚持抗清斗争。孙嘉绩、熊汝霖拥立鲁王在绍兴建立临时政权，黄宗羲与弟弟宗炎变卖家产，在余姚黄竹浦起兵，号“黄氏世忠营”，拥戴鲁王政权。鲁王授他方郎之职，寻改御史。黄宗羲忠于职守，为扩大临时政权影响，收复人心，作监国鲁元年大统历颁之浙东，浙东人皆奉鲁王为正统。

黄宗羲一心恢复明王朝，虽然他的意见和主张不被鲁王大臣所重视，但他不以为意，毫不气馁。当清兵相继占领浙东各地，鲁王政权朝不保夕时，他仍率部转入四明山，坚持抗清斗争。清朝统治者张贴露布、悬赏画像捉拿黄宗羲，黄宗羲带领随从逃入剡中。听说鲁王在海上，又间道至海上追随鲁王。清统治者要录其家口，黄宗羲担心年迈的母亲横遭不测，亟陈情鲁王，鲁王同意，乃变姓名间行归家。清人跟踪捉拿，黄宗羲几次逃脱。后鲁王海上倾覆，黄宗羲无复望，才奉母返里门。这时候，他把毕生的精力用于著述。

清康熙二年，五十四岁的黄宗羲写成了《明夷待访录》。“明夷”是《易经》中的一个卦名，意思是“明入地中”，象征太阳落山的黄昏时刻。然而此时红云仍在，而且明天的太阳还会升起。黄宗羲用“明夷”暗示明朝虽亡，但其政尚在，其兴可待。同时，“明夷”也代表他本人的期望，他虽然隐居家乡，穷于一隅，但学说还将有用，一定会有人来访问。

黄宗羲亲历明朝亡国之祸，痛感君主专制，祸国害民，他在《明夷待访录》的《原君》《原法》《原臣》等篇里，依托“民贵君轻”的经义，对君权、封建法律、官吏制度作了犀利的剖析。他说，君主的最初确立，是由于天下兴公利、除公害的需要。上古的时代，有生之初，人各自私，人各自利。这时候有贤人出来，他们不以自己的私利为利，而以天下人的私利为利；他们不以自己的私害为害，而以天下人的私害为害。于是他们受到人民的拥戴，被推举为君主。因此，君主与万民的关系，应该是“以天下为主，君为客”。君主所做的一切应该是有利于天下人。

但是这种主客关系被颠倒了。后世的君主独占一切利益，把害处都推给别人。他强迫天下人民为自己一人服务，并名之曰“大公”，其实这不是什么“大公”，而是君主的一己之私而已。一个君主为了争夺皇位，不惜“屠毒天下之肝脑，离散天下之子女”，得位之后，又“敲天下之骨髓”，以供一己淫乐，“天下之大害者，君而已矣”。所以“天下之人，怨恶其君，视之如寇仇，名之为独夫”，应该是合理的。

黄宗羲批判封建法律说：“如今所谓法者，不过是一家之法，而非天下之法。”他们所谓的法，目的在维护封建社会的等级特权，并且束缚天下人的手足，让他们拥有这种特权而不敢说话。统治者独占一切利益，窃取一切幸福，唯恐不能全得，因此制法不得不细密。就好像要把天下的福利都偷偷藏于一个巨大的“筐箧”之中。天下人把仇恨集中于“筐箧”，这就加深了统治者的疑惧，于是保护“筐箧”的法网越来越密，祸乱也越来越深。这样，本来的治乱之法，竟成为兴乱之因。

黄宗羲还揭露官吏制度的实质，并对君臣关系提出了新的见解。黄宗羲认为，在专制制度之下，所谓“臣”只不过是对君主一家一姓负责的“仆妾”，是君主的“奔走服役之人”。他们视天下人民为橐中私物，穷凶极恶地为皇帝剥削天下百姓的财富，全然不顾人民死活。他愤怒的指出，臣的出仕，不应当是为皇帝一姓，而应是为天下万民。

黄宗羲把批判的矛头直接指向最高统治者君主，但他并不主张废除君权，而主张通过学校士人的议政和提高相权，来限制君权。他认为，学校的校长和教师，不应由政府任命，而应由公众推举，而学校应该有议政的权力，能够培养舆论，决定是非，监督政府，进退官吏。他所说的学校，已经具有西方议会的特征。他是我国最早提出议会设想的第一人。他的议论大胆犀利，切中时弊，可谓前无古人，后启来者。《明夷待访录》在清代被列为禁书，不许流播，这是意料中事。

康熙六年，黄宗羲恢复重建了他的老师刘宗周创办的“证人书院”，培养了大批学者。他提倡博览群书，融会贯通，清代著名学者万斯大、万斯同、阎若璩都是他的学生。他治经学兼通经史，并研治天文历算、音律、佛教、道藏等，著述有《易学象数论》《春秋日食历》《大统历法辨》《律吕新义》等多种。又以史学方法评述明代儒学，成《明儒学案》六十二卷。后又续成《宋儒学案》《元儒学案》，三书合为宋以来儒学发展史上的巨编。

他对我国古代的赋税制度进行了深入研究。他在《明夷待访录·田制三》中指出：历代税赋改革，换汤不换药，每改革一次，税就加重一次，而且一次比一次重；农民种粮食却要等生产的产品卖了之后用货币交税，中间受商人的一层剥削；不分土地好坏都统一征税。黄宗羲的观点被称为“黄宗羲定律”。

晚年的黄宗羲，已经成为一位德高望重、誉满全国的大学者。康熙皇帝非常欣赏他的学问，几次征召他到朝廷任职，或参加修撰明史，都被他回绝了。这充分表现了一个遗臣、一个爱国者的民族气节。他潜心学问，勤奋不已。冬夜读书，他把脚放在火炉旁，身披一床被子，边读边记；夏日酷暑难当，他仍披一件麻织的衣服，端坐桌前，奋笔著述。他在《不寐》诗里说“年少鸡鸣方就枕，老年枕上待鸡鸣”，是他勤奋的写照。八十四岁时，他还以顽强的毅力，编完了他一生最大的著作《明文海》。这部书凡四百八十二卷，参考的明朝各家文集有两千种之多。他去世时八十六岁，去世前两个月，还在书房里勤奋写作。

清统治者虽然把他的《明夷待访录》列为禁书，但对他的学问人品却钦佩不已。几次征召不就，康熙也没有责怪，相反更加敬重他。宣统元年，清统治者把他列为从祀文庙的人物，给了他崇高的荣誉。

李 渔

李渔，字笠翁。李渔的祖籍是浙江兰溪的下李村。他的父亲、伯父在江苏如皋经营医药，家产丰饶，李渔就在那里出生。

李渔还在襁褓之中就开始识字，三四岁的时候，就能分辨四声。到了垂髫之年，就在屋舍梧桐树上刻诗纪年，以警示自己不要虚度光阴。总角之年，竟写出了“劝君休刎颈，劝君休剖心。盟血未干口，干戈常相寻”的《交友箴》。江南名家吴伟业读到他的《交友箴》连连惊呼：“世情三昧语，少年场何处得来!”

崇祯二年，李渔的父亲去世了。父亲去世，如皋的医药经营难以维持，生计成了问题，李渔只好回到浙江老家去。那年李渔十九岁。好在这时候李渔的学业颇有长进，诗赋古文，屋场时文，皆是得心应手，一挥而就。崇祯八年左右，李渔到金华应童子试，很顺利考取了。两年后应金华府庠试，又考取了。但接下来的乡试却是大不如意。第一次铩羽而归。第二次，崇祯十七年，甲申年，他正在应试途中，李自成的农民军攻入北京城，崇祯皇帝自缢于万岁山。明朝国已不国，礼部官员作鸟兽散，还到哪里考去!

李渔只好回到了兰溪老家下李村。村里是寂寞的，但李渔是一个不甘寂寞的人。正是改朝换代的动荡时期，他无法进入仕途，又没有舞文弄墨的朋友应酬唱和，他就组织了一个小剧团，唱戏。他自任编剧和导演，虽然是一些极简单、极粗糙的路头戏，但锣鼓胡琴一响，总能吸引住一大批乡下人的目光。何况唱戏还能解决生计问题。这就够了。李渔乐此不疲。

清顺治八年，李渔来到杭州。杭州与兰溪相比，真有天壤之别。杭州有浓厚的文化氛围，有意趣相投的文人朋友，这大大激发了李渔编剧和写作的热情。他在杭州住了七年，这一时期他写了《风筝误》等六部戏曲和两部短篇小说。他的戏曲和小说都有波澜起伏、引人入胜的情节，有很搞笑的噱头，这正是李渔所刻意追求的。李渔曾自称："一夫不笑是吾忧。"读者读小说，观众看戏曲，目的就是要开怀大笑，哈哈一乐，不然他读你的小说、看你的戏曲何用？为此李渔要求戏曲语言浅显，不避俚俗。他说："传奇不比文章，文章做与读书人看，故不怪其深；戏文做与读书人与不读书人同看，故贵浅而不贵深。"他在戏曲的通俗化、大众化方面做出了很大努力，这是他与前代戏曲家不同的地方。前代戏曲家王实甫、汤显祖等追求高雅，辞藻华丽，走的是另一条道路。

他的《风筝误》写两对年轻人的爱情故事。这两对年轻人，一位是书生韩世勋，一位是闺秀詹淑娟；一位是浪子戚友先，一位是丑女詹爱娟。而淑娟与爱娟又是同父异母的姐妹。某年清明节，戚生去田野上放风筝，线断，风筝正好落入了詹家院。富有才情的淑娟见到风筝上的题诗，心向往之，于是在风筝上题上一往情深的和诗，还与戚生。殊不知风筝上的诗句却是韩生所题。戚生不解其意，解诗的韩生半夜赴约，却遇见丑女爱娟，乃惊丑而逃。一连串的误会与巧合，极具轻喜剧的效果。最后当然是书生美女、浪子丑女结合，皆大欢喜。

显然李渔的作品受到了市民阶层的普遍欢迎。李渔的戏曲作品不断地有人偷偷翻刻。他是一位职业的戏曲家和作家，本靠卖文刻书维持生计，现在有了偷刻盗版，他的生计问题就受到了影响。偷刻盗版多来自金陵。他想，既然金陵有这么多人靠翻刻自己的书混饭吃，为什么自己不到金陵去呢？于是他于顺治十五年或稍晚一点的时候，他来到了六朝故都南京。他在《与赵声伯文学》中说：

> 弟之移家秣陵也，只因拙刻作祟，翻版者多，故违安土重迁之戒，以作移民就食之图。

李渔先是住在金陵闸，后来搬到了芥子园。提起芥子园，我们都不会陌生，因为李渔后来和人在这里编了一本《芥子园画谱》，流传广泛。许多著名画家都深受其影响。雕花木匠齐白石，就是有一次偶尔看到了《芥子园画谱》，反复勾影揣摩，才成为画坛巨匠的。李渔在南京一住就是二十年，这期间他完成了《凰求凤》《比目鱼》等四部剧本，加上原来在杭州写的六部剧本，后来被合刊为《笠翁十种曲》。他自己组织了一个家庭戏班，主要演员就是他的两个爱姬乔氏、王氏。他带着她们走南闯北，巡回演出，在当时名气很大。在演出的过程中，他为了生财活命，也去达官贵人中间当清客，打抽丰。这种不惜降低人格的做法，是为传统中国文人所不齿的。鲁迅先生就把他归于帮闲文人一类。他也填词称自己“形容自愧”，“面目堪憎”。他为人是诚实的，不装道学家面孔。这一点很可贵。

也就是在这时，他写出了《闲情偶寄》。这是一部包含有系统的戏曲理论在内的艺术杂著，是李渔最有名的一部作品。全书分为词曲、演习、声容、居室、器玩、饮馔、种植、颐养八大部分，其实也就是一部百科全书。其中词曲、演习、声容三部专论戏曲的创作与表演，在中国戏曲理论发展史上具有里程碑意义，这也奠定了他在戏曲理论发展史上的历史地位。李渔的名字和《闲情偶寄》连在了一起。

康熙十二、十三两年，李渔家庭戏班的两位台柱，也就是他的两个爱姬乔氏、王氏先后去世。他的家庭戏班难以支撑下去了。此时李渔已年过花甲，加之心情不好，他的创作兴致大不如前，而且对看戏也有点厌倦了。康熙十四年，他送儿子到桐庐应童子试，过东汉严子陵隐居的钓台，不禁感慨系之。严子陵多次拒绝光武帝刘秀的征召，人品确是难能可贵的，北宋名臣范仲淹赞扬他“云山苍苍，江水泱泱，先生之风，山高水长”。在严子陵的面前，李渔深感自惭形秽。他写诗忏悔道：“未能免俗辍耕锄，身隐重教子读书。山水有灵应笑我，老来颜面厚于初。”李渔老了，他潜伏在骨子里的正统文人意识渐渐强烈起来。

康熙十六年，李渔卖掉了南京的芥子园，回到了杭州。他在杭州的最后几年主要是编他的诗文作品《一家言》。后来又编了《耐歌词》，那是一部词集。康熙十八年，李渔患病。康熙十九年正月，七十岁的李渔与世长辞。

顾炎武

顾炎武，学者称他为“亭林先生”，江苏昆山人。他出生在一个以读书求仕进的书香门第，祖上历世为官。父亲顾同应，万历四十三年副榜，工诗文。母亲何氏。但他不是在何氏身边长大，出生不久，他就过继给去世的堂叔做儿子，由嗣母王氏抚养成人。

顾炎武小的时候，得过一次严重的天花，差点丢命。天花病好以后，脸上会留下痂痕，即俗称的“麻子”。更不幸的是，他有一粒“麻子”长在左目中，瞳仁中白而边黑，使他的相貌看上去非常奇特。但嗣母王氏对他异常抚爱，一如亲生。

顾炎武的嗣祖顾绍芾是一名国子监生，学识渊博。顾炎武十一岁的时候，嗣祖就给他讲授《资治通鉴》。顾炎武学习十分专心，而且过目不忘，只花了两年时间，他就把这部二百九十四卷的编年体史书研读完毕。顾炎武的天赋让嗣祖顾绍芾大为吃惊。为了让他早日取得功名成就，嗣祖决定提前把他送入庠学读书。当时有“纳谷寄学”的惯例，即捐纳一定数量的钱谷，即可进庠学读书。嗣祖和王氏就按这个办法，让炎武提前进了县城庠学，成了一名秀才。从天启六年到崇祯十二年，即炎武十四岁到二十七岁，整整十四个年头，他都一直在庠学读书。在读书期间，他和同学归庄等参加了复社。复社是读书人的组织，社员们大胆讥评朝政，与在朝的阉党展开斗争。

这段时间，明廷的内外形势急剧恶化。内，高迎祥、李自成、张献忠等农民起义军风起云涌，此呼彼应；外，建州的女真族已经基本占领关外，并一步步逼近蓟辽重镇山海关。崇祯九年，皇太极在沈阳称帝，正式改国号为清。此后清兵三次入关侵扰。崇祯十一年十二月，清兵长驱直入，连破四十余城，直到攻陷济南，大肆掳掠。

就是在这种令人痛苦背景下，顾炎武改变了读书研究的方向。他本来是准备通过科举仕进，来跻身朝廷，有所作为的。但明廷内忧外患之际，满朝官僚却如酒囊饭袋，无所作为。顾炎武对于举业终于绝望了。他为有益世用，把全部身心都投入到历史地理著作的编撰中。他编了两本皇皇巨著，一本是《天下郡国利病书》，一本是《肇域志》。他在《天下郡国利病书序》中说："崇祯己卯，秋闱被摈，退而读书。感四国之多虞，耻经生之寡术，于是历览二十一史以及天下郡县志书，一代名公文集及章奏文册之类，有得即录，共成四十余帙。一为舆地之记，一为利病之书。"崇祯己卯是崇祯十二年，清兵攻陷济南。这两部书（后来又编有多部）花去了顾炎武的毕生精力。其中《利病书》直到晚年也还未来得及定稿。

崇祯十七年，是甲申年，史称"甲申之变"。这一年李自成攻入北京，崇祯帝在万岁山（景山）的一棵槐树下自缢而死，明朝灭亡。这时顾炎武迁家于常熟的唐市。虽然这里离县城有三十里之遥，但顾炎武还是很快知道了消息。他怀着极其悲痛的心情，写了《大行哀诗》，表示对崇祯皇帝的悼念，对大明王朝的覆亡深切的哀痛。他在诗里说："秘谶归新野，群心望有仍。小臣王室泪，无路哭桥陵。""新野"是指汉光武帝刘秀，"有仍"是古国名，传说夏少康即诞生于此。刘秀和夏少康都是恢复旧帝业的人物，顾炎武的心情不言而喻。

果然就有刘秀、夏少康一类的人物出现了。"甲申之变"后不久，凤阳总督马士英等在南京拥立福王朱由崧为帝，改元弘光，这就是历史上所说的南明政权。顾炎武听到消息，觉得汉室有祚，中兴有望，高兴之情无以言表，当即写了《感事》六首。他在诗里豪迈高唱："须知六军出，一扫定神州。"他对南明政权寄予无限期望。

因昆山县令杨永言的推荐，顾炎武受命为南明兵部司务。只要是对复明有利的事，顾炎武决不推辞。这年春天，他前往京口视察，写下著名的诗篇《京口即事》：

白羽出扬州，黄旗下石头。六双归雁落，千里射蛟浮。河上三军台，神京一战收。祖生多意气，击楫正中流。

"京口"就是王安石说的"京口瓜洲一水间，钟山只隔数重山"的京口，与瓜洲隔江相望，是扼守长江的重要门户。顾炎武在诗中用了祖逖北伐的典故。祖逖是东晋范阳人，曾击楫中流，渡江北伐，并发誓说，不收复中原，誓不回渡。顾炎武以祖逖自况，表达了同样的决心。

但当顾炎武四月到达南京时，他的决心化作了泡影。他亲眼看见福王在马士英、阮大铖的簇拥下，整日沉溺于歌舞升平、荒淫作乐之中。这哪里是什么刘秀、夏少康，简直就是乐不思蜀的后主阿斗！顾炎武感到了透心的悲凉。他后来在一首《桃叶歌》中回忆道："白土冈下驱胡车，越州女子颜如花。中官采取来天家，可怜马上弹琵琶。三月桃花四月叶，已报北兵屯六合 。宫车塞上行，塞马江东猎。"大敌当前，危在旦夕，内廷却派出宦官，远至杭州一带广选美女，供宫廷取乐。南明政权的前途可想而知。四月二十二日，清军攻入扬州，守将史可法与清军展开了殊死搏斗。大厦将倾，独木难支。史可法和他的将士们慷慨殉国。

五月十五日南京陷落，南明小朝廷宣告结束。顾炎武从南京逃出来，回到家乡昆山。他和好朋友归庄、吴其沆一起，以满腔热血参加了抗清斗争。归庄是归有光的曾孙，诗文极佳。吴其沆是嘉定人，也是一位书香子弟，下笔数千言。他们毁家纾难，为昆山义军筹措钱粮，以谋固守昆山城。清军用三十万大军的兵力进攻昆山，昆山城保卫战在众寡悬殊的形势下失败了。清军进入城中，顾炎武的生母何氏被清兵砍去了右臂，两个弟弟被杀害。好友吴其沆也在城破后牺牲。

昆山、常州被清军攻陷时，顾炎武的嗣母王氏开始绝食。王氏的祖父是太仆寺卿，父亲是太学生，从小受过良好的教育，深明大义。她在临死前对顾炎武说："我虽妇人，身受国恩，与国俱亡，义也。汝无为异国臣子，无负世世国恩，无忘先祖遗训，则吾可以瞑目地下。"顾炎武在泪水横流中答应了母亲的临终嘱托。

弘光朝败亡后，先后又有唐王在福州称帝，桂王在广东肇庆称帝，唐王弟在广州称帝。每闻消息，顾炎武总是欣喜万状，寄予希望。这期间，他即兴感怀，慷慨悲歌，写了不少抒情诗。他把自己比作一只凌空展翅的老鹤，"临风时独舞，警露亦长吟"（《赋得老鹤万里心》）；又把自己比作一只志在填海的精卫，"长将一寸身，衔木到终古"（《精卫》）。

他用诗歌来表达自己抗清救亡的意志和抱负。

但清王朝的地位越来越巩固。李自成、张献忠等农民军先后被消灭，称帝的诸王也一个一个的失败。公开高举反清的大旗已不太现实。顾炎武隐藏自己的身份，身穿商人的衣着，在江浙一带活动。“流转吴会间，何地是吾土。”（《流转》）直到顺治十一年，他才在南京定居下来。用的是化名，蒋山傭。

这时又发生了这样一件事情。昆山有个乡宦叫叶方恒，觊觎顾炎武的田产，他就指使顾炎武原来的一个家仆陆恩，揭发顾炎武有“通海”之罪。“通海”就是勾结海上抗清力量，在当时是清廷最忌恨的事。就在叶方恒还未来得及动手之前，顾炎武回到昆山，把陆恩逮住，历数他卖国背主之罪，然后把他沉入江中。陆的女婿和叶串通，把顾拘系私宅，迫令自裁，情况万分危急。幸亏朋友归庄、王仍等多方营救，才使他脱离虎口，免遭毒手。

顺治十四年，顾炎武只身北上，开始了他历时二十五年的漫游生涯。他的所谓漫游，其实是实地的考察和研究。他考察和研究的范围非常广，举凡金石、文字、天文、舆地、政治、经济等无不在列。后来在《金石文字记序》中回忆说：“余自少时，即好访求古人金石之文，而犹不甚解。及读欧阳公《集古录》，乃知其事多与史书相证明，可以阐幽表微，补阙正误，不但辞翰之工而已。比二十年间，周游天下，所至名山、巨镇、祠庙、伽蓝之迹，无不寻求。登危峰，探窈壑，扪落石，履荒榛，伐颓垣，畚朽壤，其可读者，必手自抄录，得一文为前人所未见者，辄喜而不寐。”顾炎武的勤奋精神是惊人的。

在考察和研究的同时，顾炎武也在进行四部巨著的写作。有两部前已提到，一本是《天下郡国利病书》，一本是《肇域志》。另外两部是《音学五书》和《日知录》。《音学五书》是研究汉语上古音的著作，《日知录》则是读书札记。他在《音学五书》后序中说：“余丛集此书三十余年，所过山川亭鄣，无日不以自随。凡五易稿而手书者三矣。然久客荒壤，于古人之书多所未见，日西方莫，遂以付之梓人，故已登版而刊改者犹至数四。”可知此书在顾炎武生前已经刊行。而《日知录》一书，他在自记中说：“愚自少读书，有所得辄记之。其有不合，时复改定。

或古人先我而有者，则遂削之。积三十余年，乃成一编，取子夏之言，名曰《日知录》，以正后之君子。”这四部巨著他一生都在反复增修，不断完善。《日知录》初版的时候只有八卷，再扩充至二十卷，最后定稿的时候，实际已达到洋洋三十二卷。可惜他生前未能看到最后定稿的刊行。

顾炎武在我国学术思想史占有重要的地位，在经学、史学和音韵学等几个领域，都有突出的贡献。他是清代考据之学的鼻祖，影响了差不多整个清代。我国有一句格言，叫作“天下兴亡，匹夫有责”，这其实就是顾炎武在《日知录》中一段话的概括。顾炎武以终生的勤奋，为我们留下了如此浩繁的学术著作和精美诗文，我们后学没有理由不对这位文化巨匠表示极大的尊敬。

王夫之

王夫之，字而农，号薑斋，湖南衡阳人。晚年隐居衡阳县的石船山，后人称之为“船山先生”。父亲名朝聘，无书不读，很有学问，但命运不济，直到五十多岁才取得副贡资格。所谓副贡，就是乡试录取名额之外的备取生员，也叫副榜。按照当时的选拔制度，副贡也可以和贡生一样，进入国子监求学，以取得监生资格。然而取得了监生资格，也不等于有官可做，还要等外放的机会。他在国子监蹉跎十年之久，才等到一个外放做官的机会。外放之前，吏部的选郎按惯例向他索取贿赂，这在崇祯朝的官场上已是不成文的规定，但这位老监生却不能接受，他对选郎说：“仕以荣亲，而赂以取辱，可乎？”竟愤然撕碎吏部文牒，踏上返乡的路途。父亲秉直的个性，给予王夫之深深的影响。

朝聘有三子：长介之，次参之，夫之最小。明天启二年，四岁的王夫之与二哥参之入家塾，从大哥介之受读。他几乎有过目成诵的本领。七岁时他就通读了十三经，十岁时父亲还做监生，教他学艰涩的五经经义，他学得如饥似渴。过了两年，开始学诗文，《离骚》、汉魏乐府及历代诗人的佳作约十万余首，大部分能背诵。十四岁时考中秀才，十六岁时从叔父王廷聘学诗，视野更加开阔，有了自己的诗歌创作主张。

崇祯十五年，二十三岁的王夫之同大哥介之一同赴武昌乡试，同榜中举。是年冬天王夫之、王介之取道南昌，准备去北京应会试，但此时李自成、张献忠的农民起义军风起云涌，会试延期，他们只得返回家乡等候。第二年秋，张献忠陷衡阳，王夫之兄弟藏身于南岳莲花峰下。张献忠闻其大名，欲延揽于起义军中。寻不着王夫之，就令人把其父朝聘抓起来做人质。为救父亲，王夫之自引刀遍刺面容肢体，让人舁往起义军中易父。张献忠见其重创如此，没有办法，只好把父子俩一同放归。

十七年三月，李自成进入北京，不久，清军又赶走李自成，攻占京城。王夫之听到惊天国变，写成一百韵《悲愤诗》，每一讽诵，就泪流满面，哽咽不已。他不甘心做亡国奴，于是以书生意气，举起“反清复明”的旗帜，挺身战斗。

这时，南京守臣马士英、阮大铖在南京拥立福王称帝，建号弘光。王夫之认为福王政府的首要任务，是联合农民军一起抗清。当时湖广总督叫何腾蛟，湖南巡抚叫堵胤锡，他们手中都握有重兵。如果他们团结一心，与李自成余部联合，抵抗清军南下，还是很能有一番作为的。遗憾的是何、堵二人互不买账，矛盾重重，王夫之乃奔波于湖北、湖南之间，企图调停二人的矛盾，但没有成功。他退而回到故乡衡阳，与“匡社”管嗣裘等在衡阳举兵起义。王夫之二十一岁时，曾与一班青年人组织了一个社团，名曰“匡社”，意为匡扶社稷。现在真正是到了匡扶的时候。清兵进入浏阳，王夫之等抱定“能与雠战，虽败犹荣”的决心，与之作战。终因寡不敌众，王夫之、管嗣裘等全军溃败。福王政权数月之间就土崩瓦解，明室官员先后拥立的鲁王、唐王也相继败亡。两广总督丁魁楚、广西巡抚瞿式耜拥立桂王在肇庆称帝，建元永历。王夫之往投桂王，企图在复兴明室中有所作为。

但永历朝廷却让王夫之大失所望。在国难当头时，皇帝大臣们不是团结一心抗清，而是相互猜忌，图谋私利，恬不知耻。王夫之与他们斗争，差点送掉了性命。王夫之知道靠这一班人恢复大明江山，无异于痴人说梦，但他还是怀着一线希望，为永历政权效犬马之劳，直到大势已去，才满怀忧愤，潜回故乡。十几年的抗清生涯，使他备尝艰辛，付出很多，但他无怨无悔，甘之如饴。

故乡衡阳早已是清朝的天下。清廷为了加强统治，强令国人“薙发”。原来明朝汉人男子都蓄长发梳髻，而满族的传统是男子将头上四周头发剃去，只中间长发分三绺编成一条长辫，垂于脑后。清王朝推翻明朝后，规定臣民人等，均须薙发，改为满族发式，有不薙者，查出处死。王夫之永远不会背叛大明，当然不会薙发。为了不薙发，他不得不隐姓埋名，颠沛流离在荒山野岭中。有三年时间，他自称瑶人，住在深山的瑶洞中。他头发蓬乱，衣衫褴褛，简直像一个野人了。

清顺治十四年，王夫之三十九岁，他结束三年的瑶洞生活，回到了衡阳莲花峰下续梦庵。续梦庵建于顺治二年，取“续作明室江山一统之梦”之意。续梦庵前有石涧瀑，高十米。平时声如琴笙，涨时轰如雷鸣。他就在这样的环境下开始了三十余年的著述生涯。十七年，举家迁居衡阳金兰乡高节里，于茱萸塘筑茅屋，名之曰“败叶庐”，续筑观生居。在观生居里，他题下了“六经责我开生面，七尺从天乞活埋”的名句，表达了要在思想领域与清统治者展开不懈斗争。

康熙三年，王夫之满怀深情，写成《永历实录》，记述永历政权十六年的兴衰史。十四年，王夫之迁居到石船山，又于湘水西岸建筑草堂，人称“湘西草堂”。他在《石船山记》中写道：“船山，山之岭有石如船，顽石也，而以之名。”石船山石层自然向外伸延数尺，石檐下有一小洞，洞前有一方石，平如桌面，置身其间，可避风雨。王夫之常攀藤附葛，来此观景抒情，著书明志。王夫之在石船山度过了生命中最后的十八年时光，故后人称之为“船山先生”。

十七年，吴三桂僭号称帝于衡州，其党延王夫之写《劝进表》，王夫之说：“我是亡国遗臣，所欠一死耳，今安用此不祥之人哉！”遂逃入深山，作《祓禊赋》，对吴极表蔑视。三桂平，湖南巡抚郑端很敬重夫之操守，嘱衡州知府崔鸣鷟馈以粟帛，请见王夫之，并索其著作刊行，王夫之以疾辞。这后不久王夫之就与世长辞，卒年七十四岁，葬金兰乡高节里，自题墓碣曰“明遗臣王夫之之墓”。

王夫之在后半生四十余年中，以顽石般坚韧不拔的毅力，写下了百余种、四百多卷、八百多万字的不朽著作，内容涉及哲学、政治、法律、军事、历史、文学、教育、伦理、天文、历算等各方面，其中成就最大的当属哲学。其主要著作有《周易外传》《张子正蒙注》《尚书引义》《读四书大全说》《老子衍》《庄子通》《思问录》《读通鉴论》《宋论》《黄书》《噩梦》《楚辞通释》《诗广传》等。其后四十年，其子敔抱遗书上之督学宜兴潘宗洛，因缘得入四库，上史馆，立传儒林。同治二年，曾国荃刻其遗著于江南，名之曰《船山遗书》，海内学者始得见其全书。

王夫之在哲学上发展张载、王廷相的“气一元论”，反对程朱的

"理一元论"和陆王的"心一元论"。王夫之认为"太虚即气"，宇宙间充满了阴阳二气，弥漫无边际，细小无形状，只是人们目力看不见它而已。他举例说，一车薪柴经过燃烧，化作火焰、烟埃和灰烬，原来的柴不见了，但构成柴的各种物质元素仍然存在，"木者仍归木，水者仍归水，土者仍然归土"，只是特别精微细小，人的眼睛看不见罢了。王夫之用这些实例来证明物质不会生灭，物质永恒存在，这在科学上已经是了不起的成就了。

王夫之还注意到事物的发展和运动，他说："静者静动，非不动也。"他认为运动是绝对的，静止是相对的，运动是永恒的，静止只是运动过程中的一种特殊形态。他用门的开合举例。门的开是动，合是静，但是由合到开，由开到合，不都是在动吗？

王夫之还提出了"天下惟器"的学说。器，指具体的、有形象的事物，与此相对的道，即道理，指事物的规则和原则。在道和器的关系上，王夫之认为"道者器之通，器者不可谓之道之器也"。意思是说，道是器的道，器却不能说是道的器。道是依器而存在的，"无其器则无其道"，这才是实实在在的情况。

在政治思想方面，王夫之猛烈抨击"孤秦""陋宋"，深刻揭露秦始皇及历代帝王把天下当作私产的做法，提出"不以一人疑天下，不以天下私一人"，主张选贤使能，"以天下之禄位，公天下之贤者"。所谓"公"，即含有现代选举、选票的意思了。王夫之对近代思想有重大影响。

同时，王夫之的诗文亦自成一家，其史笔亦颇有可观，这些都值得后人传承学习。

王士禛

王士禛，山东新城人，自号渔洋山人，出身于明代官僚世家。王士禛小时读书极聪颖。十一岁应童子试，县、府、道皆得第一，在当时引起轰动。顺治十二年，二十一岁的王士禛参加会试，一举中第。十五年，殿试中二甲，次年选为扬州推官。

在扬州的时候，他经常与江南文人学者，到太湖上游玩。太湖之滨有渔洋山，景色幽美。他在《入吴集自序》中云："渔洋山在邓尉之南，太湖之滨，与法华诸山相连缀，岩谷幽窅，筇履罕至，登万峰而眺之，阴晴雨雪，烟鬟镜黛，殊特妙好，不可名状。与是山朝夕相望，若有夙因，乃自号渔洋山人云。"

原来他的自号是因为一座山而来。他爱山，把山的神奇幽窅写入诗里，也把感受写入诗里。他推崇盛唐的诗人。论诗举神韵之说，以严羽所谓"不着一字，尽得风流"、"羚羊挂角，无迹可求"为最高境界。他认为盛唐李白、王维、孟浩然等人的诗作正具有这样的境界。为推广自己的诗论，他特地编了一本《唐贤三昧集》，所选作品以王维、孟浩然为主，目的是"剔出盛唐真面目与世人看"。他的诗名在当时无人可及。李元度称："公以诗鸣海内垂五十年，士大夫识不识，皆尊之为泰山北斗。"

正好康熙皇帝喜好文学。有一天康熙皇帝问大学士李霨："今世谁的学问最高、谁的诗文写得最好？"李霨脱口而出："王士禛。"康熙又问左右诸大臣，皆与李霨所说一致。康熙于是召王士禛于懋勤殿，当面试诗。王士禛果然不负所望，所赋诗作甚称旨意。康熙大喜，征其诗，王士禛恭录三百篇，曰《御览集》，送给康熙。康熙认为他太有才了，把他从户部郎中改翰林院侍讲，迁侍读，入直南书房。他官运亨通，在二十几年的时间内升迁十余次，从扬州推官开始，再是礼部主事、礼部员外郎，一路升，一直升到刑部尚书。晋升之速，为当时所罕见。

康熙皇帝还多次为他御笔题写匾额、堂额。康熙十七年，题“存诚”“格物”二匾；三十九年，题“带经堂”匾额；四十一年，再题“信古斋”匾额。皇帝连赐数匾，实在是臣子的莫大荣幸。王士禛感激涕零，在《恭跋钦赐御书后》写道：“二十五年中三蒙御笔题赐堂额，荣宠逾涯，视宋学士苏易简获赐飞白‘玉堂之署’四字，一时辄侈为盛事，臣之蒙恩何啻什倍。恭为摹刻，悬于蓬荜之居，而什袭御墨于宝椟。谨记颁赐年月以示子孙，勿忘报称云。”感恩戴德之语，发自肺腑。

康熙二十六年，丁忧在家的王士禛去淄川答谢亲友，看望从姑母毕际有夫人。当时著名小说家蒲松龄是毕际有家的西宾，即家庭教师。王士禛与蒲松龄见面，话甚投机，一见如故。听说蒲松龄正在创作《聊斋志异》，王士禛非常好奇。他看了部分手稿，对蒲松龄的文笔称赞不已。他在《戏书蒲生〈聊斋志异〉卷后》中写道：“姑妄言之姑听之，豆棚瓜架雨如丝。料应厌作人间语，爱听秋坟鬼唱时。”因为厌恶人间的丑恶，才会去与孤魂野鬼对话。王对《聊斋志异》的理解，可谓深得旨趣。题诗对穷书生蒲松龄鼓励很大。

康熙四十三年，发生了这样两件事。故工部匠役有个叫王五的，捐纳通判。一个太医院官叫吴谦的，索债时打死了负债人。捐纳就是捐资纳粟以得官爵。通判是“通判州事”或“知事通判”的省称。捐纳起于秦始皇四年，因蝗灾大疫，朝廷为解燃眉之急，下令凡百姓纳粟千石，可拜爵一级。此制历代多沿袭，清中期后尤盛。但此制弊端丛生，成为吏治腐败的祸根。故康熙后期停止了。皇帝降旨停止的事，你再做，就是犯罪。

这两人都被关押在刑部。初拟是王五流徙，吴谦免议。当时王士禛是刑部尚书，是为刑部的最高首长。他认为吴谦免议可，王五流徙判得过重，改为王五褫夺官职即可。在当时看来，这本是两个不太大的案子，不知为什么后来三法司要重审。审的结果与刑部原判大相径庭：王五及吴谦并论死。后来有人揭发刑部主事一个叫马世泰的，接受了吴谦的贿赂。王士禛负失察之责，连坐，被罢官。

但康熙还是眷念他。四十九年，诏复原职。他还没有上任就死了。算是高寿，活了七十七岁。杜甫不是说人生七十古来稀吗？

王士禛的诗标“神韵”，开康熙之盛音。其实他的文也不错。在其《半部集序》提出为文的主张说：“综而论之，唐之文气劲而节短，其失也嵬琐而诡僻。宋之文气舒而节长，其失也啴缓而俗下。元明作者，大抵祖宋祧唐，万吻雷同，卒归率易，如圭峰、后渠、浚谷辈稍能自异者，四三人而已。故今之学者为古文必宋，宋必欧阳，吾皆无取焉，恶其同也。本之乎六经，斟酌乎唐宋，劲而不诡，舒而不俗，可以传矣。”王士禛主张为文要学习唐宋，但要避免唐宋人常见的缺点。他的这些看法，和唐顺之、归有光等人比较接近。

宋荦为王士禛的《蚕尾集》作序云：“予交王先生三十年，仅大服其诗耳，今乃更服其文。”又说：“先生论文，大较原本经史，斟酌唐宋，不屑为世之貌似庐陵者。而碑版叙事之文尤胜。予以先生在本朝卓然为一大家无疑，如东坡、山谷之在宋，遗山、道源之在元，后世亦必以予为知言，非阿好也。”他的这些话，也可以和王士禛上面的话相互印证。

在后人眼里，前人的评价、定论都会有所变化。现在看来，王士禛之文，碑版写得好，而他的序、记、题跋，长短皆宜，更有特色。我们选读一篇他的《跋自宋人绝句》：

> 雪二日夜，乍晴，上啸台东望，林木苍茫，宛然范宽、倪迂之笔。会樵唱轩落成，初移笔砚几榻，烛下作书寄内兄宾公山中。书竟偶录此诗。地炉榾柮，灯火青荧，岁暮风味，恨不与宾公同之也。

王士禛著作宏富，有《带经堂集》《渔洋山人精华录》，笔记有《池北偶谈》《居易录》《香祖笔记》等。他的笔记有史料价值，读来也饶有趣味。

蒲松龄

我国的白话小说当推《红楼梦》和《水浒传》，而文言小说则当推《聊斋志异》。它用典雅清丽的文言文，用唐人传奇的手法，谈狐说鬼，志怪述异，取得了辉煌的成就，产生了极其深远的影响。

《聊斋志异》的作者蒲松龄，出生在山东淄川的蒲家庄。他的远祖曾在元朝做官，因得罪皇帝，而遭到夷族之祸。就是满门抄斩。也是冥冥注定蒲氏命不该绝。官府执行皇帝命令的时候，正好蒲家有个小儿在外祖家，躲过一劫。这个躲过一劫的小儿，就是松龄蒲的十世祖蒲璋。

从明万历以来，蒲氏家族“科甲相继”，算得上一方望族。但到蒲松龄的父辈，已是家道衰微。他的父亲为四个儿子析居的时候，每人授田仅二十亩。蒲松龄“居惟农场老屋三间，旷无四壁，小树丛丛，蓬蒿满之”（蒲松龄《述刘氏行实》）。这点薄产当然是连自给也困难的。

蒲松龄自小由父亲教读。他读书非常聪明，“经史皆过目能了”。十九岁时在县、府、道的科考中，连取三个第一，取得了秀才资格。当时的主考官施润章，清初的著名文学家，十分欣赏蒲松龄的文章，曾用“空中闻异香，百年如有神”加以称赞。时人都以为蒲松龄取功名当如拾芥，但实际情况刚好相反，蒲松龄此后屡试屡北，一直到老，也未能再博得一第。穷愁潦倒伴随了蒲松龄一生。

三十一岁的时候，为生活所迫，应聘为宝应县知县孙蕙的幕宾。孙蕙是蒲松龄的同乡好友，待他不薄。但每天与书札、告示等应酬文字打交道，心中实在郁闷，次年（即康熙十年）便辞幕回乡。他参加了康熙十一年的乡试，但又铩羽而归。“三年复三年，所望尽虚悬。”（《寄紫庭》）蒲松龄一次又一次这样无奈地感叹。

科举无望，为幕宾又不如意，蒲松龄开始了漫长的坐馆生涯。其实也就是当家庭教师。康熙十二年到十四年是在淄川王氏兄弟家当家庭教师。他与王氏兄弟的关系不错，三人间经常诗歌唱和。康熙十八年，他转到西铺毕际有家。这一坐就是漫长的三十二年，几乎占去了蒲松龄生命二分之一的时间。毕际有曾任江南通州知州，后因故罢官，于是回到故乡过起田园隐居生活。他广有田园，子孙满堂，仆从如云。这样一个诗礼富贵之家，是需要一个饱学秀才作为家庭教师的。

而毕家安定而宽松的环境，又正好满足了蒲松龄作为一个落魄文人基本的愿望：以教书为生计，以读书写作为娱乐寄托。毕家有一座藏书万卷的万卷楼，多善本、珍本，教书之余，读书其中，脱履世事，实在有一种陶然乐趣。还有一宅园，名石隐园，园中奇花异石，花木繁盛，景色幽美。蒲松龄的设帐之地本在毕家的绰然堂，每到盛夏，毕际有就令他移帐石隐园。园中绿树成荫，清风阵阵，凉爽宜人，正是盛夏酷暑读书的好地方。老毕是为八个宝贝孙子，蒲师跟着叨光，尽享园中乐趣。

蒲松龄《聊斋志异》的大部分文章就是在石隐园写成的。《聊斋志异》中许多穷书生读书的地方，与狐鬼相约的地方，就有石隐园的影子。毕际有也爱收集奇趣异闻，集中的《五羖大夫》《鸲鹆》两篇，就是由毕氏记述，而蒲松龄改写的。毕的仆人有时也讲故事，蒲松龄听了，就把它们整理成篇。《祝翁》一篇，就是由毕家佣人们在灯下讲述的。

在毕家坐馆的时候，蒲松龄还有幸结识了一位大人物，他就是当时位居台阁的诗坛盟主王士禛。王士禛号阮亭，又号渔洋山人，山东新城人。王家与毕家有三四代姻亲之好，毕际有的夫人就是王士禛的从姑母。王去毕家看望姑母，蒲松龄以毕家西宾身份作陪，二人一见如故，谈吐甚欢。听说蒲松龄正在写《聊斋志异》，王士禛很感兴趣。他读了部分故事后，写下《戏书蒲生〈聊斋志异〉卷后》："姑妄言之姑听之，豆棚瓜架雨如丝。料应厌作人间语，爱听秋坟鬼唱时。"因为厌恶人间的丑恶，才会去与孤魂野鬼对话。王对《聊斋志异》的理解，可谓深得旨趣。蒲松龄以为知己之言，其《次韵答王司寇阮亭先生见赠》云："志异书成共笑之，布袍萧索鬓如丝。十年颇得黄州意，冷雨寒灯夜话时。”蒲松龄道出了自己创作的索寞辛苦，令人泫然。

蒲松龄从毕家撤帐归家时，已是七十高龄的老人。靠毕家的帮助，他的家居环境大有好转，已有条件过一份清贫而闲适的村居生活了。家乡人对他是敬重的。回家的第二年，即康熙四十九年，蒲松龄与当年的“郢中三友”张笃庆、李希梅一起被公举为乡饮酒礼的宾介，虽然是一份虚礼，但毕竟体现了家乡人的一份敬意。也就在这一年，蒲松龄成为贡生。按当时的规定，成为贡生的人应该享受两点待遇：一是邑令为之立贡旗匾，二是如数发给贡银。不知是邑令的疏忽，还是认为蒲公反正这么一把年纪了，邑令没有给予相应的待遇。哪知蒲松龄很在乎，也很较真，他一再上呈申诉，要求落实待遇。这实在是一个穷经皓首的知识分子的悲剧！

好在历史是公正的。一部《聊斋志异》，把蒲松龄的名字和功绩大写在中国文学史上。确实，《聊斋志异》用简练传神、富有情致的语言，用许多奇幻莫测但又是水到渠成的情节，把我国文言小说的创作推向了一个高峰。前人称之为“空前绝后之作”。小说中塑造了大量的青年女性形象，如《婴宁》中的婴宁，《娇娜》中的娇娜，《黄英》中的黄英，《连琐》中的连琐，还有胭脂、晚霞、翩翩、花城、颜氏、乔女、蕙芳、云萝、葛巾等等，这些女性无一不美丽、善良、贤淑、温柔，具有可贵的品质和非凡的才能，让读者历久难忘。人们产生这样的疑问：蒲松龄描写的这些女性有原型吗？如果有，又是谁呢？

蒲松龄的阅历十分简单。三十一岁时应聘为孙蕙的幕宾，孙蕙有个侍妾叫顾青霞，能歌善舞，也喜欢读书吟诗。孙蕙风流倜傥，身边女人很多，他到处寻花问柳，根本无暇顾及顾青霞。青霞很寂寞，就读唐诗解闷。但唐诗浩如烟海，怎么读呢？他就请蒲松龄为她选唐诗百首绝句。蒲松龄在《为青霞选唐诗绝句百首》中写道：

> 为选香奁诗百首，篇篇音调麝兰馨。莺吭啭出真双绝，喜付可儿吟与听。

香奁诗，麝兰馨，黄莺似的啼啭，喜付可儿，无不表露出蒲松龄对顾青霞的喜爱。“可儿”就是让人称心满意的人儿。就在这一年，蒲有三首诗在题目上注明写给顾，这在蒲的一生之中很少见。更值得注意的是，蒲还写有一首长诗《梦幻十八韵》。诗中写自己梦遇神女，双双相恋："帐悬双翡翠，枕贴两鸳鸯。刀尺温柔府，琴书翰墨场。"这位梦中神女什么模样："倦后憨尤媚，酣来娇亦狂。眉山低曲秀，眼语送流光。弱态妒杨柳，慵鬟睡海棠。"蒲常说顾个性娇痴，用杨柳和海棠形容顾也是蒲特有的用词。所以，《梦幻十八韵》实际上是蒲松龄写给顾青霞的梦中之韵。康熙二十六年，顾青霞死了，终年仅三十四岁。那时蒲松龄正坐馆毕家，他闻知讣告，热泪横流，深情写了《伤顾青霞》："吟声仿佛耳中存，无复笙歌望墓门。燕子楼中遗剩粉，牡丹亭下吊香魂。"极尽惋惜和伤感之情。"牡丹亭下吊香魂"，这是明确表示，他希望来世跟顾青霞缔结情缘。顾青霞留给蒲松龄的印象太深了，太美好了。所以说，《聊斋志异》的许多女性形象，都或多或少有顾青霞的影子在，是有道理的。

除去《聊斋志异》，蒲松龄还写有大量的诗文和俚曲杂剧。杂著有《日用俗字》《农桑经》《药祟书》《婚嫁全书》等。俚曲有《墙头记》《姑妇曲》《慈悲曲》等十四种。另有《闹馆》《考词九转货郎儿》《钟妹庆寿》戏三出。这些都充分说明蒲松龄是多才多艺的。

洪 昇

洪昇出生在清顺治二年。正是明清两个王朝交替时期。清统治者为了站稳脚跟，定都北京以后，即挥师南下，以“黑云压城城欲摧”之势，夺取仍属于明王朝版图的土地。四月，清兵攻下名将史可法驻守的扬州。五月，攻入南京。六月上旬，清兵进入杭州。杭州府钱塘县的洪家，家世显赫。但兵荒马乱之际，财产成了身外之物，此时逃命要紧，洪家即将分娩的媳妇，也腆着大肚子逃到郊外的山上。

清兵烧杀掳掠之后开始搜山。那个气喘吁吁的大肚子媳妇躲在荆棘丛中，终于躲过一劫。搜山结束后，她连滚带爬下山，慌不择路，仓皇进入一户人家。她快要生产了。那户人家的农妇是位好心人，家里没有床，农妇把门板卸下来给她睡，而把席子挂在门槛上去遮蔽风雨。就在这样艰苦的环境下，她生下了一个男孩，这个男孩就是后来的大剧作家洪昇。

幸好洪家的经济状况并没有发生多大改变。洪昇早年的生活仍是十分优裕的。就在洪昇懂事时，家里先后让他跟随三位名师学习。一位是陆繁弨，工骈体文；一位是沈谦，擅长词曲；一位是毛先舒，善填词，通音律。这三位名师除教给他知识外，还教他做人的道理。人要有骨气。这几位老师都是忠于明王朝的遗民，他们都以各自的方式不与清朝统治者合作。这对洪昇思想的形成显然有一定的影响。

清政府建立初期，与汉族人之间始终格格不入，存在尖锐矛盾。清朝统治者为了巩固自己的地位，曾大兴文字狱。康熙二年，江南发生了“庄史案”。起因是湖州一个姓庄的富民，购得明故相朱国桢《明史》稿本，把它以《明书辑略》为题刊刻出来了。因书中有一些为清廷所不容的句子，故被视为大逆案受到追究。结果是庄家凡年满十五岁以上的男子均被处斩，书贾、刻工、刷匠、藏书者，也都一并连坐，凡受牵连而死者七十余人。洪昇好友陆寅的父亲陆圻——也是陆繁弨的伯父，也被牵连被捕。陆繁弨本人也一同被捕。

陆圻被牵连的原因是《明书辑略》上有他的名字。原来庄某为了扩大影响，在书的前面刊刻了许多学者或是文人的名字，作为参阅者。其实这些参阅者大都不知道此事。这就苦了陆氏家族。全家族一百七十余口，全被发配塞外，吃尽苦头。陆圻受到的打击太大了。他出狱后即云游四方，不知所终。其子陆寅徒步寻遍全国，终不见父亲踪迹，后来积劳呕血而死。这都是洪昇所耳闻目睹的事，印象太深刻了。

洪昇读书聪明，加上学习勤奋，他很早就能作诗，词曲也写得相当好。十五岁的时候，恩师沈谦去世，他曾作悼亡诗四首，其一云：

西陵路下草毵毵，怅望斜阳思不堪。蝴蝶那知花落尽，还随春色到江南。

诗句清丽，颇有晚唐人的风格。也正因为如此，十多岁的洪昇就成了杭州很有名气的文人。

康熙三年，洪昇十九岁。这一年他与黄兰次成婚了。黄兰次和他是青梅竹马的表兄妹。兰次的祖父黄机，是一个热衷于功名利禄的人物，他去参加清廷的乡试、会试、殿试，考取进士后做了官，后升迁至文华殿大学士兼吏部尚书。在官场上一帆风顺。黄机的儿子黄彦博，也考中了进士，并选为庶吉士。在这种情况下，洪昇像陆繁弨等三位老师一样“绝意仕进”，是不大可能了。妻子黄兰次会让他绝意仕进吗？何况清朝统治渐趋稳定，洪昇父亲也出去做了官。

康熙八年，也就是洪昇二十四岁的时候，洪昇离开故乡来到北京。他进入了当时最高学府国子监。进入国子监有几种途径，其中有一种是向政府交纳一定的献金，洪昇就是用这种方式取得国子监学籍的。取得国子监学籍，对求取功名极为有利。一是不参加童子试而直接进入乡试，二是肄业达到一定年限就可以得到官职。

同时，洪昇也想通过干禄的方式来进入仕途。干禄就是把诗文献给有权势者或名人，以求得到重视或一官半职。八年四月，康熙皇帝到国子监来“释奠”孔子，洪昇特地写了一首排律，来颂美康熙帝，并表白自己的忠心："盛世真多幸，儒生窃自思。凌云无彩笔，向日有丹葵。拜阙恩何极，环门乐不支。"后来国子监祭酒（相当于后世顶尖大学的校长）带他们去向康熙帝谢恩，他又写了好几首诗。其中有"儒生一何幸，得问圣躬劳""青袍能伏谒，一日即千春"等句子，极尽歌功颂美之能事。

但洪昇很快就在现实面前碰了壁。他碰壁是自然的。一方面他自视甚高，认为拾取功名如探囊取物；另一方面，他受乃师们的影响，三尺傲骨，头角峥嵘。徐麟的《长生殿序》曾说他"交游宴集，每白眼踞坐，指古摘今"。他的这种目中无人的狂傲谁受得了？在人群中落落寡合，终于有了怀才不遇的深深失落感。他在《北归杂感》中写道："落拓何辞人共弃，佯狂一任客相嘲。平生畏向朱门谒，麋鹿深山访旧交。"他离开北京回到了杭州。这是他在生活道路上遭受的第一次挫折。

他是屋漏偏遭连夜雨。洪昇回到杭州家里，父母竟不让他同住了，要把他赶逐出去。也不知是什么原因。洪昇把这次事件称为"家难"。他的情绪变得非常抑郁。为了生活，他不得不出去作客，所谓作客，其实也就是文人的一种乞讨形式，俗称"打秋风"。你想他这种性格的人能打得好"秋风"吗？他一副傲骨，去施舍别人还差不多。洪昇到处受到冷漠与轻视，发出了"为报梁园修竹尽，只今不重马相如"的深沉悲叹。

康熙十一年暮冬，洪昇从开封再回杭州。他和友人闲谈，谈起开元、天宝间旧事，谈起李白的《清平词调》。李白终生怀才不遇，却保持着"安能摧眉折腰事权贵，使我不得开心颜"的铮铮傲骨，这不禁激起了洪昇的强烈共鸣。洪昇自己身上，不正是有这根傲骨吗？洪昇决心写一部传奇来歌咏李白。同样也是一泄心中的不平之气。这就是剧本《沉香亭》的由来。"沉香亭北倚阑干"，沉香亭正是李白创作三首《清平词调》的地方。

北京人才荟萃。也许传奇的出路在北京。于是在康熙十三年春，洪昇又离开杭州再赴北京。他这一住就是十七年。当时的诗坛泰斗王士禛任刑部尚书，号称"南施北宋"的施润章任翰林院侍讲，洪昇拜他们为师，向他们学习诗歌。他的文学修养大为提高。

也就是在康熙十八年，洪昇对《沉香亭》做了较大修改，并更名为《舞霓裳》。剧中主角不是李白了，换成了李泌。李泌是辅佐肃宗中兴的人物，但不应是《舞霓裳》的主角。《舞霓裳》不是取义于杨贵妃的《霓裳羽衣舞》吗？唐明皇、杨贵妃应该是主角。一个剧本有多个主角，必然使剧情头绪纷繁而成为蛇足。剧本在等待洪昇做更大的一次修改。

直到康熙二十六年，洪昇才把《舞霓裳》改成了《长生殿》，李泌被删去了，主角终于改为唐明皇和杨贵妃。这样剧本的中心人物突出了。洪昇一方面通过唐明皇、杨贵妃的故事颂扬生死不渝的爱情；一方面又以他们的爱情为线索，揭开了安史之乱前后广阔的社会背景。剧本对统治者纵情声色作了深刻揭露，对弄权误国的奸相给予了无情鞭挞，对安邦济世的英雄进行了热烈歌颂。《长生殿》无疑取得了极大的成功。当时南北上演，盛极一时。

康熙四十三年春末，江南提督张云翼把他请去，演出《长生殿》。又到南京去演，是江宁织造曹寅（曹雪芹祖父）请他去的。演完了，他从南京还乡，经过乌镇。他的名气太大，乌镇朋友请他赴筵，盛情难却，就多饮了点酒。晚上回到所乘坐的船上，脚步不稳，失足落水，恰巧刮大风，把蜡烛吹灭，船上人无法救他，竟被淹死了。

孔尚任

孔尚任是孔子的六十四代孙。他的父亲孔贞璠，明末崇祯六年举人，是一位颇有气节的人物。入清后，他和许多明朝遗老一起，不参加考试，绝意仕宦，闲暇之余，只是饮酒赋诗，萧散林下。父辈们的这些行止对少年的孔尚任有很大影响。

孔尚任有一位族兄，做过明末知县。为人很有骨气。因为不愿与上司同流合污，几次落职在家。他在家的时候，经常讲一些明末遗事给孔尚任听。曾讲到这样一个故事：有一个很有名的歌伎李香君，因为反抗强暴，以头撞地，血流满面，手中的扇子上也留下滴滴鲜血。她的朋友杨龙友取过扇子，将扇上血迹点染成桃花。孔尚任听到这个故事非常感动。

清政府统治初期，为巩固自己的统治地位，基本上是采取了两种手段。一是大兴文字狱，血腥镇压，排除异己；一是实施怀柔政策，笼络士人。如承袭明朝政府科举取士制度，就是怀柔政策的一种。康熙初年，形势发生了很大变化，社会上文人的观念也在悄悄改变，孔尚任再也不能像父兄辈一样，死抱明末遗民的态度，做林泉逸士了。康熙八年，孔尚任应童子试成了诸生。康熙十七年秋天，孔尚任前往济南去应乡试。但未能中举。回到曲阜，他被曲阜城北石门山的景色所陶醉，在那里结庐隐居，度过了三年时光。

他的仕进之心并未因隐居而泯没。事实上他在隐居期间，并没有中止学习和研究。他在二十岁左右就开始研究乐律，隐居三年，他把研究深入一层，写成了《律吕管见》一书。

他的刻苦精神和渊博的学识，在孔氏家族中有了声望。孔氏家族的代表衍圣公聘请他参加纂修《孔子世家谱》及《阙里志》，“衍圣公”是孔子嫡派后裔的世袭封号，始于西汉元始元年，当时称褒侯，之后封号屡变，到宋仁宗至和二年始改称衍圣公，后代一直沿袭此封号。衍圣公是孔氏家族的主事人，在家族内外都有很大的权力。修家谱是孔氏家族的一件大事，每次纂修，孔氏总要遴选家族中最有学问的人来担任这项工作。衍圣公要孔尚任参与其事，说明他在家族之中已有相当地位。

康熙二十三年冬，康熙皇帝南巡至曲阜祭孔。这是孔府的一件大事。为了迎接皇帝的到来，孔府要做好两件大事：一是祭孔典礼上的盛大仪式，主要是排演六佾舞；二是向皇帝讲经。衍圣公为了做到万无一失，把这两件事都交给了孔尚任。孔尚任精通音律，是训练乐舞生的最佳人选；同时，孔尚任从小饱读四书五经，能言善辩，而由他讲经，当是最恰当不过。

十一月十七日上午，康熙皇帝坐着轿子到了孔庙，祭典开始了。在庄严肃穆的音乐声中，只见排列整齐的乐舞生，踏着六佾舞铿锵的步伐，手舞足蹈，配合默契，动作优美，康熙皇帝观后大喜。祭祀毕，皇帝步行到诗礼堂，聆听孔尚任讲经。孔尚任讲的是《大学》首节。孔尚任不枝不蔓，语言得体，气度不凡，康熙“天颜悦霁”，大为赏识。当场指示随行大臣：“孔尚任等陈书讲说，克副朕衷，著不拘定例，额外议用。”果然，康熙回到北京，就破格授他为国子监博士。

康熙二十五年，孔尚任随工部侍郎孙在丰去治理黄河，来到维扬（即淮安、扬州一带）。维扬有不少知名文人和系念明室的遗老，孔尚任与他们谈起史可法守扬州，谈起南明侯方域、李香君的爱情，以及那一把桃花扇，皆感慨唏嘘，泪流满面。这更加激发了孔尚任决定写作《桃花扇》的热情。他在维扬待了三年，回北京之前，他去南京凭吊明故宫、明孝陵，写下“夕阳偏逢鸦点点，秋风只少黍离离”和“萧条异代微臣泪，无故秋风洒玉河”等诗句，一腔愁绪，无比感慨！

在北京的时候，孔尚任和一些文化名流多有往来。时任户部右侍郎的王士禛就是他的好朋友。他们经常在一起饮酒赋诗。孔尚任《王阮亭先生过访寓斋》诗云：“终朝科白头，热客顾我少。司农喝道来，不嫌屋低小。”他还有一位朋友叫顾彩，也如孔尚任一样精通音律，二人经常在一起切磋交流。大概是康熙三十四年，二人合作创作了一部传奇

《小忽雷》。传奇由孔尚任构思情节，顾彩填词，写得很成功。这为后来孔尚任写作《桃花扇》打下了基础。

孔尚任的《桃花扇》写的是南明弘光朝一个真实的故事。明末复社著名文人侯方域寓居南京，经朋友杨龙友介绍，与秦淮名妓李香君相识，并结为伉俪。阉党阮大铖为收买复社文人，就乘机给侯、李二人送了一份厚礼。李香君深明大义，坚决拒绝了阮大铖的礼物。不久，天下大乱，崇祯帝自缢，清兵入关。明朝一批官员在南京拥立朱由崧为帝，是为南明弘光朝，马士英、阮大铖皆为高官。阮大铖因为送礼之故，早对侯、李二人衔恨在心，现在机会来了。他借故把侯方域逮捕入狱，并逼迫李香君再嫁。李香君誓死不从，她以头撞地，鲜血溅在侯方域赠给她的一把宫扇上。后由杨龙友把扇上鲜血点染成桃花。清兵很快占领了南京，弘光朝瓦解，侯方域和李香君则分别在兵乱中逃了出来，后历尽艰难，得以重逢。

孔尚任的《桃花扇》当然没有完全拘泥于历史。它用优美的文学语言，用比现实生活更凝练、更集中的情节，艺术地再现了侯方域、李香君、史可法以及朱由崧、马士英、阮大铖等一系列历史人物形象。由于全剧波澜起伏，爱憎鲜明，感人至深，一经问世就传播开来。“王公荐孙，莫不借抄，时有纸贵之誉。”（《桃花扇本末》）在舞台上也经常演出，轰动京师。

传得宫廷内都知道了《桃花扇》的大名。内侍找孔尚任要剧本看。不久，孔尚任竟莫名其妙地被罢官。应该是与宫廷看剧本之事有关。也难怪，《桃花扇》对弘光朝的灭亡，或多或少有一股挥之不去的怅惘之情，康熙帝当然不高兴。不过，康熙还算是大度开明的君主，罢官之后也就罢手了。

康熙四十一年冬，孔尚任离开京城回到了故乡。他仍然继续从事文字工作，晚年除校定《桃花扇》外，还编定了诗歌《长留集》。这是他和友人合编的一部诗集。康熙五十七年，七十一岁的孔尚任去世。

方 苞

方苞是“桐城派”的创始人和代表作家。“桐城派”是清代中叶最著名的一个散文流派，它以凝练明畅的文风，卓立于清代文坛，为许多学者文人所推崇。当时曾有人言：“天下文章，其出于桐城乎！”主要作家除方苞外，还有刘大櫆、姚鼐等，他们都是安徽桐城人，故称“桐城派”。

方苞幼年家贫，从父兄读书。他读书非常刻苦，尤其爱好古文。自为诸生，但在当时已颇有声望。康熙三十年，二十三岁的方苞到京师，游太学。太学学生们见到他的文章，都很佩服。但两应顺天府乡试，皆不第。康熙三十八年，应江南乡试，举第一。但会试又受阻。参加了三次，方得中式。准备参加殿试时，闻母病，于是弃试而归。

康熙五十年，戴名世《南山集》案发。戴名世是康熙四十八年进士，授翰林院编修。他在《南山集》中明言，要写《明史》，且大谈南明弘光、隆武、永历三帝的事迹，无所避忌，故被清廷以“肆口游谈”“语多狂悖”等罪名，下狱论死。《南山集》是方苞作序，因被牵连下狱。先在江宁县狱，旋解至京师，下刑部狱。狱具论死。赖李光地全力营救，方免一死。李光地是康熙九年进士，累官至文渊阁大学士兼吏部尚书。他为官期间，政绩显著，贡献巨大，康熙帝曾三次授御匾表彰其功。李光地非常欣赏方苞的文章，故在康熙面前百般为方苞求情。

这下康熙也知道方苞了。五十二年，康熙帝朱批：“戴名世案内，方苞学问，天下莫不闻，下武英殿总管和素。”翌日，召苞直南书房。南书房是康熙朝设立的，既是宫廷御用机要秘书机构，又是康熙帝读书学习的书房。直南书房就是为康熙帝当机要秘书。当时许多文人学者皆以入直南书房为荣。不久，改直蒙养斋，为康熙帝编校《御制乐律》

《算法》诸书，颇受嘉赏。六十一年，命充武殿英修书总裁。

雍正帝登基，大赦天下，方苞全族被赦，放归原籍。雍正二年，方苞乞归里葬母。三年，回京师，入直如故。雍正帝对康熙旧臣，心狠手辣，但对方苞却是例外。也许是他不属“臣”之列吧。过了几年，特授左中允。又拔擢为内阁学士。方苞因为有足疾，到内阁不方便，请辞。雍正帝说，好吧，你也不必到内阁上班，只专领修书就可以了。并要他担任了《一统志》的总编，《皇清文颖》的副总编。同时，还命他教习庶吉士。庶吉士是在进士中选拔的，一般在翰林院接受教习三年。看来雍正帝对他渊博的学识是肯定的。

后来的乾隆帝也同样肯定他，命他再直南书房，并擢为礼部右侍郎，同时教习庶吉士。方苞以老病请解侍郎职，许之。但右侍郎的薪金待遇不变。乾隆令方苞选录有明及本朝诸大家时艺，加以注解批评，作为天下士子的标准读本。书成，名为《钦定四书文》。此时的方苞年老多病，乾隆对他关怀体贴，多次令太医为他看病。四年五月，庶吉士散馆，方苞为人所劾，因而罢职。不久祭酒缺员，乾隆帝连忙说：“此官可以使方苞为之。”但旁边久无应者。方苞太老了。乾隆七年，方苞回故乡，杜门著述。十四年，病卒，年八十二。

方苞深得康熙、雍正、乾隆三帝嘉赏，以古文见称于世。但他曾以儒者自居，早年即穷治经学。《周易》《春秋》《周官》皆用心皓首而治，兀兀穷年。他在《与王昆绳书》中说：“苞迩者欲穷治诸经，破旧说之藩，而求其所以云之意。虽冒风雪，入逆旅，不敢一刻自废。”就是因戴名世案牵连入狱的时候，他也未“一刻自废”，在狱中仍苦读“三礼”，著成《礼记析疑》和《丧礼或问》。

方苞青年时本不喜宋儒之文，后来是受了万斯同等人的影响，才改变了看法。其《再与刘拙修书》云：“仆少小所交，多楚越遗民。重文藻，喜事功，视宋儒为腐烂。用此二十年，目未尝涉宋儒书。及至京师，交言洁与吴兄，劝以购索，始寓目焉。其浅者，皆吾心所欲言，而深者则吾智力所不能逮也。乃深嗜而力探焉。”他服膺宋儒，尤尊程（颢、颐）、朱（熹）。当时曾有人这样概括他的学行文章，说他“学行继程、朱之后，文章在韩、欧之间”。

方苞把作古文看得非常高深。他在《答申谦居书》中说："盖古文之传，与诗赋异道。魏晋以后，奸佥污邪之人而诗赋为众所称者有矣……若古文则本于经术而依于事物之理，非中有所得不可以为伪。故自刘歆承父之学，议礼稽经而外，未闻奸佥污邪之人而古文为世所传述者。"作古文除饱读诗书、深得六经之旨外，还要做到人品高尚、身心中正。他对唐宋八大家评论指点，认为各有不足，最称许者是韩、曾。可见他的眼光之刁钻。

他继承归有光"唐宋派"的古文传统，提出"义法"的主张："义即易之所谓'言有物'也，法即易之所谓'言有序'也，义以为经，而法纬之，然后为成体之文。"他所谓"义"，说白了就是文章的中心思想，但这个中心思想须以经术为本；所谓"法"，就是指文章的形式技巧，包括结构条理、运用材料、语言等。比如写一个人，就要写他的精神实质，而尽去无关紧要的文字。因此，在语言方面也就要求"雅洁"，所谓"删繁就简三秋树"，就是指雅洁而言的。

方苞的许多人物传记和碑志文字，是实践了他的"义法"主张的。他最著名的传记是《左忠毅公逸事》和《狱中杂记》。在《左忠毅公逸事》中有这样一段文字：

> 崇祯末，流贼张献忠出没蕲、黄、潜、桐间，史公以凤庐道奉檄守御。每有警，辄数月不就寝，使将士更休，而自坐幄幕外。择健卒十人，令二人蹲踞而背倚之，漏鼓移则番代。每寒夜起立，振衣裳，甲上冰霜迸落，铿然有声。或劝以少休，公曰："吾上恐负朝廷，下恐愧吾师也。"

这段文字明写史可法，而实是暗写左忠毅公（左光斗），写左的识人远见以及其感召力。有了这段文字，左光斗的形象更加丰满，更加光彩照人。写一人却用另一人作铺垫和衬托，所以对方苞所说"雅洁""删繁就简"要正确理解。其实史可法为人所称道者，乃是扬州守城抗清一事。方苞生在文网森严的清代，曾为戴名世案所苦，竟不敢提及。方苞所讲的"义法"在这里是无法实践了。

吴敬梓

吴敬梓，安徽全椒人，曾祖是榜眼，祖父是探花，父子二人皆中进士一甲，这在整个封建社会的科举考试中也是罕见的。不过吴敬梓父亲没能克绍箕裘，只是个拔贡，直到晚年才出任江苏赣榆县的教谕。吴敬梓十三岁丧母，十四岁随父亲至赣榆任所，在那里度过了近十年的时光。十八岁考取秀才，但后来场屋总不如意。

吴敬梓二十三岁时，父亲去世。他治生无方，又慷慨好施，几年下来，一点祖产挥霍荡尽，族人骂他为败家子，乡邻也讥笑他是个窝囊废。他觉得很没面子，就离开故乡，搬到了南京。那时他的家境已很困窘，但仍爱好宾客交游，“寄闲情于丝竹，消壮怀于风尘”，“妙曲唱于旗亭，绝调歌于郢市”（《移家赋》）。四方文酒之士，与他过从甚密，多有交往。

乾隆元年，也就是他三十六岁的时候，安徽巡抚赵国麟举荐他参加“博学鸿词科”试，他以病为由推辞了。其实真正的原因，是他对科举制度的彻底失望。与他过从甚密的文酒之士，有官僚、绅士、名流、清客，以及久试不售的穷书生。由于近距离的接触，吴敬梓逐渐看透了他们卑污的灵魂。时文八股培养出来的就是这样一班人物！他决心不走这一条路，也不要这一条路上的功名富贵。

大约就在这后不久，吴敬梓开始写作《儒林外史》。这时期他主要靠卖书和朋友的接济过活，生计十分艰难。他在《移家赋》里曾说自己“囊无一钱守，腹作干雷鸣”，“近闻典衣尽，灶突无烟青”。在冬夜无火御寒时，他就邀几个朋友，步行城堞数十里而归，还取了一个名目，谓之“暖足”。随着写作的深入，他越来越愤世嫉俗，瞧不起那些名场中的人物了。他的《儒林外史》大概完成于五十岁以前。

在吴敬梓五十一岁的时候，乾隆南巡。这在当时是不得了的大事。从道府官员，到平民百姓，都夹道拜迎，惟恐失礼，而他却“企脚高卧向栩床”，表示了一种鄙薄的态度。晚年爱好治经，著有《诗说》七卷（已佚）。另外还著有《文木山房集》十二卷，今存四卷。他穷困潦倒，身体很差，五十四岁时即病逝于扬州。

吴敬梓的《儒林外史》共五十五卷（流行五十六卷本，末卷为他人伪作）。小说以入木三分的讽刺手法，揭示了封建科举制度的罪恶。小说一开始，就浓墨重彩写范进中举。范进是一个连考二十余次也不取的老童生，发榜那天，家里没有早饭米了，他就拿了家里一只下蛋的母鸡去卖，打算换回几斤大米。听到中举的消息，他以为别人奚落他，不敢相信。等到知道是真的以后，他竟欢喜得发了疯，口里不停地大叫：“噫！好！我中了！”直到挨了丈人胡屠户的耳光才清醒过来。难怪他喜疯了。他中举之后，一切都改变了，有许多人来奉承他，退休知县张敬斋穿起朝服来拜访，并且又送银子，又送房子，一口一个“世兄弟”。不到两三个月，田产房屋、奴仆丫鬟都有了。他由一文不名的穷书生顷刻变成了人上人。

于是一批一批的士子们仿佛中了魔。原本朴实纯洁的青年匡超人，对父母也孝顺。自从听了马二先生的怂恿，要他苦攻屋场时文八股文，走科举之路，他就像变了一个人。为了府考，竟丢下重病的父亲不管，考取秀才以后，到京城攀高结贵，把结发妻子也抛了。别人指责他，他竟恬不知耻地说：“戏文上说的蔡状元招赘牛相府，传为佳话，这又何妨！”另外一个人物鲁编修把八股文捧上了天，他只认八股文为正宗，其余的文章都是“野狐禅，邪魔外道”。他的女儿受他的影响，在家里摆满了八股文。后来她发现丈夫对八股文“不甚在行”，竟泪眼婆娑，怨恨丈夫误了她的终身。小说就是通过一连串的人物，揭示了八股文、科举制度，是在怎么毒害人们的心灵，是在怎样污染整个社会。

《儒林外史》所用的艺术手法主要是讽刺。比如胡屠户对范进前倨后恭的态度，中举前说他尖嘴猴腮，想天鹅屁吃，中举后就说他是天上的星宿，开口“贤婿”，闭口“老爷”。严监生极其吝啬，临死前因家中点了两根灯草而迟迟不肯断气，后来他老婆吹灭了一根，他才点头断气。这样的例子不胜枚举。鲁迅先生曾说“于是说部中乃始有足称讽刺之书”，对《儒林外史》的讽刺艺术作了充分的肯定。同时，它的语言也相当成功。描写人物，三言两语，就能使之“穷形尽相”。如第二回写夏总甲：“两只红眼边，一副锅铁脸，几根黄胡子，歪戴着瓦楞帽，身上青布衣服就如油篓一般，手里拿一根赶驴的鞭子，走进门来，和众人拱一拱手，一屁股就坐在上席。”这就活画出了傲慢无礼的小土豪形象。第一回写周进：“众人看周进时，头戴一顶旧毡帽，身穿元色绸旧直裰，那右边袖子，同后边坐处都破了。脚下一双旧大红绸鞋。黑瘦面皮，花白胡子。”这就把周进的穷酸相写得栩栩如生。

《儒林外史》没有贯穿全书的主要人物和中心事件，“虽云长篇，颇同短制”。这种独特的形式，主要是出于作者的艺术构思。要说主干，也有，那就是科举制度，通过科举制度的种种弊端，来自如地安排人物及一茬接一茬的事件，从而达到广泛反映社会生活的目的。从这一点来说，《儒林外史》的结构还是严谨的。

曹雪芹

伟大的作家曹雪芹，其不朽巨著《红楼梦》，是我国古典小说中现实主义艺术的高峰。然而在《红楼梦》问世后的很长一段时间里，它的真正价值却不为人所知。很多人把它当作淫书看待。如清人陈其元在《庸闲斋笔记》卷八中就说：

淫书以《红楼梦》为最，盖描摹痴男女情性，其字面绝不露一淫字，令人目想神游，而意为之移，所谓“大盗不操戈矛”也。

正因为有这样的误解、曲解，《红楼梦》的作者湮没无闻。直到二十世纪二十年代初，才由胡适先生考定《红楼梦》的作者为曹雪芹。经过学者们近一个世纪的辛勤考索，才使得我们对曹雪芹有了一个大致了解。曹雪芹名霑，号芹圃，大约生于康熙五十四年，卒于乾隆二十八年，仅活了四十岁。先世本汉人，但很早就成为“包衣”。包衣在满语里是奴仆的意思。清人未入关前，凡所获各部落俘虏，均编为包衣。对皇帝，他们是奴才；论地位，则是贵族。曾祖父曹玺，祖父曹寅，父辈曹颙、曹頫，三代世袭江宁织造。祖父曹寅一代是曹家的鼎盛时期。曹寅的母亲孙氏曾是康熙帝的乳母，曹寅本人曾是康熙的伴读，而曹寅的两个女儿都被选作王妃。康熙六次南巡，有五次以曹家的江宁织造署为行宫。为表示对乳母的尊重，他曾亲题江宁织造府的正厅为“瑞萱堂”。可见康熙与曹家关系的非同一般。

曹寅能写诗、词、戏曲，一本《楝亭集》可窥见其才华。他又是著名的藏书家。泽被后世的《全唐诗》就是他主持刻印的。曹寅死后，其二子曹颙、曹頫相继承袭职位。这时皇室的内斗相当激烈。雍正夺嫡登位后，立即无情压制、打击康熙的旧臣。雍正五年，曹雪芹父亲曹頫以“行为不端”“骚扰驿站”和“亏空”等罪名，被雍正抓住把柄，受到革职、下狱的处分，家产也被抄没。次年，曹頫出狱，于是全家迁回北京。乾隆初年，曹家似乎又遭受过一次更大的打击，从此就一败涂地，一蹶不振了。

曹雪芹十三岁以前，在“秦淮风月”之地，过的是锦衣玉食的日子。十三岁以后，随家人迁居北京，感受到了日子的艰难。晚年，他移居北京西郊，“蓬牖茅椽，绳床瓦灶”，“举家食粥”，生活更为困顿。这时候和他往来密切的除敦敏、敦诚兄弟外，还有裕瑞。裕瑞的《枣窗闲笔》对曹雪芹有如下记载：

> 其人身胖，头广而色黑，善谈吐，风雅游戏，触境生春；闻其奇谈，娓娓然令人终日不倦，是以其书绝妙尽致。

敦诚在《回松堂集》则这样描写他：

> 满径蓬蒿老不华，举家食粥酒常赊。衡门僻巷愁今雨，废馆颓楼梦旧家。司业青钱留客醉，步兵白眼向人斜。阿谁买与猪肝食，日望西山餐暮霞。

就在这时他开始写作《红楼梦》。他克服常人难以想象的困难，斟酌推敲，爬罗剔抉，披阅十载，增删五次，创作过程十分艰苦。可惜还没有完稿，就在贫病交迫中离开了人世。他的后事是好友敦敏、敦诚兄弟等人帮助料理的。

曹雪芹的未完稿题名《石头记》，基本定稿只有八十回。其实在八十回之后，曹雪芹还有一些手稿，但因无人整理，这些手稿就下落不明了。最初，《石头记》是以手抄本的形式流传，前后时间达三十年之久。三十年之后，也就是乾隆五十六年，程伟元、高鹗第一次用活字印刷的形式排印出版。他们出版的这本书已有两大改变：一是八十回变成了一百二十回，二是书名由《石头记》改成了《红楼梦》。原来是高鹗续成了后四十回。高鹗字兰墅，乾隆时进士，做过内阁侍读等官。他根据曹雪芹安排的线索，完成了贾宝玉、林黛玉爱情悲剧的描写，使小说的故事完整了。但他的语言天赋和曹雪芹不能相比，有些人物的性格也在他笔下走样了。小说最后关于贾府复兴、兰桂齐芳等描写，显然是违背原著精神的。

这样《红楼梦》的版本，就有了两大系统。一是题名《石头记》的前八十回抄本系统，因大都附有脂砚斋（脂砚斋是《红楼梦》最早评论者的别号，姓名不详，应该是曹雪芹的好友）评语，故亦称“脂评本”或“脂本”。脂本的版本较多，主要有甲戌本、己卯本、庚辰本、甲辰本、己酉本和“戚蓼生序本”。另一种是一百二十回系统，称“程本”。上面提到的乾隆五十六年程伟元排印本，称“程甲本”，第二年，程又在第一版基础上有所增删，再度排印，称“程乙本”。

《红楼梦》以贾宝玉、林黛玉、薛宝钗之间的恋爱和婚姻为线索，描写了贾、史、王、薛四大家族的衰败过程，广泛而深入地暴露了封建社会末期的种种黑暗和罪恶，字里行间透露出它不可抗拒的行将覆灭的命运。在历史上，还没有哪一部作品像《红楼梦》那样，把爱情的悲剧写得如此深刻，如此激动人心。因此《红楼梦》在我国文学史上占有重要地位。

作者大力肯定的人物是小说的男主人公贾宝玉，他是贾府最大的希望，却又是贵族家庭的逆叛者。他很显著的特点是对大观园里的女孩子充满了喜爱和同情。他认为“天地间灵淑之气只钟于女子，男儿们只不过是渣滓浊沫而已”。他的父亲要他刻苦攻读，将来金榜题名，可是他偏偏瞧不起科举制度，认为这只是“国贼禄蠹”之流用以沽名钓誉的手段。有人和他谈“仕途经济”他就大觉逆耳，斥为“混帐话”。正因为林黛玉从来不和他讲“混帐话”，他才把她看作了唯一的知己。这种在知己的基础上产生的爱情关系，和“才子佳人”式的爱情是有本质区别的。

作者肯定的另一个人物是林黛玉。她聪明清秀，才比咏絮，因父母早丧，寄居贾府。她对贾府的势利和虚伪极为不满，为保持自己纯洁的个性，她“孤高自许，目无下尘”，语言尖刻，因而和贾府里的人格格不入，惟有和贾宝玉才能真诚相对，倾诉情感。贾宝玉的理解和爱，成为她生活中的一个重要精神支柱。所以当她知道贾宝玉和薛宝钗结婚后，她万念俱灰，呕血而亡。

薛宝钗是和林黛玉相对立的形象。她老于世故，城府极深，善于逢迎，因此与贾府上下水乳交融。她是封建道德规范理想的淑女，她也以这种规范要求贾宝玉，一有机会，她就劝贾宝玉学些应酬业务，仕途经济，使得宝玉非常反感。她虽然在贾母、王夫人身上下功夫，达到了和宝玉结婚的目的，但并没有得到爱情。她也是封建体制下的牺牲品。

曹雪芹塑造的这些人物形象之所以不朽，主要是这些人物都有鲜明的性格特征，而这些性格特征是通过不同情节，从不同角度层层深入地镂刻出来的。同时《红楼梦》的语言简洁而纯净，绘声绘色，达到了炉火纯青的程度。曹雪芹是当之无愧的语言大师，后人学习《红楼梦》，研究《红楼梦》，已成为一门学问，称为“红学”，这在文学史上是极少见的现象。

袁 枚

袁枚小时读书非常聪明，年方十二补县学生。有叔父在广西巡抚幕中，他去省亲。因叔父经常讲侄儿袁枚如何异禀，引得广西巡抚金鉷也很好奇。看见了省亲的袁枚，金巡抚就想试一下他的才情，于是指着大厅上的铜鼓，对袁枚说："你可以当我面写一篇《铜鼓赋》吗?"袁枚说："可以。"于是欣然命笔，文不加点，一挥而就。果然名不虚传，一篇《铜鼓赋》词采瑰丽，妙笔生花。金大惊。

乾隆元年，首开清代博学宏词科，博学宏词科是比考进士之殿试还要高的一种考试，中进士与不中进士者，仕与未仕者，均可参加。但有一条，须有内外大臣举荐。金巡抚就推荐了袁枚。时海内应举者二百余人，袁枚当时年龄最小。虽然落选，却由此知名。乾隆四年，二十四岁的袁枚中进士，并选为翰林院庶吉士。选为庶吉士的，都由朝廷特派翰林官教习，一般三年后再考，以考试成绩授相应官职，称散馆。袁枚散馆后改知县江南。先后在溧水、江浦、沭阳等地任职。后调为江宁知县。为吏颇见才能，所判事深孚众望，至有人以所判事作歌曲刻行四方。孙星衍《故江宁县知县前翰林院庶吉士袁君枚传》中曾记载了这样几件事：

> 侍郎尹会一督学试江宁，有两骑冲其前麾，且漫骂称亲王家奴。他县尹不敢问，枚立擒治，则为大将军投书制府者也。搜其箧，得关节书十余封，悉焚之，重挞遣去。十三年，江南灾，铜井民运米至吴门，有率众劫之者。枚以荒政当弛刑，召其魁首询之，乃土人遏粜，非劫也。论以情法，追米还之。已而吴门有遏粜殴官之狱，上司叹赏枚得政体。其敏而能断类此。初，枚为溧水知县，其父自广西来，虑枚年少，不谙吏治，乃匿姓名访诸野。有女子告

曰：“吾邑袁知县，政若神明。”其父乃大喜入署。

豪奴仗势欺人，别人不敢问，他敢问，而且敢“重挞遣去”；江南大饥，有人劫米度荒，他觉得情有可宥，从轻发落。这两件事足以说明他刚正不阿，执政有方。但他性喜自由放任，于繁杂吏事颇为厌倦。他曾写诗说：“一官奔走空皮骨，万事艰难阅岁华。”乾隆十四年，称疾家居。

袁枚那时年仅三十四岁，称疾家居实在有点说不过去。朝廷再度起用他陕西任职，他没有理由推辞，只得赴任。不久丁父忧归，于是上书申请在家养母。这下他找到了堂而皇之的理由，从此不再出仕。他在江宁小仓山建筑池馆楼台，号随园，花竹水石，幽深静丽，袁枚流连宾客，优游其中，凡五十年，世称“随园先生”。他由庶吉士而入仕，而入仕时间之短，退隐时间之长，堪称古代官场之最。

袁枚壮年早退，当时曾惹物议。他在《答陶观察问乞病书》中有所辩解。他说：“仆才三十三，前途正长，敢遽赋《士不遇》以退哉？……尔今之昧宵昏而犯霜露者，不过台参耳，迎送耳，为大官作奴耳。彼数百万待治之民，犹齁齁熟睡而不知也。于是身往而心不随，且行且愠。而孰知西迎者，又东误矣；全具者，又缺供矣；怵人之先者，已落人之后矣。不踠膝奔窜，便瞪目受瞋。及至日昳始归，而环辕而号者老弱万计。争来牵衣，忍不秉烛坐判使宁家耶？判毕入内，簿领山积。又敢不朱墨围略，一过吾目耶？甫脱衣息，而驿券报某官至某所，则又蘧然觉，凿然行。一月中失膳饮节，违高堂定省者，旦旦然矣，而还暇课农巡乡如古循吏之云乎哉？”

原来身为县令，所忙碌者不过是接待上司，迎来送往，而自己分内的治民之事，竟无暇顾及，这是自视甚高、立志做一代循吏的袁枚无法忍受的。做循吏而不可得，不如学靖节先生“归去来兮”。袁枚这番话，交代了自己不得已而退隐林泉的苦衷。

袁枚不仕，一心读书做学问，故学问诗文都大有长进。袁枚一直倡导多读书，潘瑛、高岑在《国朝诗萃初集》中说：“先生蚤岁知名，中年退隐，生平出处，卓有可观。聚书数万卷于小仓山房，吟诵不辍者四十余年。诗自汉魏以下，迄于本朝，无所不窥，亦无所依傍。惊才绝艳，殊非株守绳墨者所能望其项背。”袁枚渊博的学问，都是从读万卷书中得到，但写诗作文，却“都是性灵，不关堆垛”（《随园诗话》卷五）。袁枚说过：“人闲居时，不可一刻无古人；落笔时，不可一刻有古人。平居有古人，而学力方深；落笔无古人，而精神始出。”（《随园诗话》卷一〇）袁枚谈到他的写作经验时曾说过这样一段话：“或问：‘诗不贵典，何以杜少陵有读破万卷之说？’不知‘破’字与‘有神’三字，全是教人读书作文之法。盖破其卷，取其神，非囫囵用其糟粕也。蚕食桑而所吐者丝，非桑也；蜂采花而所酿者蜜，非花也。读书如吃饭，善吃者长精神，不善吃者生痰瘤。”（《随园诗话》卷十三）

在袁枚看来，“性情”是诗的根本，也就是说写诗要有真性情，要有个性。他说：“诗人者，不失其赤子之心者也。”（《随园诗话》卷三）他反对模仿唐宋、引经据典、大谈格律等拟古主义和形式主义诗风，也反对用叠韵、和韵、僻韵、古人韵等来束缚性灵，以文字为游戏。显然，明末“公安派”对他影响较大。他把他的诗论观点写在《随园诗话》里。姚鼐在《袁随园君墓志铭》里说：“世人心所欲出不能达者悉为达之，士多效其体。故《随园诗文集》，上自朝廷公卿，下至市井负贩，皆知贵重之。海外琉球，有来求其书者。”他自己也不无自豪地说：“以诗受业随园者，方外缁流，青衣红粉，无所不备，人嫌太滥。余笑曰：子不读《尚书大传》乎？东郭子思问子贡曰：‘夫子之门，何其杂也？’子贡曰：‘医门多疾，大匠之门多曲木，有教无类，其斯之谓欤？’近又有伶人邱四、计五亦来受业。王梦楼见赠云：‘佛法门墙真广大，传经直到郑樱桃。’布衣黄允修客死秦中，临危，嘱其家人云：‘必葬我于随园之侧。’自题一联云：‘生执一经为弟子，死营孤冢傍先生。’”（《随园诗话补遗》）

因为有许多女子拜他为师，故当时有“随园女弟子”之称。他这种行为曾引起一班卫道者的愤怒，他的朋友赵翼，曾经写过《控词》，里面有几句说：“结交要路公卿，虎将亦称诗伯。引诱良家子女，娥眉都拜门生。”也反映了当时人对他的看法，他却毫不在意，依然我行我素，自得其乐。他做人也是真“性情”。

袁枚自己的创作，确实能够做到直抒“性情”，别具风味。如“半天凉月色，一笛酒人心”，“雨来蝉小歇，风到柳先知”，“十里烟笼村店小，一枝风压酒旗偏”等。这些诗句，对仗稳妥，意境鲜明，饶有风韵。他说：“诗如天生花卉，春兰秋菊，各有一时之秀，不容人为轩轾；音律风趣，能动人心目者，既为佳诗，无所为第一、第二也。”

作品以《小仓山房诗文集》《随园诗话》为最著。

汪　中

清代中叶，骈文呈现“中兴”的气象，成为与“桐城派”古文尖锐对立的一个文派。这个文派的代表人物就是汪中。

汪中出身贫寒，七岁而孤。无力就学，其母邹氏乃亲授“四子书”。稍长，助书贾鬻书于市，因得遍读经史百家，过目成诵，遂为通人。年二十，补诸生。杭世骏主讲安定书院，中往肄业，读其《哀盐船文》，大为称赏。专为此文写序曰：“采遗制于《大招》，激哀音于变徵，可谓惊心动魄，一字千金者矣。”乾隆四十二年的江苏提督学政谢墉，每次主考都要特置一榜，把汪中的名字放在诸生的前面。谢说：“我这样对待汪中，是因为我是提督学使；如果以学问而言，我要拜他为师而北面事之。”其敬重汪中有如此者。但汪中竟以母老而没有赴考。五十一年，侍郎朱王圭主江南乡试，谓人曰：“吾此行必得汪中为选首。”但那次汪中也没有赴试。从上述三人的态度看，汪中在当时的知名度可想而知。

汪中也曾有志于世，故于古今沿革，民生利病，皆博闻而加以研究。但汪中一生不曾入仕。汪中的不曾入仕，应该与他生平诙谐、口无遮拦有关。阮元《淮海英灵集小传》说他“生平多谐谑，凌轹时辈，人以故短之”。他在《自序》一文里也说：“余夭谗司命，赤口烧城。笑齿啼言，尽成罪状。跬步才蹈，荆棘已生。”洪吉亮的《又书三友人遗事》记载了这样一件事：汪中与高邮王念孙、宝应刘台拱为友。他曾当着很多人的面说：“扬州一府，通者三人，不通者三人。”他所说的通者，是指王念孙、刘台拱和自己，而不通者指的是吏部诸公。正好有个乡绅携了文章，沐浴盛服，去拜访汪中，并请汪中评价一下自己的文章。汪中看了一下，大声对乡绅说：“你不在不通之列。”其人大喜。汪中接着徐徐说：“你再读三十年书，可以望不通矣。”阮元所说“凌轹时辈”，有如此类。

汪中一生入幕作客，以校书为事，所以他把毕生精力都放在治经学上。他的著作繁富。治《尚书》，有《尚书考异》；治《礼》，有《礼仪》校本、《大戴礼记》校本；治《春秋》，有《春秋述义》；治"小学"，有《尔雅》校本、《小学说文求端》等。汪中曾博考先秦古籍，发表了许多关于古籍方面的真知灼见，并写成了《述学》内外篇，凡六卷。在此基础上，汪中还对诸史地理、山川扼要进行了深入研究，写成了《广陵通典》十卷、《秦蚕食六国表》《金陵地图考》等。

但汪中被时辈后人称道的还是他的文章。王念孙对他评价很高。他在《述学序》里说："容甫淡雅之才，跨越近代。其文合汉魏晋宋作者而铸成一家之言，渊雅淳茂，无意模仿，而神与之合。盖宋以后无此作手矣。"刘台拱也说："钩贯经史，熔铸汉唐，宏丽渊雅，卓然自成一家。"汪中写的是骈文，却能打破形式主义传统，"状难写之情，含不尽之意"，感情深挚，词采沉博绝丽。如被杭世骏称为一字千金的《哀盐船文》：

夜漏始下，惊飙勃发。万窍怒号，地脉荡决。大声发于空廓，而水波山立。于斯时也，有火作焉。摩木自生，星星如血，炎光一灼，百舫尽赤。青烟睒睒，熛若沃雪。蒸云气以为霞，炙阴崖而焦爇。始连楫以下碇，乃焚如以俱没。跳踯火中，明见毛发。痛謈田田，狂呼气竭。转侧张皇，生涂未绝。倏阳焰之腾高，鼓腥风而一吷。洎埃雾之重开，遂声销而形灭。齐千命于一瞬，指人世以长诀。发冤气之焄蒿，合游氛而障日。行当午而迷方，扬沙砾之嫖疾。衣缯败絮，墨查炭屑，浮江而下，至于海不绝。

亦有没者善游，操舟若神。死丧之威，从井有仁。旋入雷渊，并为波臣。又或择音无门，投身急濑，知蹈水之必濡，犹入险而思济。挟惊浪以雷奔，势若阶而终坠。逃灼烂之须臾，乃同归乎死地。积哀怨于灵台，乘精爽而为厉。出寒流以浃辰，目眴眴而犹视。知天属之来抚，憖流血以盈眦。诉强死之悲心，口不言而以意。若其焚剥支离，漫漶莫别。圜者如圈，破者如玦。积埃填窍，攦指失节。嗟狸首之残形，聚谁何而同穴！收然灰之一抔，辨焚余之白骨。呜呼，哀哉！

文中真实再现了盐船失火的惨状，表达对遇难船民的深切同情。

汪中一生坎壈不遇，故语多愤激。他常借吊颂之文，自比身世，抒发牢骚不平之气。如《吊黄祖文》，借祢衡“虽枉天年，竟获知己”，和自己“飞辩骋辞，未闻心赏”两相对比，言说自己竟不如乱世之下惨遭杀戮的祢衡，悲愤之情喷薄而出。《经旧苑吊马守贞文》，以“托身乐籍，少长风尘”的妓女自比，抒发自己“一从操翰，数更府主，俯仰异趣，哀乐由人”的苦衷，不胜伤心。汪中这样的文章不少。

汪中虽高举骈文的大旗，旗下的作家如云，如袁枚、胡天游、孙星衍等，但究竟不能与蔚为大观的“桐城派”相颉颃。究其原因，一是它“饰其词而遗其意”的形式主义受到非难，二是它应用范围大有局限。

龚自珍

龚自珍号定庵，浙江仁和人。父为进士，曾官苏松兵备道。段玉裁外孙。段玉裁著《说文解字注》等，在音韵学、训诂学方面的贡献极大。龚自珍十二岁，段玉裁授以《说文》部目，颇受教益。龚自珍于嘉庆十五年，即十八岁时应顺天乡试，中副榜。二十三年，又应浙江乡试，中举。以后两次会试，均未成功。道光元年，二十九岁的龚自珍任内阁中书，参与修订《清一统志》。他认真考订西北塞外部落源流、山川形势，厘正《清一统志》的疏漏凡五千言。

道光九年，龚自珍第六次参加会试，这次终于天遂人愿，考中进士。朝廷安排他出任县令，他没有赴职，仍担任内阁中书。十五年，升任宗人府主事。十七年，改礼部主客司主事，兼祠祭司行走。在此任上，他上书论礼部四司宜沿革者，亦有三千言之多，但未得到重视。仕宦不达，心情悲凉，十九年，辞官南归。二十一年，就江苏丹阳书院讲席。就在这一年的八月，卒于书院。年仅五十岁。

龚自珍一生以“经世致用”为目的。但由埋头考据到经世致用，是经历了一个漫长过程的。史称：“自珍八岁得旧《登科录》读之，即有志为科名掌故之学。十二岁段玉裁授以《说文》部目，即有志为以经说字、以字说经之学。十四岁，考古今官制，即有志为国朝官制损益之学。十六岁，读《四库提要》，即有志为目录之学。十七岁，见石鼓，即有志为金石之学。平生著述等身，出入于九经七纬，诸子百家，足以继往开来，自成一家。”但对他影响最大的，是今文家刘逢禄。刘逢禄专治《公羊》，龚自珍一见而喜，而弃其所学而学之。他曾有诗云：“昨日相逢刘礼部，高言大句快无加。从君烧尽虫鱼学，甘作东京卖饼家。”孔子认为读《诗》可以多识草木鸟兽虫鱼之名，汉代古文经学家注释儒家经典，注重典章制度及名物的训释、考据，后遂以“虫鱼”泛指文字、训诂、名物等考证之类学问。卖饼家谓小家气派。三国魏鱼豢《魏略》：“司隶钟繇不好《公羊》而好《左氏》，谓《左氏》为太官，而谓《公羊》为卖饼家。”这里“卖饼家”实指《公羊》之学。

从“虫鱼学”转向《公羊》之学，这是龚自珍学习方向上的一个变化。梁启超说他“往往引《公羊》义，讥切时政，诋排专制”（《清代学术概论》）。他深入研究历史，写出了著名的《古史钩沉论》，他说：“周之世官，大者史，史之外无有语言焉，史之外无有文字焉，史之外无人伦品目焉。史存而周存，史亡而周亡。”他认为史官之所以可尊，在于史官站得高、看得远，能冷眼旁观，做客观的、公正的现实政治社会批判。他尊史的目的就是要用客观、公正的态度，应用《春秋》公羊学派变的观点，发展的观点，对现实社会问题即“当今之务”做全面的批判。

故龚自珍早期的文章以论政文为主。他在这些文章里列举事实，集中抨击吏治之弊，颇为世所称。如《明良论二》云：

窃窥今政要之官，知车马、服饰、言词捷给而已，外此非所知也。清暇之官，知作书法、赓诗而已，外此非所问也。堂陛下之言，探喜怒以为之节，蒙色笑，获燕闲之赏，则扬扬然以喜，出夸其门生、妻子。小不霁，则头抢地而出，别求夫可以受眷之法。彼其心岂真敬畏哉？问以“大臣应如是乎”，则其可耻之言曰：“我辈只能如是而已。”至其居心又可得而言，务车马、捷给者，不甚读书，曰：“我早晚值公所，已贤矣，已劳矣。”作书、赋诗者，稍读书，莫知大义。以为苟安其位一日，则一日荣；疾病归田里，又以科名长其子孙，志愿毕矣。

有权的官只知道奢侈荣华，说冠冕堂皇的话，无权的官只知道作书法、和诗，清闲自在。他们哪里知道为民、为国家做点实事？这些官们简直是无耻。此文篇末，附有段玉裁的一段评语：“四论皆古方也，而中今病。岂必别制一方哉？髦矣，犹见此才而死，吾不恨矣。”段玉裁埋头治学，不问世事，他对龚自珍此文如此称赏，说明此文一语中的，切中时弊。龚自珍此类文章还有《乙丙之际著议》《上大学士书》等。

他还有一些借题发挥、寓言式的小品文，如《尊隐》《捕蜮》等。同时还有一些记人、记事、记物、记名胜的散文。名篇《病梅馆记》，则通过梅的被扭曲，反映了专制对人的压抑与束缚，表达了他渴望人格自由、精神解放的思想。

其实龚自珍影响最大的，还是他的史诗。他认为《六经》是周史的宗子；《诗》是由史官采集和编订起来的，而且“诗人之指，有瞽献曲之义，本群史之支流”。他作诗说：“贵人相讯劳相问，莫作人间清议看”，“安得上言依汉制，诗成侍史佐评论”。他把自己的诗看成是“清议”和“评论”的工具，也就是把诗人与史官的作用统一起来了。故他的诗很少单纯地描写自然景物，而总是联系社会现实，抒发感慨，议论横生。如他在道光五年写的《咏史》：

金粉东南十五州，万重恩怨属名流。牢盆狎客操全算，团扇才人踞上游。避席畏闻文字狱，著书都为稻粱谋。田横五百人安在，难道归来尽列侯？

“牢盆”，煮盐的器具。盐业古代属官营，故以代指达官贵人。“牢盆狎客”指依附权门的帮闲幕客，“团扇才人”指像东晋重臣王导之孙王珉一类整天手摇白团扇，谈玄论佛的贵族子弟。就是这帮丑类，却“操全算”“踞上游”，政治的腐败可想而知。“上游”是这样，那么整个士林又如何呢？被清廷的文字狱吓破了胆，还哪里敢说真话，只在故纸堆里钻研所谓的学问，混口饭吃。想想田横五百壮士，这些人真应该感到惭愧啊！《史记》载：刘邦统一天下以后，招自立为齐王的田横归降，并以封侯相许。但田横不甘臣服，在去洛阳途中慨然自刎。他留在岛上的五百人听到消息后，也全部自杀。

在著名的《己亥杂诗》中，龚自珍有感外国资本主义势力对中国的侵略，统治阶级庸俗堕落与无所作为，更重要的是有感于人民所遭受的苦难，写下了三百一十五首咏怀和讽喻之作。己亥是道光十九年，正是鸦片战争的前一年。这一年龚自珍愤然辞官南归，后又北上接迎眷属，往返途中将见闻感受写成的杂诗，统名曰《己亥杂诗》。

八三首诗人写道：

只筹一缆十夫多，细算千艘渡此河。我亦曾糜太仓粟，夜闻邪许泪滂沱！

一二三首诗人写道：

不论盐铁不筹河，独倚东南涕泪多。国赋三升民一斗，屠牛那不胜栽禾？

上二首对人民的苦难表示深切的同情，对统治者不事生产、榨取人民血汗表示愤慨。同时也有忧虑：人民逼急时也会铤而走险。历代农民起义，多以屠牛酾酒的形式号召群众。他不幸而言中，十一年后的咸丰元年，爆发了太平天国农民起义。

在一二五首诗人写道：

九州生气恃风雷，万马齐喑究可哀。我劝天公重抖擞，不拘一格降人才。

整个清廷死气沉沉，一无生气，实在是令人悲哀。要打破这种局面，要靠惊风迅雷。这种惊风迅雷，就是不拘一格使用人才，来一场大刀阔斧的改革。

龚自珍的诗奔放豪迈，想象奇妙，显然可以看出庄子、屈原、李白对他的影响。虽然是以政治作诗的题材，但并不以议论为诗，使诗概念化。

魏 源

魏源，字默深，湖南邵阳人。中国近代启蒙思想家，与龚自珍齐名。从小就非常刻苦用功，常常背着父母，一盏孤灯读书至深夜。嘉庆八年，年方九岁的魏源赴县城应童子试，考官见他一团稚气，就喊他到身边对对子。考官手里握着一个茶杯，茶杯上画有一太极图，于是指着太极图随口吟道："杯中含太极。"正好魏源怀中揣有二麦饼，只见他不慌不忙，摸着怀中二麦饼对曰："腹内孕乾坤。"考官大为惊异。

嘉庆十五年，十六岁的魏源考取秀才。十八年，被选为拔贡。选为拔贡者可以进入最高学府国子监学习。次年入都，从刘逢禄学《公羊》之学，眼界大开。道光二年，二十八岁的魏源应顺天乡试，获第二名。宣宗阅其试卷，挥笔褒赏，使魏源名气大振。

道光五年，受江苏布政使贺长龄之聘，辑《皇朝经世文编》一百二十卷；又助江苏巡抚陶澍办漕运、水利诸事。撰《筹漕篇》《筹鹾篇》和《湖广水利论》等。九年，应礼部会试，却意外落第，房考刘逢禄作《两生行》哀之。"两生"指魏源和龚自珍，他们两人当时都负有盛名。落第后，魏源入赀为内阁中书舍人候补。内阁藏书丰富，魏源乃得以博览史馆秘藏典籍、掌故。二十二年，钦差大臣裕谦督师浙江，魏源曾被延至幕府。在裕谦幕府中，著《圣武记》。

至二十四年成进士，以知州用，权扬州府东台县事。二十六年，以母忧去官。居丧期间，撰《海国图志》，奠定了魏源的历史地位。二十九年，权知扬州府兴化县事。是年黄河大水，河帅杨以增将按惯例开闸放水。时兴化稻已渐熟，如此时开闸放水，兴化及下河江都、甘泉、泰州、高邮、宝应、东台等七县将成水乡泽国，颗粒无收。魏源与杨以增力争，不能得，则在制府挥枹击鼓，终于惊动了总督陆建瀛。陆建瀛勘得实情，开闸迟半月，七县幸获丰收，士民德之，谓有拯饥救溺之功。不久，补高邮州，坐迟误驿递，免官。副都御使袁甲三奏复其官。咸丰六年卒，年六十四。

魏源志在经世，故写了大量政论文，论古今成败利病，对于朝章国故，更是深入研究，独有心得。他在《筹河篇》说：

> 但言防河，不言治河，故河成今日之患；但筹河用，不筹国用，故财成今日之匮。以今日之财额，应今日之河患，虽管、桑不能为计；由今之河，无变今之道，虽神禹不能为功。故今日筹河，而但问决口塞不塞与塞口之开不开，此其人均不足与言治河者也。无论塞于南难保不溃于北，塞于下难保溃于上，塞于今岁难保不溃于来岁；即使一塞之后，十岁、数十岁不溃决，而岁费五六百万，竭天下之财赋以事河，古今有此漏卮填壑之政乎？吾今将言改河，请先言今日病河病财之由，而后效其说。

魏源所论，如高屋建瓴，凌空而下，有沛然莫之能御之势。更为难得的是，他的这些言论并非书生泛泛之论，而是在言之有据、切合实际之论。史称“其论河务，谓河宜改复北行故道，咸丰五年，铜瓦厢决口，河果北流，由大清河入海，适与所论相合”。看来他的言论是有裨世用的。

魏源最有名的著作是《圣武记》和《海国图志》。《圣武记》记述了清初到道光年间的军事历史及军事制度。在《圣武记叙》中，魏源说：“今夫财用不足国非贫，人材不竞之谓贫；令不行于海外国非羸，令不行于境内之谓羸。故先王不患财用而惟亟人材；不忧不逞志于四夷，而忧不逞志于四境。官无不材，则国桢富；境无废令，则国柄强。”要想国家富强，必须重视人才，人才其实比什么都重要。魏源的这种人才观实在具有远见卓识。

《海国图志》内容丰富，记述了世界各国的地理、历史、经济、政治、军事和科学技术，乃至宗教、文化等情况，并附有世界地图、各大洲地图和分国地图等。此书旨在唤起国人，学习外国的长技，兴利除弊，增强国力，抵抗外来侵略。在书中他提出了著名的“师夷之长技以制夷”的观点。他说：“执古以绳今是为诬今，执今以律古是为诬古。”

这样积极主张变革，在当时确实是很难得的。《海国图志》对清王朝夜郎自大，固步自封，封关锁国和媚外求和种种，给予尖锐的批判。正如梁启超在《论中国学术思想变迁之大势》中指出，《海国图志》对日本“明治维新”起了巨大影响，认为它是“不龟手之药”。在《中国近三百年学术史》中指出：“《海国图志》之论，实支配百年来之人心，直至今日犹未脱离净尽，则其在中国历史上关系不得谓细也。”

魏源著述等身，除《圣武记》《海国图志》等巨著外，主要著述还有《默觚》《古微堂诗文集》《书古微》《诗古微》等。魏源以经济名世，不以诗人或文章家自居，其实他于诗文创作也非常努力，取得了非凡的成就。他写有大量山水诗，“昔人所欠将余偿，应笑十诗九山水”。他的不少山水诗具有雄劲奔放、形象飞动的特点。如《三湘棹歌·蒸湘》：

> 溪山雨后湘烟起，杨柳愁杀鹭鸥喜。棹歌一声天地绿，回首浯溪已十里。雨前方恨湘水平，雨后又嫌湘水奔。浓于酒更碧于云，熨不能平翦不分。水复山重行未尽，压来七十二峰影。篙篙打碎碧玉屏，家家汲得桃花井。

写雨后蒸湘中行舟所见的景色，兼及自己喜悦的感受，节奏明快，音调流美，鲜明传神，一派诗情画意。魏源的散文，内容详实，条理清晰，语意畅晓，受到读者喜爱。他的好友龚自珍曾赠他一副对联：“读万卷书，行万里路；综一代典，成一家言。”正好概括了魏源一生的行事成就。

曾国藩

曾国藩，晚清一代名臣，湘军的创立者和统帅者，官至两江总督、直隶总督、武英殿大学士，封一等毅勇侯。这样显赫的地位和名气，多少有点掩盖他的文名。其实以文而论，曾国藩也堪称一代文豪。

曾国藩出生在湖南长沙府湘乡荷叶塘白杨坪，父亲是一位塾师秀才。出生的时候，其祖父梦见一条巨蟒缠在他家的柱子上，所以认为曾国藩是巨蟒投胎转世。曾国藩出生后，曾家一株死去的古梧桐树重新吐出新芽，这种物象更让祖父相信了巨蟒转世这一梦语。而凑巧的是，曾国藩浑身上下长满了像蛇鳞一样的癣，所以连曾国藩自己也相信了祖父这一梦语。

曾国藩小的时候不仅读书聪明，而且很有智慧。有一次，他家里煮熟的鸡蛋被人偷吃了一个，他父亲要小曾国藩查一查这个人，也是要考一考他的意思。曾国藩思索了一下，端出一个脸盆，倒了几杯茶，把家里的人都喊过来，叫每人喝一口茶吐到盆里。结果有一个女佣吐出的茶水夹有鸡蛋黄粉。小曾国藩指着女佣对父亲说："就是她吃了鸡蛋。"在事实面前，女佣只得红着脸承认了。曾国藩的父亲高兴极了，觉得儿子聪明，将来当官审案不会冤枉好人。

曾国藩六岁时入塾读书，八岁能读八股文诵五经，十四岁时参加长沙的童子试，成绩列为优等。道光十二年，二十一岁的曾国藩考取了秀才，二十七岁时，殿试考中了同进士，选为翰林院庶吉士，并成为军机大臣穆彰阿的得意门生。在穆彰阿的帮助下，在京十年七迁，连跃十级。累迁侍讲学士，内阁学士，补授礼部右侍郎等。

咸丰二年，曾国藩丁母忧归里。这时洪秀全的太平军已经攻占武昌，清政府一面从全国各地调集大量八旗、绿营官兵来围剿太平军，一面鼓励各地官员、缙绅组织团练武装，共同对付太平军。曾国藩依靠师生、亲戚、好友等千丝万缕的人际关系，在其家乡湖南湘乡组建了一支地方团练，称为湘军。咸丰四年二月，湘军挥戈东征。

在檄文里，曾国藩满腔悲愤，指斥太平军“焚郴州之学官，毁宣圣之木主，十哲两庑，狼藉满地。嗣是所过郡县，先毁庙宇，即忠臣义士如关帝岳王之凛凛，亦皆污其宫室，残其身首。以至佛寺、道院、城隍、社坛，无朝不焚，无像不灭”，“举中国数千年礼义人伦、诗书典则，一旦扫地荡尽。此岂独我满清之变，乃开辟以来名教之奇变，我孔子孟子之所痛哭于九原”。他号召“凡读书识字者，又乌可袖手安坐，不思一为之所也”。他这篇檄文写得气势旺盛，感情充沛，完全符合《文心雕龙》所说“事昭而理辨，气盛而辞断”的要求，故在东征中起到了鼓舞士气的作用。

由于曾国藩善于用人，纪律严明，湘军的战斗力不断增强。后来逐渐取代清朝武装力量，成为对太平军作战的主力军之一。经过十二年的战斗，直到同治四年，天京（即南京）才被攻破，太平天国才被消灭。论功行赏，曾国藩被封为一等勇毅侯，成为清代以文人而封武侯的第一人。后历任两江总督、直隶总督，官居一品。

同治九年，曾国藩奉命前往天津办理天津教案。其起因是天津群众怀疑法国天主教堂假育婴堂之名，而行拐骗人口、虐杀婴儿之实，于是群情激愤，杀死法国驻天津领事馆人员及十多名修女、神父，焚毁了法国领事馆和一座天主教堂，四座英美传教士开办的基督教堂。这是一个相当棘手的案子。曾国藩临行之前，有大难临头之感。他为书《谕纪泽纪鸿》云：“余即日前赴天津，查办殴毙洋人、焚毁教堂一案。外国性情凶悍，津民习气浮嚣，俱难和叶，将来构怨兴兵，恐致激成大变。余此行反复筹思，殊无良策。余自咸丰三年募勇以来，即自誓效命疆场，今老年病躯，危难之际，断不肯吝于一死，以自负其初心。恐邂逅及难，而尔等诸事无所禀承，兹略示一二，以备不虞。”

曾国藩到天津后，先发了一篇《谕天津士民示》，后又写了一篇《照复洋人》。当时的清政府根本无力与外国开战，何况此事确属天津群众偾事而致乱，曾国藩肩负重任，左右斡旋。“但冀和局之速成，不问情罪之一当否”，在法国的强烈要求下，最后达成这样的协议：处死为首杀人的十八人，充军流放二十五人，并将天津知府、知县革职充军，赔偿外国人的损失四十六万两白银，并派使团至法国道歉。这个交涉结果，国人大为不满，引来一片谩骂讨伐之声，曾国藩的声誉大受影响，他的湖南同乡，竟把他在湖广会馆的功名匾额砸烂焚毁。曾国藩又气又恨，心情非常抑郁。同治十一年二月初四，在南京病逝，终年六十二岁。朝廷赠太傅，死后被谥文正。

曾国藩一生著述颇多，但以《曾国藩家书》流传最广，影响最大。曾国藩家书共有三百三十多封，多是写给儿子纪泽、纪鸿以及诸弟的。因受传统家风熏陶，曾国藩对子弟要求极高极严。在家书中，曾国藩教子弟继承和发扬中华民族的传统美德，认真读书、做学问、修身、治家、作官，信笔写来，形式自由，却是循循善诱，感人至深。他在给儿子们的《遗嘱》里说：

余通籍三十余年，官至极品，而学业一无所成，德行一无可许，老大徒伤，不胜悚惶惭赧。今将永别，特立四条以教汝兄弟。

一曰慎独则心安。自修之道，莫难于养心；养心之难，又在慎独。能慎独，则内省不疚，可以对天地质鬼神。人无一内愧之事，则天君泰然。此心常快足宽平，是人生第一自强之道，第一寻乐之方，守身之先务也。

二曰主敬则身强。内而专静纯一，外而整齐严肃，敬之工夫也；出门如见大宾，使民如承大祭，敬之气象也；修己以安百姓，笃恭而天下平，敬之效验也。聪明睿智，皆由此出。庄敬日强，安肆日偷。若人无众寡，事无大小，一一恭敬，不敢懈怠，则身体之强健，又何疑乎？

三曰求仁则人悦。凡人之生，皆得天地之理以成性，得天地之气以成形，我与民物，其大本乃出一源。若但知私己而不知仁民爱物，是于大本一源之道已悖而失之矣。至于尊官厚禄，高居人上，则有拯民溺救民饥之责。读书学古，粗知大意，即有觉后知、觉后觉之责。孔门教人，莫大于求仁，而其最切者，莫要于欲立立人、欲达达人数语。立人达人之人，人有不悦而归之者乎？

四曰习劳则神钦。人一日所着之衣所进之食，与日所行之事所用之力相称，则旁人韪之，鬼神许之，以为彼自食其力也。若农夫织妇终岁勤动，以成数石之粟数尺之布，而富贵之家终岁逸乐，不营一业，而食必珍馐，衣必锦绣，酣豢高眠，一呼百诺，此天下最不平之事，鬼神所不许也，其能久乎？古之圣君贤相，盖无时不以勤劳自励。为一身计，则必操习技艺，磨练筋骨，困知勉行，操心危虑，而后可以增智能而长才识。为天下计，则必己饥己溺，一夫不获，引为余辜。大禹、墨子皆极俭以奉身而极勤以救民。勤则寿，逸则夭，勤则有材而见用，逸则无劳而见弃，勤则博济斯民而神祇钦仰，逸则无补于人而神鬼不歆。

此四条为余数十年人世之得，汝兄弟记之行之，并传之于子子孙孙。则余曾家可长盛不衰，代有人才。

在曾国藩家书的熏陶下，一百多年来，曾家代有英才豪杰，未见纨绔子弟，这不能不说是曾国藩教育思想的成功。毛泽东说："愚于近人，独服曾文正。"蒋介石也说："足为吾人之师资。"足见《曾国藩家书》泽被后人，影响深远。

在文学传承上，曾国藩推崇"桐城派"的方苞、姚鼐。他说："望溪（方苞号望溪）先生古文辞为国家二百余年之冠，学者久无异辞。即其经术之深湛，八股文之雄厚，亦不愧为一代大儒。"（《读书录·望溪文集》）他为文宗法桐城，但又自有章法，不完全为桐城所囿。他论古文，讲求声调浏亮铿锵，以包蕴不尽为能事；所为古文，深宏骏迈，雄奇瑰玮，能一洗"桐城派"枯淡之弊。他选编了一部《经史百家杂钞》，以作为文的典范。后世称曾国藩创立的晚清古文流派为"湘乡派"。清末及民初严复、林纾，以至谭嗣同、梁启超等均受曾国藩文风影响。所著有《求阙斋文集》《诗集》《读书录》《日记》《奏议》《家书》《家调》及《经史百家杂钞》《十八家诗钞》等，不下百数十卷，名曰《曾文正公全集》，传于世。

黄遵宪

在戊戌变法的前一两年，梁启超、夏曾佑、谭嗣同等提出了“诗界革命”的口号。所谓“诗界革命”，就是反对脱离现实的“同光体”，要求“能以旧风格含新意境”，表现新事物、新思想，容纳新词汇，并试图解决诗歌如何为变法运动服务的问题。在这场运动中，被梁启超称作“诗界革命”的一面旗帜，也是最早从理论和创作实践上给“诗界革命”开辟道路的，是晚清杰出诗人黄遵宪。

黄遵宪字公度，别号人境庐主人，广东嘉应州人。光绪二年参加顺天乡试，中式为举人。旋随驻日公使何如璋出使日本，为驻日本使馆参赞。在日期间，他看到日本变法维新的成功，撰写五十余万字的《日本国志》，提出中国改革的主张。他认为中国再不能闭关自守，应了解并学习日本的变法维新。针对日本派兵占领琉球，建议对日采取强硬的政策和立场。

光绪八年，调任驻美国旧金山总领事。适逢美国议院制订了《限制华工条例》十五条，中国在旧金山华工深受其害，多名华工无故被拘捕。经过黄遵宪的努力，被拘捕的华工全部释放，并得到了总领事签发的执照。一个封建社会的士大夫，不可能在短期内认识美国的民主选举制度，对候选人四处拉选票，黄遵宪作《纪事》予以嘲笑：

> 众人耳目外，重以甘言诱；浓绿茁芽茶，浅碧酿花酒。斜纹黑普罗，杂俎红氍毹。琐屑到钗钏，取足供媚妇。上谒士雕龙，下访市屠狗；墨屎与侏张，相见辄握手。指此区区物，是某托转授；怀上花名册，出请纪谁某。“知君有姻族，知君有甥舅，赖君提挈力，吾党定举首。”丁宁复丁宁：“幸勿杂然否。”

但他后来（光绪十六年）以分省补用道任驻英国二等参赞，他的态度改变了。他对英国的君主立宪制度非常向往，提出了在中国“守渐进主义，以立宪为归宿”的政治主张。光绪二十年任驻新加坡总领事。这一年发生了中日甲午战争，黄遵宪被召回国，任江宁洋务局总办。光绪二十一年参与上海强学会，与梁启超、谭嗣同等人创办《时务报》。后任湖南长宝盐法道，署理湖南按察使。光绪二十四年，是农历戊戌年。这一年中国发生了一件惊天动地的大事，即在光绪皇帝领导下所进行的戊戌变法。戊戌变法的主要内容是：学习西方，提倡科学文化，走英国式君主立宪的近代化道路。这正是黄遵宪所向往的政治主张。在此期间，他辅佐湖南巡抚陈宝箴大力推行变法，创行新政。但变法遭到以慈禧太后为首的守旧派的强烈反对。这年九月，慈禧太后等发动政变，光绪被囚，戊戌变法的主要人物康有为、梁启超分别逃往法国和日本。谭嗣同等六人（史称“戊戌六君子”）被害，历时仅一百零三天的变法宣告失败。因此戊戌变法也叫百日维新。

光绪二十五年八月，黄遵宪任出使日本大臣。但不久即被清廷列为维新乱党，要“从严惩办”。由于外国驻华公使等干预，清政府允许黄遵宪辞职还乡。黄遵宪遂隐居嘉应乡里，潜心新体诗创作，以诗人终。他热心家乡教育事业，创立嘉应兴学会议所，自任会长，积极兴办新学堂。光绪三十一年三月，病逝于嘉应，终年五十八岁。黄遵宪的著作生平自定的有《日本杂事诗》《日本国志》《人境庐诗草》等三种。

黄遵宪虽被称作是“诗界革命”的一面旗帜，但他并不甘心以诗人自命。“穷途竟何世，馀事作诗人。”他对梁启超说自己作诗是“愤时势之不可为，感身世之不遇”。也就是说是因为自己不能实现政治抱负才作诗的。他在诗创作上提出“我手写我口”，反对诗坛的拟古主义。他在二十一岁时所作的《杂感》里讽刺说：“俗儒好尊古，日日故纸研；六经字所无，不敢入诗篇。古人弃糟粕，见之口流涎。”又说：“即今流俗语，我若登简编，五千年后人，惊为古烂斑。”他认为诗要反映现实生活和斗争，要表达自己的思想感情，不必去刻意模拟古人。

但在诗歌的表现方法上，他却主张继承古人优良的艺术传统：“一曰复古人比兴之体；一曰以单行之神，运排偶之体；一曰取《离骚》、乐府之神理，而不袭其貌；一曰用古文家伸缩离合之法以入诗。”运用这样的表现方法，他把“古人未有之物，未辟之境，耳目所历，皆笔而书之”，从而开辟了诗歌史上从来未有的广阔领域。著名的《今别离》四首，写轮船火车、电报、照相片、东西半球昼夜相反四事，给人以耳目一新的感觉。如第三首写照相片：

开函喜动色，分明是君容。自君镜奁来，入妾怀袖中。临行剪中衣，是妾亲手缝。肥瘦妾自思，今昔得毋同？自别思见君，情如春酒浓。今日见君面，仍觉心忡忡。揽镜妾自照，颜色桃花红。开箧持赠君，如与君相逢。妾有钗插鬓，君有襟当胸。双悬可怜影，汝我长相从。虽则长相从，别恨终无穷。对面不解语，若隔山万重。自非梦来往，密意何由通？

更令人称道的是，黄遵宪时刻关心国家民族的命运，描写了一系列的重大历史事件，反映了近代中国社会的主要矛盾，故有“诗史”之称。如《逐客篇》，写美国人百般虐待华工：“鬼蜮实难测，魑魅乃不若。岂谓人非人，竟作异类虐。”如《冯将军传》，歌颂抗击法国侵略军的老英雄冯子材：“得如将军数十人，制梃能挞虎狼秦，能兴灭国柔强邻，呜呼安得如将军！”又如《度辽将军歌》，揭露湖南巡抚吴大澄在中日战争中的可耻失败：“将军慷慨来度辽，挥鞭跃马夸人豪。平时搜集得汉印，今作将印悬在腰。……两军相接战甫交，纷纷鸟散空营逃。弃官脱剑无人惜，只幸腰间印未失。将军终是察吏才，湘中一官复归来。”他这一类的诗作不少。

他曾用通俗的形式作军歌二十四首，以鼓舞抗敌斗志。他的《军中歌》是这样写的：

堂堂堂堂好男子，最好沙场死。艾炙眉头瓜喷鼻，谁实能逃死？死只一回勿浪死，死死死！

阿娘牵裾密缝线，语我毋恋恋。我妻拥髻代盘辫，濒行手指面：败归何颜再相见，战战战！

戟门乍开雷鼓响，杀贼神先王。前敌鸣笳呼斩将，擒王手更痒。千人万人吾直往，向向向！

探穴直探虎穴先，何物是险艰？攻城直攻金城坚，谁能漫俄延！马磨马耳人靡肩，前前前！

梁启超说："读此诗而不起舞者，必非男子。"可想见它当时激动人心、振聋发聩的鼓舞力量。

康有为

康有为，字广厦，号长素，广东南海县人。幼年读书聪明，有神童之目。光绪三年（十九岁时）参加乡试，落第，乃从学于粤中大儒朱次琦。朱以经世致用为教，年轻的康有为颇受影响。光绪五年，与翰林院编修张鼎华相识，接触到一些京师风气与各种新书。于是开始云游四方，以开阔视野。这一期间他到过香港、上海等地，对西人治国有法度，讲科学与民主，有了深刻的认识。

光绪八年进京应顺天乡试，不第。乃游国子监，观古鼓，购碑刻。归途道经上海，又购买大量西书而归。居家乡澹如楼，闭户读书著书。光绪十四年，三应顺天乡试，又不第。心颇不平，第一次向光绪帝上书，提出“变成法”“能下情”“慎左右”的主张，要求政府变法图强。上书受到大臣的阻格、指责，不曾到达光绪皇帝手中，但却在士子中传诵，产生了不小的影响。

此后数年，康有为在广州、桂林等地从事讲学、著述，并写成《新学伪经考》和《孔子改制考》。《新学伪经考》对“固守祖宗之法，莫敢言变”的传统守旧思想，表示强烈不满。《孔子改制考》则用“据乱”“升平”“太平”三世说，来解释历史的演进。所谓“据乱世”，就是君主专制时代，“升平世”就是君主立宪时代，“太平世”就是民主共和时代。这两部书是维新变法的重要理论依据。

光绪十九年，康有为乡试中举。二十一年四月参加会试。就在这个时候，传来了清政府与日本签订《马关条约》的消息。《马关条约》丧权辱国，国人无不为之痛心疾首。康有为发动一千三百余名应试举人，联名上书光绪皇帝，提出“拒和、迁都、练兵、变法”的主张，史称“公车上书”。上书虽被都察院拒收，但折稿被缮印散发，轰动一时。

公车上书后不久，康有为考中进士，授工部主事。同年五月、六月，他又两次上书，鼓吹维新变法。这次上书递到了光绪皇帝手里。光绪皇帝认真阅读上书，认为所言痛切中肯，内心表示赞同。光绪皇帝的态度，使康有为和维新派人士感到极大振奋。为宣传变法，八月，康有为在北京创办双日刊《万国公报》（后改《中外纪闻》），十一月，在康有为、梁启超等人的倡导之下，由翰林院侍读学士文廷式出面组织北京强学会。强学会推户部侍郎陈炽为提调，梁启超为书记员，每十天集会一次，宣讲“中国自强之学”。

封建顽固势力疯狂反对变法，他们视维新变法思想是“异端邪说”，攻击康有为等维新派人士是“名教罪人”“士林败类”。在朝廷内部，围绕变法与反变法，帝后两党的斗争也日趋激烈，以慈禧太后为首的后党，坚决反对变法，坚持“祖宗之法不可变”。光绪二十三年，康有为第五次上书皇帝，他请求皇帝下罪己诏，广集群材，明定国是，从此将国事付国会议行。光绪皇帝欲接见康有为，恭亲王奕䜣以皇帝接见小臣不合制度相阻，乃改由总理衙门大臣与康面谈。光绪二十四年一月，康有为乃应诏上著名的《统筹全局折》，建议加快推进新政。四月，康有为与梁启超等成立保国会，以“保国、保种、保教”为宗旨，实际是在组织资产阶级政党。光绪皇帝见时机成熟，于六月十一日颁布“明定国是”的诏书，宣布维新变法。六月十六日，光绪帝在颐和园勤政殿召见康有为，任命他为总理衙门章京，准其专折奏事，开展变法事宜。

光绪皇帝宣布变法后，慈禧太后与荣禄等人密谋政变。经过周密布置，九月二十一日凌晨，慈禧太后先将光绪皇帝囚禁在中南海的瀛台，继而大肆搜捕维新党人。康有为、梁启超先后逃亡日本，谭嗣同等“六君子”被杀。变法宣告失败。维新变法只坚持了一百零三天，史称“百日维新”，又称“戊戌变法”，因为这一年正好是夏历纪年的戊戌年。

流亡日本的康有为始终不忘光绪帝的知遇之恩，仍以复辟为志。光绪二十八年，军机大臣荣禄病死，康有为发表《答南北美洲诸华商论中国只可行立宪不可行革命书》，反对孙中山等人的革命运动。他认为：“凡君主专制、立宪、民主三法，必当一一循序行之，若紊其序，则必大乱。”又在欧美、南洋等地汲汲奔走呼号，组织保皇会。辛亥革命之后，以清室遗臣自居，不与国民政府合作。民国六年，附和张勋，策划宣统复辟。失败后流离各地，不遑寝息。民国十六年二月十四日，赴天津张园行在为已逊位的清末皇帝溥仪祝寿，次日上《追述戊戌变法经过并向溥仪谢恩折》，表示“以心肝奉至尊，愿效坠露轻尘之报”。三月三十一日，病逝于青岛福山路六号“天游堂”，旋葬于其生前自择的青岛李村象耳山墓地。

康有为以戊戌变法知名于世，其实他在文学艺术方面所作的贡献，并不比他在政治舞台上的作为逊色。他作为变法保皇的魁首，写过一系列的专著，也写过大量的政论文章。他的政论文章笔致灵动，气象峥嵘，令人不可逼视。如光绪十四年所写《与徐荫轩尚书书》：

天下可哀之事，未有祸乱已至而不闻、倾覆将及而不知者。方今俄筑铁路于北，而迫盛京；法窥越南于南，以取滇粤；英启滇藏于西；日伺高丽于东。西邻皆强敌，聚而谋我，危逼急也。而教民会党，遍乎国中。近者河决久不塞，江淮苦旱，京师地震山崩。近者奉天大水，乃至冲坏永陵山谷十余处，尤非常之大灾也。而上兴土木之工，下盛赏花之宴，从容拱手，酣卧若无事。人情懒偷，纪纲散乱，至此极矣。天灾之逼如彼，人事之坏如此，而言路闭塞，上下宴安，若罔闻知。仆到京师来，乃见此情形，为之寒心。昔在明时，朝政不纲，君道秕懈，其卿士尚多骨鲠忧国之人，常有九卿率科道伏阙力争之事。今灾变艰大，诚宜及时感悟上心，翻然图治；否则异日有变，国事将有难言者。天下清议，万世公论，将有在者。

他的文学成就主要是诗歌创作，想象奇特，气势雄浑，辞采瑰丽，具有浓郁的浪漫主义特色。代表诗篇有《登万里长城》、《出都留别诸公》（五首）等。《出都留别诸公》其一、二云：

沧海惊波百怪横，唐衢痛哭万人惊。高峰突出诸山妒，上帝无言百鬼狞。岂有汉庭思贾谊，拚教江夏杀祢衡。陆沉预为中原叹，他日应思鲁二生。

天龙作骑万灵从，独立飞来缥缈峰。怀抱芳馨兰一握，纵横宙合雾千重。眼中战国成争鹿，海内人才孰卧龙？抚剑长号归去也，千山风雨啸青锋。

康有为还是晚清卓有成就的书法家，他否定帖学，鼓吹“尚碑”，造就晚清一代新风。对《石门铭》《爨龙颜》和《经石峪》等石刻用功尤深。在书写上以平长弧线为基调，转折以圆转为主，长锋羊毫所特有的粗茁、浑重和厚实效果，在他书作中体现得淋漓尽致。就创作形式上来说，以对联最为精彩，长撇大捺，时见飞白，一派挥洒自如、浑然天成之象。

梁启超

梁启超，字卓如，号任公，又号饮冰室主人，广东新会茶坑村人。从四五岁起，即在其祖父及母亲膝下受四书五经。八岁能为文，九岁能缀千言。十二岁应广州童子试，中秀才。十七岁乡试中举人。乡试主考官李端棻见到梁启超的文章，大为赞赏，认为“国士无双”，竟然打破门第观念的束缚，把自己的堂妹李蕙仙许配给梁启超为妻。这件事成为中国封建考场上的千古佳话。

次年（即光绪十六年）入京会试，落第，道经上海，购得《瀛环志略》等书，眼界大开。同年在人介绍下谒见康有为，对康的学问人品佩服得五体投地。光绪十七年，十九岁的梁启超从康受业于广州万木草堂，深得教益。梁启超曾说：“一生学问之得力，皆在此年。”

光绪二十一年春，梁启超再次赴京会试。这一年发生了日本逼签《马关条约》事件，梁启超协助康有为，发动在京应试举人一千三百多人，联名请愿上书，要求“拒和、迁都、练兵、变法”，史称“公车上书”。八月，康有为在北京创办双日刊《万国公报》（后改《中外纪闻》），由梁启超主理笔政。十一月，在康有为、梁启超等人倡导下组织北京强学会，梁启超被委为书记员。不久，强学会被封禁，梁启超赴上海同黄遵宪、汪康年创办《时务报》，并任主笔。在主笔期间，发表了著名的《变法通议》。他说：

> 法者，天下之公器也；变者，天下之公理也。大地既通，万国蒸蒸，日趋于上，大势相迫，非可阏制。变亦变，不变亦变。变而变者，变之权操诸己，可以保国，可以保种，可以保教。不变而变者，变之权让诸人，束缚之，驰骤之，呜呼，则非吾之所敢言矣。

梁启超不遗余力宣传民权论，驳斥“唯天子受命于天，天下受命于天子”的封建说教，呼吁“伸民权”“设议院”，实行君主立宪制度。梁启超岩浆喷涌般的政论文字，在社会上引起强烈反响，其名声也迅速提高，时人把他与康有为并称为“康梁”。

光绪二十二年，《时务报》因受到张之洞干预，梁启超愤而辞去主笔之职。二十三年，二十五岁的梁启超受湖南巡抚陈宝箴等之邀，到“时务学堂”讲学。这时按察使黄遵宪、友人谭嗣同等也在湖南。“湘中同志称极盛”，“同志”就是同有维新变法之志者。谭嗣同、唐才常创办的南学会，积极宣传变法，影响不小，梁启超讲学之余，给予大力协助。

光绪二十四年，即戊戌年春，梁启超到京师协助康有为成立保国会，以“保国、保种、保教”为三大宗旨。光绪皇帝对康、梁极为欣赏，赞同变法，并于六月十一日颁布“明定国是”的诏书，宣布维新变法。六月，光绪帝召见梁启超，赏六品衔，令奉旨办译书局事务。

维新变法意味着慈禧太后将丧失权柄，故遭到慈禧太后的极力反对。九月二十一日凌晨，慈禧太后发动突然袭击，先将光绪皇帝囚禁在中南海的瀛台，继而大肆搜捕康有为、梁启超等维新党人。谭嗣同等“六君子”被杀。维新变法在慈禧太后的铁腕镇压下，宣告失败，只坚持了一百零三天。

梁启超在伊藤博文的帮助下避入日本使馆，翌日乘日本兵舰出走，九月末到达日本。

梁启超到日本后，一度与孙中山为首的革命派有过接触，但终因思想分歧而分道扬镳。在日期间，梁启超先后创办《清议报》和《新民丛报》，攻击后党专制，宣传“开明专制”，鼓吹保皇，反对革命。同时也大量介绍西方社会政治学说，在当时的知识分子中影响很大。

辛亥革命后，梁启超回国。时袁世凯任大总统，梁启超被任命为司法总长、币制局总裁等。他企图使革命派与清政府妥协，并秉承袁世凯的旨意，将民主党与共和党、统一党合并，改建进步党，与国民党展开政治竞争。民国二年，进步党“人才内阁”成立，梁启超出任司法总长。

袁世凯宣布称帝，梁启超坚决反对，并写了一篇《异哉所谓国体问题者》，对袁的称帝大加挞伐。袁世凯得到消息，派人给梁启超送来一张二十万元银票，给梁父祝寿，交换条件是这篇文章不得发表。梁启超坚决将银票退回。

梁启超的弟子蔡锷曾任云南总督，思想深受梁的影响。在梁的策动下，蔡锷于民国四年十一月秘密离京进入云南，于十二月二十五日正式宣布云南独立，组成“护国军”，举起讨袁的旗帜。一时间，全国讨袁的声浪风起云涌，只当了八十三天皇帝的袁世凯就在一片讨伐声中死去。

民国六年七月，康有为附和张勋，策划宣统复辟，梁启超与段祺瑞坚决反对张勋复辟。康有为和梁启超师生二人，从此决裂。康痛骂梁为“梁贼启超”，并且用古文中食父食母的怪兽来称呼梁启超。但梁启超仍对康执弟子之礼。

段祺瑞执政时，梁启超任内阁财政总长。九月，孙中山发动护法战争。不久段内阁被迫下台，梁也随之辞职，从此退出政坛。民国七年，梁启超到欧洲各国考察，了解到西方社会也有许多问题和弊端。回国之后即主张光大传统文化，用东方的“固有文明”来“拯救世界”。先后到北京、济南、苏州、上海等地讲学。民国十四年在清华研究院讲学，出任京师图书馆馆长。民国十六年离开清华研究院。民国十八年因一场医疗事故而病逝，年仅五十六岁。

梁启超一生著述宏富，民国二十五年出版的《饮冰室合集》收其作品一百四十八卷，一千余万字。梁启超每年平均写作三十九万字之多，其勤奋用功令一般文学家难以望其项背。

梁启超对晚清文学有多方面的影响。他提倡“诗界革命”“小说界革命”，对“新派诗”的产生与发展，对小说地位的提高，均起到了很大的促进作用。他曾创作新诗：“吾愿尔为我一声轰隆隆振天地，叱咤淋漓走魑魅，党破群聋起沉睡。”（《雷庵行》）虽没有什么成就，但其尝试之举还是非常有意义的。

梁启超影响最大的是他的散文，世称“新文体”。他自称“时杂以俚语、韵语及外国语法，纵笔所至不检束”（《清代学术概论》），如《俄罗斯革命之影响》：“电灯灭，瓦斯竭，船坞停，铁矿彻，电线斫，铁道掘，军厂焚，报馆歇，匕首现，炸弹裂，君后逃，辇毂塞，警察骚，兵士集，日无光，野盈血，飞电刿目，全球挢舌，于戏，俄罗斯革命！于戏，全地球唯一之专制国遂不免于大革命！”文章以简短急促的文字开篇，如电光石火，山石崩裂。胡适曾说：“梁先生的文章，使读者不能不跟着他走，不能不跟着他想！”

写于光绪二十六年的《少年中国说》是他的名篇：

> 日本人之称我中国也，一则曰老大帝国，再则曰老大帝国。是语也，盖袭译欧西人之言也。呜呼！我中国其果老大矣乎？梁启超曰：恶！是何言，是何言，吾心目中有一少年中国在。
>
> 欲言国之老少，请先言人之老少。老年人常思既往，少年人常思将来。惟思既往也，故生留恋心；惟思将来也，故生希望心。惟留恋也，故保守；惟希望也，故进取。惟保守也，故永旧；惟进取也，故日新。惟思既往也，事事皆其所已经者，故惟知照例；惟思将来也，事事皆其所未经者，故常敢破格。老年人常多忧虑，少年人常好行乐。惟多忧也，故灰心；惟行乐也，故盛气。惟灰心也，故怯懦；惟盛气也，故豪壮。惟怯懦也，故苟且；惟豪壮也，故冒险。惟苟且也，故能灭世界；惟冒险也，故能造世界。老年人常厌事，少年人常喜事。惟厌事也，故常觉一切事无可为者；惟好事也，故常觉一切事无不可为者。老年人如夕照，少年人如朝阳；老年人如瘠牛，少年人如乳虎；老年人如僧，少年人如侠；老年人如字典，少年人如戏文；老年人如鸦片烟，少年人如泼兰地酒；老年人如别行星之陨石，少年人如大洋海之珊瑚岛；老年人如埃及沙漠之金字塔，少年人如西伯利亚之铁路；老年人如秋后之柳，少年人如春前之草；老年人如死海之潴为泽，少年人如长江之初发源。此老年与少年性格不同之大略也。梁启超曰：人固有之，国亦宜然。

梁启超的文章，当时年轻人竞相仿效，而老辈则痛恨，诋为野狐，但对于大多数读者来说，却是别具魔力。严复在《与熊纯如书》三十九云：“任公文笔，原自畅遂，其自甲午以后，于报章文字，成绩为多，一纸风行海内，观听为之一耸。”又引杭州蒋观云的话说：“梁任公笔下大有魔力，而实有左右社会之能。”学者周善培也说：“中国长久睡梦的人心被你一支笔惊醒了。”从这些评语当中，足可以窥见梁启超文章的影响。

梁启超有二轶事广为人知。一是为徐志摩与陆小曼做证婚人。因不满他们“使君有妇”“罗敷有夫”之间的恋情，婚礼上梁对徐、陆用情不专厉声训斥，滔滔不绝，使满堂宾客大惊失色。徐志摩不得不哀求：“先生，给学生留点脸面吧。”二是为蒋百里作序。黄苗子著《世说新篇》，有《梁启超写序》一文：“蒋百里先生为著名军事家，但在文化上亦极有贡献。他留德归国后，曾写了洋洋五万言的《欧洲文艺复兴史》。梁启超阅后大为赞赏，蒋便请梁为此书作序。不料梁文思泉涌，序成也是五万字，觉得不好意思，便加写一短序，而把长序改为著作出版，反过来请蒋百里作序。”

附一　文学家生卒籍贯

1. 庄子（约前369—前286），名周，宋国蒙（今河南商丘）人。
2. 屈原（约前340—约前278），名平，字原，又自云名正则，号灵均，战国末期楚国丹阳（今湖北秭归）人。
3. 宋玉，生卒年不详，战国末期楚国鄢（今湖北宜城）人。
4. 贾谊（前200—前168），西汉洛阳（今河南洛阳）人。
5. 司马相如（约前179—前118），字长卿，西汉蜀郡成都（今四川成都）人。
6. 司马迁（约前145—?），字子长，西汉夏阳（今陕西韩城）人。
7. 扬雄（前53—后18），字子云，西汉蜀郡成都（今四川成都）人。
8. 班固（32—92），字孟坚，东汉扶风安陵（今陕西咸阳）人。
9. 曹操（155—220），字孟德，小名阿瞒，东汉沛国谯县（今安徽亳州）人。
10. 王粲（177—217），字仲宣，东汉山阳高平（今山东邹城）人。
11. 蔡琰，生卒年不详，字文姬，东汉陈留圉（今河南杞县）人。
12. 曹丕（187—226），即魏文帝。字子桓，三国魏谯县（今安徽亳州）人。
13. 曹植（192—232），字子建，三国魏谯县（今安徽亳州）人。
14. 阮籍（210—263），字嗣宗，三国魏陈留尉氏（今河南尉氏）人。
15. 嵇康（223—262），字叔夜，三国魏谯郡铚县（今安徽濉溪）人。
16. 潘岳（247—300），字安仁，西晋荥阳中牟（今河南中牟）人。
17. 左思（约250—约305），字太冲，西晋齐国临淄（今山东淄博）人。
18. 陆机（261—303），字士衡，西晋吴郡吴县华亭（今上海松江）人。

19. 陶渊明（365—427），又名潜，字元亮，私谥靖节，东晋浔阳柴桑（今江西九江）人。
20. 谢灵运（385—433），小名客儿，南朝宋陈郡阳夏（今河南太康）人。
21. 鲍照（约414—466），字明远，南朝宋东海（今山东郯城）人。
22. 谢朓（464—499），字玄晖，南朝齐陈郡阳夏（今河南太康）人。
23. 刘勰（约465—约520），字彦和，南朝梁东莞莒县（今山东莒县）人。
24. 郦道元（约470—527），字善长，北魏范阳涿县（今河北涿州）人。
25. 庾信（513—581），字子山，北周南阳新野（今河南新野）人。
26. 骆宾王（约638—?），唐婺州义乌（今浙江义乌）人。
27. 王勃（650—676），字子安，唐绛州龙门（今山西河津）人。
28. 陈子昂（659—700），字伯玉，唐梓州射洪（今四川射洪）人。
29. 孟浩然（689—740），唐襄州襄阳（今湖北襄阳）人。
30. 王昌龄（?—约756），字少伯，唐京兆长安（今陕西西安）人。
31. 高适（约700—765），字达夫，唐渤海蓨县（今河北景县）人。
32. 王维（约701—761），字摩诘，唐太原祁（今山西祁县）人。
33. 李白（701—762），字太白，号青莲居士。祖籍陇西成纪（今甘肃秦安），隋末其先人流寓碎叶（唐时属安西都护府，今吉尔吉斯斯坦国托克马克市附近），李白诞生于此。五岁随父迁居绵州昌隆（今四川江油）。
34. 杜甫（712—770），字子美，诗中尝自称少陵野老。原籍襄阳（今湖北襄阳），自其曾祖时迁居巩县（今河南巩义）。
35. 刘长卿（?—约789），字文房，唐河间（今河北河间）人。
36. 岑参（约715—770），唐江陵（今湖北荆州）人。
37. 元结（719—772），字次山，号漫郎、聱叟，唐河南（治今河南洛阳）人。
38. 韦应物（约737—791），唐京兆万年（今陕西西安）人。
39. 孟郊（751—814），字东野，唐湖州武康（今浙江德清）人。

40. 韩愈（768—824），字退之，唐河南河阳（今河南孟州）人。
41. 刘禹锡（772—842），字梦得，唐洛阳（今河南洛阳）人。
42. 白居易（772—846），字乐天，晚年号香山居士。其先太原（今山西太原）人，后迁居下邽（今陕西渭南）。
43. 柳宗元（773—819），字子厚，唐河东解（今山西运城）人。世称“柳河东”。
44. 元稹（779—831），字微之。唐河南（治今河南洛阳）人。
45. 贾岛（779—843），字阆仙，一作浪仙，唐范阳（今河北涿州）人。
46. 李贺（790—816），字长吉，唐福昌（今河南宜阳）人。
47. 杜牧（803—852），字牧之，唐京兆万年（今陕西西安）人。
48. 温庭筠（？—866），原名岐，字飞卿，唐太原（今山西太原）人。因八叉手而成八韵，时号“温八叉”。
49. 李商隐（约813—约858），字义山，号玉谿生，唐怀州河内（今河南沁阳）人。
50. 罗隐（833—910），字昭谏，唐杭州新城（今浙江富阳）人。
51. 皮日休（约838—约883），字逸少，后改袭美，唐襄阳（今湖北襄阳）人。
52. 韦庄（约836—910），字端己，唐长安杜陵（今陕西西安）人。
53. 李煜（937—978），字重光，初名从嘉，号钟隐，又号莲峰居士。南唐徐州（今江苏徐州）人。世称“李后主”。
54. 梅尧臣（1002—1060），字圣俞，北宋宣州宣城（今安徽宣城）人。
55. 柳永（？—约1053），原名三变，字景庄，后改名永，字耆卿，北宋崇安（今福建武夷山）人。
56. 欧阳修（1007—1072），字永叔，号醉翁，晚年又号六一居士，北宋吉州吉水（今江西吉水）人。
57. 苏洵（1009—1066），字明允，号老泉，北宋眉州眉山（今四川眉山）人。
58. 王安石（1021—1086），字介甫，晚号半山，北宋抚州临川（今江西抚州）人。
59. 苏轼（1037—1101），字子瞻，一字和仲，号东坡居士，北宋眉州眉山（今四川眉山）人。世称“苏东坡”。

60. 秦观（1049—1100），字少游，又字太虚，号淮海居士，北宋高邮（今江苏高邮）人。

61. 黄庭坚（1045—1105），字鲁直，号山谷道人，又号涪翁，北宋洪州分宁（今江西修水）人。

62. 李清照（1084—约1151），号易安居士，南宋齐州章丘（今山东章丘）人。

63. 陆游（1125—1210），字务观，号放翁，南宋越州山阴（今浙江绍兴）人。

64. 范成大（1126—1193），字致能，号石湖居士，南宋苏州吴县（今江苏吴县）人。

65. 杨万里（1127—1206），字廷秀，号诚斋，南宋吉州吉水（今江西吉水）人。

66. 朱熹（1130—1200），字元晦，一字仲晦，号晦庵，别称紫阳，南宋徽州婺源（今江西婺源）人。

67. 辛弃疾（1140—1207），原字坦夫，后字幼安，号稼轩，南宋历城（今山东济南）人。

68. 姜夔（约1155—1209），字尧章，号白石道人，南宋饶州鄱阳（今江西鄱阳）人。

69. 元好问（1190—1257），字裕之，号遗山，金秀容（今山西忻州）人。

70. 文天祥（1236—1283），字宋瑞，一字履善，号文山，南宋吉州庐陵（今江西吉安）人。

71. 关汉卿，生卒年不详，号已斋叟，元大都（今北京）人。

72. 高启（1336—1374），字季迪，号槎轩，明长洲（今江苏苏州）人。

73. 王守仁（1472—1529），字伯安，明余姚（今浙江余姚）人。

74. 吴承恩（约1500—约1582），字汝忠，号射阳山人，明山阳（今江苏淮安）人。

75. 归有光（1507—1571），字熙甫，明昆山（今江苏昆山）人。

76. 徐渭（1521—1593），初字文清，后改文长，号天池山人、青藤道士、山阴布衣、田水月等，明山阴（今浙江绍兴）人。

77. 李贽（1527—1602），原姓林，名载贽，后改姓李，名贽，号卓吾，又号龙湖叟、温陵居士、宏甫、笃吾等，明泉州晋江（今福建泉州）人。

78. 汤显祖（1550—1616），字义仍，号海若，又号若士，别号清远道人，明临川（今江西临川）人。

79. 袁宏道（1568—1610），字中郎，号石公，明公安（今湖北公安）人。

80. 冯梦龙（1574—1646），字犹龙，又字子犹、耳犹，别署龙子犹、墨憨斋主人等。明长洲（今江苏苏州）人。

81. 张岱（1597—1679），字宗子，又字石公，号陶庵、蝶庵，明末清初山阴（今浙江绍兴）人。

82. 黄宗羲（1610—1695），字太冲，号南雷，学者称“梨洲先生”，明末清初浙江余姚（今浙江余姚）人。

83. 李渔（1611—1680），字笠鸿，一字谪凡，号笠翁，别署笠道人、新亭樵客、湖上笠翁等。清浙江兰溪（今浙江南溪县）人。

84. 顾炎武（1613—1682），初名绛，字宁人，别号亭林，学者称“亭林先生”，曾自署蒋山傭，清江苏昆山（今江苏昆山县）人。

85. 王夫之（1619—1692），字而农，号薑斋，学者称“船山先生”，明末清初衡阳（今湖南衡阳）人。

86. 王士禛（1634—1711），字子真，一字贻上，号阮亭，别号渔洋山人，清新城（今山东桓台）人。

87. 蒲松龄（1640—1715），字留仙，一字剑臣，别号柳泉居士，世称“聊斋先生”，清山东淄川（今山东淄博）人。

88. 洪昇（1645—1704），字昉思，号稗畦，清浙江钱塘（今浙江杭州）人。

89. 孔尚任（1648—1718），字聘之、季重，号东塘、岸堂、云亭山人，清山东曲阜（今山东曲阜）人。

90. 方苞（1668—1749），字凤九、灵皋，晚号望溪，清安徽桐城（今安徽桐城）人。

91. 吴敬梓（1701—1754），字敏轩，一字文木，号粒民，清安徽全椒（今安徽全椒）人。

92. 曹雪芹（约 1715—约 1763），名霑，字梦阮，号雪芹，又号芹圃、芹溪。祖籍辽宁辽阳，生于江苏南京。为满洲正白旗“包衣”（奴仆）人。

93. 袁枚（1716—1798），字子才，号简斋，晚号随园老人，清浙江钱塘（今浙江杭州）人。

94. 汪中（1745—1794），字容甫，清江苏江都（今江苏扬州）人。

95. 龚自珍（1792—1841），又名巩祚，字璱人，号定盦，又号羽琌山民。清浙江仁和（今浙江杭州）人。

96. 魏源（1794—1857），原名远达，字默深，又字墨生，别号良图，清湖南邵阳（今湖南邵阳）人。

97. 曾国藩（1811—1872），字伯涵，号涤生，清湖南湘乡（今湖南双峰）人。

98. 黄遵宪（1848—1905），字公度，清广东嘉应州（今广东梅州）人。

99. 康有为（1858—1927），原名祖诒，字广厦，号长素，又号明夷、更甡、西樵山人等，近代广东南海（今广东南海）人，人称“康南海”。

100. 梁启超（1873—1929），字卓如，号任公，又号饮冰室主人，近代广东新会（今广东新会）人。

附二　参考书目

1. 司马迁，班固，等. 二十四史［M］. 上海：上海古籍出版社.
2. 赵尔巽，等. 清史稿［M］. 北京：中华书局.
3. 葛洪. 西京杂记［M］. 贵阳：贵州人民出版社.
4. 刘义庆. 世说新语［M］. 北京：中华书局.
5. 段成式. 酉阳杂俎［M］. 北京：中华书局.
6. 王定保. 唐摭言［M］. 北京：中华书局.
7. 李肇. 国史补［M］. 北京：中华书局.
8. 孟棨. 本事诗［M］. 北京：中华书局.
9. 张读. 宣室志［M］. 北京：中华书局.
10. 司马光，等. 资治通鉴［M］. 北京：中华书局.
11. 洪迈. 容斋随笔［M］. 北京：中华书局.
12. 王琦. 李太白全集［M］. 北京：中华书局.
13. 仇兆鳌. 杜少陵集详注［M］. 上海：上海古籍出版社.
14. 辛文房. 唐才子传［M］. 贵阳：贵州人民出版社.
15. 钱基博. 现代中国文学史［M］. 北京：中国人民大学出版社.
16. 夏承焘. 大家国学［M］. 天津：天津人民出版社.
17. 范文澜. 中国通史［M］. 北京：人民文学出版社.
18. 游国恩，等. 中国文学史［M］. 北京：人民文学出版社.
19. 郭沫若. 李白与杜甫［M］. 北京：人民文学出版社.
20. 逯钦立，先秦汉魏晋南北朝诗［M］. 北京：中华书局.
21. 吕慧鹃，等. 中国历代著名文学家评传［M］. 济南：山东教育出版社.
22. 谭正璧. 中国文学家大辞典［M］. 上海：上海书店.

跋

余少小好为文章，长大不衰。五十作是书讫，伏案而哭。盖所传之百名作家，少有不蹭蹬失意者。然天不生此百人，则吾国之历史，寥落无趣，将不复以煌煌名之矣。是百人身斯为薪，烧燃历史，照灼夜空，俾吾国吾族列入文明之林，其功岂浅尠哉！吾书既竣之十年，始得如读者之书斋。何迟迟也。读此百人，既，能为之一裸乎？亦为吾国之泰山黄河也。荆南张俊纶。

图书在版编目（CIP）数据

中国历代著名文学家小传 / 张俊纶编著 .
— 武汉 ： 崇文书局， 2019.2
ISBN 978-7-5403-5202-8

Ⅰ. ①中…
Ⅱ. ①张…
Ⅲ. ①作家—列传—中国
Ⅳ. ① K825.6

中国版本图书馆 CIP 数据核字 (2019) 第 016346 号

中国历代著名文学家小传

责任编辑　陈春阳　郭晓敏
出版发行　长江出版传媒｜崇文书局
地　　址　武汉市雄楚大街 268 号 C 座 11 层
电　　话　(027)87393855　邮政编码　430070
印　　刷　武汉中科兴业印务有限公司
开　　本　700mm×960mm　1/16
印　　张　24
字　　数　350 千
版　　次　2019 年 2 月第 1 版
印　　次　2019 年 2 月第 1 次印刷
定　　价　35.00 元

（如发现印装质量问题，影响阅读，请与承印厂调换）